LA GRANDE VILLE

NOUVEAU TABLEAU DE PARIS

COMIQUE, CRITIQUE ET PHILOSOPHIQUE

PAR

H. DE BALZAC, ALEX. DUMAS, FRÉDÉRIC SOULIÉ, EUGÈNE BRIFFAULT, EUGÈNE DE MIRECOURT,
ÉDOUARD OURLIAC, MARC FOURNIER, L. COUAILHAC, ALBERT CLER, CHARLES BALLARD,
LE COMTE CHARLES DE VILLEDOT.

ILLUSTRATIONS

DE GAVARNI, VICTOR ADAM, DAUMIER, D'AUBIGNY, H. EMY, TRAVIÈS
ET HENRI MONNIER.

2

PARIS

AU BUREAU CENTRAL DES PUBLICATIONS NOUVELLES,
RUE DES PRÊTRES SAINT-GERMAIN L'AUXERROIS, 11.

1843

LA GRANDE VILLE

PARIS,
IMPRIMERIE
DE MAULDE ET RENOU,
RUE BAILLEUL,
9 ET 11.

AVERTISSEMENT.

Le *tableau* que l'on trace d'une nation, comme le portrait d'un homme, sorti de la main du peintre, demeure très peu de temps en état de ressemblance parfaite avec l'original. Cela se conçoit : une nation ne se soustrait pas plus que les individus au cours dévorant des passions et des idées ; elle vieillit vite, elle se transforme, et le tableau qui la représentait jadis diffère bientôt de traits, de costume et de couleur avec les choses actuelles.

D'où résulte qu'un *tableau de Paris* est un livre qui devient nécessaire une fois au moins tous les cinquante ans. Nous tous, nous sentons le besoin de faire, à un jour donné, l'inventaire de notre situation morale et physique, et d'établir, à époques fixes, la balance de nos profits et de nos pertes, ou, si l'on veut, de nos progrès et de nos erreurs.

C'est dans cette pensée que les éditeurs, préoccupés de réédifier pour le XIXe siècle l'œuvre populaire de MERCIER, ont voulu que la *Grande Ville* fût un livre complet.

Il y avait deux conditions inhérentes à ce but : il fallait d'abord embrasser une immense variété de matières, et choisir ensuite pour chacune d'elles un écrivain dont le genre pût s'y approprier.

Au surplus, la classification du travail se présentait d'elle-même. Il en est à peu près des grandes agglomérations d'hommes comme de terrains pris sur une vaste échelle ; ils apparaissent en couches superposées, et plus l'agglomération est considérable, plus ces différentes zones se caractérisent à l'œil ou à l'esprit. Or la masse parisienne, sans tenir compte des nuances intermédiaires, se compose de trois catégories qui sont pour ainsi dire trois sociétés distinctes et indépendantes entre elles : c'est la classe populaire, la petite bourgeoisie, et le monde élégant. Il a donc suffi de rechercher les types ou les faits les plus saillants dans chaque série, pour arriver à une nomenclature aussi satisfaisante que possible.

Restait néanmoins le second problème à résoudre. Un livre, lorsqu'il a pour objet le développement d'un drame ou la manifestation d'une idée, gagne à demeurer homogène dans le fond comme dans la forme, mais cette nécessité se modifie lorsqu'il s'agit de peindre une société tout entière. Les hommes qui voient la société en face sont très rares : philosophes, critiques, écrivains, artistes ou gens du monde, ils sont tous placés de manière à ne la voir guère que de profil ; le reste demeure pour eux dans l'ombre. Le plus grand reproche qu'on ait fait à MERCIER est d'avoir ramené tous ses tableaux à une couleur systématique, qui la plupart du temps n'était pas celle du sujet, et d'être tombé à chaque pas dans des négligences ou des erreurs inévitables chez un homme qui, sans tout connaître, voulait tout esquisser. Il eût donc été peu sage de remettre les destinées de la *Grande Ville* aux soins d'une plume unique. Les éditeurs ont évité cet écueil, en choisissant des peintres différents pour chaque partie de cet immense tableau.

M. PAUL DE KOCK devait naturellement avoir une grande part au travail. Il était difficile de trouver un pinceau plus naïf et plus vrai pour les sujets qui viennent de former le premier volume. La petite bourgeoisie lui appartient de droit. Toutes ces charmantes pochades, prises au plus vif de la société moyenne, tous ces types qui se rencontrent sur les limites du Paris souterrain et du Paris élevé, et même pour aller plus bas, toutes ces physionomies pleines de naturel et de franchise des classes populaires, devaient forcément jaillir d'une plume qui marie si bien la bonhomie du style à la simplicité du sujet. Aussi le succès du premier volume a-t-il prouvé combien les éditeurs s'étaient heureusement adressés.

Ce cadre épuisé, ou pour mieux dire rempli, d'autres tableaux se présentaient. Le titre de l'ouvrage, après le livre *comique*, annonçait une œuvre *critique*, et pour obéir à ce programme, il fallait nécessairement toucher à des sujets plus vastes et plus palpitants. Les peintures légères devaient bien encore se rencontrer çà et là : les *restaurants*, par exemple, les *petits théâtres*, les *marchands d'habits*, les *rivoyeurs*, les *banquistes*, et d'autres sujets semblables pouvaient se rattacher encore par quelque point au sens général; mais nous avions devant nous le monde politique et littéraire dont l'examen exigeait des allures presque militantes; nous avions surtout à peindre cette reine toujours debout quoique incessamment frappée, qui craint la vérité plus que la calomnie, et devant qui reculent les plus braves : la *Presse Parisienne !*

Il fallait, pour saisir le géant corps à corps, un de ces

robustes courages, un de ces hommes qui ont pour habitude de marcher dans leur force et dans leur liberté... Nommer le champion, c'est révéler combien la lutte sera chaude et passionnée, c'est exprimer d'avance tout l'intérêt qu'excitera dans le public ce tournoi de l'esprit contre la critique. Disons donc que M. DE BALZAC a bien voulu descendre dans cette redoutable arène.

Un mot pour finir sur l'exécution matérielle. L'illustration est un luxe désormais nécessaire. Elle a été doublée pour ce second volume, au moyen d'une gravure hors texte qui accompagnera chaque chapitre, ou d'un haut de page qui formera un sujet de grande dimension. En outre, le texte a été resserré, et le second volume, devenu compact, présentera la matière de deux volumes in-8° ordinaires. Cette double mesure aura pour effet de permettre aux écrivains comme aux artistes de passer en revue beaucoup plus de sujets, avec beaucoup plus de détails, sans que le prix de l'ouvrage soit augmenté.

L'entreprise est considérable, mais l'accueil fait au premier volume est un encouragement pour le second. Les éditeurs ont compris d'ailleurs que ce livre pouvait être une grande chose, et que ce but une fois défini, rien ne devait être épargné pour l'atteindre. Ils ont l'espoir d'y réussir.

M. F.

La Guinguette.

RESTAURANTS ET GARGOTES.

Par Frédéric Soulié.

Souvenir de 93. — Origine révolutionnaire des restaurants. — Lacédémone à Paris. — Classification générale des restaurants. — L'homme qui mange et l'homme qui se régale. — Le lion vulgaire et le suprême lion. — Le lion au café de Paris. — De l'esprit au café de Paris. — M. Guizot et Mlle Albertine. — M. Thiers et Caroline. — Anecdote sur la mort de Lafayette. — Le café Anglais. — Ce qui dîne au café Anglais. — Du ragoût proprement dit. — Le Rocher de Cancale. — Les rôtis de M. Borel et les boucliers de Cellini. — Le Caveau ressuscité. — L'Amour et la sauce. — Philippe et Bourgogne. — Véfour. — Grandeur et décadence des frères Provençaux. — Les Vendanges de Bourgogne. — Paméla et le lard aux choux. — Le Prado, la Chaumière, l'Étudiant *fadard* et Clara Fontaine. — Barillau. — Viot. — Rousseau. — Risbeck. — Le Méridien. — Le Cadran Bleu. — Voltaire et le Vendredi-Saint. — Champeaux. — Le Commis-voyageur. — Restaurants à prix fixes. — Yon. — Le budget de l'employé. — La taverne des Deux-Mondes. — Les Gargotes. — La Barrière. — Critique chorégraphique. — Les coups de couteau. — Les antres de la Cité. — Le voleur en cour d'assises. — Sensiblerie du jury.

Vous souvient-il de l'histoire de ce jeune Allemand qui arriva à Paris dans l'époque la plus fiévreuse de la révolution, à ce moment où l'on se tutoyait les uns les autres sous peine de mort, où l'on ne parlait que de patrie et de sainte liberté sous le couteau de la machine de Guillotin? Notre enthousiaste avait vu tout cela à travers l'imagination nébuleuse des idées germaniques, et lorsqu'il mit le pied à Paris, il se crut arrivé dans la Grèce ressuscitée, non point dans la Grèce d'Athènes, d'Alcibiade et de Périclès, mais dans la farouche Lacédémone aux mœurs austères et graves. Je ne vous dirai point avec quel art l'aveugle préoccupation du jeune Germain traduisait les diverses scènes qu'il voyait en autant d'imitations des antiques usages de la patrie de Licurgue; mais il me souvient que la première fois qu'il mit le pied dans un restaurant, il crut assister à ce banquet public de tous les citoyens de Sparte mangeant ensemble le brouet noir. Et en vérité il n'y avait pas trop loin de cette vie au grand jour, ordonnée par la loi grecque pour prévenir les gourmandises secrètes, à cette vie commune que la nécessité imposait.

Car à cette époque il n'y avait plus guère de fourneaux domestiques : avoir une maison où l'on pût manger, c'est-à-dire avoir une cuisinière, c'était un danger ; c'était se mettre à la disposition d'une envie de plus, et il y allait de la vie.

Ce fut donc à cette époque que les restaurants, qui jusque-là n'avaient guère existé qu'à l'état de *cabarets* plus ou moins élégants, prirent cette immense développement qui depuis n'a fait que s'accroître, et qui menace de supprimer tout à fait la vie intérieure.

Et d'abord jamais autrefois il ne fût venu à l'idée d'un père de famille d'envoyer son fils étudier la médecine et le droit à Paris, s'il n'y avait eu un ami ou correspondant, chez qui le jeune homme était le plus souvent logé, nourri et maintenu dans les habitudes d'une vie décente et d'une cuisine rationnelle. Aujourd'hui, au contraire, on citerait l'étudiant de province qui serait le commensal assidu et obligé de la maison d'un Parisien.

Il n'y a pas trente ans, qu'à l'heure de son repas, l'ouvrier voyait arriver sa femme avec un panier sous le bras, lui apportant le dîner qu'elle avait préparé et qui n'en était que plus sain. Maintenant à neuf heures et à deux heures, vous voyez se garnir les tables de tous les marchands de vin qui avoisinent une fabrique, une imprimerie, une maison en construction ; l'ouvrier mange six jours de la semaine dans le restaurant, et le septième il y mange toute sa semaine.

Ce n'est pas une des moindres causes de l'oubli de la famille, dans toutes les classes de la société, que ces tables incessamment ouvertes à la capacité de tous les estomacs et de toutes les bourses.

Mais revenons à notre sujet en ce qu'il a de particulier au but de cet ouvrage.

L'idée nous est venue d'abord de classer les restaurants par catégories, de les diviser en grands et petits ; mais où s'arrête le grand, où commence le petit? la limite est aussi impossible à poser entre ces établissements qu'entre les classes sociales, depuis que la révolution a renversé les enceintes formelles qui séparaient le noble du bourgeois, le maître du compagnon. Nous n'avons pas pensé un moment à prendre comme division le restaurant à la carte et le restaurant à prix fixe, car le premier comprendrait toute l'échelle des restaurants depuis le Rocher de Cancale jusqu'à Desnoyers, et le second n'est qu'une *spécialité* qui mérite d'être profondément étudiée sous ses rapports moraux, mais qui ne peut être qu'une variété de l'une des deux grandes classes que nous voulons établir.

Pour nous, les restaurants se divisent en deux sortes parfaitement distinctes, et qui partent du sommet le plus élevé pour descendre dans les abîmes de la barrière, sans jamais se confondre : ces deux genres sont le restaurant où l'on mange et le restaurant où l'on se régale. Ainsi le café de Paris, le café Anglais, Véfour, Champeaux, Deffieux, Yon, Viot, le marchand de vin de tous les coins de rues, sont des restaurants où l'on mange ; le Rocher de Cancale, la maison Dorée, Philippe, le Cadran Bleu, le Méridien, les Vendanges de Bourgogne, le père Latuile, Desnoyers, sont des restaurants où l'on se régale. Ce n'est pas que quelquefois des Parisiens n'aillent se régaler dans les restaurants où l'on mange ; mais ce sont des bourgeois ayant pignon sur rue, pour qui

le dîner chez le restaurateur est toujours une partie de luxe et de plaisir ; les gens de restaurant ne s'y trompent pas.

Ainsi montez quatre marches, ouvrez cette porte à deux battants, traversez ce tambour vitré, vous voilà au café de Paris. Pour peu que vous ayez quelque intelligence de l'estomac, vous reconnaîtrez immédiatement l'homme qui mange de l'homme qui se régale. A la désinvolture de sa pose, à la négligence de sa mastication, à la manière dont il boit à petites gorgées son vin de Champagne frappé ou son vin de Bordeaux, vous devez reconnaître immédiatement l'homme qui

mange, le dîneur habitué. Le maladroit qui est là pour se régaler, mange avec vigueur, vide son verre toutes les fois qu'il le remplit, et ne se penche que sur son assiette. Ce qui sépare encore plus l'homme qui mange de l'homme qui se régale, c'est la manière dont chacun d'eux accueille le plat qu'on lui apporte. Le dîneur habitué l'examine profondément avant d'y mettre le couteau et la fourchette; il le sonde, il le goûte de l'œil, et quelquefois le repoussé sur cet examen; il a le droit de le juger sur la mine. Le dîneur-extra l'attaque dès qu'il est devant lui, très convaincu que puisqu'il s'est décidé à aller au café de Paris faire un bon dîner, tout y sera bon.

Mais dans un sujet aussi vaste que celui-ci, c'est assez s'occuper d'exceptions, il est temps d'arriver au fond du sujet. Et encore devons-nous prévenir le lecteur que le fond du sujet n'est pas pour nous la cuisine des restaurants, mais sa population, et puisque nous avons nommé le café de Paris, nous commencerons par celui-ci.

Vous savez tous qu'il y a à Paris une race qu'on appelle la race des lions. Le grand lion, le suprême lion ne va pas au café de Paris; il a maison montée, et ne s'égare guère dans le restaurant que lorsque toute sa *maison* est dans ses terres, et qu'il est pour quelques jours à Paris avec un valet de chambre et une voiture de poste. Mais il y a le lion vulgaire, celui que tout le monde connaît, le lion des avant-scènes de l'Opéra, où il étale ses volumineuses lorgnettes, ses gilets et ses intelligences avec quelque rat des ballets. Celui-là dîne au café de Paris, où il fait étalage de son dîner. Ce restaurant lui plaît, parce qu'il s'étale lui-même aux yeux des passants par des fenêtres au rez-de-chaussée. Il est là au grand air en été, derrière une vitre en hiver, en montre aux badauds comme les pantalons de Renard ou les gants de madame Ceslin. Ce dîneur a des prétentions à la gourmandise. On peut en citer un qui, je crois, y entend quelque chose; quant au reste, ce ne sont que des mangeurs du troisième ordre. Le clinquant de la cuisine les séduit comme les faux mollets des danseuses, et passé le vin de Champagne pour lequel ils ont une affection devenue routinière, ils sont d'une ignorance crasse sur la distinction qu'on peut faire entre un Laffitte navigué et un Saint-Emilion mûri au roulage. L'étiquette de la bouteille les influence, son coût les dirige, et ils n'apprécieront jamais un Lanerte de huit ans autant qu'un Ermitage de quatre, parce qu'ils boivent pour le nom et point pour le vin.

A les prendre comme dîneurs, les habitués du café de Paris sont des hommes fort médiocres, mais le café de Paris n'en est pas moins le restaurant le plus spirituel qu'il y ait; on y cause, on y fait des mots, on y tient compte de la peine qu'on se donne pour bien dire et dire spirituellement. Au café de Paris, on juge avec une liberté extrême de verve et d'expression M. Guizot et mademoiselle Albertine, la marche des Anglais dans l'Inde et les allures de Partisan; et cela absolument du même air et du même ton, sans que l'on hausse ou que l'on baisse la voix pour dire que M. Thiers parle comme une vieille femme ou que Caroline saute comme un ministre. C'est encore au café de Paris que se font les mots historiques de l'époque. Ainsi le jour de la mort de Lafayette il fut jugé convenable qu'un nom si illustre n'eût pas expiré sans un mot caractéristique: on s'empara de la députation des écoles admise près du lit du mourant, et on lui fit répondre : « Vous serez plus heureux que moi, vous verrez la terre promise! » Le mot parti du café de Paris alla au foyer de l'Opéra, où le journalisme, ce gobe-mouche aux cent gueules ouvertes, l'avala et le donna le lendemain à Paris, à la France, au monde, et je défie tout historiographe qui voudra conter la vie de Lafayette de ne pas affirmer qu'il a proféré en mourant: « Vous serez plus heureux que moi, vous verrez la terre promise. »

On m'a dit, et je suis forcé d'avouer que ce bruit a quelque fondement, que le café de Paris, oubliant ce qu'il devait à la lionnerie, a failli perdre sa clientèle pour avoir ouvert un de ses salons à la petite bourse. Mais le préfet de police a protégé ce restaurant contre cette velléité d'agiot, et il est redevenu un peu ce qu'il était, quoique le restaurant de la maison Dorée commence à le saper dans la base.

En face est le café Anglais. Celui-ci est déjà d'une cuisine plus grave et d'une population moins papillotante. Au café Anglais on dîne peu par ostention du dîner proprement dit, quoiqu'on y dîne aussi par ostentation d'y dîner. Je m'explique. Le marron de la Bourse, le journaliste ministériel, le maître clerc de notaire, vont au café Anglais, mais seulement pour pouvoir dire à leurs confrères, lorsque chacun parle de la manière dont il vit : « Moi, je dîne au café Anglais; » mais cette vanité ne va pas au delà de la localité; et lorsque ces messieurs viennent prendre leur repas, ils ont des combinaisons de carte (de restaurateur) pour borner leur dépense à une somme fort médiocre.

Ce qui dîne bien au café Anglais, c'est le chef de division d'un ministère, c'est l'associé d'agent de change, le chef d'emploi de quelque théâtre de premier ordre, le vieux garçon, rentier de vingt mille francs, quelques anciens colonels ou généraux d'une fortune au dessus de leur retraite. En général le dîneur du café Anglais est un homme d'une position faite, assise, d'une bonne solvabilité. Jusqu'à un certain point, la cuisine y a la consistance de ceux qui la mangent. Le bifteck et les côtelettes y sont d'une épaisseur et d'un suc exquis. Il faut que la dépense y profite.

Dans ce café d'un apparat plus modeste que celui du café de Paris, il y a beaucoup plus de vrais mangeurs que dans ce dernier. Si on n'y comprend pas très bien le fini et la légèreté d'un entremets, on y entend à merveille la succulence des viandes rôties. Quant au ragoût proprement dit, il n'y a qu'un endroit à Paris où il soit admirablement exécuté, c'est le Rocher de Cancale.

Personne ne dîne et ne peut dîner tous les jours au Rocher de Cancale, non à cause des prix pour lesquels il peut se trouver toujours des bourses assez riches, mais parce que la cuisine du Rocher de Cancale est toujours une cuisine de régal, et qu'elle porte un cachet particulier. Tout homme qui sait vivre, et qui vit dans sa maison avec un cuisinier un tant soit peu habile, n'ignore pas que le même plat n'est plus le même, s'il dîne seul avec sa femme et ses enfants, ou s'il a six personnes à sa table. Ne serait-ce qu'un poulet au blanc, le cuisinier mettra une nuance très sensible entre celui qui doit être servi en famille et celui qui doit paraître devant des étrangers. Or, la cuisine du Rocher de Cancale est (et j'en reviens à mon mot) une cuisine de régal.

Aussi n'y a-t-il pas de nobles dîners de mangeurs, de ces dîners où tout sera apprécié, où rien ne passera inaperçu, depuis le mets le plus spartiate jusqu'aux rôtis Weron et à la crême vierge renversée, qui ne se donnent au Rocher de Cancale. C'est une sainte et belle chose qu'un pareil dîner; c'est un grave et fort spectacle que l'aspect d'une table dont le service a été abandonné à la haute intelligence du maître de la maison. C'est à la fois quelque chose de magnifique et de précieux que l'invention de ces plats monstrueux qui encombrent une table de quarante couverts. Il y a dans cette cuisine une force et une grâce surprenantes. Ainsi j'ai vu là tel aloyau dont la chair puissante était dorée de jus si précieux, parsemée de si élégants et de si fins accessoires, qu'on eût pu le comparer à ces boucliers du grand Benvenuto, tout couverts de dessins les plus délicats et les plus achevés sur un robuste fond d'acier. Ainsi le bouclier de Cellini était à la fois une défense et une parure. La cuisine du Rocher de Cancale est à la fois un puissant aliment et une délicieuse *gourmandise*. C'est de l'art à toute sa portée.

C'est précisément à cause de cette excentricité supérieure que le Rocher de Cancale n'a pas ce qu'ont tous les autres restaurants, une clientèle d'habitués de tous les jours; mais il voit venir à lui tout ce qui aime à bien manger et tout ce qui sait manger : banquiers, artistes, conseillers à la cour, députés, journalistes, gros négociants, Parisiens, provinciaux, ayant femme, cuisinière et enfants, appartiennent au Rocher de Cancale, le jour où ils veulent faire un sacrifice au dieu ventre.

Disons, en passant, ce qu'une partie du public ignore, c'est que jusqu'à quatre heures du soir les prix du Rocher de Cancale sont absolument les mêmes que ceux des autres restaurants de la rue Montorgueil. C'est une sorte de sacrifice propitiatoire fait en faveur des dévotions humbles et vulgaires, lequel met en pratique ce haut précepte commun à la gourmandise et à la morale évangélique : *Laissez venir à moi les petits!*

M. Borel, le grand-prêtre de ce temple d'Apicius, a surtout un précieux mérite à nos yeux; le sel dont il se sert pour assaisonner ses ragoûts devient quelquefois dans ses mains savantes le plus pur sel attique. Grâce à lui *le Caveau*, de poétique mémoire, n'est pas encore devenu le caveau funéraire où la chanson dormira de son dernier sommeil. Le Caveau a survécu à Désaugiers et aux bouderies de Béranger; le Caveau est plein de vie, de verve et de gaîté. Le Caveau déjeûne encore au Rocher de Cancale.

Le Rocher de Cancale a aussi la spécialité des délicieux tête-à-tête; mais quel couple assez distingué d'estomac peut-on imaginer, pour apprécier un mets savamment établi, pendant que les lèvres parlent d'amour, au lieu de frémir au contact d'une sauce divine. Mener une femme au Rocher de Cancale, c'est perdre un bon dîner; aussi ai-je un profond mépris pour les blancs-becs qui vont rue Montorgueil faire un dîner de séducteur. C'est après la conquête qu'il faut y aller, quand on se connaît déjà assez bien pour oser manger en face l'un de l'autre; sans cela il faut préférer incontestablement les perdreaux étiques et les vins douteux du Cadran Bleu; cela ne cause aucune distraction : l'essentiel dans la vie, c'est l'à-propos.

Et l'à-propos est également essentiel pour celui qui écrit, et c'est pour cela que je ne quitterai pas cette rue Montorgueil sans vous parler de Philippe et de Bourgogne. Ici c'est encore le régal qui règne, mais à un degré moins élevé et moins précieux. C'est chez ces restaurateurs que se font ces forts dîners engloutis par de forts mangeurs, buvant de larges rasades. C'est le temple des carrés de viande, des portions *incongrues*, des ragoûts d'une riche graisse, d'un poivre violent; là vous voyez des dents à nulles autres pareilles, des lèvres ruisselantes de jus, des figures pleines de bonne chère, ce sont les riches marchands de vin, d'huîtres, de bois, les entrepreneurs de moellons. Tout dîner y est une double affaire: 1° manger beaucoup, manger long-temps, manger bien, boire de même; 2° conclure un marché de quelques cent mille francs. C'est une bourse où l'on mange.

Quelquefois on y rencontre des tables ajoutées les unes aux autres avec dix à douze convives, hommes et femmes, qui parlent littérature. Ce sont les marchands de billets des théâtres de Paris qui traitent d'un succès dramatique. Le marchand de billets dans un ordre inférieur est un des gourmands les plus entendus de Paris.

Mais je n'ai point la prétention de vous faire connaître l'un après l'autre tous ces asiles de la dînerie; toutefois je ne puis oublier Véfour, le café des avocats en renom, des députés soigneux d'eux-mêmes, des médecins cossus, de l'agent de change en congé de sa femme, de l'avoué qui n'en a pas, du comédien de quarante ans bien posé, du maître de pension qui a gagné une gastrite de besoin au régime de ses élèves. Véfour a écrasé Véry, qui n'a plus que des ruines de bonne cuisine et de bons vins; il a écrasé les Provençaux. Cette modeste et grave retraite du gourmet silencieux et recueilli est tout à fait perdue depuis qu'on l'a dorée et descendue au rez-de-chaussée. Oh! qu'avez-vous fait de cette docte cave, mes frères, mes chers frères provençaux, de cette cave, où l'on trouvait toutes les nuances des vins du Rhône et où l'on pouvait finir un dîner par un verre de ce fameux rhum d'Abrantès, ainsi nommé parce qu'il venait de la succession de Junot?

Ainsi l'homme qui a aimé et qui a quitté l'asile où furent ses premières douces illusions, revient, après une longue absence, dans le pays dont le souvenir le berce encore. Il se rappelle avec délices l'abri rustique où il a vu la jeune fille à la taille svelte, élancée et souple, la maison grave et bien tenue où elle vivait sous l'empire de parents indulgents mais sérieux; il croit qu'il va retrouver tout ce qu'il a laissé. Point! — La belle fille est mariée, elle est grasse et joufflue; la blanche mousseline de sa chambre est changée en gros rideaux de damas jaune; elle ne plie pas plus que son busque d'un terrible acier, qui la maintient à peine; où il y avait de belles douces fleurs distinguées, il y a de larges dalhias communs qui ne sentent rien; l'infortuné qui est revenu tombe du haut d'un charmant souvenir dans une grosse réalité. Tel serait le désespoir qu'éprouverait un de ces généreux habitants de la province qui savent de la vie sa fonction la plus distinguée, s'il revenait à Paris et s'il retournait aux Provençaux avec ses souvenirs d'autrefois. La fleur de cette cuisine galante est passée, l'arome de cette cave précieuse est évaporé : on y boit et on y mange comme partout. C'est affreux!!...

Sautons, pour nous consoler de ce désastre, sautons la moitié de Paris, et abattons-nous aux Vendanges de Bourgogne, non point, s'il vous plaît, un jour de repas de corps; qu'il s'agisse d'une compagnie de la garde nationale fraternisant avec elle-même, ou d'un banquet républicain prétendant fraterniser avec les nègres esclaves de la république américaine. Foin de cette mangeaille! qu'elle soit payée à dix francs ou à deux francs par tête. J'exècre les dindons, j'exècre le veau rôti, j'exècre les choux-fleurs et les blancs-mangers à la fécule et à la colle de poisson. J'exècre encore plus le vin ordinaire à vingt sous, horrible boisson; le bordeaux à cinquante sous, stupide breuvage, et le champagne mousseux à trois francs cinquante; de l'eau gâtée. Je professe également la haine la plus profonde pour les toasts à l'émancipation du monde et à la stabilité des lois, au progrès des idées et à la conservation des droits acquis, aux grands citoyens A. ou B., ou bien à notre digne capitaine B. ou A. Si vous voulez connaître les Vendanges de Bourgogne, allez un dimanche dans ces longues salles dentelées de tables d'un bout à l'autre. Là vous trouverez tout le bon et vrai peuple parisien.

Celui-ci, avec une femme et trois enfants, sa voix perçante et son accent bolonais, est un fumiste ou un modeleur en plâtre italien; il mangera du macaroni. Cet autre, encore avec sa femme et point d'enfants, est un ébeniste du faubourg Saint-Antoine qui vient se régaler. L'Italien tire après lui la séquelle de sa génération en se disant : Je demanderai à dîner pour moi et ma femme; les enfants mangeront le reste. L'ébéniste établi, qui a une maison, y laisse ses enfants aux soins d'une servante, parce qu'un bon dîner pour six lui coûterait trop cher. D'un autre côté, s'il doit lui arriver de sortir un peu des bornes de la tempérance, il ne veut pas que ses enfants le voient, et ils seront couchés quand il rentrera, tandis que l'Italien les ramenera le ventre creux à la maison, en leur donnant des coups de pied et des coups de poing, sous prétexte qu'ils ne marchent pas droit, vu qu'il ne veut pas convenir que c'est lui qui va d'un mur à l'autre de la rue.

Là aussi vous trouverez le riche maraîcher des environs de Paris venant conclure un réglement de compte avec un fruitier en renom; dans un autre coin quatre hommes assis, d'un air supérieur, à une table..., quatre vaudevillistes qui veulent faire une pièce populaire. Ceux-ci, qui se pressent, vont, après dîner, au Cirque Olympique; ceux-là qui mettent les coudes sur la table rentreront chez eux après manger.

Mais voyez, je vous en prie, là, tout-à-fait contre le mur. Cette grande fille et ce jeune garçon vont vous donner un échantillon de leur dîner.

— Que voulez-vous, Paméla?

— Ce que vous voudrez... tiens, vous ne m'avez pas fait venir ici pour que je fasse le dîner.

— Deux côtelettes?

— De quoi! ah! l'horreur!...

— Un bifteck?

— Merci, mon cher.

— Choisissez donc.

— Il le faut bien! c'est que vous ne savez pas faire un dîner comme il faut. Vous allez voir: d'abord pas de soupe... j'en ai assez de la soupe; du vin blanc de Pouilly... je suis économique, nous commencerons par une salade *d'homards*... puis une perdrix aux choux, et nous finirons par des rognons au vin de Champagne.

Remarquez l'air préoccupé du pauvre garçon; il a déjà additionné la carte dans sa tête, et il compte du doigt les quelques pièces de cent sous amassées dans son gousset... Il y aura de quoi, mais la soirée sera bien entamée. Cependant que refuser à l'Armide qui le charme, à la grisette du Prado qui a daigné accepter son invitation! Il ordonne, on sert, il mange... Mais, ô profonde douleur!

elle ne mange pas, la salade d'*homards* est fade... la perdrix aux choux n'est que de la viande bouillie : les rognons au champagne sont amers... il ne sait quel mets délicieux peut flatter ce palais si délicat ; il y sacrifiera toute sa bourse et il la satisfera, dût-il laisser sa montre sur le comptoir. Mais tout à coup l'instinct de la séductrice se réveille, et elle lui dit d'un air de franchise sublime : « Tout ça, c'est de la ripopée... Donnez-moi un morceau de lard aux choux. » A cette proposition il se récrie, mais il faut bien obéir, et la belle en chapeau rose gâche ses choux avec de la moutarde, poivre son lard à le rendre gris, boit son vin sans eau, avale le tout avec une voracité féroce, se lèche les lèvres qu'elle n'essuie pas, et s'écrie : « A la bonne-heure ! ça sent quelque chose. » Comme je vous l'ai dit, la donzelle est une grisette du Prado, et le pauvre garçon un commis de magasin de nouveautés. Si c'était un jeudi, ce serait un étudiant en droit.

Vous ignorez peut-être, et il est bon que vous le sachiez, que l'étudiant en droit dédaigne le Prado et la Chaumière le dimanche, et qu'il ne jette son aristocratique présence dans ces deux illustres bals que les jeudis. Aussi est-ce une merveilleuse assemblée que la Chaumière le jeudi ; l'étudiant FADARD (autrement dit *calé*, ou, si vous voulez, bien pensionné), y lionne ce jour-là ; il danse à l'orchestre (c'est-à-dire au quadrille le plus près de l'orchestre), ce qui est son droit, et ce que l'étudiant *pané* ne se permettrait pas de lui disputer. Il est des cancans où triomphait Sophie Po.... la belle danseuse qui, depuis près de vingt ans, a passé en revue toute la fière jeunesse des écoles, Caroline qui n'est pas celle qui court sur les chevaux de Franconi, et Clara *Fontaine*, la belle des belles. Si vous voulez demander aux habitués du Prado pourquoi on l'appelle Fontaine, ils vous le diront.

Mais ceci n'est point de mon sujet, et ne me servira qu'à vous conduire, grâce à la distinction que j'ai faite entre l'étudiant fadard et l'étudiant pané, chez Barrillau, où dînent les premiers avec l'importance d'un estomac qui peut mettre jusqu'à deux francs cinquante à son dîner, tandis que l'étudiant pané va se cacher chez le Viot de la rue de la Harpe ou chez Rousseau l'aquatique, ainsi surnommé parce que le vin y est inconnu. Mais quelle eau ! M. de Rotschild n'en boit pas de meilleure. Un habile habitué de chez Viot ou de chez Rousseau peut combiner un modeste dîner qui ne va pas au delà de treize sous, et avec dix-neuf sous il fait un excellent repas. Mais l'étudiant ne hante pas seul ces modestes salons, c'est encore l'artiste en herbe, le graveur, le peintre, le statuaire, qui suit l'école d'un grand maître et qui gagne quelque trente sous par jour à je ne sais quels métiers qui sont des dégénérescences honteuses de l'art, comme de graver des têtes d'almanachs, de peindre des décorations de boutiques ou de modeler des figurines pour l'usage des églises de l'Auvergne.

Du reste partout et toujours se rencontre la différence essentielle du dîneur fastueux avec le simple mangeur. Chez Barrillau l'étudiant se carre comme le lion au café de Paris, demande le journal, interpelle le garçon par son nom propre et fait de l'esprit avec son voisin. Chez Viot au contraire, la salle est un réfectoire : on n'y pose pas, on y mange ce qu'on peut et on se hâte pour le manger : voilà tout. Mais l'étudiant pané de Viot qui veut se régaler ne va point chez Barrillau, il saute d'un bond jusqu'à Dagneau ou Risbeck.

O Risbeck ! existez-vous toujours ? Risbeck ! le restaurateur des bals de l'Odéon quand Musard n'existait pas encore et quand les danses prohibées n'envahissaient pas la jeunesse. Car il est une observation qu'il faut que je fasse en ce moment, c'est que le restaurant tel que je l'ai raconté n'est que le restaurant de la semaine ; le dimanche est un jour où toute classification est impossible. Le dimanche la population habituelle du dîner public s'accroît de la moitié de la population parisienne qui abandonne la maison. Ce jour-là, il n'y a plus aucune distinction à faire : à la place où dîne d'ordinaire un député, vient s'asseoir un entrepreneur de cuvettes inodores, et là où un conseiller maître à la cour des comptes a établi son siége, il arrive souvent que vient prendre place un fabricant de tournures oudinot. Il y a même beaucoup de restaurateurs qui n'ont que le dimanche comme jour de consommation, le Méridien, le Cadran Bleu lui-même (1), qui regorgent de monde le dimanche, ont à peine quelques dîneurs dans la semaine. C'est presque toujours un couple furtif qui va se cacher dans leurs cabinets particuliers, ou quelques provinciaux qui doivent aller le soir au mélodrame de la Gaité ou des Folies Dramatiques.

(1) Le Cadran Bleu a surtout ses noces, et sous ce rapport il est justement célèbre, mais comme restaurant il n'a même plus la discrétion de ses cabinets.

Une chose que je ne veux pas oublier et qui est un des traits de caractère, à mon sens, les moins honorables du peuple parisien et en particulier de la bourgeoisie, c'est l'encombrement de tous les restaurants le jour du Vendredi-Saint. Dans la plupart des familles les jours maigres ne sont guère observés, et pour l'immense majorité de Paris le carême est comme s'il n'était pas. Mais enfin un jour arrive où la ménagère (il faut rendre cet honneur aux femmes) n'ose pas oublier tout-à-fait les devoirs de la religion qu'elle professe et qu'elle enseigne à ses enfants. On fera maigre le jour du Vendredi-Saint. Alors le maître de la maison qui a cent fois dîné avec des œufs et des lentilles sans s'en apercevoir, se gendarme à l'idée d'un dîner maigre imposé par un devoir religieux.

—Ma femme fait maigre aujourd'hui, dit-il, je le veux bien à cause des domestiques qui ont besoin d'avoir un peu de religion, mais je veux aussi que le diable m'emporte si je dîne chez moi.

Et sur ce, sans penser qu'il serait bon que le maître de la maison donnât le bon exemple, si bon exemple il y a, il va dîner chez le restaurateur. Un dîner maigre pèserait à la conscience du libéral qui déteste les jésuites et qui est électeur indépendant. L'esprit voltairien, dégénéré jusqu'à la décrépitude de la presse constitutionnelle, fait croire à cet homme qu'il fait acte de courage et de philosophie en allant se goberger et s'enivrer le Vendredi-Saint. C'est horriblement misérable, mais c'est vrai : ce saint jour, le grand jour de deuil de notre religion, de la religion de nos pères et de nos enfants, est celui où les restaurants de Paris retentissent le plus de débauches et de grossièretés. Et cela par esprit de sottise, de vanterie, de fanfaronnade : c'est brutal, et qui pis est, c'est bête. Il faut beaucoup le répéter au peuple le plus civilisé et le plus spirituel de la terre, à ce qu'il dit : c'est brutal et c'est bête!

Mais dans cette nomenclature rapide, combien n'en ai-je pas oublié! Et d'abord Champeaux, le restaurateur du tribunal de Commerce, juges, agréés, syndics, arbitres, débiteurs, créanciers, tous dînant à portée de leur Thémis commerciale. C'est là que tout bifteck est assaisonné d'un protêt, tout perdreau d'un commandement, et tout faisan d'une saisie. Nous avons encore les restaurants de la rue Notre-Dame-des-Victoires et de la rue de Grenelle; c'est l'asile du commis-voyageur : il s'y parle un argot de vins, de trois-six, de fils n°s 200, 240, etc.; de castorines, percalines, de laines ou soie, de ferraille, de houille, d'huiles, de cacao, de vanille, d'épices, de denrées de toutes sortes qui mériteraient qu'un ministre du commerce vînt s'asseoir dans un coin de ces salles mal éclairées pour y entendre traiter d'une façon à laquelle il ne s'attendrait point les questions de production et de douanes. C'est particulièrement dans quelques uns de ces restaurants qu'on peut remarquer une chose qui n'a jamais lieu dans les autres. C'est le plus souvent des consommateurs apportant l'un une bouteille de rhum ou de vin fin qu'il veut faire goûter à ses convives, tel autre remettant au garçon un pâté de foie qu'il servira à sa table au moment demandé. Celui-là a des saucissons, cet autre des petits pois ou des haricots de Nantes dans leur caisse de ferblanc; et ce plat spécial est confié au cuisinier qui l'apprête.

Est-ce que chacun de ces dîneurs a apporté cela de ses voyages? Non : mais de ses voyages il a rapporté un goût prédominant pour un mets favori; et mieux que le plus habile gourmand de Paris, il connaît le correspondant qui le reçoit de première main (il va l'y acheter lui-même), et le fait préparer à la façon originale qu'il a apprise dans le lieu même où naît ce produit gastronomique. C'est ainsi que le commis-voyageur qui revient sans cesse à Paris comme au grand centre de la toile d'araignée qu'il étend sur tous les marchés voisins, aime à se donner de temps en temps, tantôt un souvenir de la Provence, tantôt un souvenir de la Normandie. Une chose remarquable du restaurant que fréquente le bon commis-voyageur, c'est l'excellence des vins ordinaires. Les vins fins n'y ont point cours, mais les mâcons, les beaunes, et les bordeaux ordinaires y sont d'un cru dont la franchise dépasse de beaucoup les vins apprêtés pour revêtir des noms plus pompeux.

Quelques uns de ces négociants en poste préfèrent la table d'hôte; mais jamais vous n'en verrez dans ces établissements que le Parisien pur sang préfère à des restaurants cent fois meilleurs, mais où il faut ne manger que d'un mets quand on n'est pas riche. Jamais commis-voyageur n'entrera dans les restaurants à prix fixe.

Il faut être de ce Paris pour lequel a été inventé le proverbe : *Habit de velours, ventre de son*, pour savoir ce qu'a d'influence sur ses enfants l'étalage suivant : Potage, trois plats au choix, dessert, une demi-bouteille de vin, et le tout pour 2 fr., pour 1 fr. 60 c., pour 1 fr. 25 c. Comprenez-vous que cela puisse se faire?

Cela se fait pourtant, et il est notoire que sur dix fortunes à faire au métier de restaurateur, huit sont assurées aux restaurateurs à prix fixe.

Prétendre découvrir le mystère de ces chimistes supérieurs qui peuvent extraire de je ne sais quoi : un potage, trois plats, dessert et carrafon de vin pour vingt-cinq sous, et y gagner encore quelque chose, ce serait trop d'audace. Cela doit tenir à des secrets d'alchimie, dont les démons seuls ont la propriété, et qu'ils vendent aux mortels ; et je suis d'autant plus porté à le penser, qu'ayant mangé du bifteck de cet endroit je crus reconnaître cette odeur fantastique de *cuir qui brûle,* qui annonce d'ordinaire la présence de Satan.

Une autre raison qui me fait pencher pour cette opinion, c'est la population effrénée qui hante ces sortes de restaurants, comme tout ce qui mène à la perdition de l'homme soit par l'esprit, soit par l'estomac. C'est là que dînent les rentiers de l'état, les retraités civils et militaires, les commis de ministère, c'est-à-dire tous les hommes dont la vie est soumise à un budget régulier et infranchissable.

Ainsi l'avocat, l'avoué, l'homme de lettres, le négociant peuvent dîner à l'aventure ; s'ils se sont laissé gagner une fois par un peu trop d'appétit en toutes choses, ils se disent qu'ils travailleront un peu plus pour réparer la brèche ; mais il n'en est pas de même pour le rentier et le pensionnaire de l'état qui ont un revenu invariable de douze cents francs à mille écus. Admettez un commis à 1800 fr. : il ne peut pas sortir d'une dépense régulièrement circonscrite. Ainsi, j'admets qu'il s'arrange ainsi :

Quinze sous de déjeûner par jour, ci. .	22 fr.	50 c.	par mois.
Quarante sous de dîner par jour, ci. .	60	»	
Loyer, 25 fr., ci, ...	25	»	
2 fr. de blanchissage par semaine, ci. .	8	»	
Femme de ménage, 4 fr., ci.	4	»	
Tout cela fait déjà 119 fr., ci. . . .	119 fr.	»	par mois.

Admettez le reste pour le vêtement, et vous comprendrez que si cet homme se laissait dépasser dans son dîner de quelques sous par jour, il serait tout de suite hors de voie, et forcé de s'endetter.

D'ailleurs, c'est, à mon sens, une chose déplorable que d'être en face d'une carte de restaurateur, et d'être obligé de regarder aux prix avant d'oser manger ce qui vous plaît. Il faut s'interdire tout poisson et tout gibier. Tandis qu'une fois entré chez Yon avec une pièce de quarante sous dans votre poche, vous planez en maître sur une carte aussi vaste et aussi variée que celle des plus huppés, et sans crainte, sans préoccupation aucune vous pouvez vous donner à cœur joie, de la volaille, du gibier, de la pâtisserie. Votre pièce de quarante sous répond de tous vos appétits. Car, je vous le jure, lorsque vous aurez épuisé la plénitude de votre droit, vous serez incapable d'aller plus loin.

Cette catégorie de restaurateurs a cela de particulier qu'elle suit la même classe d'individus dans toutes ses hiérarchies. Ainsi, le chef de bureau entre chez Richard, le commis va chez le Viot (un autre Viot de la rue de la Monnaie, à vingt et un sous), et le surnuméraire, rue des Mathurins, à seize sous. Mais soyez sûr d'une chose, c'est que tous les habitués de ces restaurants sont des gens d'ordre.

Si j'étais banquier et que je pusse savoir qu'un homme a été six mois de suite dîner dans un restaurant à trente sous sans y manquer un seul jour, je le prendrais immédiatement pour caissier. La régularité de l'estomac annonce la régularité des idées, et celui qui ne s'est pas abandonné une seule fois à l'attrait de dépenser douze sous de trop, est un homme à qui l'on peut se confier pour l'exacte tenue des comptes. Je m'y fierais plus qu'aux bureaux de placement.

Au reste, pendant que j'écrivais cet article il s'est établi un nouveau restaurant à prix fixe qui semble une providentielle justification de ce que je disais en commençant : que la vie de famille s'en va tous les jours. Sous le passage de l'Opéra, dans les souterrains qui se sont appelés : LE BAL D'IDALIE (Idalie dans une cave… n'est-ce pas monstrueux d'esprit parisien!); dans ces souterrains, dis-je, vient de s'ouvrir la taverne des Deux-Mondes. C'est une conception effrayante : vous descendez quinze marches au milieu de ténèbres préparatoires, foulant d'épais tapis qui condamnent vos pas au silence. Cela vous rappelle ces caveaux obscurs des *Mille et une Nuits*, ces voûtes humides où Abdahlah s'aventure pour pénétrer jusqu'aux salles bâties de diamants du palais enchanté. Au pied de la rampe, murmure une fontaine qui jaillit d'une rocaille. Et puis vous entrez.

Mais au lieu d'une *lampe merveilleuse*, il y en a deux cents. L'œil distingue à peine le fond de cette salle immense noyée dans un horizon lumineux. Vous apercevez confusément des bataillons de tables alignées sur trois files de cinquante rangs de profondeur, supportant l'assaut de plus de deux mille mangeurs. Le plafond, étoilé de lumières, reçoit l'air par de vastes soupiraux qui sont comme les poumons de cette foule immense. Une sorte de trône s'élève à l'autre bout de la crypte. Tout cela est si gigantesque, si étrange, qu'on s'attend à y voir monter quelque infernal génie. C'est le *pandémonium* de la gourmandise parisienne.

Et maintenant je n'ai plus qu'un mot à dire sur cette prodigieuse entreprise, et sur l'homme qui la conduit.

Peuple parisien, il n'y a en France qu'un pays d'où vient la truffe, ce tubercule qui ne se transplante pas... il n'y a qu'un pays où pousse le grand cuisinier, c'est le Languedoc.

Le directeur de la taverne des Deux-Mondes est compatriote du Languedocien Balaine, cet autre artiste qui créa le Rocher de Cancale. Carême, quoi qu'on en dise, ne fut qu'un cuisinier. Balaine, lui, a été un magnifique entrepreneur de cuisine : tel est aussi le *tavernier* du passage de l'Opéra ; esprit fin, observateur délié, il a le génie de vue, il aura la puissance de l'exécution : c'est un homme qui a voulu faire une révolution ; vous verrez qu'il la fera.

Je vous ai dit tous les endroits où mange le bourgeois parisien, et il me reste à vous dire où mange le peuple. La semaine, c'est chez le marchand de vin, dans une salle basse défendue par des rideaux de calicot rouge. C'est là qu'on lui sert du bœuf bouilli, et le plus souvent de la charcuterie, la plus détestable nourriture de la terre. Le dimanche, c'est à la barrière, dans des myriades de cabarets plus ou moins grands, et dont quelques uns ont l'étendue d'un vaisseau de ligne avec ses entreponts à perte de vue. C'est là que grouille, au milieu de la salade, du veau rôti, de la gibelotte de lapin, une population énorme d'ouvriers de toute espèce buvant et mangeant, parlant, puis dansant : car on danse autant qu'on mange à la barrière.

Le grand monde qui traîne ses pas dans des salons ennuyés, commence à trouver la danse une assez sotte chose. Je ne vois plus guère que la valse à deux temps qui puisse légèrement émouvoir le languissant dédain de nos belles dames ; mais chez le peuple la danse est toujours une idole à laquelle il sacrifie avec amour, avec excès.

C'est du reste un spectacle curieux que ces deux ou trois cents repas servis à la fois dans une même pièce, et se composant à peu près à toutes les tables des éléments que nous venons de dire plus haut. Ce qui caractérise ces endroits, c'est parmi des gens de la même espèce, et souvent du même quartier, l'isolement de chacun. Personne ne se mêle de son voisin, et si après le troisième litre, deux camarades dînant ensemble en viennent à se quereller, et passent de la querelle au poing et du poing au couteau, c'est tout au plus si la table voisine rangera les chaises pour ne pas laisser tomber du sang dans la sauce. Sous ce rapport, le peuple parisien est barbare. Il prend aisément en pitié l'homme qui tombe d'inanition sur une borne; mais que deux hommes ivres se battent, se mordent, se coutellent, il étend les bras pour empêcher de passer ceux qui veulent les arrêter; il fait faire cercle, et il admire.

Nous avons dit que les barrières étaient le refuge de la moitié de la population parisienne le dimanche et le lundi; durant la semaine, elles n'ont guère d'autres habitués que les voleurs de profession. Indépendamment de quelques cabarets qu'ils fréquentent plus assidument, et lorsqu'ils sont en rupture de ban ou sous le poids d'une condamnation, ils vivent volontiers à la barrière. Quant aux bouges de la Cité, de la rue de la Bibliothèque, ce n'est qu'à minuit que commencent les franches lippées. Un mets qui y joue un grand rôle, c'est la poule au riz et le foie de veau. La poule au riz et le foie de veau sont la vraie passion culinaire du voleur. C'est là que l'on peut voir, quand on ose y pénétrer, l'orgie sous la forme la plus hideuse et la plus pittoresque. Qu'il porte un habit de sedan ou un bourgeron en lambeaux, le voleur est l'égal de tout autre voleur. De même pour l'être immonde qu'il appelle sa femme, soit qu'elle ait un chapeau de soie rose d'Alexandrine (et cela s'est vu), ou un madras troué pour lui servir de bonnet. Il en arrive que si vous pénétrez dans un de ces bouges, vous voyez assis à la même table la belle dame et le beau monsieur qui vous ont coudoyé à l'Opéra, et le mendiant qui vous a tendu la main au coin d'une rue. Tout cela jubilant, mangeant, parlant un horrible argot, et traitant d'un vol comme on traite d'une chose à livrer. On cède un vol à faire à prix fixe ou avec un intérêt dans le vol. C'est cinq, ou vingt-cinq pour cent dans la prise, et le marché se conclut sur ces bases comme s'il s'agissait d'une coupe de bois ou de la publication d'un livre. J'ai voulu finir par ce trait, pour montrer jusqu'à quel point le voleur de Paris est infâme.

En effet, c'est en mangeant qu'il organise ses méfaits. C'est le ventre plein qu'il médite de répondre à ses juges : *Poussé par la misère et le désespoir*. Et les jurés prennent ceci pour des circonstances atténuantes. Pauvres gens!

FRÉDÉRIC SOULIÉ.

Le Marché des Innocens.

LE MARCHÉ DES INNOCENTS

Par Eugène Briffault.

Les approvisionnements. — La Halle; ses annexes, son passé. — Le cimetière des Saints-Innocents. — Un rat dans un crâne. — La fontaine. — Ancien aspect de la halle. — Réalité et apparences. — La littérature des halles. — Un mot. — Les *poissardes* et les *forts*. — Hommes et femmes. — Leur condition à la halle. — Les dames de la halle. — La halle et le carnaval. — Les costumes. — Le catéchisme poissard. — Quelques types. — Calomnies — La nuit de la halle. — Les marchés. — Documents. — Les différents marchés. — Statistique des approvisionnements. — Les cabarets. — Les restaurants ambulants. — Paul Niquet. — Le départ des jardiniers. — Les veillées de la halle. — La halle, le jour. — Plus de dames de la halle. — Nationalité de la halle. — La fidélité des relations. — Les restaurateurs. — Les gourmets. — Les tombes de juillet. — Mœurs. — Éducation. — Les piliers des halles.

A l'aspect des principaux centres de population et de la multitude d'êtres animés qui remplissent les grandes villes, une première pensée frappe l'esprit, l'étonne d'abord, et finit toujours par l'épouvanter; c'est celle des besoins sans cesse renaissants et auxquels il faut suffire non pas seulement chaque jour, mais à chaque instant de la journée. On se demande avec effroi s'il est une main assez puissante pour accomplir avec persévérance et avec sûreté cette œuvre de salut et de conservation ; puis, la réflexion se fatigue, cette recherche l'importune comme une idée fâcheuse et pénible; on jouit du bienfait sans daigner remonter jusqu'à la source de la sécurité et de l'abondance. La surprise serait bien plus vive, si l'on s'apercevait que ce ne sont pas les seules nécessités et les plus impérieuses exigences de la vie qui sont ainsi satisfaites, mais qu'il n'est pas un caprice, pas une fantaisie, pas un désir, pas une extravagance de la richesse, du luxe et de la sensualité qui ne voient à l'instant même accomplir leurs volontés ou remplir leurs vœux.

C'est un immense problème résolu chaque matin, à la halle de Paris.

Les magistrats préposés aux soins de la subsistance publique ont appliqué leur sollicitude et leur vigilance aux grands approvisionnements alimentaires; mais ces mesures étaient inapplicables à une production de denrées tellement nombreuses et diverses que par leur nature même elles échappaient à toute prévoyance. L'édilité voyait se briser ses efforts contre des obstacles infinis et sans cesse répétés; elle a dû se borner à une protection suprême, tout en laissant libres les intérêts particuliers.

Halle est le mot générique par lequel nous désignons un marché. Paris compte plusieurs *halles* qui ont des destinations spéciales; on les distingue entre elles par le nom même des denrées qui s'y débitent : la halle aux cuirs, la halle aux vins, la halle aux draps, la halle aux blés. Un seul marché est appelé *la Halle*, comme les citoyens de Rome et d'Athènes appelaient leur cité *la Ville; la halle* est donc le marché-type, le marché par excellence : ce titre est déféré au *marché des Innocens*.

Ce marché, celui que la dénomination populaire appelle *le carreau de la halle*, est aujourd'hui le point central d'autres emplacements consacrés aussi à la vente des provisions de différentes espèces : autour de lui se groupent des annexes nombreuses qui toutes forment comme autant de colonies qui ont les mœurs, le langage, les habitudes et toutes les allures de la métropole qui les a engendrées.

La halle proprement dite occupe un espace en forme de parallélogramme, qui est situé entre la rue Saint-Denis, les rues Aux Fers et de la Lingerie, dans la direction de l'est, et qui cotoie parallèlement la rue de la Ferronnerie, le prolongement de la rue Saint-Honoré ; c'était l'ancien emplacement de l'église et du cimetière des Saints-Innocents.

L'histoire de ce cimetière est une des plus hideuses pages des chroniques de la ville de Paris.

Il recevait les sépultures de vingt-deux paroisses hors des portes. Lorsque ce quartier fut renfermé dans l'enceinte de la ville, il s'exhalait du sol des miasmes tellement putrides et infectes que tout le voisinage était menacé de maladies contagieuses et même de la peste ; les plaintes avaient été nombreuses et réitérées, mais elles furent long-temps inutiles, et ce ne fut que vers l'année 1780, à la fin du siècle dernier, qu'on pensa à chasser de la ville cette abominable fléau et à éteindre ce foyer pestilentiel. On nomma une commission composée de savants, et ils décidèrent unanimement qu'il y avait urgence de procéder à l'exhumation. Cette sage et indispensable mesure ne fut exécutée qu'en 1786.

On raconte encore dans les veillées de la halle que pendant cette opération, une tête de squelette, jetée hors de la fosse, se prit à rouler avec une étonnante rapidité ; déjà la foule effrayée criait au miracle et se disposait à interrompre un travail qui semblait maudit par le ciel : on entendait prononcer le mot de profanation ; un des fossoyeurs courut intrépidement après la tête vagabonde, et, lorsqu'il l'eut atteinte, il en fit sortir un énorme rat qui s'était logé dans la boîte osseuse.

L'endroit parut favorable à l'établissement d'un marché ; il faut se rappeler qu'alors ce lieu était dans la région centrale : Paris n'avait pas pris l'énorme et rapide accroissement qui a si fort reculé ses limites.

La première condition d'un marché qui était, par les prévisions mêmes de ceux qui le construisaient, destiné à être le principal marché de Paris, c'était la salubrité ; une fontaine devait favoriser ce projet. A l'angle de la rue Aux Fers, en 1551, Pierre Lescot, le célèbre architecte, avait construit une fontaine que Jean Goujon, l'illustre sculpteur, avait décorée de bas-reliefs et de statues de naïades. A ce monument remarquable par la noble et gracieuse élégance de ses proportions, il ne manquait qu'une seule chose, de l'eau. On jeta les yeux sur ce joyau pour orner la place du nouveau marché; mais pour poser au milieu de la halle cette fontaine adossée à l'angle d'une rue, il fallait y ajouter deux façades et une toiture; sous la direction de MM. Poyet et Molinos, architectes de la ville, M. Pajou sculpta trois naïades.

MM. Daujon, Lhuilier et Mezières complétèrent les autres ornements. On donna à tout le monument un ton uniforme; les œuvres des artistes nouveaux ont peut-être plus de correction et de régularité de dessin que celles de Jean Goujon; mais celles-ci ont un charme de vie et de légèreté qui ne permet pas de leur préférer les autres.

Le monument est placé sur trois gradins, au milieu desquels est un bassin carré sur lequel s'élève un soubassement de même forme, où quatre lions, posés sur ses angles, se montrent prêts à lancer de l'eau par jets impétueux dans son bassin inférieur. Au dessus commence la décoration de la fontaine. Sa construction est quadrangulaire; elle a quatorze mètres d'élévation; elle est percée sur chaque face par une arcade encadrée dans des pilastres corinthiens, cannelés, entre lesquels est couchée une figure de naïade de grande proportion; au dessus, les quatre côtés de l'attique sont surmontés par un fronton triangulaire; une coupole de cuivre façonnée en écailles de poisson couvre l'édifice. Au milieu des arcades est posée une vasque supportée par un piédestal de forme élancée. On a conservé l'ancienne dédicace *Fontium Nymphis* (aux nymphes des fontaines); et on y a reproduit la vieille inscription de Santeuil :

« *Quos duro cernis simulatos marmore fluctus,*
« *Hujus Nympha loci credidit esse suos.* »

« Ces flots que tu vois taillés par l'art dans ce marbre si dur, la nymphe de ces lieux les a pris pour les siens. »

Tout ce faste n'était qu'un pompeux mensonge; pendant vingt ans l'eau de la fontaine des Innocents suffisait à peine à l'entretien du ruisseau; mais, en 1813, quand Paris sentit circuler dans son sein les eaux qu'il empruntait aux rivières voisines, des nappes limpides et abondantes retombèrent à larges flots dans les bassins inférieurs ; d'étage en étage elles drapaient l'édifice, et lui donnèrent ainsi son véritable caractère ; quatre lions distribuaient au public ces trésors de fraîcheur : ce fut la première fontaine dont Paris put s'enorgueillir ; elle fournissait par jour deux mille muids d'eau.

Il faut le reconnaître, la halle eut long-temps un aspect repoussant : elle ressemblait à un vaste cloaque, et l'on comprenait difficilement comment d'un endroit dont la vue et l'odeur provoquaient au loin le dégoût, pouvait sortir chaque jour une si grande quantité d'aliments. Les marchandes se tenaient abritées sous de larges parapluies de toile cirée : autour d'elles étaient entassés les objets qu'elles exposaient à la vente ; dans toutes ces dispositions, il y avait quelque chose de si malpropre qu'on se sentait blessé par cette contemplation : c'était un spectacle immonde. Le langage participait de cette grossièreté triviale : il affectait des formes rudes, un accent rauque, des cris odieux et des mots qui n'appartenaient à aucune langue ; c'était quelque chose d'informe et de discordant qui blessait à la fois et le sens et l'oreille ; les manières des naturels du pays étaient à l'avenant, et dans ce Paris où florissait la langue la plus polie de l'univers, dans cette patrie de l'urbanité et du goût, la halle formait une contrée exceptionnelle dont l'impudente effronterie et l'âpre ignorance étaient proverbiales.

Et cependant sous ces apparences qui éloignaient d'elles le reste de la ville, se cachaient les mœurs les plus naïvement pures, les habitudes les plus loyales, toutes ces vertus du peuple si franches et si modestes ; cette écorce qui froissait le regard et le contact couvrait le type originel de la physionomie parisienne : la halle l'avait conservé intact et inaltérable ; sous ce langage si malsonnant il y avait une expression toujours vraie, toujours animée qui faisait vivre les objets par la parole, et donnait à la pensée et au sentiment une énergie qu'on aurait vainement cherchée ailleurs ; sous cette impolitesse des dehors, se voilaient les principes les meilleurs, la bienfaisance et la plus expansive cordialité. La halle était de tous les points de Paris celui dont les saillies s'étaient le moins usées au frottement de la corruption ; là se retrouvaient des traits pittoresques et des formes vigoureuses qui avaient disparu partout.

Quelques bons esprits furent frappés par tout ce que la halle offrait de piquant à l'étude de l'observation ; c'était là qu'il fallait étudier le peuple. On mit la halle à la mode. Il était de bon goût d'y aller le matin, de se prendre de propos avec les marchandes, et de se faire cribler d'injures par les huées de tout le carreau.

Il y eut une littérature des halles ; Vadé y fit des merveilles ; pendant long-temps cela remplaça et détrôna la pastorale. Collé, Piron et d'autres cultivèrent ce genre : le vaudeville et la chanson s'y livrèrent tout entiers ; mais ces petits vers qui enflaient leur voix pour atteindre aux robustes accents qu'ils voulaient copier ne rappelaient pas plus la langue de la halle que les bergères de la comédie à ariettes ne rappelaient les filles des champs. Un jour Vadé, qui se croyait bien fort dans le genre grivois, allait à la halle pour s'inspirer de tout ce qu'il entendrait ; un vinaigrier vint à passer, et sa brouette heurta et faillit renverser un étalage de légumes ; la marchande furieuse ne lui dit que ces paroles : « Passe ton chemin, *limonadier de la Passion.* » Vadé, vaincu et découragé, se retira. L'éponge, le fiel, le vinaigre, la soif ardente et le supplice du Juste sur le Golgotha, tout cela résumé dans ces seuls mots : « *Limonadier de la Passion!* »

A cette époque, la population de la halle se partageait en *poissardes* et en *forts*, qu'on appelait aussi *les forts de la halle.* Les *poissardes* prenaient leur nom de la vente du poisson, qui a toujours formé la branche principale du commerce de la halle; les *forts* étaient les hommes de peine qui portaient les fardeaux; pour ce métier, il fallait être doué de facultés herculéennes.

Une des particularités des mœurs de la halle, c'est que les femmes y ont toujours tenu le premier rang : seules elles font les transactions, les ventes, les achats, tous les marchés; les hommes leur sont soumis et se montrent dociles à leurs volontés; presque tous sont dans une position inférieure qui les tient en servage. A la halle les femmes règnent et gouvernent; aussi se sont-elles très orgueilleusement appelées les *dames de la halle*, comme pour constater leur domination.

Les dames de la halle formèrent long-temps une espèce de corps qui avait ses franchises et ses priviléges; dans certaines occasions solennelles, et surtout aux naissances et mariages des princes et princesses, elles allaient féliciter le roi et la reine, et offrir des corbeilles de fruits, quelque poisson prodigieux et des bottes de fleurs; elles avaient leur franc-parler, composaient elles-mêmes leurs harangues, dans le style qui leur était propre, et étaient toujours bien accueillies et amplement régalées. Elles avaient à l'église leurs fêtes et leurs offrandes; dans toutes ces circonstances elles déployaient un grand luxe.

Durant plusieurs années le costume des dames de la halle fut le déguisement à la mode : on le rencontrait aux bals masqués et dans les carrossées de masques, à peu près comme l'on rencontre aujourd'hui celui des débardeurs. Il était d'une richesse bizarre. Le jupon et le casaquin rouge, le bonnet et le fichu aux larges dentelles, des bijoux-monstres, des chaînes d'or lourdes et pendantes, des anneaux-géants, le bandeau de velours noir, puis, suspendu au dessus de la ceinture, le portrait du *fort* dans un large médaillon, les grandes boucles aux souliers, du rouge à toute outrance et des mouches, tels étaient les éléments de cette joyeuse parure, laquelle ne faisait qu'exagérer la réalité de la mise des *poissardes*, lorsqu'elles allaient le dimanche à la Courtille, à la Râpée et aux Porcherons, qui étaient alors les villas de la halle et quelquefois aussi les petites maisons des grands seigneurs. Les hommes affectionnaient ce déguisement de poissardes; peu de femmes le portaient, tant il exigeait de force d'encolure, de gestes et de poumons. L'habit des *forts* était aussi très recherché; il avait, comme le costume des poissardes, une opulence originale : il se composait de la veste et du pantalon de molleton blanc, de la queue courte, grosse, lourde et tombante; les cheveux étaient poudrés; on portait un chapeau à cornes, mais haut et pyramidal, caché tout entier sous les fleurs et sous les rubans. La cravate négligemment nouée laissait voir la chemise ornée d'une épingle colossale en argent et en forme d'anneau; on étalait un paquet de breloques à grands fracas; le pantalon flottait sur un bas à côtes ou à anneaux de couleurs tranchantes, le soulier très découvert laissait reluire de grandes boucles d'argent ciselées; souvent sur toutes les coutures on faisait courir un passepoil rouge; la ceinture bleue ou rouge était de rigueur; plus tard on l'a quelquefois remplacée par des châles et des écharpes; le vrai fort avait pour fard une couche de farine, sans mouches.

Le complément de ces habits était le *catéchisme poissard;* mais les vrais *malins* (les *forts* prenaient aussi ce titre), dédaignaient toute leçon faite et apprise d'avance, et se plaisaient à l'improvisation; le mérite de cette harangue effroyablement soutenue par les gestes et par la plus expressive pantomime consistait surtout dans la richesse, l'abondance et le bonheur des rimes. Le mot qui caractérisait cette oraison la définissait bien : on appelait cela *engueuler*. On parlait alors comme l'on danse aujourd'hui; c'étaient le même abandon et la même désinvolture. Les franchises attachées aux costumes de *poissardes* et de *forts* étaient extrêmes; on avait le droit d'insolence universelle, rien n'était à l'abri des insultes de ces masques; contre eux toute colère était ridicule; il fallait leur répondre, et pour les vaincre mettre les rieurs de son côté.

La population du marché des Innocents, lorsque tout s'était écroulé autour d'elle par la secousse révolutionnaire, avait gardé fidèlement ses traditions; elle n'avait admis que quelques caractères nouveaux : c'étaient ceux de madame Angot, de Jocrisse, son valet, et de son fils Jeannot, qui se faisait appeler monsieur le marquis de la Jeannotière; ce fut, sans contredit, une des plus violentes et des plus spirituelles critiques contre les nouveaux enrichis.

On a calomnié la halle; on a cru et on s'est efforcé de faire croire qu'elle avait vomi les hordes révolutionnaires, ces mégères et ces cannibales en jupons qui ont ensanglanté la sainte cause que le peuple défendait. On s'est trompé, la halle n'a pris aucune part aux massacres des rues et aux scènes atroces dont quelques journées de la révolution sont souillées; mais de funestes préoccupations étaient alors habituées à la regarder comme l'égoût dans lequel tombait toute la fange de la ville : on ne daignait pas réfléchir que la tourbe infâme qui s'entassait chaque nuit dans les cabarets d'alentour n'appartenait pas à la race indigène de la halle.

En 1813, une révolution s'opéra, et de toutes parts on vit tomber la vieille halle; la civilisation y pénétrait de vive force, elle lui enlevait son antique simplicité, et lui apportait des magnificences inconnues.

Les parapluies, ces tentes sous lesquelles depuis tant d'années la vente campait sans souci d'un sort plus brillant, furent détruites; on leur substitua des galeries de construction svelte, aisée, spacieuse et commode; il y eut bien des regrets. Le marché prit alors un certain air de propreté coquette qui lui allait à ravir, mais qui ne laissait plus rien subsister de sa physionomie ancienne; des *places*, c'est le nom que prend chaque établissement personnel, les soins passèrent aux personnes et bientôt au langage. Le marché des Innocents fut toujours le premier des marchés de Paris; mais la halle n'existait plus : ses mœurs, son langage, son costume et presque son souvenir disparurent en quelques mois; elle ne conserva, comme un dépôt sacré, que la bonne foi des transactions.

Dès deux heures du matin, par toutes les barrières, entrent les charrettes des jardiniers des campagnes, et celles des maraîchers qui cultivent, dans Paris, les terrains que ne leur disputent pas encore les constructions nouvelles. Les chevaux, les ânes, les paysans chargés à merci arrivent aussi dans toutes les directions. Vers les trois heures en éte, et vers les quatre heures en hiver, le marché des légumes s'établit sur les flancs de la halle; autrefois il se tenait dans la rue de la Ferronnerie; maintenant il s'étend par le bas de la rue Saint-Denis jusque sur la place du Châtelet. Lorsque les arrivages sont presque terminés, la vente commence. Vous voyez alors sortir des maisons voisines des femmes chaudement vêtues; si la nuit dure encore, elles sont munies d'une lanterne. D'abord elles s'avancent lentement sur le double front de bandière des denrées rangées en tas, elles les inspectent et les examinent avec le soin qu'apporte un général passant une revue; puis elles se communiquent l'une à l'autre leurs observations sur la quantité et la qualité de ce qu'elles ont vu; elles se réunissent, se groupent, se rapprochent, échangent quelques paroles et déterminent le prix des légumes, comme à l'ouverture du parquet les agents de change, dans la corbeille de la Bourse, fixent le premier cours des effets publics.

Les marchés se font au cent, que l'on divise par moitiés de cinquante et quarts de vingt-cinq. De leur côté les jardiniers et les autres vendeurs cherchent à maintenir les cours qui leur sont le plus avantageux; ils les règlent sur la fécondité ou sur la détresse de la production. Cette première opération est rapide : les vendeurs y trouvent l'avantage de réaliser promptement et presque d'un seul coup les sommes qu'ils doivent emporter.

Après cette opération des grosses capitalistes, les bourses inférieures se montrent et achètent des quantités plus petites et à plus haut prix; chaque marché prélève un bénéfice. Les ventes successives et en échelons se prolongent jusqu'au jour; elles ont lieu pendant que le travail sommeille et que l'opulence cherche le plaisir ou le repos. Bientôt les légumes sont distribués; cinq classes de vendeurs et d'acheteurs ont trafiqué sur eux : les uns courent aux marchés lointains, les autres sont roulés en charrettes par la ville, les *places* de la halle en sont garnies, les pourvoyeurs de quelques établissements ont fait leurs emplettes de bonne heure; les boutiques des fruitières sont pourvues, les revendeuses sont nanties, et à neuf heures le chou qui doit entrer dans le pot-au-feu du bourgeois, les carotes qui forment la base invariable de la julienne de l'étudiant, ont passé par sept mains différentes, qui toutes les ont frappées d'un impôt.

Les transactions qui ont pour objet les produits d'élite, les merveilles d'horticulture et les miracles des primeurs, sont l'objet d'arrangements particuliers.

Les fruits et les légumes fins se rangent autour de la fontaine, ou s'alignent vers la rue Saint-Denis; les œufs sont en partie dans le même endroit et en partie sur les bas-côtés de la halle. Ils attendent pour être vendus la criée du matin vers la rue de la Tonnellerie; leur nombre est étourdissant.

Plus de quinze millions par an sont ainsi échangés.

Autour de la halle, et adossés à elle, se trouvent, ainsi que nous l'avons dit, les marchés affectés aux différentes denrées : la viande de boucherie se vend deux fois par semaine dans la rue des Prouvaires.

Le marché aux poissons est la principale des annexes de la halle; il est situé entre la rue de la Tonnellerie et celle des Piliers des Potiers d'Étain. C'est un édifice dont la forme est celle d'un parallélogramme couvert d'une toiture et décoré d'une fontaine; il reçoit et abrite deux cent vingt-sept marchandes. Au milieu, tous les jours, la vente en gros se fait par les facteurs pour le poisson d'eau douce, à trois heures du matin, du mois de mai au mois de septembre, et le reste de l'année à quatre heures. Celle du poisson de mer a lieu au fur et à mesure des arrivages. Les droits des facteurs sont de un pour cent sur la vente au comptant, et de un et demi pour cent sur les marchés à crédit. La ville perçoit sur le poisson d'eau douce un droit de cinq pour cent.

Les huîtres sont vendues, rue Montorgueil, de sept heures du matin à dix heures, par trois facteurs, qui acquittent un droit municipal de trois pour cent.

Les sommes dépensées chaque année pour l'achat du poisson s'élèvent à 6,500,000 francs. Le beurre et les œufs emploient de dix-huit à vingt millions!

Et chaque jour, légumes, œufs, beurre et poisson répondent à l'appel de cette consommation vraiment gargantuaélique.

Toute la halle, dès que les marchés commencent, est entourée d'un cercle lumineux; ce sont les boutiques de liquoristes largement ouvertes aux consommateurs; là, viennent de tous les coins de la ville se réfugier le vagabondage et l'indigence, ce que M. Eugène Sue appellerait *la gouape;* les chiffonniers y sont en majorité, et parmi eux le nombre des femmes l'emporte sur celui des hommes; c'est la ronde du sabbat en haillons et toute souillée de boue; l'ivresse y fait horreur. C'est là que le malheur et la détresse boivent pour cinq centimes l'oubli de leurs maux, *la consolation,* ainsi qu'ils le disent eux-mêmes. Quelques uns de ces restaurateurs nocturnes qui portent à bras d'homme du bouillon, du café, et dans un panier des petits pains et des cervelas, parcourent les rues adjacentes. Les jardiniers prennent volontiers un petit verre avant de se remettre en route; mais ils ne s'arrêtent pas dans les cabarets.

Presqu'en face de la fontaine, vers le milieu, flamboie l'antre de Paul Niquet : c'est le pandœmonium de la nuit de Paris ; là sont les ténèbres extérieures de la misère infâme dans tout ce qu'elle a de plus hideux. Paul Niquet tient à la halle ; mais il n'en fait pas partie ; nous ne pénétrerons donc pas dans ce repaire qui est la dernière expression de tous les cloaques et l'égoût dans lequel se sont jetées une à une les sentines qui roulaient la fange de la nuit de Paris et que la police a successivement fermées.

Au départ, les jardiniers et les cultivateurs qui suivent la même route s'appelent entre eux et se rassemblent au moyen d'une mélopée qui traverse tous les bruits et s'élève au dessus de tous les cris. Ces caravanes que nous avons vues arriver dormant et marchant en bande quelquefois sous la conduite d'un enfant, ces troupes de pauvres piétons qui portaient sur leurs têtes, enveloppés avec les soins les plus tendres, les fruits délicats, les fraises surtout qu'on cache sous un capuchon de papier haut et pointu, se retrouvent avec joie, et tous ensemble regagnent leur gîte. Dans l'hiver, les habitants des collines descendent à Paris et remontent à leurs villages en traîneaux.

La halle sommeille un instant. Dans les nuits d'été quelques jeunes compagnies font la veillée en écossant les pois, les fèves et les haricots ; c'est là que se débite la petite chronique galante et matrimoniale ; c'est là que se comptent les couronnes de fleurs d'oranger qui se sont vendues dans la rue aux Fers ; c'est là qu'on pèse les bijoux nouveaux et que l'on fait l'inventaire des toilettes nouvelles.

Si le jour vous ramène à la halle, vous la trouverez remplie d'activité, de mouvements et de propos ; toutes les avenues sont assaillies par les revendeuses ; vous y entendrez encore les glapissements qui l'ont rendue si célèbre, mais vous écouterez vainement pour saisir un trait : depuis que l'on a tant dit que l'esprit courait les rues, on n'en trouve plus nulle part, pas même à la halle.

Ne cherchez pas non plus à les voir ces dames de la halle dont vous avez si souvent entendu parler, c'est un type perdu ; vous apercevrez encore de grosses et grasses marchandes, dorées comme des châsses et richement couvertes, mais vous ne reverrez pas cette image vraie de l'opulence plébéienne qui a fui avec les parapluies qu'on a enlevés.

La halle a une nationalité qui lui est propre : sur ses domaines, elle a fait et défait les renommées ; il y a un point d'honneur qui appartient à cette étrange patrie. On vous dira avec un ton superbe : « C'est un enfant du carreau de la halle! »

Il y a aussi à la halle une grande et incorruptible fidélité dans les relations. Les pièces de choix sont religieusement mises de côté pour les pratiques qu'on sert habituellement et dont la clientèle est avantageuse. Les maisons les plus élevées et les plus opulentes mettraient inutilement les enchères sur ce qui a été réservé pour les restaurants fameux ; à la halle, Véfour, Hammel, Munier, Véry, Douix et Borel sont fêtés et mieux accueillis qui ne le seraient les princes et les banquiers. Le matin, tous ces grands noms de la cuisine contemporaine se rencontrent à la halle, comme les joueurs à la Bourse : ils se font mille tours et se disputent les beaux morceaux. Quelques gourmets d'élite ne dédaignent pas de faire eux-mêmes leur halle : c'est la plus haute preuve de courtoisie et de bienveillance qu'un amphytrion puisse donner aux convives qu'il a invités.

La halle retrouve dans ses fournisseurs cette réciprocité de dévouement : dans les environs de Paris, dans les vergers, dans les ports de mer, dans les fermes, partout on refusera de céder, même à prix d'or, les denrées destinées à la halle. Il y a des villages des environs de Paris dans lequel les propriétaires de maisons de campagne sont réduits à se fournir à la ville d'œufs, de volaille et de légumes. Sur ce point, les paysans sont intraitables.

A ceux qui accusent le peuple de sentiments impies et irréligieux, nous citerons un fait récent et qui donne à ces insultes un éclatant démenti. Dans les journées de juillet 1830, la halle fut le théâtre de combats sanglants : les citoyens morts pour la liberté furent enterrés sur le carreau même de la halle. Eh bien, pendant dix ans, leur sépulture a non seulement été respectée, au point que jamais le moindre débris n'est venu y tomber, mais que chaque matin les fleurs étaient renouvelées avec un pieux empressement.

Nous le répétons, il n'y a plus de *dames de la halle* ; mais presque toutes ces maisons hautes et étroites qui encadrent le vaste marché, sont la propriété des riches marchandes ; elles ne sont plus des *poissardes*, ce sont des dames qui rendent le pain bénit à la paroisse, sont patronesses d'établissements de charité, ont quitté le bonnet aux dentelles flottantes, portent des robes de soie, des chapeaux de velours, des châles de cachemire français et vont aux féeries du Cirque-Olympique, aux drames des théâtres de la Gaîté et l'Ambigu-Comique, quelquefois même aux pièces du théâtre du Gymnase-Dramatique.

En parcourant *les places* vos regards s'arrêteront peut-être sur de jeunes marchandes au maintien poli et chaste ; vous serez étonné de ce contraste entre leur attitude et leur profession : si vous vous adressez à elles vous en recevrez une réponse en termes affables et obligeants ; ce sont les filles des capitalistes de la halle ; les mères voulaient leur donner une éducation brillante, les faire élever, mais une irrésistible vocation les a ramenées à la halle ; elles sont fort riches, leur dot prête, elles épouseront des négociants de la rue des Bourdonnais, à moins que les vaudevilles du dimanche ne leur tournent la tête et ne les jettent au théâtre. Leurs sœurs d'ailleurs sont dans un pensionnat à Picpus, parlent anglais, savent l'histoire naturelle, touchent du piano et chantent les romances de mademoiselle Loïsa Puget.

A quelques pas des halles on rencontre une sombre et étroite galerie, tout encombrée de vieux habits, de hardes fanées et de lambeaux d'étoffes: ce sont les piliers des halles; les gémonies du luxe parisien. Quelques rues séparent l'endroit où le travail gagne la tranquillité et la fortune, et celui où la débauche vient vendre son dernier haillon.

EUGÈNE BRIFFAULT.

La Rotonde du Temple.

LA ROTONDE DU TEMPLE

Par Marc Fournier.

Héroïsme de l'auteur. — L'amour des dates. — Notre vieux savant. — Philippe-le-Hardi. — La foire du Saint-Esprit et le bourreau. — Les Harpies de 93. — Cadoudal. — Marie la rapioteuse. — Le Marché du Temple. — Léger croquis. — Aux ennemis de la truelle. — Encore notre vieux savant. — La Rotonde. — Witefriars. — Le duc d'Angoulême. — Le *carreau* du Temple. — 1830 et les habits de cour. — Les marchands d'habits. — Maître Pautrel. — Entrée de Jérôme Barbot dans la capitale. — Il raccommode la faïence et étudie la psychologie. — Transfiguration de Jérôme Barbot. — Il devient député. — Aventure de la culotte en satin turc. — Beau réquisitoire de M. Fouquier-Tainville. — Encore Marie la rapioteuse.

On ne saurait assez louer un écrivain qui tient sa plume en bride, et résiste à l'enivrant plaisir de faire parader sa phrase ou d'étaler aux yeux les plis étoffés de sa période.

Ce noble effort acquiert même tous les caractères de l'héroïsme quand le sujet, tel qu'il se présente à l'auteur, sujet docile, élastique et souple, semble aller au devant de sa faconde et tendre le cou de lui-même au joug fleuri de la rhétorique.

On nous accordera que le *Marché du Temple* est un peu parent de ces sujets-là.

Il est hors de doute qu'un *faiseur de lignes*, pour peu qu'il sache son monde, vous barbouillera lestement quelques douzaines de pages sur ce bazar effroyable, sur ce gouffre sans fond, dirait-il, où vient s'engloutir tout ce qui a brillé sur terre : enfer du Dante, ajouterait-il, enfer aux sept cercles lamentables, où tout s'éteint, tout pâlit, tout se brise!... Et, là dessus, si votre homme a l'esprit meublé de détails historiques, attendez-vous à un déluge de dates et de citations. L'érudition de nos jours a ses faiblesses. On lit si peu de livres sérieux, on a si peu de loisir, tant le présent nous absorbe, pour s'occuper du passé, qu'on se laisse facilement éblouir par l'air supérieur d'un bouquiniste qui vous jette quelques millésimes à la tête. Aussi le savant, à peu près sûr de son triomphe, garde t-il généralement peu de mesure dans ses exhibitions chronologiques.

Monsieur, vous dira le pédant percé aux coudes, que vous aurez la maladresse d'interroger sur le Marché du Temple, monsieur, je suis fâché de vous l'avouer, mais je dois à ma conscience de convenir que vous me paraissez d'une simplicité fabuleuse. Eh quoi! mon cher monsieur, vous ignorez que le commerce des vieux habits, du vieux linge et des vieilles tiges de bottes, remonte, pour la ville de Paris, à la plus respectable antiquité! Juste ciel, d'où sortez-vous! Un édit de 1278, monsieur, remarquez cette date, monsieur, un édit de Philippe-le-Hardi, lui-même, monsieur, porte en toutes lettres : « qu'il sera construit des halles, avec piliers et galeries, le long du mur servant de clôture au cimetière des Innocents, et là, — je vous prie, monsieur, de me prêter toute votre attention, — et là, dis-je, qu'il serait placé *de pauvres femmes et de misérables personnes*, ce sont les propres termes de l'édit! *pour y vendre de vieux souliers, de la friperie et de méchants cuirs!!*

— Mon cher, continuera le magister d'un ton de plus en plus renversant, vous êtes crasseux d'ignorance. Je vous cite-là les rudiments de l'histoire! Un élève de sixième vous dira, qu'avant l'établissement du Temple, comme marché, il se tenait tous les lundis une foire sur la place de la Grève, qui s'appelait la foire du *Saint-Esprit*. Ces jours-là il n'y avait jamais d'exécution et chacun y procédait à sa toilette, toilette plus riante assurément que celle dont messire le Boureau s'occupait, les autres jours de la semaine, envers les *clients* qui lui passaient par les mains. Les fripiers étalaient là de préférence des habillements de femmes et d'enfants, parce que ces créatures faibles et vaniteuses étaient plus portées que les hommes aux tentations du malin. Quand le sexe contemple des ajustements féminins, a dit un auteur du siècle dernier, il a dans la physionomie une expression toute particulière; ce qui donnerait à croire que les halles du Sainte-Esprit offraient à l'œil de l'observateur, plus d'un groupe animé, plus d'une attitude imprévue...

Voilà ce que vous dira l'érudit, et s'il s'en tient là, le supplice sera tolérable; mais quoi! est-ce qu'un érudit s'arrête? Est-ce qu'un érudit qui possède tant bien que mal un auditeur se résout si vite à le lâcher? Rien ne ressemble mieux à un érudit que l'avare Achéron dont il est parlé dans Phèdre; pour qu'un érudit lâche sa proie, il faut, pour le moins, que vous lui ayez fait le sacrifice de tous les boutons de votre habit; encore trouvera-t-il moyen de vous saisir au nœud de votre cravate et de continuer en ces termes :

« Vous parlez du Temple, monsieur, mais savez-vous ce que c'était que le Temple? l'avez-vous jamais vu? Figurez-vous une grosse vilaine tour flanquée de quatre tourelles, et accroupie sur des fossés fangeux. Les herses à double rang de crocs qui hérissaient les guichets étaient les mâchoires de fer de ce monstre de granit, Ténare insatiable, où il y avait bien des pleurs et bien des grincements de dents! Moi qui vous parle, monsieur, j'ai vu les tricoteuses errer la nuit autour de cette forteresse, flairant l'haleine d'un soupir royal, ou rugissant au bruit d'un sanglot porté sur l'aile du vent qui hantait les meurtrières... C'étaient de hideuses furies! Elles me faisaient l'effet d'être les seules chauves-souris dignes de ces lieux funèbres.

Virginei volucrum vultus, fœdissima ventris,
Proluvies....

Ce qui était vrai, pour la plupart du temps.

Cette tour, mon cher monsieur, datait de 1212; elle fut bâtie par un frère Hubert, trésorier des Templiers, brave et digne homme à ce qu'il paraît, car il fit diablement bien les choses, tout intendant qu'il était. Vous ne sauriez vous imaginer le bruit que menaient ces guichets et ces poternes. C'était un cliquetis de chaînes à vous tenir, quinze jours durant, les cheveux dressés sur la tête. La nuit, les gens du quartier s'éveillaient en sursaut à ce grincement de ferrailles. On entendait rouler un fiacre autour duquel piétinaient des chevaux, et le bourgeois, qui risquait le nez hors de la fenêtre, voyait des lames nues briller d'un reflet rouge à la lueur des flambeaux; le fiacre s'arrêtait, un homme blême et en désordre en descendait le marche-pied, et alors la grosse porte s'ébranlait sur ses gonds... C'est ainsi que je vis entrer Cadoudal, *le grand pâle,* comme les portières du temps l'appelaient. Mais, j'y songe, vous, monsieur, qui prétendez écrire l'épopée du Temple et des marchands d'habits, vous ignorez sans doute que les *fripières* et les *rapioteuses* jouèrent un très grand rôle dans la conspiration de Georges. Il y eut sept femmes impliquées dans le procès, et trois d'entre elles *rapiotaient*, c'est-à-dire remettaient les vieilles nippes à neuf pour les revendre aux fripiers.

Marie Hizay, que j'ai connue, était *rapioteuse;* ce qui ne l'empêchait pas d'avoir le cœur tendre, bien au contraire. Elle était connue depuis la place Maubert jusqu'à Saint-Étienne-du-Mont pour la plus jolie fille qui eût fait battre le cœur des marchands d'habits. Tous avaient pour elle, quand elle montait la montagne, un regard et un soupir. Mais la belle Marie était médiocrement fière de ces hommages, et portait plus haut ses affections et ses vœux. Dans une petite chambre, au n° 32 de la rue Sainte-Geneviève, se cachait un proscrit; la chambre était celle de Marie, et le proscrit se nommait Georges Cadoudal. C'est là qu'il demeurait encore lorsqu'il fut arrêté, rue de Seine, dans le fameux cabriolet que conduisait d'Hozier. Marie fut au nombre des quarante-huit prévenus; on la mit aux Madelonnettes. Elle montrait une sérénité douce et calme pendant les premiers jours de son incarcération, mais ayant été fouillée, on trouva sur elle une amulette qu'on lui enleva. Depuis ce jour, elle perdit tout courage comme toute résignation, ne répondit plus aux juges, repoussa tous les avocats qui s'offrirent pour sa défense, et demanda comme une miséricorde qu'on la voulût bien faire mourir. J'ai vu de mes propres yeux cette amulette au greffe parmi les pièces de conviction. C'était un médaillon représentant d'un côté une croix faite en satin blanc avec une bordure noire, placée sur un fond de satin rose. Derrière ce médaillon on voyait un petit morceau d'écorce d'arbre avec ces mots : *Parcelles de la vraie croix, vénérées à la Sainte-Chapelle de Paris et dans la collégiale de Saint-Pierre à Lille.* Au-dessous et à la main on lisait : *Donné à Marie par Georges Cadoudal, le* 1er *mai* 1804. Marie subit deux ans d'emprisonnement, et j'eus l'occasion de la voir vingt ans plus tard dans une singulière circonstance... »

Ici notre conteur essaie de reprendre haleine, et nous profitons de cet événement pour nous enfuir à toutes jambes du côté de la Rotonde, où nous avions dessein, en commençant ce chapitre, de conduire le trop patient lecteur.

Enfin nous y voilà! — Traversons le marché si c'est possible, et atteignons la Rotonde avant que notre discoureur impitoyable ait orienté sa poursuite. Faites bien attention à ces quatre immenses hangars rangés sur deux lignes parallèles, et divisés en cinq arches pour les deux premiers, et en six pour les deux seconds. C'est le marché. Prenons l'avenue du milieu, mais passons vite, et ne jetons pas un regard trop curieux sur ces files d'étalages, rangés par catégories sous le regard des promeneurs. Passons vite, vous dis-je, car au moindre pas, au moindre coup d'œil quêteur qui vous désignerait comme chaland, aussitôt vingt, trente, cinquante voix se croiseraient à vos oreilles, insultant toutes les notes de l'octave, et formant le plus infernal des charivaris. Femmes, chiens, marmots, *tutti quanti* sortiront de leurs *ayons* respectifs (nous reviendrons sur ce mot-là) et vous happeront aux jambes, à la gorge, à l'habit, partout où vous êtes saisissable. Une fois empêtré dans

cette chausse-trappe, vous êtes perdu. En deux tours de main vous voilà dans le labyrinthe inextricable que forme l'intérieur du marché. Vous cherchez une issue, mille se présentent, et toutes, dans leurs sinuosités perfides, vous enfoncent davantage au sein de ce chaos. A chaque pas, des doigts crochus s'alongent, jettent le grapin sur vous, et une voix criarde entonne, sans vous faire grâce d'un article, la longue énumération des objets, *comme neufs*, entassés sous vos pieds. — Par ici, monsieur, par ici! de belles redingotes à la dernière mode,—des pantalons à dessous de pied,—ça n'a été mis que deux fois,—ça sort du Mont-de-Piété,— mon bon monsieur, mon joli monsieur, venez on vous arrangera. — Voulez-vous troquer votre queue de morue contre un frac à la française? — Désirez-vous un castor, tout poil de lapin, c'est un vrai velours,—touchez-moi ça,—c'est pour rien,—c'est le dernier qui me reste.—Un gilet de poil de chèvre, monsieur, des gants pour bals et soirées, monsieur, ça n'a été lavé qu'une fois, monsieur, c'est blanc comme de la caillée.—Des cols, des cravates, un parapluie, un beau clissoir, monsieur! — Une charmante robe en soie puce, ma belle dame,—des camisoles pour le matin,—donnez-vous la peine de palper ce molleton, c'est à pleines mains,— une duchesse se fourrerait de ça jusqu'aux talons, — ceci vient de la reine d'Angleterre, c'est sa chemise de noces, mademoiselle, elle sent encore l'eau de rose, vous m'en direz des nouvelles. — Achetez-moi cette capote, vous n'en retrouverez pas l'occasion. — De quoi! mais dites donc un prix! — Voulez-vous des cosmétiques, j'ai de l'eau de Ninon pour la peau. —j'ai de la pommade du lion, mon petit monsieur! j'ai de la pommade de chameau, madame, j'ai de la graisse d'ours, j'ai de la moelle de renard, j'ai...

Il y a des esprits chagrins qui prétendent que la vieille Lutèce, à force d'employer le badigeon à haute dose, aussi bien pour recrépir ses mœurs et ses institutions que pour rapetasser ses monuments publics, a perdu le caractère d'originalité qui convenait si bien à son antique origine. Si ces ennemis de la truelle constitutionnelle se fussent promenés dix minutes dans le marché du Temple, cherchant comme nous, à sortir de cette trame serrée de ruelles, de couloirs sombres et de passages qui se croisent dans tous les sens autour de mille échoppes formées de quatre morceaux de toiles, ou de quatre planches pourries clouées sur quatre piliers noircis, — nous aimons à croire qu'ils eussent reconnu sans peine pour une ride des moins fardées ce repaire grouillant, bruyant et puant de la vieille capitale. Bien que l'établissement des halles du Temple soit d'une date assez rapprochée, on peut dire que là se sont réfugiées toutes les mœurs du vieux négoce. A voir ces auvents ouverts au jour le jour, ces étalages de guenilles renfermées le soir dans de grands bahuts de chêne, ces comptoirs que le rabot n'a jamais nivelés, on se croirait à cent lieues ou pour mieux dire à cent siècles des éblouissants bazars du Paris moderne. Un demi-jour perçant à peine l'atmosphère humide plane sur un monde à part, et frappe des groupes et des figures empreints de la fantaisie flamande. A quelques uns des *ayons* se voient accrochés des oripeaux de théâtre, manteau court, pourpoint pailleté, hauts-de-chausses à crevés, *André Ferrare*, feutre ombragé de plumes; plus loin c'est la garde-robe exhilarante du carnaval, le loup de velours noir, le domino, le titi, l'écharpe du débardeur, le casque extra-chicard ou la catogan du malin. Tout cela se heurte dans la mêlée à des plumes, des fleurs, des mantes, des crispins, des dentelles, appartenant à nos costumes de ville. C'est un désordre relevé d'un cachet bizarre, singulier d'aspect et d'allure. Quelquefois au détour d'une échoppe où se balancent des toilettes modernes, l'œil aperçoit une femme élégante, si glissant dans l'ombre, et disparaissant derrière un rideau de serge. C'est une *cliente*. Telle mantille que vous voyez-là pendue par une ficelle, brillera le soir à l'Opéra.

Les halles du Temple contiennent mille huit cent quatre-vingt-huit places, que les naturels de la contrée appellent des *ayons*; ces ayons se louent à la semaine, à raison de trente-trois sous, et se paient d'avance. Les halles appartiennent à la ville. Chaque fripier emporte le soir sa pacotille ou la serre dans de grandes caisses fermées d'un cadenas, pour l'étaler de nouveau le lendemain entre neuf et dix heures. Excepté les comestibles, les matières d'or ou d'argent, et les pierres précieuses, tout peut se vendre au Temple. Les halles sont divisées en plusieurs zones, suivant le genre du négoce. Le vieux linge, les vieilles chaussures, les chapeliers, les quincailliers, la batterie de cuisine, les ferrailles sont d'un côté ; de l'autre sont les tailleurs, les toilettes de femmes, les chiffons, les habits de théâtre, les vieilles fourrures, les rubans, les fleurs, les marchandes de modes. Ne croyez pas que la modiste du Temple soit quelque chose qui ressemble à la vive et fringante grisette du passage des Panoramas. Toutes les figures qui habitent ces ténèbres humides sont hâves, rechignées et maladives; les voix sont stridentes, les gestes anguleux, et les regards n'ont d'autres flammes que celles de l'avidité.

Il faut distinguer le Marché de la Rotonde. L'un et l'autre ont été bâtis dans le vaste enclos qui appartenait à la bastille du Temple et qui fut vendu, par bail emphytéotique en 1779; mais la Rotonde est de soixante-douze ans plus vieille que le marché. Ah! si notre savant de tout à l'heure avait retrouvé notre piste, que nous vous dirions de choses précieuses sur tout cela!

Mais, par Minerve! n'est-ce pas lui que voilà, marchandant de vieilles bottes et épuisant toute sa dialectique pour obtenir quinze centimes de rabais? O science!...

Ah! nous dit le pauvre diable en nous abordant d'un air beaucoup moins rodomont, vous le voyez, monsieur, je m'amuse à étudier ces mœurs originales, et à juger par moi-même de la ténacité du brocanteur. On ne saurait se livrer assez à ce genre d'expérience. Le savant doit tout voir par ses propres yeux... Mais je m'aperçois que votre curiosité est captivée par la Rotonde elle-même. A vrai dire, Perrard de Montreuil, qui en traça le dessin en 1781, ne fit pas une œuvre irréprochable. Cette forme oblongue est disgracieuse, et ces portiques manquent de hardiesse et de légèreté. La Rotonde a 37 toises dans sa longueur et environ 18 dans sa largeur. La cour qui est au centre, étroite, sombre et monotone, est de 23 toises sur 6. La Rotonde, ainsi nommée parce que l'édifice se termine à ses deux extrémités par une forme circulaire, a 44 arcades, soutenues par des colonnes toscanes, qui offrent une galerie couverte sous laquelle s'ouvrent des boutiques assez mal éclairées. Ces boutiques ainsi que les appartements qui sont au dessus se louent à un prix modéré; mais la moindre petite chambre se payait au poids de l'or, il y a cinquante ans, époque où l'enclos du Temple servait encore de refuge aux débiteurs, banqueroutiers, faussaires et coquins de toute espèce. C'était le Whitefriars de Paris, notre Alsace, notre Canongate, et je puis vous assurer que son aspect ne le cédait en rien aux repaires de Londres et d'Edimbourg. Chacun des drôles qui habitaient ce refuge y apportait une industrie quelconque, et c'est à cette circonstance que le commerce actuel de la Rotonde doit son origine. Sur les cinquante fripiers qui suspendent leurs guenilles à ces colonnes toscanes, dépouilles opimes d'un genre tout particulier, il y en a trente au moins qui descendent de père en fils, des anciens réfugiés. A propos, voyez-vous cette haute muraille qui longe la Rotonde du côté du midi, ainsi que les onze grandes arcades du marché? ce sont les jardins d'une communauté religieuse bâtie sur le terrain même où s'élevait la terrible tour des Templiers. Oui, monsieur, le pied mignon d'une jeune pensionnaire foule aujourd'hui le sol où résonnait jadis l'armure des chevaliers en manteaux blancs. Mais ce que vous ignorez sans doute c'est que le Temple, après l'exécution des Templiers, devint le chef-lieu du grand-prieuré de Malte, et que le dernier grand-prieur de cet ordre fut le duc d'Angoulême, actuellement en exil...

— Pardon, monsieur, si j'interromps vos souvenirs, mais dites-moi ce que signifie cet attroupement qui se forme entre le marché et les portiques et qui semble s'accroître à chaque instant?

— Quoi! vous n'avez jamais vu le *carreau!* cette foule est exclusivement composée de marchands d'habits. Ne les reconnaissez-vous pas à leur plaque numérotée, et surtout à leur épaule chargée du butin qu'ils ont fait la veille en parcourant les rues de la capitale? Il est onze heures du matin; le *carreau* durera jusqu'à deux heures de l'après-midi. C'est le Tortoni du Temple. Ici, les vieux habits ont un cours aussi chanceux que celui du trois pour cent. Si la redingote est abondante, il est infaillible que la redingote baissera. On a vu les pantalons à blouse tomber en quelques minutes à vil prix, et les gilets en poil de chèvre s'élever à des taux incroyables. En 1830, le lendemain des trois journées, on avait des habits de cour pour cent sous, y compris le cordon bleu. Quinze jours après, on les couvrait d'écus, et encore n'en trouvait-on pas. Vous le croirez si vous voulez, monsieur, mais les fortunes ont ici leur bascule tout comme dans les coulisses de la Bourse. On cite des gains scandaleux et d'effroyables ruines. Je connais dans la rue du Bac, un hôtel splendide dont le propriétaire, maître Pautrel, possède trente mille livres de rentes. C'est un fort galant homme, magnifique autant que seigneur de France, et qui sortit en sabots d'un petit village de la Normandie pour s'en venir à Paris raccommoder la faïence et *rapioter* le vieux. Car il faut vous dire, monsieur, que tous les marchands d'habits sont Normands, ainsi que les cochers de fiacre, les tailleurs de pierre, les marchands de salade et les prêteurs sur gages. Les marchands d'habits sortent de tous les petits villages avoisinant Mortain, Vire, Avranches, Carouge, Sourdeval. Il y a des hameaux, tels que Saint-Laurent, Saint-Poix, Montjoie, Mesnilgibert, Cuves et autres, dont les hommes s'expatrient, bien avant l'âge de raison, pour venir à Paris spéculer sur les fonds de culottes. Ne croyez pas pourtant qu'ils entrent de plein saut dans tous les secrets du métier. Il y a plusieurs degrés d'initiation. Le petit bas Normand dans la *pouchette* de qui sa mère a glissé deux *pistoles*, avant de le quitter au premier détour du chemin, pousse droit à Paris, et y fait son entrée par la barrière de l'Étoile, absolument comme une princesse de Mecklembourg. De là vous le voyez s'enfoncer dans la première rue qui se présente, et accoster le premier marchand d'habits qui passe.

C'est toujours un *pays*. Le *pays* prend le marmot par la main, lui fait traverser les quais, le Pont-Neuf, tout le quartier latin, la place Maubert, et vous le remise au septième étage d'une maison quelconque de la rue Sainte-Geneviève. Le chenil est déjà occupé par une demi-douzaine de jeunes gaillards qui *rapiotent.*

— Comment que tu t'appelles, demande le *pays* au moutard bas Normand?

— Jérôme Barbot.

— Eh bien, Jérôme Barbot, voici *tes* appartements, ça te coûtera six sous par semaine, et t'auras cinq pouces de large dans le lit commun, c'est la mesure. Avec ça, deux sous de soupe, quatre sous de fripaille, deux canons par jour, et te v'là niché. Voyons tes mains?

Jérôme Barbot montre deux éclanches de veau d'un rouge violet.

— T'as des abattis de duchesse. Ça raccommodera joliment la terre de pipe; marchais, marchais! nous te mettrons peut-être aux vieilles bôtes... si t'es sage.

Le *pays* s'en va, Jérôme Barbot se couche, dort vingt-quatre heures sans sourciller, et le surlendemain, dès l'aube, il se rend chez le *pays,* lequel le repasse à un autre *pays,* qui lui met deux tessons, des clous et du mastic entre les mains. Ici commencent les hautes destinées de Jérôme Barbot. Selon les promesses de son protecteur, le jeune néophyte passe promptement du raccommodage de la faïence à l'achat des têtes de clous et des bouteilles fêlées; puis, s'élevant à un genre d'exercice plus ambitieux, il tente les difficultés ardues de la tige de botte et du chapeau défoncé. Bientôt, ne connaissant plus d'entraves, son génie atteint aux plus délicates finesses du pantalon avec ou sans dessous de pied, du gilet à châle ou sans châle, voire de l'habit à pans larges ou efflanqués. Il se familiarise en même temps avec tous les détours de la plus haute psychologie, en ce sens qu'il étudie l'homme à l'état de créature passionnée qui veut vendre dix sous ce qui n'en vaut que cinq.

Vous croyez bonnement, mon cher monsieur, que toute l'adresse d'un marchand d'habits est d'acheter à bas prix; vous vous trompez. Le premier axiome du métier est d'acheter cher, parce que de cette façon on fait plus d'affaires, et si le bénéfice est moindre on se rattrape largement sur la quantité. Un autre principe de la science est de régler l'achat sur le cours des saisons. Soit un pantalon de cuir-laine; si vous le vendez au mois d'août, Jérôme Barbot vous alléguera que c'est un pantalon d'hiver et qu'il faudra le garder trop long-temps *en magasin.* Si, au contraire, vous l'offrez au mois de décembre, le même Jérôme pensera avec raison que pour vous défaire d'une pareille nippe, dans un pareil mois, il faut que vous soyez *pané*, et le Jérôme utilisera la découverte. Dans ces deux cas, il est votre maître. Un marchand d'habits connaît tous les replis du cœur humain. Tel qu'il est, ainsi posé en face de nos plus cuisantes misères intimes, tel que le fait l'exploitation de ces misères, c'est l'animal le plus dissimulé du monde connu. Il contracte un certain regard couché et sommeillant que rien ne saurait animer. Sa voix n'a que deux notes, celle de son cri d'abord, un vrai cri de corbeau, et puis celle qui lui sert pour *négocier*. C'est une note claire, nette, impassible.

Chaque jour il traite de gré à gré avec d'immenses douleurs, avec la faim souvent, d'autrefois avec les passions indomptées du joueur, de l'ivrogne, du débauché. Jérôme Barbot flaire la situation du premier coup, devine les larmes cachées au plus profond de la prunelle, et de sa voix limpide rabat de suite cinquante pour cent sur le prix demandé. Le marchand d'habits ne s'est pas *promené* trois mois qu'il se transfigure; son nez s'effile, ses lèvres s'amincissent, son œil s'arrondit, toute sa face s'amaigrit et s'alonge, il tourne au renard. C'est à peu près vers ce temps qu'il songe à la reproduction de son espèce, mais il ne s'accouple jamais qu'à une *payse*. Tous les villages de la Normandie expédient leurs filles à cet usage. On se *câline*, on s'épouse et on s'établit, c'est la règle. La femme refaçonne, rapiote et remet à neuf; le mari se *promène*, fait le *carreau*, amasse quelques sous et finit par prêter à vingt pour cent sur les reconnaissances du Mont-de-Piété. Plus tard, il escompte à la petite semaine, place ses épargnes en bonnes terres du Calvados, devient censitaire, apprend à signer son nom et se *fait* nommer député... à moins qu'il n'accepte tout de suite la pairie.

— Diable! je ne croyais pas le métier si bon...

— J'avoue, reprit notre cicérone, qu'il a ses avantages; cependant il faut bien se garder de croire à tout ce qu'on en dit. Vous entendrez raconter vingt contes bleus de marchands d'habits qui ont fait des trouvailles fabuleuses dans les poches d'un vieux carrick, ou entre la doublure d'une culotte; mais, de toutes ces histoires, il n'y en a qu'une de vraie, celle qui concerne la culotte, et pour peu qu'elle pique votre curiosité...

— Comment donc, monsieur! mes oreilles sont fort à votre service... si toutefois votre histoire a des dimensions raisonnables.

— Je vous promets d'être bref. Une pincée de tabac et je commence.

Le vieux bavard alongea les doigts dans notre tabatière, et autant qu'il nous en souvient parla dans les termes suivants :

Aventure d'une culotte en satin turc, pour faire suite à l'Histoire parlementaire de la Révolution française.

En ce temps-là les sans-culottes jouissaient de l'estime la plus exagérée, et il n'y avait que M. de Robespierre qui osât montrer sa jambe coquettement recouverte de bas de soie chinés. Ceux donc pour qui l'exhibition du molet n'eût pas été d'un irréprochable civisme, faisaient disparaître à tout prix l'accoutrement suspect. Les marchands d'habits en donnaient ce qu'ils voulaient; le plus souvent ils n'en donnaient rien du tout, et même recevaient-ils outre la culotte un généreux pour-boire, tant déjà c'était une rude besogne que de se charger les épaules de ce vêtement, — devenu très peu nécessaire.

Nous ne prétendons point insinuer ici que le gouvernement de M. de Robespierre n'avait pas ses petits défauts; quel est le gouvernement au monde qui ne les a pas? Mais ce qu'il faut bien avouer, c'est que les marchands d'habits ont conservé le plus touchant souvenir de cet homme charitable, et qu'en les pressant un peu, ils le mettraient volontiers au nombre des bienfaiteurs de l'humanité. Tous vous diront qu'à cette époque, depuis Avranches jusqu'à l'extrémité du pays d'Auge, ce n'était qu'une voix sur ce bon M. de Robespierre qui rendait des décrets contre les culottes et mettait ainsi à vil prix le velours, la soie, la pluche, la ratine, le gros de Naples et toutes les riches étoffes ayant cours dont elles étaient taillées. On racontait des coups de filets qui dépassaient toute idée et les cervelles bas-normandes travaillaient au point de menacer Paris d'une invasion; ce qui eût peut-être, malgré la victoire de Jemmapes, compliqué singulièrement la situation des choses

Parmi ceux que les culottes parisiennes avaient attirés du fin fond de la Manche, on remarquait Danjoux, jeune gars de bonne venue, avec des yeux à fleur de tête, et le plus beau nez de fouine qui se fût jamais rencontré.

Danjoux se serait damné pour un écu de six livres; il se fit sans-culotte, si l'on peut donner ce nom à un homme qui achetait de toutes mains ce genre de chausses, et qui choisissait les plus mûres pour les ajuster à son usage. Mais, il faut le dire, nul ne portait le bonnet rouge d'un air plus tranche-montagne, et ne déclamait aussi haut contre ces chiens de ci-devant qui osaient encore, malgré M. de Robespierre, arborer la culotte, ce vêtement de Pitt et de Cobourg.

Danjoux appelait cela *faire venir l'eau sous le moulin*, en d'autres termes faire abonder la culotte.

Une fois les culottes en magasin, Danjoux les prenait une à une, les découpait, les dépeçait, les démembrait, et de la peau de celles-ci, de la moire de celles-là se faisait aux piliers des halles un revenu net et liquide. Aussi se considérait-il avec une certaine satisfaction intime, comme acquéreur de biens nationaux; seulement quand survint la débâcle des assignats, Danjoux tira son bonnet rouge sur l'oreille gauche, et conclut qu'il valait mieux acheter les culottes des ci-devant que leurs parcs et leurs châteaux.

Mais Danjoux devait bientôt reconnaître que les marchands d'habits ont ceci de commun avec les conquérants du monde:

Qu'arrivé sur le faîte, on aspire à descendre.

Danjoux atteignit ce faîte dangereux par une soirée de février 1793. Qu'on se le représente un instant dans une chambre à soupente d'une superficie de six pieds carrés, ouvrant sur les toits par une fenêtre à tabatière, et tapissée de nippes. Les tas de vieilles défroques qui n'ont pu trouver place le long des murailles, ne laissent que l'espace strictement nécessaire pour la petite table et l'unique chaise qui forment tout le mobilier du logis. C'est devant cette table et à la lueur d'une lampe économique que Danjoux travaille avec ardeur au dépècement d'une culotte en satin turc doublée de peau de chamois. Danjoux accompagne d'un *ça ira* enrichi de roulades le bruit cadencé de ses ciseaux, car il faut savoir que Danjoux était d'un naturel fort agréable. Mais tout à coup voilà que ses ciseaux qui filaient le long d'une couture avec une dextérité merveilleuse rencontrent une résistance inaccoutumée. Danjoux cesse son *ça ira* en reconnaissant que *ça ne va plus*. Il tâte, il fouille, il entr'ouvre délicatement l'étoffe du bout de ses ciseaux, et fait sauter enfin une petite pierre que le hasard ou toute autre circonstance avait logée entre le satin turc et la fine basane qui lui servait de doublure. La pierre ainsi chassée de sa niche décrit une parobole lumineuse et va tomber sur la table en reflétant par mille éclairs la pâle lumière du lampion... On eût dit qu'une étoile venait de se laisser choir du plafond.

La pierre étincelante était un diamant de la plus belle eau.

Danjoux était brocanteur à la douzième puissance. Il prend le joyau, l'examine, le pèse dans le creux de sa main avec un sang-froid sublime, et le reposant ensuite à portée de la lumière, il vit celle-ci courir sous chaque face du diamant comme une ondine qui se fut jouée entre les parois roses et bleues de son palais.

—Je viens de trouver trente mille francs, dit Danjoux. Ensuite il acheva de découdre sa culotte. La nuit il rêva qu'il s'établissait rue

Saint-Honoré dans un bel appartement de quatre pièces, et ce songe lui porta à la tête.

Il est avéré que la joie est une espèce de folie. Quand on est fou, on fait des sottises. Danjoux en commit une qui n'a pas de nom. Il courut le lendemain chez un lapidaire pour lui vendre son diamant.. Le lapidaire qui vit l'émotion de Danjoux et la culotte dont il était vêtu, prit son diamant, et lui mit la main sur le collet. Il crut avoir affaire à quelque aristocrate en fuite, ou au moins à l'un de ses domestiques. Il faut savoir qu'il entrait dans le système du lapidaire de faire empoigner quiconque venait lui vendre des bijoux, attendu que les objets lui restaient pour prix de sa capture. Il avait déjà doté deux de ses filles à ce métier-là.

Danjoux fut donc empoigné, écroué, interrogé et oublié dans une basse-fosse de l'Abbaye. Sans le lapidaire qui désirait faire guillotiner *sa prise* pour retirer le diamant du greffe, Danjoux serait demeuré perdu dans les cryptes de l'Abbaye avec la fourmillière de ses compagnons d'infortune. Mais le lapidaire à force de marches et de sollicitations, réussit à le *faire mettre au rôle*, et Danjoux comparut devant le tribunal révolutionnaire. M. Fouquier-Tainville lut l'acte d'accusation d'où il résultait que le nommé Danjoux, agent de Pitt et de Cobourg, dans le but parricide de favoriser la fuite d'un ci-devant, avait tenté d'échanger un diamant contre des assignats.

Danjoux essaya de démontrer qu'en préférant des assignats à un vil joyau, il avait fait preuve de patriotisme ainsi que de confiance dans la République une et indivisible; que les ci-devant au contraire qui affectaient de mépriser les assignats, les eussent volontiers échangés contre des pierres précieuses, celles-ci étant d'un transport agréable et d'un cours infiniment plus solide chez le lâche étranger.

Mais M. Fouquier-Tainville, ayant répliqué victorieusement que cette apparence de contradiction dans la conduite du prévenu n'avait été que l'effet d'une ruse pour mieux dépister les gardiens incorruptibles de la liberté, appela sur l'impertinent discoureur toute la sévérité des lois.

En conséquence Danjoux fut, séance tenante, condamné à la peine de mort.

Heureusement qu'en ce temps-là on n'avait pas le temps de tuer tout le monde; d'ailleurs M. de Robespierre à qui, chaque soir, on présentait la liste des gens à raccourcir, avait beaucoup d'autres noms à marquer d'une croix rouge que celui d'un obscur brocanteur de la rue Sainte-Geneviève. De telle façon que celui-ci prit patience, et atteignit, à petites journées, celle du 9 thermidor, qui eut pour effet de remettre en liberté la France et notre ami Danjoux. Mais le pauvre cher homme était destiné à perdre la tête! Quand il se retrouva dans sa chambre de six pieds carrés, et entouré de ses guenilles, il réfléchit que s'il rattrapait son diamant, il louerait le bel appartement de quatre pièces rue Saint-Honoré, et entreprendrait le grand brocantage. Danjoux d'ailleurs avait un nez excellent, et il sentait venir une affaire superbe avec les habits bleu-barbeau de messieurs de la Convention. Si bien qu'il alla trouver des gens de loi et de chicane qui lui assurèrent qu'en plaidant contre le lapipaire, ensuite contre le greffier de la justice criminelle, qu'en plaidant aussi contre le ministère public, contre les juges, et s'il le fallait contre le comité de salut public, il serait infailliblement réintégré dans la possession de son diamant. Plaider!... Deux, quatre, six procès!!... Danjoux s'attendrit comme un bas-Normand qu'il était, et se mit incontinent à la besogne.

En 1824, Danjoux plaidait encore, et vivait par jour de quatre sous de pommes de terre frites pour pouvoir payer son avocat sur le gain presque chimérique que le vieillard essayait encore de réaliser en revendant au Temple des savates et de la ferraille. Quand je le connus, il était logé au n° 32 de la rue Sainte-Geneviève, dans les combles de cette même maison qui abrita Cadoudal. Danjoux qui voulut me consulter sur son affaire, me montra en passant une grande femme décharnée qui avait des cheveux gris, quoique encore jeune. Elle était portière du logis, et s'appelait Marie-Michel Hizay. Pauvre femme! Elle voulait mourir à la même place où son cœur, vingt ans auparavant, avait été frappé...

Danjoux était fou, mais d'une folie douce et quasi riante. Ses accès les plus forts consistaient ordinairement à chercher un escompteur qui lui avançât cent sous sur le prix de son diamant. Ces accès-là le prenaient l'hiver par vingt degrés de froid, lorsque le pauvre vieux bonhomme grelottait dans son chenil sans couverture et sans feu...

Il mourut la veille du jour où son affaire devait être mise au rôle. Je ne sais trop ce qu'est devenue Marie.

Ainsi parla l'érudit, et à voir le triste équipage du cher homme, je fus sur le point de lui demander s'il lui était arrivé, à lui aussi, d'être volé par la république. Mais je n'en eus pas le temps, car il me fit un salut rapide et se dirigea presque en courant vers l'un des ayons du marché, dont les étagères ployaient sous des monceaux de feutres et de castors passablement avariés. La déesse du lieu courait des bordées devant la porte, le chef coiffé du plus jeune de ses chapeaux, et occupée de lancer sur les chalands d'agaçantes œillades. Elle accueillit le savant par une bourasque d'injures entremêlées de gestes si expressifs que je fus curieux de m'enquérir du motif de cette scène. Je m'approchai donc, et le savant, aussi confus de ma présence que des épithètes un peu risquées dont il était l'objet, s'inclina néanmoins avec assez de grâce, et se redressant ensuite de toute sa hauteur :

— Monsieur, me dit-il, j'ai l'honneur de vous présenter mon épouse.

MARC FOURNIER.

LES SPÉCIALITÉS PARISIENNES.

Par Marc Fournier.

Origine et lignée de la Spécialité. — Opinion de Mercure à ce propos. — La fée COMMANDITE. — La Bourse est prise d'assaut. — La Spécialité fait son entrée dans le monde. — Elle est de la Faculté de médecine. — Elle est inscrite sur le tableau des avocats. — M. Flourens la fait entrer à l'Académie des sciences. — Elle explique et traduit les romans de M. d'Arlincourt. — Elle fait mettre M. Vidocq en prison — MM. Ganneron, Taschereau, Piscatory, Remilly, Bugeaud et Dupin, lui font faire un beau chemin — Elle est élue membre de l'Académie française. — *Te Deum* en l'honneur de M. de Tocqueville. — Du mot *ministériel* au point de vue grammatical. — Considérations scientifiques. — De Kiang-Ning sur le Kiang-Hu à Pontoise. — Réminiscence en faveur de M. Flourens. — Embarras du choix. — Hoffmann. — Saint-Pierre et Mlle Taglioni. — M. Thiers aux prises avec un gamin. — Entrée en matière.

Spécialité!...

Voici un des mots les plus révolutionnaires et les plus pétulants de notre patois parisien. Le jour que *Spécialité* fut découverte par SA MAJESTÉ L'INDUSTRIE, reine de France et de quelques lieux circonvoisins; ce jour-là, dit-on, Mercure, dieu *spécial* des marchands et de plusieurs autres *spécialités* sociales, frappa par trois fois de son caducée le fronton de la Bourse, et jura par la barbe de Proserpine que le mot lui paraissait joli.

Le vieux messager de l'empyrée avait on ne peut plus raison. *Spécialité* est une de ces expressions heureuses, éloquentes, parfaites, coulées d'un seul jet, et qui se produisent d'elles-mêmes à la vénération de l'esprit. Ce fut, dès l'heure de sa naissance, un mot tout élevé, plein de finesse et de rouerie, grand, fort, et tapageur en diable. A l'instar de tous les petits princes arabes de M. Galland, *Spécialité* eut pour nourrice une fée puissante, une fée miraculeuse, qui dota le nouveau-né de toutes sortes de dons et de richesses : la fée COMMANDITE, cette même fée qu'un instant l'on soupçonna d'avoir trouvé la pierre philosophale. Si bien que *Spécialité* eut tout de suite une nuée de courtisans à sa suite. D'abord, elle pénétra dans la Bourse comme dans une ville conquise, et de cet antre s'élança dans Paris et souleva sur son passage des milliers d'apôtres et de croyants. Ce fut une fièvre, un délire, un fanatisme; les capitaux accoururent de toutes parts, s'inclinèrent devant elle, et s'empilèrent à ses pieds. Finalement, *Spécialité* eut tout les succès, tous les triomphes; il ne lui manqua même pas ce qui manquait à Molière... comme nous verrons plus bas.

Spécialité fut d'abord de la Faculté de médecine. Il y eut, et nous avons encore des médecins *spéciaux* qui ne *travaillent* qu'une seule maladie. Médecins *spéciaux* pour les migraines, pour les maux d'yeux, pour les engelures et les cors aux pieds; médecins *spéciaux* pour les maux de cœur, médecins pour les enrouements, pour les furoncles, pour les clous, pour les indigestions et pour les boutons sur le nez...

Spécialité fut également du barreau de Paris. Nous comptons une foule d'avocats qui s'annoncent sous la rubrique d'une spécialité judiciaire. Il y en a qui ne plaident absolument que les questions de murs mitoyens; d'autres qui se vouent exclusivement à l'examen des cas de récidive en matière de faux-poids, d'autres encore qui ne connaissent qu'une chose : les circonstances atténuantes en fait de parricides, fratricides, infanticides et autres écarts d'imagination. M. ***, avocat fort distingué, n'a jamais étudié que les brevets d'invention, et la manière de s'en servir.

Spécialité entra ensuite à l'Académie des sciences avec M. Flourens, voué à l'étude spéciale de la phthisie pulmonaire des canards et des poulets.

Spécialité pénétra dans l'Académie des inscriptions, à la suite de plusieurs mémoires de M. Stanislas Julien sur l'interprétation du welche et du charabia, patois primordiaux dont quelques traces se retrouvent encore dans les romans de M. le vicomte d'Arlincourt.

Spécialité fut de la police secrète avec M. Vidocq, dont l'écriteau charmait les yeux et l'esprit dans le passage Vivienne. Cette spécialité-là est présentement sous clef.

Spécialité fut nommée député en la personne de M. Ganneron, de M. Taschereau, de M. Piscatory, de M. Remilly, et d'une foule d'autres honorables qui ont chacun la spécialité d'une plaisanterie plus ou moins annuelle et amusante. M. Bugeaud, par exemple, avant qu'il fut soldat-laboureur, avait la spécialité du coq-à-l'âne, et M. Dupin partage toujours avec M. Sauzet la spécialité du calembourg.

Enfin, *Spécialité* fut de l'Académie française! Gloire à jamais à l'homme généreux qui lui ceignit le bandeau de l'immortalité! Cet homme incomparable, dont les siècles futurs conserveront la mémoire, est M. de Tocqueville, auteur spécial d'un livre excessivement spécieux sur la démocratie aux États-Unis. M. de Tocqueville n'a jamais fait que ce livre. — Mais quel livre!

Que signifient, enfin, ces dix lettres miraculeuses, ce mot *spécialité?* La question n'est pas facile à résoudre. Espérons que M. de Tocqueville, dans la prochaine édition du Dictionnaire de l'Académie, fera donner une petite place au mot dont il est la chose. Jusque-là, *spécialité* sera tout ce que vous voudrez, excepté d'être français. C'est un de ces mots qui naissent, qui brillent, qui se répandent, mais qui n'ont, au fond, qu'un éclat passager. On les invente pour les besoins du moment. Vous avez dans ce genre, le mot *gouvernemental*, le mot *doctrinaire*, le mot *ministériel*, le mot *constitutionnalité*, et beaucoup d'autres. Dans vingt ans, ce sera de l'hébreu.

Spécialité, si je ne me trompe, est née industriel. Si, plus tard, elle est devenue savant, orateur, homme d'état et autre chose, c'est que nous vivons à une époque essentiellement remuante; d'autres diraient progressive. Pour bien comprendre le mot, il faut donc le prendre à son origine. Dès l'instant qu'on reconnut que la division du travail était favorable à la production, on étendit ce crytère des produits de la main-d'œuvre aux principes du négoce. On ne fit qu'une seule chose pour la mieux faire, on n'étudia qu'une seule branche pour la mieux savoir, enfin, on ne vendit qu'un seul *article*, pour le mieux vendre. Or, ce fut cet article qui prit le nom de *Spécialité*...

Les spécialités du commerce parisien s'étendent à l'infini. Dans nos passages, dans nos bazars, dans nos rues les plus belles, dans nos *cités* les plus riches, vous voyez resplendir de somptueux étalages reflétés par des panneaux à glaces, ombragés de tentures de soie, groupés avec un art et une entente des couleurs qui ne se rencontrent qu'à Paris. Les passants s'arrêtent involontairement devant ces curiosités charmantes, ces objets d'un luxe raffiné, même devant ces choses d'une destination plus humble qui empruntent je ne sais quelle séduction, quel élégant prestige au goût avec lequel on les présente aux yeux.

Ce qui distingue la spécialité du commerce vulgaire, c'est que celui-ci se trouve partout, se fait sous toutes les zones habitables, depuis Kiang-Ning sur le Kiang-Hu jusqu'à Pontoise, en passant par la rue Saint-Denis.

Mais franchissez le rayon qui part de la rue Vivienne, s'étend à la rue Richelieu, touche aux boulevarts, pénètre dans la Chaussée d'Antin, et il n'y a plus de spécialité. La spécialité parisienne ne peut avoir, ne doit avoir qu'un élément, c'est le luxe. Otez-lui les larges trottoirs, les portes cochères, les balcons et les cariatides, reléguez-là dans une rue boueuse, sous un auvent obscur, éclairez-là à l'huile, et la spécialité mourra. Qui dit spécialité, dit nécessairement élégance. Bien entendu qu'il n'est pas ici question de la spécialité de M. Flourens pour la pathologie volatile.

Nous avons fait connaissance avec les caractères généraux de notre sujet; pénétrons maintenant dans les détails, et décrivons, miracle à miracle, toutes les merveilles du commerce parisien, en tant qu'il ressort de la spécialité.

Lequel choisirons-nous d'abord? Susse, Duvelleroy, Marion, Durousseau, Monbro, voilà tout autant de gloires qui marchent d'un pas égal. Cependant, pour peu qu'Hoffmann eût visité les galeries de Susse, l'imagination fantastique du buveur de Dresde aurait donné tout de suite le premier rang à ce musée, unique peut-être dans le monde entier. Je ne sais quel rêve étrange il eût senti s'agiter à la vue des trésors entassés dans ces magasins; sans doute il eût doué de mouvement et de vie cette foule de statuettes, de figurines, de groupes, de sculptures capricieuses, portraits sérieux ou grotesques, poétiques ou spirituels de toutes nos célébrités contemporaines, mêlés à des plâtres, dont l'inspiration remonte à d'autres temps, d'autres costumes, et tous formant un ensemble inouï, une sorte de poëme inconnu où les siècles évoqués semblent apparaître en se donnant la main. Ici le ciseau d'Antonin Moine a reproduit les traits ascétiques de saint Pierre, de saint Jean, de sainte Amélie, demi-dieux chrétiens dont les chlamydes de bure frôlent les épaules ailées de Taglioni, déesse toute païenne, modelée par Barre. Plus loin, que vois-je! *M. Thiers*, en terre cuite, semble donner le bras à un petit plâtre tapageur et charmant : *Le gamin des barricades!*

Pour le coup, le hasard est essentiellement facétieux... Ici, c'est un *Charles Ier*, de Marochetti, une *Chasseresse*, de Pradier, un bénitier *Saint-Georges*, de Nieuwerkerke, un *François Ier*, de Gechter. Là, *Carlotta Grisi*, notre brûlante *Carlotta* traverse d'un vol rapide le chemin où s'avance *Marguerite de Bourgogne*, assise sur son palefroi : deux passions incarnées, l'une sanglante et sombre, l'autre souriante et couronnée de fleurs!

— Et puis les toiles qui couvrent les murailles ! Roqueplan, Gudin, Isabey, Decamps, Dedreux, Dupré, Cabat, Marilhat, Bouterweck, toutes les signatures illustres sont là dans un aussi beau jour, dans des cadres aussi riches, et quelquefois devant des yeux plus experts qu'au Louvre et au Luxembourg. Susse a une spécialité, celle d'être le mécène du génie, et d'avoir ouvert aux arts le plus beau des panthéons. Mais avant de quitter son palais enchanté, revenons à Hoffmann et à ce ravissant conte qu'il écrivit un jour sur les joujoux de Nuremberg. Qu'eût-il écrit, qu'eût-il imaginé, grands dieux! dans la chambre aux jouets de M. Susse! Non, jamais, fils de sultane ou de calife, jamais enfant protégé par la fée Bimbelotte ne rêva de tant de belles choses et de tant de prodiges amoncelés. *Sancho Pança, la Bonbonnière grotesque, le Père Trinquefort, l'Enfant qui parle, le Danseur de corde, Fanny Elssler, la Poupée mécanique, la Joueuse de piano, la Permission de dix heures*, cent drôleries fantastiques, exhilarantes, ingénieuses, enchanteresses ! Que vous dirais-je? c'est à rendre un homme enfant jusqu'à la fin de ses jours...

Le Parisien a, pour Susse, une admiration stupéfiante. Depuis dix ans, le Parisien passe tous les jours devant les magasins de Susse, et s'y arrête tous les jours avec autant d'onction et de ferveur qu'un lazzarone qui se prosterne devant saint Janvier. Susse ne mettrait à ses carreaux de vitres que des toiles d'emballage et des morceaux de brique, que le Parisien les contemplerait encore avec beaucoup de plaisir ; c'est passé dans le sang. Les femmes ont surtout en présence de cette profusion de chinoiseries, de toilettes, de coffrets, de reliquaires, de marqueteries et de cartonnages, des mouvements et des regards d'une rare concupiscence. Un de nos amis s'est posé ce problème qu'il n'a pas osé résoudre :

« Une femme très vertueuse étant donnée avec un homme laid, « mais généreux, qui la courtise, on demande combien de fois la

« femme farouche passera devant Susse au bras de l'homme laid,
« avant de trouver qu'Esope vaut bien Antinoüs. »

Au surplus, retenez bien ceci, que la spécialité de Susse n'est pas la seule qui provoquerait une semblable équation. Il en est une autre..... Mais avant de pénétrer dans ce sanctuaire de presque toutes les fourberies de la femme, il est bon de vous prévenir que nous touchons aux propriétés les plus raffinées et les plus coquettes de la Spécialité; car, sachez-le bien, c'est une fort grande dame, quand elle le veut, rouée comme madame de Parabère, et séduisante comme une fille d'honneur. Laissez-la, je vous prie, chausser ses petites mules, poudrer à blond ses repentirs, et s'embarquer avec vous sur le fleuve de Tendre. Par Cupidon! elle vous fera voir du pays. C'est une commère qui a le pied cambré. La voyez-vous d'ici, rose épanouie dans son peignoir de dentelles, et à demi renversée sur ce galant sopha?...

Le sceptre qu'elle tient à la main est un colifichet qui ne vaut guère plus de quelques centaines de louis. C'est une simple feuille de satin léger, artistement fixée sur une monture de bois de sandal. Le *dedans* de cette feuille est armée de *brins* qui la soutiennent, terminés par des bouts de flèche délicieusement évidés. Les *panaches*, c'est-à-dire les deux supports du bijou, sont découpés comme des points de malines, et réunis à la *tête* par des clous en rubis. Les bouts de flèches ont chacun un diamant enchâssé dans l'évidure et chaque fleur découpée dans le panache a également pour corolle une rose de la plus belle eau. Quand les brins s'étendent et que le satin se déplisse, vous pouvez admirer sur le tissu qu'elle recouvre une gouache inestimable, — un berger et sa bergère à qui *le dieu de Paphos* montre dans un tableau magique deux colombes amoureuses. — L'Amour est du carmin le plus vif, les cieux sont rose-cendré, l'habit du berger est vert-pomme, et les yeux de la bergère sont gris de perle. Les arbres sont du lilas le plus tendre, et l'effet général est du dernier galant. C'est ce que Boucher a imaginé de plus adorable comme absurdité de couleur.

On a sans doute deviné le nom de mon colifichet?

Et à ce propos, on se rappellera peut-être ce qu'en disait madame de Sévigné : « Je veux bien gager, en vérité, que, dans « tout l'attirail de la femme la plus galante et la mieux parée, il n'y

« a point d'ornements dont elle puisse tirer autant de parti que de « son éventail. »

Il est à peu près reconnu aujourd'hui que c'est messire le Diable qui a doté la fille d'Ève de l'éventail. Un de nos amis s'occupe en ce moment d'une statistique tendant à prouver que depuis 1522, date authentique de l'introduction de l'éventail en France, les loyers ont haussé en enfer de près de cent pour cent. C'est incroyable!

M. Duvelleroy, à Paris, est le représentant de la maison Lucifer et compagnie pour la propagation de l'éventail. Il est fort probable que M. Duvelleroy, qui porte ce nom, passage des Panoramas, en porte un autre dans les possessions infernales. C'est du reste un assez bon diable, mais adroit, inventif, et spirituel comme il convient à tout honnête démon. Il est hors de doute qu'il damnerait les dix mille vierges, s'il s'en donnait la peine, rien qu'en déployant à leurs yeux les plumes peintes, la nacre, l'ébène, le citronnier, la laque, l'or et la soie dont il compose ses merveilles. Malheureusement, il a trop d'occupation sur terre.

Au surplus, tous les pères de l'Église conviendront que la providence, en nous octroyant le libre arbitre, a mis la créature dans les meilleurs termes possibles pour se damner un peu passablement. La civilisation a cela de très original, qu'elle est d'un calme désespérant à l'endroit de son salut. C'est son genre. Elle pousse même la subversion des idées au point d'admettre qu'en fait de perdition il n'y a rien de trop coquet ni de trop élégant. Nous nous rappelons à ce propos qu'une grand'mère à nous, une charmante vieille qui portait les coiffes les plus respectables du monde, nous assurait que *de son temps* un jouvenceau, comme on disait alors, soupirait dix ans aux pieds de sa beauté (même style), avant de se risquer à lui prendre la main et à lui baiser le bout des doigts. Je n'ai pas de peine à le croire. Le papier dont on se servait alors pour écrire une lettre d'amour était gris, raboteux, et laid à faire peur. Il fallait assurément toute la bonne volonté des duchesses de ce temps-là pour se monter la tête au toucher de ces affreux poulets. C'est à se demander comment leurs doigts de rose avaient le courage de s'en accommoder. Ma grand'mère, elle, n'avait pas tant de valeur, et loin de compromettre sa gorge de satin au contact de ces héroïdes écrites sur papier à poivre, elle se dépêchait ordinairement d'en faire des boulettes pour amuser son chat. Mais arriva, sur ces entrefaites, la providence qui, argumentant du libre arbitre, permit à sa créature d'inventer le papier à la mécanique. Dès lors ce fut fête à Cythère, comme aurait dit notre aïeule en agitant ses coiffes d'un air contrit.

Aujourd'hui l'on est tout-à-fait civilisé. La jeune personne qui reçoit un billet doux est déjà séduite par l'enveloppe. A peine en a-t-elle rompu le cachet, que ses doigts frissonnants palpent un vélin douillet et satiné. Les sens surpris ont aussitôt je ne sais quel avant-goût du ciel... Le chiffre du lovelace, toujours surmonté d'une couronne de comte, brille en lettres d'or ou enlacé dans d'ingénieux emblèmes; les tranches sont dorées, les marges relevées de gaufrures, la pâte du papier a été pétrie dans le benjoin, tout y exhale l'ivresse du luxe et du plaisir, la cire elle-même semble avoir été brûlée sur une cassolette de parfums, c'est un conflit de choses douces, embaumées, charmantes, et profondément corruptrices.

Bref, je parie que s'il y avait eu un Marion du temps de ma grand'-mère, les *belles* se seraient occupées d'autre chose que d'amuser leur chat. Marion, voyez-vous, est l'homme qui a poussé le plus loin l'épicurisme du papier à lettre. Il a inventé je ne sais combien de merveilles glacées, gaufrées, frappées, satinées, celles-ci peintes à la main, celles-là à reflets prismatiques, ces autres à bordures d'or. Marion est la coqueluche de toutes les *Sévignés* qui ont quelque prétention à l'élégance. Elles ont mis à la mode d'aller le matin chez lui faire leurs emplettes *de bureau*. Aussi a-t-il découvert tout exprès pour elles un papier de fée, qui s'appelle, à ce qu'on dit, le *filigranocolor!* Une femme qui se respecte un peu préférerait demeurer vertueuse toute sa vie, plutôt que d'écrire à son amant sur un autre papier que le filigranocolor. Je suis tout-à-fait de son avis.

Et maintenant, avant de continuer, il nous sera permis de prendre une mesure préliminaire. Il peut se faire que dans notre auditoire se trouve une blonde et pudique fille de la Grande-Bretagne. Si cela est, nous requérons contre elle le *huis-clos*, et la sommons de nous rendre, en se retirant, la liberté de parole dont nous avons besoin. Elle aura, si cela lui plaît, la faculté d'écouter discrètement à la porte. Mais du moins les apparences seront sauvées, et il ne sera pas dit que, sous le ministère de M. Guizot, un Français se sera permis de blesser en quoi que ce soit les plus légères susceptibilités de l'Angleterre. Cela fait, et puisque nous ne sommes plus ici que des esprits forts (je m'adresse à mes autres lectrices) qui ne craignons pas précisément qu'on appelle les choses par leur nom, nous allons mettre notre phrase à l'aise et la décolleter un peu. La chemise... — ah! mon Dieu oui, c'est ainsi que cela commence, — la chemise donc forme aujourd'hui l'une des spécialités les plus en vogue à Paris.

Il n'y a pas dix ans encore que c'était une très grave circonstance pour une ménagère que de renouveler le linge *intime* de sa maison. Deux ou trois semaines avant l'événement, la maîtresse du logis prenait des airs pensifs. Quand c'était une jeune mère dont les fils étaient déjà grandets, ce qui n'est pas rare, la pauvre femme se trouvait naturellement en proie aux plus singuliers embarras. Elle se surprenait à jeter des regards furtifs sur l'encolure déjà fort avancée de messieurs ses marmots, non point de ces regards de mère, regards qui n'ont point de sexe, mais de vrais regards de femme, timides et rougissants. La fille, s'il y en avait une, toisait aussi d'un œil assez équivoque les épaules du papa, et tombait ensuite dans des méditations qui avaient quelquefois le défaut de tourner à la rêverie. Et tout cela, dans quel but? Eh! mon Dieu, dans ce but infiniment simple d'apprécier au juste combien il fallait de mètres de toile pour confectionner les cinq ou six douzaines de chemises dont le chapitre figurait au budget. Ces dames prenaient *leurs mesures*. Et quand il fallait tailler, coudre les pièces et les assembler, c'était bien d'autres mines! Le papa qui n'y entendait pas malice s'approchait des travailleuses, tâtait, vérifiait, et quelquefois critiquait la coupe des endroits les plus scabreux.

Mais tu n'y songes pas, s'écriait-il, en s'adressant à sa femme qui avait beau lui faire des signes en lui montrant la jeune personne, non, vrai, tu n'y songes pas. Tu sais bien qu'il me faut cela beaucoup plus large d'ici. C'est toujours par là que tu m'as manqué mes chemises. Prends-y donc garde une fois; que diable! on n'est pas un Hercule, j'en conviens, mais enfin, l'on n'est pas non plus un mirmidon... Eh bien! c'est comme pour ces enfants, tu te figures bonnement qu'ils ne grandissent pas, qu'ils ne grossissent pas, mais vois donc, biche, c'est à n'y pas fourrer ma tête, à moi, et tu veux que ces enfants y mettent... Heureusement que les yeux de la dame devenaient tellement expressifs, que le bonhomme finissait par comprendre que la jeune fille n'avait pas absolument besoin de savoir ce que ses frères devaient mettre dans leurs chemises.

Aujourd'hui, ces scènes d'intérieur ont presque tout-à-fait disparu, et les choses, qu'on nous permette l'expression, se passent beaucoup plus britanniquement. Les hommes vont chez Durousseau prendre mesure pour leurs chemises, comme ils vont chez Staub prendre mesure pour leurs habits. Durousseau, lui, qui n'a pas autant de ménagements qu'une femme à garder envers lui-même, y met, il faut le dire, beaucoup plus de conscience et d'exactitude que nos jeunes matrones. Il en résulte que nos chemises ne ressemblent plus à des sacs disgracieux, fort discrets, fort chastes, à la vérité, mais fort ridicules. Et puis qu'est-il arrivé? c'est que Durousseau, en créant, pour ainsi dire, sa spécialité, a mis à la portée de tout le monde ce luxe jadis si rare, et cependant si recherché du linge élégant et riche. Durousseau, ou autrement dit le chemisier des Princes, car *il a charge à la cour*, reçoit non seulement chez lui la nichée nouvelle de notre aristocratie, laquelle, comme on sait, emploie tout l'esprit de ses écus à restaurer jusque dans les dentelles et le point-arrière du jabot, les saines traditions du passé ; mais il est aussi et surtout une providence pour le commis à douze cents francs, invité au bal chez son chef de division, et qui n'a dans sa garde-robe que les chemises *de famille*, les sacs dont nous parlions tout à l'heure ; car pour dix ou quinze francs, pour moins encore, il pourra savourer le plaisir d'ajuster son gilet de piqué sur du linge aussi fin, aussi frais, aussi *régence* que celui de M. Anatole, ce fat de surnuméraire qui est fils d'un général, et qui vient au ministère avec des éperons. Et c'est bien quelque chose.

Du temps qu'il y avait encore des peintres d'attributs, ces honnêtes artistes avaient pour coutume invariable de représenter l'Humanité sous la forme d'un serpent qui se mordait la queue. Indépendamment de la simplicité philosophique de cette figure, nous lui trouvons pour surcroît de mérite celui d'être à deux fins, c'est-à-dire de peindre l'Humanité d'abord, et la Mode ensuite, car si jamais divinité se mordit la queue (dans le sens allégorique de l'expression), c'est bien certainement la Mode, pour qui il n'y a rien de nouveau sous le soleil, hormis ce qui est vieux. Sans remonter très haut, nous voyons que dès la fin du XVIIIe siècle Paris comptait un grand nombre de marchands, dits *brocanteurs*, qui faisaient commerce de vendre la dépouille des époques antérieures, et qui édifiaient des fortunes considérables en profitant de ce goût déjà fort prononcé de la mode pour tout ce qui était *passé de mode*. Celui de ces marchands qu'on pourrait appeler le Monbro de son époque, car il s'était acquis une réputation européenne, qui n'avait pas de rivale dans ce genre, était un nommé *Ledoux*. Tout ce que Paris renfermait de jeunes seigneurs, de femmes de qualité, d'artistes et même de savants, accouraient en foule dans ses magasins. Le duc d'Orléans, père du roi actuel, était un des visiteurs les plus assidus de Ledoux, et lui fit des achats considérables dont quelques traces se voient encore au Palais-Royal.

En héritant de ce goût de nos pères pour la *Curiosité*, nous l'avons, nous ne dirons pas perfectionné, mais complété. Non seulement nous recherchons les meubles et les objets anciens, mais nous empruntons à ces reliques du passé, des modèles pour nos mobiliers modernes. Le seul marchand de curiosités qui ait aujourd'hui une vogue de haute volée, et qui soit réellement versé dans la science profonde de l'archéologie, Monbro, en un mot, entretient plus de cinquante ouvriers sans cesse occupés à remettre en honneur le siècle de la Renaissance, celui de Louis XIV et de Louis XV, par des imitations du passé. Quand on donne à ses travaux une semblable portée, ce n'est plus la mode que l'on encense, c'est l'art que l'on glorifie.

Monbro a un musée *d'antiquités* et *d'anciennetés* qui, à lui seul, illustrerait une grande ville. Les étrangers qui débarquent à Paris sont presque aussi curieux de ses galeries que de *l'entrepôt* de Versailles. Je ne sais même s'ils ne lui donnent pas la préférence. Ce qu'on peut affirmer, c'est que bon nombre des gros bonnets de la fashion connaissent, à une merveille près, tous les trésors de Monbro, et n'ont pas encore songé à aller voir les *salles de Constantine*, pour lesquelles l'administration du chemin de fer a tant fait de réclames. On va chez Monbro, comme au XVIIIe siècle on allait chez Ledoux, et une femme de quelque valeur tient pour indispensable de dire, au moins une fois la semaine : « Je viens de choisir des vases et de la rocaille chez Monbro. »

Qu'on ne croie pas pourtant que Monbro soit de ces favoris de la vogue qui ne daignent sourire qu'aux plus grands noms et aux plus grosses fortunes. Monbro est bien trop artiste pour ne pas aimer et protéger tous ceux que l'art fait vivre. L'amateur modeste, mais qui a plus de goût que de richesses, a chez lui ses grandes entrées, et trouve là toutes les facilités imaginables pour concilier ses désirs avec son budget.

Mais il nous faut songer à clore cette revue qui dépasserait toutes limites si nous la voulions complète. Bornons-nous donc à un dernier croquis.

Voyez-vous ce Monsieur qui descend d'une citadine à l'angle d'une rue déserte? Après les contestations d'usage avec le cocher, ce Monsieur s'achemine en longeant les murailles et en partageant sa sollicitude entre les soins qu'il prend pour dissimuler sa démarche et les précautions nécessaires à la propreté de sa chaussure. Enfin, vous le voyez entrer brusquement dans une maison de singulière apparence. Il glisse un nom presque à l'oreille du concierge, et monte au premier étage aussi rapidement que le lui permettent ses petites jambes et ses cinquante printemps. Il sonne, on lui ouvre, et après quelques paroles échangées à voix basse, on le fait entrer dans un boudoir dont le luxe fatigué nage dans un jour douteux. Ce Monsieur, comme nous venons de le dire, touche à la cinquantaine, il porte des cheveux blonds artistement bouclés, un gilet blanc à semé de fleurs bleues, un vieil habit neuf et des pantalons un peu courts à dessous de pied.

Après un quart d'heure d'attente, que le Monsieur a employé à se regarder dans la glace et à passer la main dans ses cheveux avec une précaution suspecte, la porte du salon s'ouvre discrètement, et une femme paraît. Le Monsieur exécute aussitôt une foule de salutations toutes plus galantes les unes que les autres, à quoi la Dame répond en prenant place sur une causeuse. Le Monsieur, qui se décide à en finir avec ses politesses, imite la Dame dont il se rapproche par quelques mouvements préparatoires, afin de pouvoir parler avec tout le mystère désirable. Le Monsieur commence alors par une petite toux d'émotion...

La conversation qui s'engage n'est pas précisément du ressort d'une plume qui fait, comme la nôtre, profession de pruderie. Disons vite, cependant, pour ne pas laisser galoper trop loin l'imagition du lecteur, qu'entre le Monsieur et la Dame, il ne s'agit que *du bon motif*. La maison où nous sommes est le siége d'une entreprise de mariages... au plus juste prix, dont la Dame est directrice-gérante. On y fait pour Paris et la province, et même pour l'étranger. C'est une maison montée en ce qu'il y a de mieux, et où l'on trouve à toute heure un assortiment de *sujets* très bien confectionnés.

Les *épouses* qui sortent de l'établissement sont garanties bon teint pour un an, et même davantage, si l'on consent à y mettre le prix.

On en a de tout âge, depuis trente à cinquante ans; on en a de blondes, de brunes, de rousses et de jaunes; on en a de passionnées, de sentimentales, de froides, de pétulantes, de douces, d'ingénues et de romanesques. Si même on désire une Muse, on peut la fournir à des conditions très raisonnables. Enfin il y a les articles de choix et les articles courants, les épouses de belle venue et les épouses de camelote; mais les unes et les autres sont comme les gants à vingt-neuf sous : on est tenu de les acheter sans les essayer.

Ces maisons *de confiance*, pour l'établissement des femmes un peu pressées par l'âge ou par les circonstances, marient dans tout Paris, comme nous avons eu l'honneur de vous le dire, et à tous les arrondissements de la capitale indistinctement. Les prix se modifient selon l'arrondissement. On fait à des conditions douces et faciles pour les quartiers pauvres et nécessiteux. On accepte des réglements à trois mois ou fin-courant pour les quartiers de négoce, et l'on s'en remet à la générosité de l'amateur dès qu'il s'agit de la rue Notre-Dame-de-Lorette ou de la rue Saint-Lazare.

Nos lecteurs de la province prendront peut-être ce qui précède pour une plaisanterie d'un goût fort discutable. Nous leur abandonnons volontiers la question de goût, mais le fait est vrai, le fait existe, et la quatrième page des journaux, cette quatrième page toujours si chaste et si modeste, est à même d'en fournir la preuve. Feuilletez le *Siècle* et le *Journal des Débats*, et vous trouverez concurremment avec les annonces du docteur Charles Albert et de l'abbé Châtel, l'annonce des maisons de mariages. Ces trois dernières *spécialités* donnent assez la mesure de ce que Paris est en état d'offrir comme civilisation progressive et comme affranchissement des idées.

MARC FOURNIER.

Monsieur, votre carte annonce que vous êtes venu au monde le jour de votre naissance, tout nu, sans chemise, les mains dans vos poches. (LES BATELEURS.)

LES BATELEURS.

Par Édouard Ourliac.

Une fête, ou ce qu'on appelle des réjouissances publiques à Paris. — M. et Mme Pinchonnelle. — La sirène des cafés. — Comment les dégraisseurs en plein vent tachent les habits. — Un marchand de rouenneries achalandé. — Comme quoi la petite Lili soulève des grenadiers à la pointe des orteils. — Aventures de Frise-Poulet, et sa condition présente. — La bataille de Navarin. — Trait de courage de M. Pinchonnelle à propos d'un plat de friture. — L'âne savant. — Mac Gregor, ou le dernier des Highlands. — Le crocodille. — Sourika et l'enfant à trois têtes. — Histoire d'une femme sauvage et de son fils.

On a défiguré le saltimbanque par toutes sortes de chansonnettes, de parades et d'articles de mœurs où l'on est sorti du naturel en voulant outrer le comique. Eh quoi! rendre les banquistes plus plaisants! comme s'ils ne l'étaient point assez. Cela n'a pu sortir de cerveaux dignes de t'apprécier, ô Bobèche!

Que diriez-vous d'un comédien qui chargerait d'un nez postiche les sganarelles de Molière, et d'un bel esprit qui sèmerait de traits le dialogue des marionnettes? Que direz-vous donc de ces gens qui ne se trouvent point satisfaits de la pure éloquence d'un marchand d'orviétan, qui voudraient ajouter aux promesses d'un montreur de bêtes, qui commentent l'annonce d'un acrobate gascon, qui exagèrent les bouffonneries d'un paillasse, qui osent retoucher les chefs-d'œuvre de la Foire? C'est une profanation, n'en parlons plus, et allons voir sur place les originaux merveilleux de ces mauvaises copies.

C'est un jour de fête : les tambours, les cymbales, les clarinettes, les grosses caisses résonnent partout ; les escamoteurs s'égosillent ; les charlatans, les funambules, les jocrisses, les alcides, les arracheurs de dents, les scapiglioni, les cornacs, les jongleurs, les écuyers, les empiriques montés sur leurs tréteaux hurlent à pleine gorge.

Chacun vante sa drogue, chacun crie miracle, chacun souffle dans sa trompette, chacun frappe sur sa pancarte, chacun bat sa caisse, chacun appelle la foule, et la foule étourdie ne sait auquel courir.

Entrez, Messieurs; entrez, Mesdames! c'est l'instant, c'est le moment! on ne paie qu'après avoir vu, c'est le spectacle le plus étonnant, le plus intéressant, le plus...

Plus bas, les marchands de gaufres, de limonades, de macarons, de charcuteries, de mirlitons, les jeux d'adresse, les tirs au fusil, les palets, les galets, les loteries, les optiques, les devins, les appréciateurs du poids et de la force musculaire, font un tintamarre à couvrir le trombonne de l'Hercule du nord et les tambours de la femme à la longue barbe.

Ah! que ce mot du philosophe est vrai : *on ne rassemble jamais les hommes sans les agiter;* ces gens-ci s'agitent passablement. En saine politique, je ne voudrais pas qu'on permît souvent ces réjouissances, et si l'on faisait le compte à la fin du jour des vols, des coups de poings, des contusions, des chapeaux perdus, des montres volées, des enfants pervertis, des femmes insultées, des vieillards meurtris, des familles sans pain, des hommes ivres, des filouteries de tout genre et des attentats de toute espèce, mon avis serait motivé de reste.

Mais qui vois-je? M. Pinchonnelle et sa femme, un digne couple de province, arrivé à Paris depuis un mois. La femme vendait des merceries à Moulins, le mari détaillait du tabac et des clous. Ils ont fermé boutique, et le mari sollicite une place à l'heure qu'il est. Il n'a pas voulu manquer l'occasion de montrer la fête à sa femme; mais avant de s'engager dans les Champs-Élysées, comme il fait chaud, comme ils ont soif, comme ils resteront long-temps debout :

—Veux-tu t'asseoir? dit M. Pinchonnelle, en montrant la tente d'un café.

—A quoi bon dépenser de l'argent? dit madame Pinchonnelle.

—Ce n'est pas tous les jours fête. Garçon, de la bière!

Le garçon apporte une bouteille, et attend qu'on la lui paie, à cause de la grande affluence. Cette méfiance choque M. Pinchonnelle.

—Huit sous la bouteille! dit-il en buvant.

—Comme c'est cher ! dit madame Pinchonnelle.

—Et deux sous pour le garçon !

—Ça fait dix sous.

—Si nous allons de ce train-là...

—Je te disais bien...

—Tu me disais, tu me disais... En attendant, tu bois comme un trou.

—Mais ce n'est pas moi qui...

—Non, c'est moi...

M. Pinchonnelle avec un mouvement d'impatience s'accoude sur la table. Une enfant de huit ans en guenilles, les yeux plombés, râclant une mauvaise guitare, vient chanter devant lui d'une voix enrouée, les yeux errants çà et là :

Viens-t'en ma dou ou ce a a a mie
Sur la vague endormie i i i e,
Le zéphyre amoureux eux
Va nous bercer tous deux.
La douce sympathie ie ie......

— Je n'ai pas de monnaie, dit M. Pinchonnelle.

— S'il fallait donner à tout le monde, dit madame Pinchonnelle, on n'y suffirait pas.

— Oh ! M'sieu ! Madame! continue l'enfant :

Viens-t'en ma dou ou ce a a mie
Sur la vague endormie ie ie,
Le zéphyre a mour.....

— Veux-tu t'en aller?

L'enfant tourne sur M. Pinchonnelle ses yeux distraits, et continue :

. . . . eux eux eux
Va nous bercer tous deux eux.
La douce sympathie ie ie....

— N'oubliez pas la p'tite chanteuse.

M. Pinchonnelle lui jette un sou et se lève.

— Tu vois, dit-il à sa femme, à quoi sert de s'asseoir.

— Mon ami, ce n'est pas moi qui....

M. Pinchonnelle, retenu violemment, chancelle et aperçoit le collet de son habit souillé d'une plaque de savon blanc.

— Comment est-il possible, s'écrie l'homme qui l'a accroché, que Monsieur sorte avec cette grosse tache sur un habit neuf? Comment souffrir cette graisse que la chevelure entretient sur le collet? Comment n'avez-vous pas honte de cette malpropreté? Vous voyez, Messieurs, l'ordure qui s'est amassée sur un vêtement mettable du reste. Monsieur ne pouvait se présenter nulle part, Monsieur ne pouvait aller dans aucune société sans se faire mépriser. Monsieur était ce qu'on appelle dans une tenue dégoûtante! Tournez-vous, Monsieur, je vous en prie. Monsieur est fait comme un vrai torchon.

Voyez, Messieurs, il suffit d'étendre avec la brosse gros comme une noisette de mon savon... Ne bougez pas, Monsieur, soyez tranquille, l'expérience ne coûte rien : je travaille gratis.....

M. Pinchonnelle, prêt à se fâcher, se rassure sur cette phrase. La foule l'intimide, sa femme perd contenance. L'homme mouille, frotte, brosse et l'eau découle sous la chemise de M. Pinchonnelle, qui pousse un *ah!* de saisissement.

— Voyez, Messieurs, reprend l'homme, l'effet de cette composition : il est facile de s'en servir soi-même; je travaille gratis pour faire apprécier mes tablettes... Faites-moi l'amitié d'en accepter une, je ne les vends que trois sous!

Il la met hardiment dans la main de M. Pinchonnelle, qui n'ose la refuser.

— Est-ce que la tache est enlevée? dit-il en s'en allant à sa femme.

— Faudra voir. Pour le moment le collet est trempé et la tache paraît agrandie. Faudra voir. Tu n'as plus ton épingle?

— Tiens, je n'ai plus mon épingle!

— Comment fais-tu pour tout perdre?

— Elle n'était qu'en chrysocale.

— Tu es gentil.... un souvenir que je t'avais donné.

— Tant pis, c'est bien fait, ça t'apprendra.

Un homme, le chapeau sur l'oreille, la joue enflammée, la voix éraillée, s'égosille à deux pas de là : — Trente-neuf, voyez, Messieurs, Mesdames, trente-neuf! voyez le restant de la vente, trente-neuf! mouchoirs Chollet, garantis bon teint, trente-neuf!

— Ce n'est pas cher, dit madame Pinchonnelle; je voulais depuis long-temps t'en acheter une douzaine, laisse-moi voir.

Le marchand est entouré de trois acheteurs avides, qui choisissent, examinent, paient et menacent de dégarnir la boutique.

— C'est une vraie occasion, dit l'un d'eux.

— Donnez-m'en encore six, dit l'autre.

— Servez-moi donc, dit un troisième.

— Que diable! dit M. Pinchonnelle alléché, chacun son tour. Je veux acheter aussi, moi.

— Je vous crois bien, reprend un des acheteurs, vous avez oublié d'être bête.

M. Pinchonnelle se hâte d'empaqueter douze mouchoirs et les paie.

— Voyons un peu, dit sa femme en s'en allant; tiens, en voilà un de troué.

— Ah dame.... fait M. Pinchonnelle.

— Oh qu'ils sont clairs!.... mais c'est du coton.... un autre de troué.... tous troués.... de vraies loques.

— Je vais lui parler moi, dit M. Pinchonnelle furieux; viens vite.

Ils retournent sur leurs pas.

— Dites donc, vous, rendez-moi mon argent; il ne s'agit pas d'attraper le monde. Voilà vos mouchoirs, on n'en veut pas.

— De quoi? que veut Monsieur? s'écrie le marchand, connais pas!

— Je veux, je veux qu'on me rende mon argent, vous m'avez vendu de la pacotille.

— Tiens, ce Monsieur, reprend l'homme furieux, faut-il pas y vendre des cachemires à trente-neuf sous! Vous n'avez pas bientôt fini de me faire d' l'esclandre devant les pratiques!

— Allons, hu! reprend un des acheteurs; tu vas pas nous laisser gagner notre vie, toi?

— Veux-tu te sauver! dit le second.

— Tiens mon chapeau, dit le troisième, que j' lui tape sur le *mufle*.

M. Pinchonnelle, intimidé, bat en retraite et murmure à certaine distance : Tas de canailles!

Sa femme fait mine de le retenir.

— Je parie qu'ils s'entendent, dit-il enfin.

— Tu crois? dit madame Pinchonnelle.

Elle se heurte à un amas de monde.

— Sont-ils badauds ces Parisiens! dit M. Pinchonnelle, en voilà-t-il! qu'est-ce qu'ils regardent?

Un homme en veste rouge à paillettes se promène dans un cercle immense; un tapis est étendu par terre au milieu de ce cercle, et dans un coin grouillent cinq ou six enfants couverts de guenilles bariolées.

— Du courage à la poche! dit l'homme en rassemblant sur le tapis les pièces de monnaie qui pleuvent dans le cercle, encore vingt-cinq sous, et la petite Lili va soulever deux grenadiers à la pointe des orteils, deux grenadiers, les premiers venus. Cette enfant n'est âgée que de quatre ans et demi. On n'attend plus, pour commencer ce spectacle curieux, que la bagatelle de vingt-cinq sous.

— Voilà qui est fort, dit M. Pinchonnelle, une enfant de cet âge; je ne crois pas la chose possible.

— Vingt-quatre! dit l'homme en ramassant d'autres sous qui tombent, vingt-trois!... On n'attend plus que la bagatelle de vingt-trois sous.... la petite Lili va commencer son exercice!... Voyez, Messieurs, il y a déjà vingt-deux sous sur le tapis.... Ce n'est pas de trop de quarante-cinq sous pour un exercice si intéressant.

M. Pinchonnelle, piqué de curiosité, jette un sou.

— Vingt-deux!.... il ne faut plus que vingt-deux sous... Encouragez la petite famille.

Les encouragements se ralentissent, et la somme en reste quelques minutes à vingt-deux sous. Un inconnu se hasarde.

— Vingt et un! s'écrie l'homme.

— Et allons donc, fait M. Pinchonnelle, et il jette cette fois une pièce de deux sous.

— Dix-neuf! dit l'homme, encore dix-neuf sous, et la petite Lili va commencer....

Mais la petite Lili ne commence point, les sous sont définitivement arrêtés, le cercle se dégarnit.

— Messieurs, dit l'homme en faisant la mine, on n'encourage pas les artistes.... je ne puis pourtant pas rester inutilement sur la place..... Une fois, deux fois..., c'est bien vu, bien entendu.... adjugé!

Il reploie son tapis, et ajoute avec amertume en se tournant du côté de M. Pinchonnelle:

— Nous avons des personnes qui voudraient tout voir et ne rien payer.... C'est pas cher.... Cancres, va!

Il emballe le tapis, les chaises, le tambour, et disparaît.

— Tiens, cet animal, dit M. Pinchonnelle, moi qui ai payé et qui n'ai rien vu!

Il se retourne à de grands cris.

— Holà! ho! eh! ho! eh! l'ami! vous revenez de Dijon chercher de la moutarde! j'en suis vraiment charmé! Eh! ho! vous vous portez bien? pas mal; et vous? à la bonne heure!

C'est un homme seul devant une table à tréteaux, vêtu d'une veste rouge et coiffé d'une perruque à grands crins. On ne sait ce qu'il veut et ni à qui il parle.

— Holà! ho!... mon père avait bien raison quand il me disait.... Veux-tu te cacher galopin?

L'homme change de ton en courant sur un enfant qui s'est approché.

— Je t'vas frotter, toi!... reviens-y.... vermine!

Il a perdu le fil du discours et chante sur l'air du *Point du jour* :

Le point du jour dans un navet
Avec des pommes de terre
Dans la *castrole* se disputaient (*bis*).
Avez-vous jamais vu la guerre
Aux pommes de terre ?

Il prolonge le dernier vers par une roulade bouffonne.

Quelques personnes se sont approchées comme M. et madame Pinchonnelle, le cercle se forme et se grossit. L'homme entame le récit suivant :

— Pour lors, voilà que mon père me dit un jour : Frise-Poulet, mon ami, faut que tu ailles faire fortune à Paris. Il me fait mon paquet dans un chausson ; le talon n'était pas plein...., et ma mère me donne six belles chemises toutes neuves, qui n'avaient ni col, ni pans, ni devant, ni derrière.... il fallait aller chez le marchand pour avoir les manches. Me v'là parti, je marche tout droit devant moi, et je demande à une bonne femme ous qu'était Paris? Il est derrière vous, qu'elle me répond; je l'avais traversé tout droit sans faire attention. V'là que j'avais faim. J'vois sur une enseigne : *Ici l'on donne à boire et à manger*. Bon! que je dis. Monsieur, dit la servante, quel potage faut-il vous servir? Nous avons potage au pain, potage au riz, potage au vermicelle, potage à la julienne.

— Apportez-les-moi tous les quatre.

V'là qu'elle revient. — Monsieur, faut-il vous servir un *bœuf?*

— Un bœuf? que je dis, servez toujours, nous verrons bien.

Elle apporte un bœuf qu'était grand comme la main, ils sont comme ça dans ce pays-là. C'est égal, que je dis, ces gens sont bien honnêtes, ils font ce qu'ils peuvent. Quand j'ai bien mangé, je prends mon chapeau et j' m'en vas. Le garçon court après moi.

— Monsieur! monsieur! la bourgeoise veut vous parler.

C'est sûrement, je pense, qu'elle a oublié de m'offrir le petit verre, c'est une dame bien aimable. J'arrive au comptoir.

—Monsieur, qu'elle dit, nous avons huit livres dix sous.

— Tant mieux, que je dis, Madame, gardez-les.

— Pas du tout, c'est huit livres dix sous que vous me devez pour votre dîner.

— Comment, que je dis, on me l'a donné; *ici l'on donne à boire et à manger*. Je me mets à courir, le garçon se met à courir; il crie au voleur sur moi, je crie au voleur sur lui; la garde ne savait plus lequel arrêter...

Ici l'assemblée fait entendre un gros rire; M. Pinchonnelle rit comme l'assemblée, madame Pinchonnelle elle-même comprime sa belle humeur avec son mouchoir.

—En v'là un qu'a une platine, dit un soldat.

—Je ne sais pas où il va prendre tout ce qu'il dit, ajoute un autre.

—Il faut encore qne ces gaillards-là ne manquent pas d'esprit, reprend gravement M. Pinchonnelle, pour inventer ces histoires-là.

Il ne sait pas que cette histoire et d'autres semblables sont stéréotypées mot à mot dans la mémoire de tous les *pîtres* ou paillasses chargés d'assembler et d'amuser la foule pour la préparer au débit de la bonne aventure ou autre curiosité.

Le *pître* reprend son récit.

—Après ça j'entrai chez un pâtissier pour avoir un état; il me dit: Viens chez moi, je t'enseignerai ce qu'il faut faire, et je te présenterai à ma femme; n'oublie pas de la saluer.

—Comment faut-il faire, que je dis, pour la saluer.

—Tu lui tireras le pied et tu lui donneras un grand coup de chapeau. Sa femme arrive. Je lui donne un grand coup de chapeau sur la figure, et je lui tire le pied; elle tombe le dos dans un chaudron d'eau bouillante; elle se met à crier. Madame, que j' dis, j'ai bien l'honneur de vous saluer; le pâtissier, dit.—C'n'est pas comme ça qu'il faut s'y prendre. Viens par ici, j'te vas montrer ce que tu auras à faire. Tu prendras douze douzaines de brioches, et tu iras dans les rues en criant : *Ils sont tout chauds, tout bouillants, brisez-vous la gueule et cassez-vous les dents.*

—C' n'est que ça, que j'dis.

—C'nest que ça, qu'il m' dit, et tu m'rapporteras la monnaie, et tu donneras le treizième.

—Bon, que j'dis. Je mets la manne sur ma tête, et je vais dans les rues en criant de toutes mes forces : *Ils sont tout chauds, tout bouillants, brisez-vous la gueule et cassez-vous les dents.* Il y a un homme qui m'dit : Combien la douzaine?

—A un sou la pièce, c'est douze sous.

—Donnes-tu le treizième?

—Oui, que j'dis. Il prend une brioche et il s'en va. J'avais une faim d'enragé. Tiens, que j' me dis, puisque cet étranger a pris un treizième, j' puis bien en manger un autre. Il y avait une brioche qui avait l'air de m'agacer, j' l'avale. Je marche toujours, mais v'là que c'tte brioche s'ennuyait toute seule dans mon ventre; j'en avale une autre pour lui tenir compagnie; v'là-t-il pas qu'elles se battent; j'en envoie une troisième pour les séparer. Oh! jarni! elles se mettent deux contre une. J'en envoie une quatrième, bon, trois contre une! De fil en aiguille je mange toutes les brioches, ça faisait un beau tapage. J'retourne chez l' bourgeois, il regarde dans la manne. Bon, qui dit, tu as tout vendu. Il ouvre un tiroir à cases.

—Tu vas mettre là les pièces de vingt sous; là, les pièces de dix; là, les sous; là, les pièces de six liards.

—J' mettrai rien du tout, que j'dis. J'lui conte la chose; il prend son rouleau, je me mets à courir autour de la table, il court après moi, mais il n'a jamais pu m'attrapper... il n'y avait que son rouleau qui m'attrapait de temps en temps...

A ces mots, entre brusquement dans le cercle un homme en redingote bien boutonnée, un chapeau graisseux sur le coin de l'oreille, qui donne trois grands soufflets au pître, autant de coups de pied, en s'écriant :

— Que fais-tu là, paresseux ; il y a deux heures que j' te cherche, tu te permets d'abuser de la patience de ces messieurs et de ces dames...

Le pître lui fait force grimaces par derrière, et affecte un air soumis quand il se retourne.

— Voyons, imbécile, tu n'as pas fait à ces messieurs, je parie, l'annonce de ce que tu a-t-à leur communiquer.

Et s'adressant au cercle, tandis que le *pître* imite sa voix et son geste.

Le maître. — Messieurs et dames!...

Le pître. — Mulets et ânes! ..

Le maître, avec un coup de pied. — Veux-tu te taire, imbécile?... Messieurs et dames, c'est pour avoir l'honneur de vous annoncer...

Le pître. — De vous enfoncer...

Le maître. — Que je suis de retour d'un voyage dans les principales capitales...

Le pître. — Général et caporal...

Le maître. — Je suis connu sur la place...

Le pître. — De Grève.

Le maître. — Je m'appelle Auguste, dit l'Américain.

Le pître. — Vilain arlequin.

Le maître. — Je suis élève du fameux Moreau.

Le pître. — Fameux moricaud.

Le maître. — Savant dans la chimie, la chiromancie, et l'art de prédire l'avenir.

Le pître. — Sauvez-vous, il va venir...

Grand coup de pied du maître appliqué de côté.

Le pître se retourne, et en demande raison à M. Pinchonnelle qu'il menace de grands coups de poing. Tout le cercle rit, et M. Pinchonnelle juge qu'il est de bon goût d'en faire autant.

Le maître. — Qu'as-tu donc? Viens ici, imbécile! Voyons, Frise-Poulet, mon ami, puisque tu veux te mêler de mon art, montre-nous comment tu sais travailler. Fais tirer une carte à l'un de ces messieurs, et tu lui expliqueras son horoscope.

Le pître. — Son télescope.

Le maître. — Sur le passé, le présent et l'avenir.

Le pître. — Bon.

Il fait le tour du cercle, et présente le jeu de cartes à M. Pinchonnelle qui refuse. Le pître insiste, et lui dit de sa voix naturelle qu'il n'en coûte rien, M. Pinchonnelle prend une carte.

Le pître ajoute quelques lazzis qui le font rougir, et qui font beaucoup rire l'assemblée. Le pître se retire à distance, et élevant la voix d'un ton burlesque.

—Monsieur, votre carte annonce que vous êtes venu au monde le jour de votre naissance, tout nu, sans chemise, les mains dans vos poches.

Grands éclats du cercle. M. Pinchonnelle se pique, sa femme se couvre le visage.

—Sous peu, il s'opérera en vous un changement de position, à moins que vous ne couchiez sur la place. Si l'on ne vous écrit pas, faut pas faire de réponse, ce serait de l'encre et du papier de perdu.

Le maître.—Imbécile, qu'est-ce que tu dis là? Est-ce ainsi que tu prétends contenter monsieur; il a bien affaire de savoir ces bêtises-là.

Tous les yeux sont fixés sur M. Pinchonnelle, et tout le monde rit à ses dépens. Il rend la carte d'un air froid; et comme le maître commence l'annonce véritable, comme les spectateurs se dissipent, il se glisse dans la foule et s'en va plus loin avec sa femme.

La voix aiguë de polichinelle le fait retourner; le tambour couvre la voix de polichinelle, et la voix caverneuse d'un homme qui frappe à tour de bras sur une pancarte fait taire aussitôt le tambour.

—Messieurs et dames, c'est pour les dernières représentations du spectacle curieux que j'ai l'honneur de vous annoncer. Avant de quitter la capitale, nous offrons une dernière fois à la curiosité la fameuse bataille de Navarin représentée au naturel. Venez voir, messieurs et dames, ce travail véritablement curieux. Vous voyez la mer agitée, les vaisseaux des Turcs, les Français et les Russes ; le vaisseau amiral incendié par un brûlot; vous entendez l'artillerie et les bombes, les cris des blessés et le sifflement des cordages. Entrez, messieurs, suivez le monde! Mais, me direz-vous, combien prends-tu pour voir ce spectacle amusant? Messieurs et dames, nous avions mis le prix des places à dix sous par personne, mais vu les circonstances et pour contenter tout le monde, ce n'est plus dix sous, ni huit, ni six, ni quatre, c'est trois sous, messieurs et dames, la faible bagatelle de trois sous par personne! Entrez, entrez, messieurs, suivez le monde!

Le tambour, les trompettes, les clarinettes éclatent de concert avec des cris effroyables. M. et madame Pinchonnelle sont à l'instant saisis, soulevés et jetés à grands coups de poing dans la baraque par le paillasse de l'établissement qui s'est précipité sur la foule.

Là, une serinette enrhumée succède aux symphonies du dehors. Sept ou huit personnes sont assises sur des banquettes de paille pourrie autour de M. et de madame Pinchonnelle, poussées avec eux par le même procédé. Le fond de la baraque est occupé par une toile de serpillière qui se roule, et laisse voir une image d'optique grossièrement enluminée et représentant à peu près la vue du port de Marseille. M. Pinchonnelle imagine que c'est le rideau du théâtre; et comme la serinette lui arrache des grincements de dents, il s'impatiente de ce qu'on ne commence pas plus vite.

— Mais, dit madame Pinchonnelle, ne vois-tu pas remuer quelque chose sur ce tableau.

En effet, un des bâtiments de l'image est découpé, et se meut légèrement de gauche à droite.

— Ce sont de petites bêtises, dit gravement M. Pinchonnelle, qu'ils font pour amuser le monde en attendant.

A l'instant même la toile de serpillière retombe sur l'image, et la voix de l'homme se fait entendre.

—Place, messieurs et dames, place à la nouvelle société.

—C'est fini? murmurent les voisins.

— Comment c'est fini? dit M. Pinchonnelle, on n'a pas commencé.

— Mande pardon, dit l'homme, c'est fini. Qu'est-ce que vous voulez donc voir pour vos trois sous? Allons, allons, videz les planches et passez au bureau.

M. Pinchonnelle veut se fâcher, sa femme le supplie; il jette six sous avec ce mot piquant à la dame du bureau :

— Vous ne me reverrez pas souvent.

— C'est pas d' ça qu'on se plaindra, monsieur de deux liards, réplique la femme.

Madame Pinchonnelle, pour distraire son mari de sa mauvaise humeur, cherche un sujet de conversation en promenant ses yeux çà et là.

— Dieu, la bonne odeur de friture!

— Je te conseille d'en parler, tu me fais penser à mes faiblesses d'estomac. J'ai à peine déjeûné.

— Mon ami, nous étions pressés de partir... Je sens moi-même un besoin de prendre...

—Tiens, on me l'a pris... dit tout à coup M. Pinchonnelle la main posée à plat sur sa poche de derrière.

—Quoi donc?...

— Ou je l'ai perdu... Mais j'ai senti un petit mouvement...

—Qu'as-tu?...

— J'ai... que tu es bête, je ne l'ai plus.

— Quoi donc?

— Mon mouchoir.

— Tu l'as perdu?

— Ou on me l'a pris.

— Ça ne m'étonne pas... dans des faiseurs de tours comme ça... ils vous crêveraient les yeux qu'on n'en verrait rien.

— Ou je l'ai laissé à la maison.

— Ça ne m'étonnerait pas encore...

— Sais-tu ce qui sentait si bon tout à l'heure... Voilà.

Ils s'arrêtent devant une cuisine en plein vent, décorée de guirlandes de cervelas. Le feu flambe, la poêle chante; les saucisses cuites, les tranches de lard, les morceaux de petit-salé fument sur une assiette.

— O Dieu! s'écrie madame Pinchonnelle avec une tendre pitié, quelle patience! le charbon, le soufflet, la graisse, le pain, la viande... tout enfin.

—Il faut convenir, dit M. Pinchonnelle, avec un sourire de condescendance, que ces Parisiens sont industrieux pourtant.

—C'est que ça vous a une mine... charmante.

—C'est vrai... ça sent bon.

—Si j'osais...

—Je te reconnais bien là... Ma foi ça ne me dégoûte pas... Oh, c'est proprement fait dans ce que ça est.

—Mais comment pourrait-on, devant le monde...

—Pardi! tu te fais envelopper ça... Personne ne se gêne à Paris.

—Demande-lui donc?...

—Pardi! voilà-t-il pas...

M. Pinchonnelle s'avance résolument, choisit, marchande et emporte roulés dans du papier graisseux divers morceaux de charcuterie qu'il glisse péniblement dans ses poches avec plusieurs petits pains de seigle. Ils se retirent ensuite, lui et sa femme, gênés par la crainte d'être remarqués et par les précautions qu'exige la nature des comestibles qu'ils essaient de goûter.

—Dieu! que c'est salé! s'écrie madame Pinchonnelle.

—Tu es bien heureuse, reprend M. Pinchonnelle, une main embarrassée et s'efforçant de glisser l'autre dans sa poche; je ne sais pas... encore... moi... si c'est salé...

Il se décide à tout enfermer.

—Sais-tu?... nous nous arrêterons quelque part... comme pour boire... et nous mangerons tranquillement.

— Ma foi! je n'y tiens pas...

M. Pinchonnelle, distrait par l'arrangement de ses poches, s'arrête machinalement près d'un groupe, au milieu duquel on voit un âne arrêté.

— Ah! voilà qu'est bien curieux... par exemple... badauds de Parisiens... de mon temps au moins on promenait à Moulins des ours... un chameau... tu te souviens?... ici, ils s'attroupent pour voir un âne.

Dans le même groupe un homme en veste militaire, les manches retroussées, un sac à la ceinture, une baguette à la main, s'écrie devant une table chargée de gobelets.

— Messieurs et dames, à l'instant même, à la place de cette muscade, je vais faire passer la tête de monsieur sous ce gobelet.

Tout le monde rit, M. Pinchonnelle se retourne, c'est lui qu'on regarde, c'est lui que l'escamoteur a désigné.

— Mais monsieur n'osera pas me prêter sa tête. Je suis persuadé qu'il ne voudrait pas la changer, cela serait dommage.

Tous les yeux demeurent fixés sur M. Pinchonnelle, et les éclats redoublent.

— Monsieur, en revanche, voudrait-il me confier sa montre?

M. Pinchonnelle, piqué, refuse.

— Monsieur, n'ayez point de crainte, on vous la rendra; histoire de rire et de plaisanter.

M. Pinchonnelle refuse avec fermeté. L'escamoteur continue avec aigreur:

— Vous êtes libre, monsieur; souvent on voit des gens se méfier des personnes qu'on devrait plutôt se méfier *d'eusse*... (*plus haut*). Messieurs, monsieur refusant de me prêter sa montre, l'expérience ne peut avoir lieu.

Un murmure de désapprobation circule dans le cercle. Madame Pinchonnelle veut entraîner son mari, mais M. Pinchonnelle, la tête montée, juge plus à propos de rester et de faire bonne contenance.

— En attendant, messieurs, reprend l'escamoteur, nous allons passer aux exercices de cet intéressant animal. C'est à tort, messieurs, que l'âne passe pour manquer totalement d'esprit, vous allez en avoir la preuve... Ici, Biquet... Cet animal, messieurs, est unique dans son genre : il obéit au commandement, fait des tours de cartes comme le meilleur physicien, joue aux dominos, connaît le présent, le passé et l'avenir, et devine à vue d'œil le caractère des personnes... Biquet, mon ami!... attention!... quelle heure est-il?

L'âne baisse la tête et frappe du pied.

— Une, bon! .. ce n'est pas tout.

L'animal frappe un second coup.

— Deux, bon!... et puis?...

L'âne lève le pied une troisième fois.

—Trois heures... il est trois heures en effet... C'est très bien, mon ami... Messieurs, regardez à vos montres... Biquet, mon ami, ce n'est pas tout, on m'a dit aussi que tu te connaissais en physionomie... Tu vas me faire l'amitié de chercher parmi ces messieurs et ces dames quel est le plus amoureux de la société... Allons, Biquet, mon ami, va!

L'animal fait lentement le tour du cercle, et flairant dans le voisinage du couple de province une forte odeur de seigle et de nourriture, s'arrête en baissant la tête devant madame Pinchonnelle; l'assistance s'égaie fort de cet affront en manière de punition. Madame Pinchonnelle est couverte de confusion; son mari, de plus en plus irrité, la retient.

—Ce n'est pas moi qui y ai dit, reprend l'escamoteur en flattant l'animal... Biquet, mon ami, c'est très bien... Actuellement, mon ami Biquet, tu vas nous chercher le mari le plus *trompé* de la société... Allez, Biquet, mon ami.

L'âne reprend le tour du cercle, et va tout droit fourrer son museau dans les plis de la redingote de M. Pinchonnelle. L'hilarité est à son comble. M. Pinchonnelle, exaspéré, renvoie l'âne d'un coup de poing; il se sent retenu par les basques: deux chiens qui les flairaient se mettent à aboyer; l'âne effrayé rue; l'escamoteur accourt. M. Pinchonnelle s'élance sur lui, les chiens s'élancent sur M. Pinchonnelle, madame Pinchonnelle court sur les chiens; la foule rit aux éclats, l'âne se sauve au trot, les injures, les cris, les aboiements font un vacarme effroyable. Les spectateurs se jettent dans la mêlée, dégagent l'escamoteur qui court après son âne, et arrachent M. Pinchonnelle à ses chiens qui emportent aux dents ses deux poches et quelques loques du voisinage. Les huées poursuivent les deux époux qui se retirent tout échauffés.

—Il faut rentrer! s'écrie le mari en tâtant son vêtement.

—Repose-toi, mon ami, prends quelque chose... Je suis aussi toute troublée.

Ils se jettent sur deux chaises devant un café.

—Voilà, monsieur, voilà !

Le garçon apporte une bouteille de bière. Cinq musiciens, dont un cor, une clarinette, un basson et une contre-basse viennent aussitôt s'installer devant la table. Le cinquième, vêtu en écossais, chante ces mots avec un accent étranger, en s'accompagnant d'une guimbarde:

Ai mu les yux noirs si tu vu
Pour moi je n'ai—me que les blu,
Pour moi je n'ai—me que les blu,
Pour moi je n'ai (*roulade prolongée*) me que les blu.

—Garçon! s'écrie M. Pinchonnelle.

Il jette huit sous sur la table, emmène sa femme brusquement en murmurant d'un ton passionné: —Brigands!

—Te trouves-tu mieux, mon ami, dit sa femme.

— Rentrons.

— Mais puisque nous y sommes...

— Ça t'amuse, toi.

— Non ; mais s'en aller sans voir la fête...

—Tu l'as vue, la fête... c'est toujours comme ça.

—Bah! tu as besoin de t'égayer, puisque la dépense en est faite.

M. Pinchonnelle ne répond pas; il considère une immense pancarte qui représente, d'après l'inscription, l'affreux *crocodille* du fleuve des Amazones, d'environ vingt-cinq pieds de longueur, tenant dans sa gueule un jeune enfant, dont on voit le sang ruisseler sous les dents tranchantes du monstre.

Madame Pinchonnelle pousse un cri d'effroi.

—Tu ne connais pas cette bête-là, toi... J'en ai lu la description dans... des voyages.

—Est-ce que ça détruit le monde comme ça.

—Ah ben! pire que ça... tout ce que ça trouve.

—Oh' Dieu de Dieu! le pauvre innocent, regarde donc, Isidore.

Madame Pinchonnelle montre la pancarte voisine où l'on voit un jeune enfant peint d'un rouge-garance, dont le corps est surmonté de trois têtes.

—V'là des horreurs, par exemple, dit M. Pinchonnelle... Ceux qui ont le malheur de faire des choses comme ça... devraient bien mieux... les cacher... Tiens! voilà un sauvage... Non, c'est une femme... c'est bien ça... j'en ai vu la description dans... des voyages... Ça, par exemple, ç'en est un vrai... car enfin on peut voir... si l'on veut.

—Moi, je voudrais voir le pauvre petit qui a tant de têtes.

Et boûm, boûm, bam, bam, trick, trick, chinn, chinn, ran plan plan; les caisses, les fifres, les cors entrent en danse.

—Venez voir, messieurs et dames, la véritable femme sauvage venue du Missipipi...

—Vois-tu, je te le disais bien, dit M. Pinchonnelle à sa femme.

—Venez voir, reprend l'orateur, le grand crocodile où caïman du fleuve des Amazones. Vous verrez également le phénomène sans pareil, résultat d'un légitime mariage, qui porte distinctement trois têtes...

—Pauvre petit! dit madame Pinchonnelle, c'est ce que je voudrais voir.

—Entrons, dit M. Pinchonnelle, il y a du choix.

On les pousse dans la baraque. On voit là dans un coin une espèce de cage grillée et couverte d'un mauvais tapis. La foule s'attroupe autour du cicérone qui se baisse avec précaution et lève un couvercle.

— Attention, messieurs, pas d'imprudence! l'animal est jeune, mais d'un caractère naturellement féroce; il connaît la voix de son maître.

M. Pinchonnelle s'approche, et voit un baquet plein d'eau.

—Où est-ce? dit madame Pinchonnelle.

Le cornac plonge un bâton dans l'eau, et l'on voit se mouvoir au fond une bête verdâtre.

—Je ne distingue pas, dit M. Pinchonnelle.

— Attendez, messieurs, il faut que tout le monde voie.

Le cornac met la main dans le baquet, et retire un petit animal moribond de la forme et de la mesure d'un gros lézard.

—N'ayez pas peur, madame, il connaît la voix de son maître. Vous pouvez passer la main sur son dos. Touchez, madame.

—Non, non, s'écrie madame Pinchonnelle.

—Allons, mon ami, au revoir, et souhaitez le bonjour à la compagnie. Cet animal ne peut supporter le grand air.

Le cornac rejette la bête dans le baquet. En ce moment de sourds grognements qui s'augmentent par degrés partent de la cage.

—Holà, holà, Sourika, on y va! s'écrie le cornac. Sourika demande son dîner.

Il lève le tapis, et l'on voit accroupie dans un coin de la loge une femme hideuse, échevelée, nue jusqu'à la gorge, et drapée d'une fourrure de poils de lapin; elle continue ses grognements et sautille de temps à autre sur les pieds et sur les mains. Le cornac lui jette un hareng fumé qu'elle dévore à belles dents.

Madame Pinchonnelle, qui a peur, l'examine curieusement, cachée derrière son mari.

—Tu ne sais pas, mon ami, je trouve que la sauvagesse ressemble à madame Frédéric... tu sais, la garde-malade du cinquième.

—Quelle bêtise!

—Il y a comme une idée.

La femme sauvage se retire en grognant dans le coin de sa loge.

—Elle ne parle pas? dit M. Pinchonnelle au cornac.

—Comme vous voyez, monsieur, la langue de son pays.

Un homme d'un certain âge, mal vêtu, un bocal à la main, prend la parole à l'autre bout de la baraque.

—Voyez, messieurs, le phénomène curieux. Je suis le père de l'enfant; il a vécu quelques minutes, à ce qu'a dit le docteur. On peut se passer le bocal.

Le bocal circule de main en main, on y distingue à travers une liqueur noirâtre un fœtus gros comme le poing et défiguré.

—Tiens, dit madame Pinchonnelle, M. Frédéric... tu sais, le mari de madame Frédéric... qui t'a porté une malle.

—Tu crois?...

—Quand je dis le mari... on dit que non dans la maison... et qu'ils ont leur enfant dans de l'eau-de-vie... parle-z-y donc.

—M. Frédéric! s'écrie M. Pinchonnelle d'un air triomphant.

Le cornac lui jette un regard furieux; M. Frédéric lève les yeux, perd contenance, et venant à lui.

—Monsieur, je vous en prie, ne nous ôtez pas notre pain. Attendez que le monde soit sorti.

Le cornac expédie la foule aussitôt. M. et madame Pinchonnelle attendent dans une stupeur respectueuse. La baraque vide, M. Frédéric s'approche.

—Mande bien pardon, monsieur, madame, mais vous pouviez nous faire avoir une scène avec le monde.

La femme sauvage ouvre sa cage, se dresse sur ses pieds, et s'avance en jetant un *tartan* sur ses épaules.

—Vous m'avez fait une fière suée... c'est pas pour dire... que voulez-vous? les temps sont durs... chacun fait comme il peut... pour gagner sa pauvre vie... Enfin, tant de tués que de blessés, il n'y a personne de mort... Je vous ai bien reconnus tout de suite... Et du reste, ça vous va bien, monsieur, madame?

M. Pinchonnelle, à qui le costume impose encore, répond avec déférence.

—Mais comme vous voyez...

—Vous vous promenez... vous fait'un petit tour... vous avez ben raison... j'en ferais ben autant... sans mes occupations...

—Ça doit fatiguer, dit sérieusement M. Pinchonnelle.

—N' m'en parlez pas, que j'étrangle...... l' poisson me met la gorge en feu... qu' j'ai, sauf vot' respect, le cœur sur les lèvres... qu'il n'y a pas à dire, faut l'avaler... L'autre fois il me donnait du poisson cru... Au moins, qu'j'y ai dit, donne-moi du hareng saur.

—Je croyais, dit madame Pinchonnelle, que votre état était pour les personnes malades.

—Oui, quand ça donne; mais par ce temps ici... va te promener... qui s'entend de mon état, j'suis marchande des quatre saisons qu'on appelle... mais pour lors, les jours de fête, v'là monsieur qui est le cousin de Frédéric et qui sait parler comme ça au monde... y a conseillé de faire voir l' petit... Pauv' petit!... puisque le bon Dieu nous l'a donné, vaut autant qu'il serve à quet' chose...

Madame Frédéric essuie une larme. Cependant le cornac s'impatiente et presse une seconde représentation. M. et madame Pinchonnelle voient qu'il faut sortir.

—Si vous avez quett' chose à faire, n' m'oubliez pas... à revoir, m'sieu, madame.

M. et madame Pinchonnelle sortent.

—En v'là qui est fort, dit la femme.

—Ah ça, en as-tu assez à présent, reprend le mari, voilà la brune, et je ne me sens pas de l'estomac.

—Ni moi. Combien as-tu dépensé?

—Je ne sais pas, mais...

—Ah ben, ce n'est pas tous les jours fête...

—Je voudrais bien savoir si j'ai laissé mon mouchoir à la maison.

—Veux-tu le mien?...

—Oh, ce n'est pas pour ça.

—Tu as toujours perdu ton épingle?...

—Ça se retrouvera; mais ma redingote...

—Oui, de l'ouvrage pour moi...

—Et mon pantalon.

—Je donnerais tous tes pantalons pour retrouver l'épingle...

—Sont-ils badauds! ces Parisiens... sont-ils badauds!

ÉDOUARD OURLIAC.

On demanda l'avis du Baron Werther ; mais par trois fois il ouvrit la bouche et par trois fois il la referma sans proférer un mot.

(LES DIPLOMATES.)

DIPLOMATES ET AMBASSADES.

Par le Comte Charles de Villedot.

Les carrosses du roi. — Les diplomates en serre-chaude. — M. de Talleyrand. — Deux personnes qui ne le regrettent pas — Les *oreilles* du roi. — M. Pozzo di Borgo. — Sa disgrâce et sa mort. — Histoire de M. le baron Werther. — Le diplomate *jaugé*. — Un mot de Louis-Philippe. — Économies du baron. — Étiquette de la cour. — Le costume. — L'uniforme du comte Appony. — Les appartements des Tuileries. — De la chaussure du roi. — La reine. — Un mot de M. Pozzo di Borgo. — Un tailleur de Londres et une infante d'Espagne. — Les grands bals. — Les buffets. — Les boxeurs anglais. — M. Athalin et le canard. — L'ambassade d'Autriche. — La comtesse Appony. — Le comte et la régie. — M. Wiadana. — M. Hope. — M. de Thorn. — L'ambassade russe. — M. le comte Pahlen. — Madame de Meyendorff. — Les Rotschild. — M. Duponchel. — L'hôtel du prince Eugène et ses locataires. — M. de Humbolt. — M. Serra Capriola. — Madame Schickler. — M. de Brignole-Sale. — Ses gendres. — M. de Fabricius et un buveur de vin de Champagne. — Scandale historique. — Madame Lehon. — Sa beauté et son boudoir. — Le festin diplomatique. — Zerline et don Juan. — Monsignor Garibaldi. — Reschid-Pacha. — Lord Cowley. — Le *canapé* de madame de Liéven.

Quand le jour est venu qu'un ambassadeur doit aller aux Tuileries présenter au roi les lettres qui l'accréditent auprès du gouvernement, sa majesté envoie les voitures de la cour à l'hôtel de l'ambassade, et le nouveau diplomate est en droit, s'il le désire, de monter dans les carrosses royaux, lui et sa suite, pour s'acheminer vers le château. Mais d'habitude il décline cet honneur, et préfère ses propres voitures, lorsqu'il en a.

Toute la science diplomatique est dans ce point d'étiquette, choisi entre mille autres de la même force; science creuse, échange stérile de politesses préfixées, combats à armes courtoises qui ne signifient rien et *doivent* ne jamais rien signifier.

Ainsi donc, qu'on ne s'attende pas à trouver la politique embusquée au détour de l'une de ces pages. La politique est autre part que dans la diplomatie; une ambassade, aujourd'hui du moins, ressemble si l'on veut à une serre chaude où fleurissent les harangues : les faits et les événements poussent ailleurs.

Qu'on nous permette à ce propos de répéter une vérité presque niaise à force d'être vraie, c'est que la diplomatie réelle, peut-être bien aussi celle des fêtes et de la représentation, est morte avec M. de Talleyrand. On pourrait inférer de là que ce démon de l'intrigue fut regretté quelque part, mais on se tromperait. On fut généralement fort aise d'être débarrassé de ce pied-bot dont l'adresse profonde et les grandes manières étaient une épigramme pour tout le monde, pour la noblesse comme pour les libéraux, car un fait reconnu, c'est que M. de Talleyrand demeura plus populaire que beaucoup de tribuns et se montra infiniment plus noble que beaucoup de princes. Il y eut particulièrement deux hommes presque joyeux de la fin de cette carrière politique, si pleine, si savante et si spirituelle, ce fut d'abord S. M. le roi Louis-Philippe, et ensuite M. de Metternich. Le chancelier d'état autrichien, malgré son esprit fin et gracieux, ne pouvait se comparer au prince de Bénévent, et il en était jaloux. M. de Metternich n'eût été qu'un sous-secrétaire d'état où l'ancien évêque d'Autun eût brillé comme ministre; chacun savait cela, et M. de Metternich autant que personne.

Quant à Louis-Philippe, S. M. fut charmée de n'être plus en face d'un homme dont il fallait écouter les conseils, les suivre quelquefois et ne les dédaigner jamais. S. M. préfère de beaucoup *être écoutée*. Le comte Molé vient de passer douze ans de sa vie à écouter, M. Guizot écoute, quoi qu'on en dise, et M. Thiers n'a jamais fait autre chose. C'est même un de ses principaux talents.

Cette situation toute passive déteint nécessairement sur la diplomatie. Elle a senti le besoin d'avoir des oreilles, et, grâce à Dieu, ce n'est pas cela qui lui manque. En conséquence, le roi *cause* avec les diplomates, et *traite* avec les cabinets. Nous verrons plus bas les exceptions.

Il est peut-être bon de dire que le corps diplomatique à Paris, bien que depuis 1830 il ait subi peu de modifications, a vu cependant la retraite de deux ambassadeurs; l'un M. Pozzo di Borgo, tombé dans la disgrâce du czar pour s'être un peu trop donné à M. de Talleyrand, et l'autre M. le baron de Werther.

Le grand tort de M. Pozzo di Borgo est d'avoir trop aimé sa bonne ville de Paris. Il en résulta qu'en 1830 M. de Talleyrand n'eut pas grand mal à lui faire comprendre qu'avec un peu de bonne volonté il s'attirerait aisément la confiance du gouvernement qui se formait, préviendrait peut-être beaucoup de chicanes et de protocoles, et deviendrait l'homme nécessaire de la situation. Malheureusement ces petits tripotages ne plurent pas très fort à l'empereur qui exila son ambassadeur à Londres, et le soumit à une surveillance des plus diplomatiques. Fatigué de cet état de séquestre qui rendait d'ailleurs ses relations difficiles avec la haute pairie d'Angleterre, M. Pozzo di Borgo prit un beau jour son parti, planta là son ambassade, et revint à Paris où il s'arrangea un délicieux hôtel, rue de l'Université, véritable petit prodige de comfort et d'élégance. C'est là qu'il mourut, il y a peu de temps, très affaibli par l'âge, très oublié du monde politique, mais enchanté de mourir plus parisien que ne l'eût voulu l'empereur.

Passons maintenant à M. le baron Werther qui a fait une assez singulière figure, pour que nous lui réservions quelques mots.

Un homme d'esprit a prétendu de ce pauvre M. Werther que le roi des Français l'avait *gagné* sans être obligé de le *payer*, ce qui est infiniment plus flatteur pour la délicatesse du baron que pour ses capacités diplomatiques.

Cet homme d'esprit, étranger de distinction, que nous pourrions nommer, et qui était à Paris en juillet 1830, se rendit le mardi chez M. le baron Werther, à son ambassade de Prusse, rue de Lille. Là fut jouée absolument la même scène qui eut lieu quarante ans auparavant entre Louis XVI et le duc de Larochefoucault-Liancourt.

M. le baron Werther était couché; son visiteur le fit éveiller et accourut en lui disant : Il y a une révolution à Paris. Mais M. le baron se garda bien d'y croire, et se rendormit très diplomatiquement.

Il faut savoir que M. Werther offrait la plus colossale insignifiance qui fût en politique. Il était passé d'une sous-lieutenance de cavalerie à l'ambassade de Paris, et ne connaissait réellement bien que l'exercice à la prussienne.

Cependant, tant bien que mal, on entraîna le baron à une conférence qui fut tenue le même jour. Il y avait là M. Pozzo di Borgo, ambassadeur de Russie, M. le comte Appony qui, pour lors, faisait un grand étalage de légitimité, M. le général Fagel, encore aujourd'hui ambassadeur du roi des Pays-Bas, et d'autres membres du corps diplomatique. On demanda l'avis du baron Werther; mais par trois fois il ouvrit la bouche et par trois fois il la referma sans proférer un mot. La question de savoir si ce furent les idées ou les paroles qui lui manquèrent n'a jamais été bien résolue.

Du reste, la pensée qui dominait la majorité des personnes présentes, et qui se cachait peut-être à l'état de germe au fond du cœur de M. le baron Werther, était de ne pas suivre Charles X à Saint-Cloud, démarche délicate qui pouvait compromettre leur faveur future auprès du gouvernement quelconque qui se formait. Ces messieurs aimaient leur place, les jouissances de la capitale, et leurs émoluments. Ce sentiment si naturel prévalut, et sauva peut-être l'Europe d'une conflagration générale. Il est rare que derrière les plus grandes révolutions ne se rencontre pas quelque anecdote semblable à celle-là.

Après l'événement, M. le baron Werther, qui avait eu déjà des rapports avant 1830 avec la famille d'Orléans, risqua le nez au Palais-Royal. Dans une audience particulière qu'il eut du roi, Louis-Philippe le tint pendant deux heures par le bouton de son habit, et le renvoya *jaugé*. La grande habileté du roi, sa politesse exquise, sa pénétration profonde, son aptitude à l'intelligence du cœur humain, son adresse à parler du feu roi de Prusse dans les termes les plus flatteurs, à dérouler ses projets de *réaction tempérée*, ses plans de garanties, ses assurances de paix vis-à-vis de l'Europe, tout cela passa peu à peu dans les convictions du baron Werther, et il est avéré aujourd'hui que ses dépêches à M. Ancillon, ministre de l'extérieur à Berlin, n'étaient autre chose que des lambeaux empruntés aux péroraisons abondantes de Louis-Philippe. Un jour on demanda à sa majesté ce qu'elle pensait de l'ambassadeur de Prusse. « C'est l'homme du monde, répondit-elle, qui écoute avec le plus d'esprit. » On appela le mot une *charitable* épigramme.

M. le baron Werther était doué pourtant d'un certain genre d'intelligence. Il savait économiser sur son traitement. Depuis 1830, il prétexta ses nouvelles vues *libérales* pour ne plus donner de dîners, et mettre sa représentation sur un pied plus modeste. En vertu de ce système, il thésaurisa, année commune, la moitié de ses émoluments, ce qui lui fit, en fin de compte, une légère épargne de 5 à 600,000 fr. Mais M. le baron Werther a eu sa croix comme tout le monde. Sa croix, à lui, c'est sa fille qu'il n'est jamais parvenu à marier. Quant à M. son fils, qui a médiocrement brillé dans les sa-

lons de madame de Flahaut, il a passé par dessus des diplomates beaucoup plus capables, pour devenir ministre de Prusse auprès de la confédération suisse. Dieu le garde d'une révolution de juillet!

Aujourd'hui M. de Werther père a succédé à M. Ancillon dans le département des affaires étrangères à Berlin, et se fait par an, outre ses revenus personnels, seize mille écus d'Allemagne. Le pauvre homme!

Avant de passer en revue les salons d'ambassade actuellement ouverts à Paris, on lira peut-être avec plaisir quelques mots de détail sur l'étiquette et les usages de la Cour.

C'est M. de Saint-Mauris qui est en possession de la charge d'introducteur des ambassadeurs auprès de sa majesté. Il faut savoir que les ambassadeurs seuls ont le droit de communiquer directement avec le roi. Les ministres plénipotentiaires, les envoyés, les chargés d'affaires n'ont de relations qu'avec M. le ministre des affaires étrangères. Les ambassadeurs à Paris sont, pour le moment, MM. le comte Appony, le marquis de Brignolle, le duc de Sierra Capriola, lord Cowley, le prince de Ligne et Reschid Pacha.

Un ambassadeur qui a l'honneur d'être reçu par sa majesté va aux Tuileries en costume officiel, ce qui ne veut pas dire qu'il en soit mieux vêtu. Il n'y a guère que les Américains qui se distinguent par l'élégance de la mise, ils ont une manière de frac d'une coupe fort agréable. Il ne faut cependant pas oublier que M. le comte Appony a toujours son bel uniforme de magnat hongrois, lequel, comme on sait, défraie chaque année les petits journaux le lendemain des grandes réceptions.

Un ambassadeur admis à présenter au roi ses lettres de créance, est reçu par sa majesté dans la salle du trône.

Les appartements des Tuileries, vus au grand jour, sont dans un état de délabrement pénible. Les tentures et les tapisseries sont fanées, les dorures ternies, et il faut tout l'appareil de l'éclairage pour leur rendre le soir quelque magnificence. On ne conçoit pas trop cet abandon de la part d'un prince essentiellement homme d'ordre et d'arrangement.

L'ambassadeur, conduit par M. de Saint-Mauris, entre précédé des huissiers, et suivi de tous ses attachés. Le roi est sur son trône, en habit d'officier général. Sa majesté, il faut le dire, porte beaucoup mieux l'habit de ville, sous lequel elle a une distinction toute particulière. Une des plus grandes coquetteries du roi, c'est de montrer un pied fort bien fait et admirablement chaussé. Et remarquons à propos de ce pied d'une cambrure toute délicate encore, malgré l'âge avancé de sa majesté, que ce fait contredit un peu l'hydropisie où l'on veut à toute force que soit tombé le roi.

La partie officielle de la séance est fort courte. A peine l'ambassadeur a-t-il présenté l'un après l'autre tous ses conseillers, secrétaires et attachés, que le roi descend de son trône et entame des conversations familières. Ordinairement l'on passe dans les appartements de la reine, à qui le roi présente lui-même le nouveau membre du corps diplomatique. La reine reçoit avec une grâce peu commune; elle a, debout comme assise, du port et de la majesté. Le roi, dans ses relations avec les ambassadeurs, observe une souplesse de manières, un liant, une séduction de petits riens qui en remontrerait beaucoup au plus stylé des courtisans. Il met un excessif amour-propre à parler aux diplomates dans leur propre langue, et même alors s'exprime-t-il avec une facilité qui faisait dire à M. Pozzo di Borgo: Le roi Louis-Philippe aime tant à causer, que si on le condamnait à ne parler que syriaque il s'en tirerait encore.

La présentation des étrangers un peu sortables qui viennent à Paris, se fait par l'entremise des ambassades. Quand un étranger a exprimé le désir d'être reçu à la cour, son ambassadeur en adresse la demande au général Athalin qui transmet la réponse du roi, toujours très bienveillante. La manie d'être présenté possède surtout les Américains; les Russes au contraire, pour être agréables à leur cour, mettent très rarement les pieds aux Tuileries. Il y a deux ans, aucune dame russe ne se fit présenter, pas même madame de Liéven! Une chose essentielle à remarquer c'est la protection systématique de l'ambassade anglaise envers ses nationaux, de quelque condition qu'ils soient. Cette faveur patriotique était poussée si loin par lord Granville, qu'il présentait au roi tous les Anglais qui lui tombaient sous la main. Ce fut au point, qu'en 1841 on reconnut aux Tuileries un tailleur de la Cité de Londres figurant dans un quadrille avec une fille de l'infante d'Espagne. Les ambassades allemandes, au contraire, se font une sorte de mérite de leur dédain pour tout ce qui est germanique. Il ne faut pas qu'un pauvre Allemand qui voyage s'imagine trouver la moindre assistance auprès de sa légation. Là tout est rogue et revêche, depuis le concierge au commis, du commis au secrétaire, du secrétaire au conseiller et au ministre. M. le baron Werther, s'est surtout fort distingué par ses mauvais vouloirs, voire même par ses persécutions.

Le corps des ministres étrangers est invité de droit à tous les grands bals des Tuileries. Sa place est auprès de la famille royale dans la grande salle des maréchaux. Il arrive quelquefois que l'une des princesses fait inviter à danser, par l'entremise de son chevalier d'honneur, quelque vieille momie diplomatique. Cette haute distinction deviendrait une sorte de scandale si elle tombait sur un premier secrétaire de tournure moins déjetée.

Ces fêtes sont toujours pour le roi une occasion de *s'excuser*, auprès des ambassadeurs, de la société *mêlée* qui se presse dans ses salons. Comme le roi est très beau gentilhomme dans ses manières, ces petites lamentations acquièrent dans sa bouche toute la valeur d'une épigramme contre *l'événement* de juillet. Il faut avouer, à la vérité, que ces bals offrent d'habitude un spectacle passablement excentrique. Outre les noms fabuleux de ces messieurs et de ces dames, il s'y voit des choses que le dernier des droguistes ne permettrait pas chez lui. On fait le coup de poing pour arriver aux buffets. Les Anglais se distinguent surtout par un appétit poussé jusqu'aux dernières limites de la férocité. Au reste, *l'ouragan* de juillet ayant mis en déroute toutes les traditions de la Cour, le roi a dû se résigner à n'avoir ni grand-maître des cérémonies, ni pages, ni chambellans, ni rien de ce qui aurait pu faire murmurer messieurs les capitaines de la garde nationale. En sorte qu'il a pris M. Athalin *pour tout faire*. M. Athalin est une manière de maître Jacques qui a une ferveur de bon vouloir très recommandable sans doute, mais qui rappelle un peu le canard, lequel a le triple talent de nager, de marcher et de voler, et de faire tout cela le plus gauchement du monde.

Passons maintenant à un examen rapide des légations étrangères telles que nous les avons aujourd'hui.

L'ambassade d'Autriche est toujours occupée par M. le comte Antoine Appony, ayant titre d'excellence. Les Appony sont originaires de la Hongrie, et touchent à la première noblesse, sans toutefois partager cette fière indépendance des magnats qui aujourd'hui encore ne veulent pas consentir à être un instrument passif dans la main du prince de Metternich. M. le comte Appony a jugé à propos de rester ambassadeur à Paris sous la royauté de juillet comme sous la royauté de par Dieu, ayant trouvé dans les vues de l'Autriche plus d'appui que M. Pozzo di Borgo n'en avait trouvé pour les siennes dans les répugnances obstinées du czar. C'est tout-à-fait l'homme de M. de Metternich, en ce sens qu'il se borne à une politique expectante, convaincu, comme tous les diplomates de cette école, qu'il faut laisser les systèmes représentatifs s'user d'eux-mêmes dans le propre exercice de leurs forces. Sa seule occupation depuis 1830 est d'envenimer la lutte entre le gouvernement parlementaire et le gouvernement personnel. Il dit, comme son illustre patron : chaque perle brisée dans la couronne constitutionnelle est un fleuron gagné pour le diadème absolu.

Madame la comtesse Appony est issue d'une des plus anciennes familles de Vérone. Son *petit salon* demeura légitimiste plusieurs années après 1830, mais il fallut bien qu'elle se rendît à la longue aux exhortations du comte; aujourd'hui la société y est plus mêlée, mais les purs royalistes s'en sont tout-à-fait retirés. La comtesse a ses grands et ses petits jours; ceux-ci pour l'élite et les intimes. Les grands bals et les soirées musicales sont pour le monde *obligé*. Cependant malgré les concessions de la noble ambassadrice, son salon est demeuré moins *raout* que ceux, par exemple, de lady Granville, aux fêtes de laquelle brillait un assortiment de figures passablement primordiales. Chez la comtesse Appony on n'est reçu qu'après information exacte, présentation préalable, et recommandation spéciale. Il ne nous reste aujourd'hui que le souvenir des matinées dansantes, et des fêtes champêtres de la villa d'Auteuil. Le train de la maison d'Appony s'est considérablement réduit dans ces derniers temps. Le noble comte a fait un voyage en Hongrie où il possède de nombreuses plantations de tabac. C'est de ce même tabac qu'il a été fait une fourniture à la régie, fourniture libellée par acte enregistré dans lequel figure un certain M. Wiadana, représentant connu de la famille Appony. Tels sont les heureux avantages de la politique expectante.

L'ancien hôtel de l'ambassade autrichienne, rue Saint-Dominique, a été acheté par M. Hope, le turcaret hollandais, qui a fait élever sur ce terrain pour trois millions de constructions fort.... riches. Aujourd'hui la légation de Vienne se trouve au n° 121 de la rue Grenelle Saint-Germain. Ce vaste édifice appartient au gouvernement, qui le lui a loué à fort bas prix, toujours en considération de la politique expectante. Les appartements ont été meublés depuis peu avec beaucoup de goût. La salle du trône est splendide, peut-être un peu surchargée. La livrée, tenue sur un pied fort convenable, est bleu foncé, avec aigrette sur l'épaule, et bordures armoriées; la cocarde jaune et noire.

M. de Thorn est conseiller de l'ambassade. C'est l'homme fort de la mission. Travailleur réservé comme toute la diplomatie autrichienne, raide de maintien, fort haut de manières, c'est la cheville ouvrière. M. Appony écrit néanmoins toutes ses dépêches lui-même et en langue française; M. de Metternich répond dans la même langue. C'est un fait singulier que les employés de la chancellerie, chargés d'expédier les passeports, parlent également français, ce qui met les pauvres ouvriers allemands dans un cruel embarras. Le premier secrétaire de l'ambassade est M. le comte Valentin Esterhazy. C'est un beau nom et une belle famille. Le prince, chef de la maison, est le plus riche magnat hongrois, mais le plus richement criblé de dettes; on les dit s'élever à près de 10 millions. Le comte Valentin est un jeune cavalier de tenue correcte, et d'une élégance irréprochable. Les autres secrétaires sont M. le comte Rodolphe Appony, neveu de l'ambassadeur, et M. le baron de Brenner. M. le comte de Hartig figure comme attaché. L'ambassadeur autrichien a un traitement de trois cents mille francs, outre les allocations extraordinaires, ce qui va toujours sans dire.

L'ambassade russe, située place Vendôme, mène une vie beaucoup plus retirée que le personnel autrichien. Le comte Pahlen, ambassadeur de S. M. l'empereur Nicolaï Pawlowitsch (fils de Paul) est retourné en Russie. M. de Kisselef, fils du général russe, gère en ce moment l'intérim comme chargé d'affaires, et suit toutes les traditions du général comte Pahlen. Celui-ci était un homme froid, peu causeur, ne voyant qu'un très petit cercle de personnes, menant la vie de garçon, donnant tout au plus quelques galas annuels, et n'allant aux Tuileries que quand il avait épuisé, pour s'en dispenser, tous les prétextes bons ou mauvais. Aucune ambassade, cependant, n'est mieux informée que celle de S. M. le Czar : aucune aussi ne montre plus d'empressement aux artistes, littérateurs et négociants français. Elle expédie de Paris à la cour de Russie beaucoup d'objets d'art, de curiosité, de modes et de librairie. M. de Spiess, consul général de Russie, dirige avec beaucoup d'intelligence la partie des informations industrielles et commerciales. Elle appartenait autrefois à M. le baron de Meyendorf qui, assure-t-on, occupera bientôt une haute position au département des finances à Saint-Pétersbourg. M. de Meyendorf est marié à une des plus belles personnes du corps diplomatique : feu M. le duc d'Orléans avait daigné la distinguer. Le personnel de l'ambassade fréquente assidument le cercle de la rue de Grammont. Au temps de lord Granville, on y faisait très gros jeu, et M. Rothschild n'y était pas toujours aussi heureux que dans les coulisses de la bourse. A propos, M. James de Rothschild, en sa qualité de consul général d'Autriche, faisant partie du corps diplomatique, nous sommes rigoureusement forcés d'en toucher quelques mots. On sait que la fortune de ces Lombards date d'un dépôt fait entre les mains du Rothschild défunt par l'électeur de Hesse-Cassel. Ils ont aujourd'hui cinq comptoirs, à Vienne, à Francfort, à Londres, à Paris et à Naples. Ces maisons roulent sur un fond de trois cents millions de francs. Le baron James porte son uniforme de consul avec une décoration d'Autriche, une grande croix belge, celle de commandeur de la Légion-d'Honneur et quelques autres babioles.

Les hommes de la famille ont en général la passion des croix, ce qui est une assez sotte passion pour des Juifs ; mais les femmes portent au dernier degré le fanatisme des diamants. Elles flamboient comme des comètes dans tous les salons de Paris. L'hôtel de M. de Rothschild, rue Laffitte, a été construit, comme l'on sait, sur les dessins de M. Duponchel, l'ancien directeur de l'Opéra. Le caractère général de l'édifice est très mesquin, mais en revanche passablement lourd et de mauvais goût. On est en train de relever la façade sur un nouveau plan, d'après lequel, par suite de je ne sais quel caprice israélite, l'entresol se trouvera au troisième étage. C'est dans cet hôtel que le premier baron juif reçoit, à son petit lever, tout ce qu'il y a de flatteurs, de courtisans et de solliciteurs parmi les gentilshommes chrétiens. La cour n'y a pas toujours ses grandes entrées, et ses envoyés y font antichambre avec assez de longanimité. Reprenons notre nomenclature.

L'ambassade de Prusse occupe, rue de Lille, l'ancien hôtel du vice-roi d'Italie, le prince Eugène Beauharnais, de qui le roi de Prusse l'acheta après 1815. Le cabinet de Berlin n'a point d'*ambassadeur* en ce moment à Paris. M. le comte d'Arnim est ministre plénipotentiaire. C'est plus économique. Le comte n'est point marié et reçoit fort peu de monde, ce qui l'est encore plus. Il suit les errements du baron de Werther, et procède à de notables épargnes sur un traitement de cent à cent vingt mille francs. Comme homme du monde le comte d'Arnim est de la dernière insignifiance et les diplomates ne le mettent pas à une fort grande hauteur comme talent politique. Nul ne fait plus de gorges chaudes que M. de Humbolt sur le cher comte. A Berlin comme à Paris, et M. de Humbolt vient souvent par ici, il est fort plaisant d'entendre l'illustre savant s'amuser à l'encontre de M. l'ambassadeur. On ne sait si c'est chez lui conviction ou jalousie. Du reste, M. de Humbolt est l'homme le plus ambulatoire de Prusse. Il a la rage des missions secrètes et comme son remarquable ami, M. Arago, il fait de la politique toujours, et de la science à temps perdu. Malheureusement M. de Humbolt, que l'on citait autrefois comme un causeur agréable, commence à devenir une pie grièche fort monotone. C'est un ami de madame de Liéven.

Les autres personnes de la mission prusienne sont M. Veiskirck, premier secrétaire de légation depuis tantôt trente ans, homme d'ordre et de naturel patient, mais fort reclus; il est le plus vivant éloge du *statu quo*.

M. le baron de Clerc, officier au service de Prusse, chargé de la partie militaire, enfin M. le comte de Hatsfelde, fils de cette princesse qui inspira un si grand acte de générosité à l'empereur Napoléon, complètent l'ambassade.

M. le duc de Serra Capriola, ambassadeur de Naples, reçoit beaucoup dans son petit hôtel de la place Beauveau. Les travaux diplomatiques laissant passablement de loisir à S. Excellence, elle est tout à l'accueil des personnes choisies qui forment son cercle, réunion très enviée dont sa famille fait les honneurs à ravir. M. le prince de Carini et M. le marquis de Riario-Sforza contribuent par leur nom et leur élégance à l'éclat de l'ambassade. Tout près de là, avenue de Marigny, se trouve le bel hôtel de M. le baron Delmar, rendez-vous préféré du monde diplomatique. Un autre riche étranger, également prussien de naissance, M. Schickler, reçoit aussi beaucoup de ce monde-là dans ses salons de la place Vendôme. Madame Schickler est une des plus belles femmes de Paris, — au dire même de ses amies intimes.

La légation espagnole, toute décontenancée par les affaires actuelles de la Péninsule et par l'absence de M. Olozaga, habite, sous la gestion du chevalier Hernandez un hôtel des plus tristes et des plus pauvrement meublés, rue de la Victoire, 34. Tout le personnel vit un peu à l'écart des autres légations dont les cabinets pour la plupart n'ont pas encore reconnu le gouvernement d'Espartero.

M. le marquis de Brignole-Sale est l'ambassadeur du roi Charles-Albert de Sardaigne. Il habite un hôtel de la rue Saint-Dominique. On y danse, on y saute, on y rit. C'est un petit monde fort agréable où madame de Brignole se montre pleine de grâce et d'entraînement. Une de ses filles a épousé dernièrement le jeune duc de Melzi, et une autre M. le duc de Gagliera, riche de vingt millions, fortune d'autant plus colossale que le duc est Napolitain. MM. les comtes de Montalto, de Camburzano, et M. le chevalier Celestin Nasi sont attachés à la légation.

Le roi Guillaume II des Pays-Bas n'a qu'un envoyé extraordinaire, qui est M. le baron de Fagel, faisant en même temps les affaires du grand-duc de Nassau. C'est un vieillard plein de vigueur encore, rempli de noblesse et fort considéré par tout le corps diplomatique.

On se rappelle sans doute encore ce bon M. de Fabricius, qui faisait l'intérim de Hollande, et qui était chargé d'affaires de Nassau avant le général Fagel. Ce fut de vouloir trop bien faire qui le perdit. Comme on savait son envie secrète de produire quelque sensation dans le monde politique, et l'inutilité des efforts qu'il avait tentés pour y parvenir, trois mauvais plaisants, dont un vaudevilliste et un buveur de vin de Champagne, se présentèrent au digne M. Fabricius, et lui débitèrent une histoire de l'autre monde. C'était sous le ministère du 15 avril. Le buveur jouait le rôle d'un employé supérieur indignement victime de l'injustice du ministre, et fit entendre qu'à des conditions raisonnables il se ferait un véritable plaisir d'initier l'intérim de Hollande à quelques secrets fort curieux des affaires étrangères. M. de Fabricius rêva aussitôt les plus belles dépêches du monde, et se vit en posture de bouleverser l'Europe en révélant le dernier mot du système Molé. Ce fameux *dernier mot* lui donna des éblouissements. Il promit 500 fr. par chaque secret qu'on lui enverrait sous pli, et convenablement libellé. Nous n'affirmerons pas qu'il ait effectué beaucoup de ces paiements, mais le résultat de ses dépêches au roi de Hollande fut qu'on le pria de modérer son zèle, et qu'à la fin on le rappela. L'anecdote vola des coulisses au ministère, et du ministère à la cour, où l'on en rit beaucoup. Mais le cabinet de Hollande a pris sa revanche sur le Limbourg et le Luxembourg.

Depuis la scandaleuse déconfiture du notaire Lehon, la légation Belge était veuve de son ambassadeur, et portait sinon le deuil de ce diplomate, du moins celui de sa femme, dont les succès dans le monde parisien ont eu le plus grand éclat. Madame Lehon, née mademoiselle Mosselmann, a fait un mariage d'inclination, en épousant M. Lehon, lequel n'était qu'un tout petit avocat de Bruxelles, qui fut charmé de prendre une fort jolie femme qu'embellissait encore plus d'un million de dot. Leur hôtel était de tout Paris celui où l'on recevait le mieux et le plus de monde. Le boudoir de madame Lehon avait pour soixante-cinq mille francs de tentures en hermine. Dans les derniers temps, la beauté de cette dame avait beaucoup baissé. Au surplus, ce ne fut jamais qu'une *beauté parvenue;* beaucoup de lis et de roses, beaucoup de regard, mais rien qui fût vraiment de race. Une femme qui la passait de très haut, c'était l'épouse de l'envoyé de Hanovre, madame la comtesse de Kielmansegge, fille de ce M. Geimühler, banquier de Vienne, qui fit une si énorme faillite. On l'appelait par excellence la *belle ambassadrice.* Elle est à Londres avec le comte. L'intérim belge a été tenu par M. Firmin Rogier, jusqu'à l'arrivée de M. le prince de Ligne qui remplace M. Lehon, mais qui n'en est encore qu'aux premiers soins d'installation. Sa famille n'est pas encore arrivée. On l'a dit riche en jeunes et jolies personnes.

M. le Chevalier de Koss, ministre du roi de Dannemark, a épousé une descendante d'Osman Yglon. Cette dame est un type achevé de la beauté orientale. M. de Koss s'est fort distingué, la saison dernière, par sa persévérance à vouloir approfondir l'art de la natation à l'école du quai d'Orsay.

L'hôtel du général Cass, envoyé des États-Unis, homme de savoir, n'est à citer que pour les locataires qui ne sont pas de la légation américaine. Cet hôtel, qui appartient aujourd'hui à M. Baring, était autrefois à M. le vicomte de Baulny, et réunit M. le prince Paul de Wurtemberg et M. le comte de Luxembourg, envoyé de Bavière. Monseigneur le prince Paul, frère du roi régnant, donne quelquefois à dîner; il y cause avec beaucoup d'esprit mais avec peu d'indulgence. L'une de ses filles, la belle princesse Hélène, a épousé le grand-duc Michel, frère du Czar; l'autre, la comtesse de Helfenstein, est un parti séduisant. M. le comte de Luxembourg reçoit une fois par semaine avec beaucoup de cordialité. Généralement les petits diplomates ont peu d'existence politique à Paris, et vivent d'économie, sans représentation, mais avec un intérieur agréable. L'excellente famille du comte de Luxembourg a deux demoiselles à marier. On ne se fait pas l'idée du nombre de demoiselles on ne peut plus adultes et fort mariables que renferme le corps diplomatique.

Nous ne citerons le ministre de Hanovre, le baron de Stockhausen, que parce que la baronne est une fort jolie femme, et qu'au besoin, elle a de l'esprit pour son époux. Terminons ce que nous savons des légations allemandes par M. le baron de Konneritz, envoyé de Saxe, noble et spirituel vieillard, qui a toutes les saines traditions de la politesse française, et dont les réunions sont très suivies.

Il faut recourir pour le reste à l'almanach royal. N'oublions pas cependant le général Fleischmann, ministre de Wurtemberg, qui a joué jadis la comédie sur une autre scène que celle du monde politique, et qui doit à cette heureuse particularité la plupart des capacités qui le distinguent. Cette petite médisance fut sans doute accréditée par le comte de Mülenin, son prédécesseur, qui ne fut sans doute pas fâché de se venger un peu. Au surplus, toute la diplomatie se rappelle que M. le général, n'étant encore que baryton, paria, un soir qu'il jouait don Juan, de chanter tout son duo avec Zerline dans un débraillé de toilette plus que pittoresque, et qu'il gagna son pari.

Le diplomate le plus joyeux de tous et le plus roger-bontemps est sans contredit Monsignor Garibaldi, internonce de sa sainteté le Pape. L'état confortable de toute sa personne rejouit la vue, et sa grâce, sa bonne humeur, son esprit, achèvent de charmer tous ceux que Monseigneur a fait rire. A vrai dire, il séduit plus qu'il ne convertit.

Des redingottes bleues et des bonnets rouges forment ce qu'on appelle l'ambassade Ottomane, sise rue des Champs-Elysées n° 1, hôtel affecté autrefois à l'ambassade russe et quitté par cette dernière à la suite d'une différend diplomatique où le comte Molé se conduisit avec beaucup de fermeté. S. E. Reschid Pacha, successeur de Reiss-Effendi, est fort affectionné à la France; mais il n'est réellement connu que des nombreux élus sur la poitrine de qui tombe l'étoile de Nischan-Isdar, décoration musulmane. L'envoyé du roi Othon est M. Colettis qui porte assez bien son costume national.

Ce n'est point par oubli que nous avons passé sous silence l'ambassade anglaise dont cependant nous avons jeté quelques mots par ci par là. L'hôtel d'Angleterre ne s'est pas encore consolé du départ de Lady Granville, et le pire, c'est que la famille essentiellement puritaine de Lord Cowley, rembrunie encore par la perte du marquis de Wellesley, frère de ce nouveau diplomate, promet de laisser long-temps encore dormir l'écho bruyant des fêtes de son prédécesseur. Lord Cowley, qui est aussi frère de lord Wellington (voilà une singulière famille pour un ambassadeur à Paris), est effroyablement sourd. Lady Cowley est une fort respectable dame de douze à treize lustres, mais qui, par extraordinaire, n'a point de fille. On peut juger par là combien nous sommes loin de revoir, faubourg Saint-Honoré, quelque chose qui vaille les mercredis matin de Lady Granville, et ses bals du vendredi. M. Bülwer est toujours premier secrétaire d'ambassade.

Ce n'est point non plus par mauvais vouloir que nous avons omis de mentionner le *canapé* politique de madame de Liéven. La seule cause de notre silence est dans un scrupule tout diplomatique, né de ce fait bien regrettable, que madame la princesse de Liéven n'est point officiellement accréditée auprès des Tuileries comme envoyée plus ou moins extraordinaire du cabinet de Saint-Petersbourg. Néanmoins, comme il est hors de doute aujourd'hui qu'elle s'est accréditée toute seule auprès de M. Guizot, ministre des affaires étrangères, nous donnerons sur cette *dame d'état* quelques détails qui termineront cette série d'aperçus rapides.

Madame la princesse de Liéven n'a jamais été jolie, même de son aveu. Cette disgrâce da la nature a eu cela de profitable pour elle et pour le czar, que cette dame a tourné vers les hautes sphères politiques tous les penchants à l'intrigue qu'elle devait avoir comme femme, et dont elle eût pu abuser comme jolie femme. Elle touche aujourd'hui à ses quarante-deux ans. Elle n'a pas d'hôtel, mais elle occupe, rue Saint-Florentin, un des appartements de l'ancien hôtel Talleyrand, aujourd'hui à M. de Rothschild. C'est dans cette demeure, qui ne manque pas d'un certain arrangement, qu'elle reçoit tous les partis, et que M. Guizot pérore à un coin de cheminée, tandis que M. Thiers babille à l'autre. M. Berryer s'y montre aussi quelquefois dans son frac boutonné, mais assez mal chaussé de sa demi-solde. Quant à la diplomatie, elle s'en tient un peu plus à l'écart. L'empereur Nicolas, à qui la princesse s'est imposée, on ne sait comment, n'a pas encore consenti à recevoir directement *ses dépêches;* c'est le frère de la princesse qui est chargé de les recevoir et de les communiquer. Toutefois, le czar lui fait une pension de plus 40,000 liv., se réservant seulement le plaisir de dire de temps en temps que c'est une vieille folle, ce dont la princesse se soucie fort peu. Madame de Liéven a toujours eu la maladie de faire de la politique occulte. Elle en faisait déjà à Londres, et M. de Humbolt, qui partage aussi ce travers, se tient pour fort honoré d'échanger des billets confidentiels avec la contemporaine russe. Au surplus, les réceptions de la rue Saint-Florentin ne manquent pas d'agrément, on y voit un monde un peu confus, un peu brouillé, mais fort original. La livrée de la maison est des plus modestes, bien que madame de Liéven se soit réservé en ce genre une sorte de luxe assez surprenant. Elle a une chambrière dont la beauté a presque de la réputation... Toutefois nous ne savons à quel point les femmes de chambre entrent pour quelque chose dans la politique russe.

LE COMTE CHARLES DE VILLEDOT.

L'estimateur est un homme dont le visage est toujours impassible, quelles que soient les observations ou les plaintes de ceux qui ont affaire à lui.

(LE MONT-DE-PIÉTÉ.)

LE MONT-DE-PIÉTÉ.

Par Eugène de Mirecourt.

Histoire écrite dans de sinistres archives. — La rue des Blancs-Manteaux. — Extérieur et intérieur de l'édifice. — Le royaume des ombres. — Fantômes habitués. — Haute philanthropie. — L'usure organisée. — Simple calcul. — L'habit de votre tailleur. — Objection et réplique. — La succursale. — Étudiants et grisettes. — Histoire d'un caleçon de bain. — Ernest fonde une corporation célèbre. — Autre histoire : le Mont-de-Piété marie les jeunes filles. — Les commissaires. — Tactique et rouerie. — Plaintes inutiles du commerce. — Comment l'aveuglement du pouvoir rend les maisons borgnes. — Trafic des reconnaissances. — Corbeaux et cadavres. — Employés. — L'estimateur. — Dernier coup de pinceau.

Paris est surtout la ville des contrastes : le palais touche à la masure, la soie se frotte aux haillons, l'or est voisin de la fange.

Lorsque l'observateur examine froidement hommes et édifices, il n'y a plus pour lui d'illusion possible. Le grandiose de certains monuments ne fait que mieux ressortir le mesquin de leur entourage. Avec ses riches dorures, le luxe dissimule à peine les tristes réalités qui nous environnent, et le bruit de son char ne couvre pas toujours la voix du pauvre, lorsqu'elle s'élève, dans l'ombre de nos carrefours, plaintive et désolée.

Voulez-vous connaître la déplorable histoire du Paris qui souffre, qui pleure, qui a faim... qui passe, sans transition, de l'opulence à la misère ; qui chante et se goberge aujourd'hui, sans réfléchir que, demain, le désespoir viendra frapper à sa porte... du Paris qui, tôt ou tard, justifie le mot de l'Évangile, et n'a plus même une pierre où reposer sa tête?

Eh bien, cette histoire est écrite, d'un bout à l'autre, dans les sinistres archives de la rue des Blancs-Manteaux.

C'est au centre du quartier du Marais, parmi ce dédale inextricable de rues étroites et sombres, qui s'entremêlent, se croisent et se confondent comme les brins d'un écheveau de fil sous la griffe d'un chat, que se trouve le grand Mont-de-Piété, magasin gigantesque où viennent s'échanger, contre un peu d'argent, les habits, les bijoux, les meubles portatifs, tout ce qui représente quelque valeur, depuis la robe d'indienne et le modeste châle de l'ouvrière jusqu'aux cachemires et aux parures soyeuses de la coquette, depuis la veste de l'artisan jusqu'au paletot du *lion*... Friperie générale, à laquelle le prodigue peut accrocher sa défroque, avant de se faire sauter le crâne, et la femme entretenue ses parures, quand l'heure arrive de prendre le chemin de la Salpêtrière!... Vaste boutique de bric-à-brac, encombrée d'une foule de choses hétérogènes et toutes surprises de se trouver ensemble : linge et diamants, redingotes et pendules, bagues et matelas, laine et soie, fer et bronze, cuivre et or, dentelles, foulards, chemises, montres, gilets, flambeaux; le tout étiqueté, numéroté, mis sous enveloppe, enfermé dans des boîtes, serré dans des cases, jusqu'au jour où les propriétaires de ces mille objets disparates viendront, en les réclamant, apporter, avec les intérêts, la somme qu'on leur a prêtée sur gage.

Ce bâtiment, construit dans le style du Palais-de-Justice, moins prétentieux peut-être, mais lourd, massif, écrasé comme lui, sert de métropole à tous les bureaux épars dans les divers quartiers de la capitale.

Un factionnaire est à la porte, afin de prouver à tous que cette institution *éminemment philantropique* est placée sous la sauvegarde du pouvoir.

On pénètre dans une cour immense, sur laquelle s'ouvrent les nombreux passages qui conduisent dans l'intérieur de l'édifice. Les murailles, les portes et les parois des couloirs sont chargés d'inscriptions indicatives, lesquelles vous tiennent lieu du fil d'Ariane et vous guident au milieu des sinuosités du labyrinthe.

Là, tout est nu, tout est froid, tout est sinistre.

Les salles d'attente sont d'une hauteur excessive, et font descendre sur vos épaules un manteau de glace. Mais, ce qui vous frappe le plus, c'est le silence de mort qui règne autour de vous L'oreille ne recueille pas le moindre bruit, le plus léger murmure. On se croit transporté dans le royaume des ombres. Les pas eux-mêmes sont craintifs et n'éveillent point d'échos sous ces voûtes humides. Les personnes que vous rencontrez jettent sur vous des regards inquiets, glissent, comme des fantômes, le long des corridors obscurs... Vous devinez qu'elles sont en proie à deux sentiments invariables, la honte et la peur. Elles tremblent de se trouver en face d'un visage connu; elles redoutent qu'un ami, un créancier, un individu quelconque, avec lequel elles sont en relation d'intérêt ou d'affaires, ne les surprenne frappant à cette porte de l'emprunt misérable... de l'emprunt qui fait rougir!

Si quelques unes franchissent le seuil avec assurance, celles-là, soyez-en sûr, appartiennent à cette classe dégradée, dont les mœurs portent le cachet du cynisme : filles de joie, coupeurs de bourse, Macaires de la Cité, fashionnables de mauvais lieux, qui viennent, après une nuit de débauche, chercher le moyen de s'exempter du travail et celui de renouveler leurs orgies.

Dans la rue des Blancs-Manteaux, les salles d'engagement sont assiégées par la foule, et les salles de dégagement presque désertes : ceci est un fait qu'il est impossible de révoquer en doute; les ventes du Mont-de-Piété le confirment, d'ailleurs, d'une manière irréfragable, et nous partirons de là pour discuter la moralité de l'institution.

Certes, le premier qui chercha le moyen de retirer le peuple des griffes de l'usure et qui voulut le soustraire à la rapacité du prêteur à la petite semaine, était mû par des idées de haute philantropie.

Venir en aide aux classes laborieuses, les préserver de cette gêne impitoyable qui s'assied au foyer du pauvre, leur créer des ressources quotidiennes et leur ouvrir un refuge contre la faim, c'était là, nous devons en convenir, un noble et beau projet. La couronne civique et le prix Monthyon n'eussent que faiblement récompensé ce généreux citoyen. Mais sans doute, au milieu de ses plans humanitaires, il n'avait pas l'intention de spéculer sur l'indigence et de réaliser des bénéfices, sous prétexte de prévenir les besoins des malheureux, et de les secourir dans la détresse. Or, voilà précisément ce que font, chaque jour, ceux entre les mains desquels il a déposé sa théorie bienfaisante, ceux qui ont pris à tâche de mettre en pratique son système. Ils remplacent d'une manière officicielle les vampires qui s'attachaient aux flancs de l'ouvrier, pour se repaître du plus pur de sa substance, s'engraisser de ses dépouilles, absorber son salaire.

Souvent il arrive que le peuple ne vient pas à vos bureaux dégager ce qui s'y trouve : Savez-vous pourquoi, mes gracieux philantropes?

D'abord, vous prêtez à peine le tiers de la valeur des objets qu'on vous confie. Nécessairement il en résulte, pour celui qui emprunte, un inconvénient très grave. Vous ne lui donnez pas une somme assez forte pour subvenir à toutes les exigences du besoin ; la misère, un instant écartée, revient plus impérieuse, plus menaçante, et jamais il n'est permis de recourir à l'objet que vous retenez en nantissement. Une autre raison, pour laquelle de nombreux dépôts vous restent en magasin et deviennent votre propriété, c'est le taux exhorbitant de l'intérêt.

Quoi! l'on traîne l'usurier sur les bancs de la police correctionnelle et le Mont-de-Piété prête lui-même à douze pour cent!!... Que dis-je? Un exemple, appuyé d'un simple calcul, va prouver que la philantropie porte l'usure jusqu'au sublime.

Votre tailleur vous apporte un habit et vous présente une facture de cent vingt francs, que vous soldez à la minute. Or, par une de ces catastrophes imprévues, terribles, un de ces coups de la fatalité, qui précipitent un homme du siége de son tilbury dans la boue des ruisseaux, vous vous trouvez, le lendemain, ruiné de fond en comble... Votre notaire déclare faillite, ou votre agent-de-change court la poste sur la route de Bruxelles... N'importe! Vous prenez votre parti le plus philosophiquement du monde; mais le jour vient où votre poche se trouve à sec. Ce jour-là, vous portez votre habit en gage, vierge encore du contact de vos épaules... Le Mont-de-Piété vous prête vingt francs, et pas un centime avec... c'est bien! Treize mois s'écoulent; vos finances se trouvent dans un état plus triste encore, vous ne pouvez ni retirer l'objet du nantissement, ni renouveler la reconnaissance du prêt, et le Mont-de-Piété met en vente l'habit en question. L'essentiel pour lui, est de rentrer dans la somme prêtée... L'enchère monte jusque-là... Mais soudain le commissaire-priseur jette en avant le mot sacramentel, et vous êtes dépossédé, sans réclamation possible. Voilà donc un habit de cent vingt francs, donné pour le sixième du prix qu'il a coûté. Supposons que le tailleur vous l'ait vendu moitié trop cher, il en résulte encore, chose monstrueuse! que vous avez emprunté à deux cents pour cent!!!

L'administration, me direz-vous, n'a pas fait le moindre gain illicite... Non! Mais elle autorise à profiter de votre ruine, et de celle d'une infinité d'autres, certains hommes qu'elle ménage, dans l'intérêt de ses ventes annuelles : ramassis de brocanteurs qui se jettent sur les dépouilles du pauvre, comme les paysans bretons sur les débris d'un naufrage.

Par un autre calcul de la plus rigoureuse exactitude, il est démontré que le Mont-de-Piété couvrirait ses frais de bureaux, en n'exigeant des emprunteurs que la faible somme d'un et demi pour cent, en sus des intérêts de ses capitaux. Jugez, après cela, des bénéfices de l'administration! Ces bénéfices sont si clairs, si réels, si parfaitement prouvés, que bon nombre de capitalistes ne placent pas leurs fonds ailleurs, et que le Mont-de-Piété refuse tous les jours des sommes qui lui sont offertes à trois et demi, trois, et même deux et demi pour cent.

Nous savons la réponse qu'on va nous faire. On nous dira : ces bénéfices, résultat si fertile de ses opérations, le Mont-de-Piété les verse dans la caisse des hospices. A cela, nous prendrons la liberté de répondre par deux considérations qui auront aussi leur valeur.

Premièrement, il ne faut pas confondre les bénéfices de l'administration avec les bénéfices de l'administrateur. Le Mont-de-Piété entretient deux ou trois sinécures, grassement rétribuées, que l'on est bien aise d'avoir à sa disposition, comme arme offensive et défensive dans certaines luttes politiques. Nous avons entendu l'un des employés inférieurs de l'administration, avouant lui-même avec assez de bonhomie que le principal devoir d'un directeur du Mont-de-Piété était de ne se mêler de rien. Ce directeur a douze mille francs d'appointement.

Secondement, ne tiendra-t-on pas pour une assez bonne plaisanterie qu'afin d'avoir l'honneur d'enrichir le pauvre d'une main, on le dépouille de l'autre? Le Mont-de-Piété donne aux hospices ce qu'il a gagné sur les nécessiteux. Vous conduisez les gens à l'hôpital, pour le plaisir de les y nourrir. Vous secourez la misère, mais c'est vous qui la provoquez. O dérision!... La philantropie a cela de particulier qu'elle aime par dessus tout à se rendre indispensable, à s'imposer, à se mêler de tout. Aussi le mouvement qu'elle se donne pour être quelque chose nous paraît-il la preuve irrécusable qu'elle n'est rien. On en concluera ce qu'on voudra.

Je m'aperçois, un peu tard, que je me livre à d'honnêtes et loyales divagations, bien capables de faire sourire de pitié nos hommes positifs. Il est malheureusement trop certain que je prêche dans le désert, et que ma faible voix ne réussira pas à chasser l'hydre des abus.

Pour contenir les objets déposés par les nombreux clients de l'administration, un seul édifice ne suffisant pas, le Mont-de-Piété s'est adjoint une succursale, rue des Petits-Augustins, sur l'autre bord de la Seine. Au premier coup d'œil, ce lieu semble mal choisi pour une exploitation, qui s'exerce de préférence sur les indigents. Le faubourg Saint-Germain se drape dans le manteau doré de l'aristocratie, ou prend les allures bourgeoises d'une riche et paisible cité de province : donc emprunter sur gage entre peu dans ses habitudes.

Mais, non loin de là, s'agite un peuple turbulent et frondeur, une tribu nomade, échevelée, sans gêne, oublieuse des tracas de la veille et ne songeant qu'aux plaisirs du lendemain, dressant sa tente au lever de l'aurore, sur le sol conquis, et la repliant, le soir, pour aller visiter d'autres parages ; réunion d'étudiants et d'artistes qui narguent les privations et rient, avec leurs folles maîtresses, au nez de la misère.

Voilà ceux qui alimentent la succursale, et l'on devine aisément que celle-ci n'offre pas l'aspect sombre et désolé de la métropole.

En effet, la grisette saute et gambade, comme une chèvre des montagnes, en portant *chez ma tante* (expression consacrée) ses boucles d'oreilles et son collier de corail. Au premier grincement de l'orchestre du Prado, l'étudiant court suspendre *au clou* (autre expression non moins consacrée) le dernier vêtement de sa garde-robe, et le remplace, à l'heure même, par un costume de débardeur. Le rapin, lui, jette aux employés son unique habit noir, et va rejoindre, en blouse, les amis qui l'attendent. Il s'agit de fêter un grand prix de Rome... C'est une affaire sérieuse.

Ici, je demande à mes lecteurs la permission de leur raconter une anecdote.

Un de ces héros du Quartier-Latin, dont je n'aurai pas l'indiscrétion de citer le nom de famille, car il est aujourd'hui marié, père de trois beaux enfants, et, de plus, l'un des meilleurs avocats du barreau de province; un de ces héros, dis-je, habitait, vers 1837, un hôtel garni de la rue de Vaugirard. Ernest dépensait régulièrement, en huit jours, le trimestre paternel, absorbait en bols de punch l'argent de ses inscriptions, et vendait ses livres de jurisprudence pour aller exécuter, sous les arbres de la Grande Chaumière, des danses aussi originales que prohibées. Ce genre de vie déplut à sa famille, qui cessa brusquement d'envoyer le trimestre.

L'étudiant s'empressa de recourir au Mont-de-Piété.

Deux habits, trois redingotes, un égal nombre de pantalons et un manteau Crispin disparurent tour à tour et s'échangèrent contre les reconnaissances de rigueur. Pendant cet intervalle, Ernest envoyait à son père des lettres remplies d'éloquence. La première page était consacrée à la peinture de son infortune; les promesses les plus solennelles de meilleure conduite et de soumission filiale couraient d'un bout à l'autre du verso. Point de réponse! L'étudiant, qui venait d'engager sa dernière redingote, fit appeler son tailleur, honnête Saxon, lequel n'épiloguait pas, d'habitude, sur la disparition subite des effets livrés. Cette fois, il se montra moins accommodant.

— Avez-vous cent écus à me donner? demanda-t-il à Ernest.

— Bon! s'écria celui-ci, la question me paraît insidieuse... Vous plaisantez, mon brave!

— Pas du tout, répondit le tailleur; votre père m'a fait avertir qu'il ne me garantissait plus le paiement de nouvelles fournitures... J'ai bien l'honneur de vous saluer!

C'était le coup de grâce. L'étudiant fut, dès lors, obligé de garder le lit, vu qu'il devenait impossible de sortir avec un caleçon de bain, seul et unique vêtement qui lui restât... Fort heureusement, il avait crédit chez un traiteur du voisinage, qui lui montait sa nourriture.

Or, les beaux jours étaient venus. De la fenêtre de sa mansarde, Ernest apercevait un coin bleu du ciel, et la brise, en passant sur les marronniers et les acacias fleuris du Luxembourg, lui apportait les parfums du printemps. Bientôt arrivèrent les chaudes raffales de juin. Le pauvre reclus se vit menacé de cuire sous les plombs, comme les prisonniers de l'ancienne Venise.

Tout à coup, une idée lumineuse lui traverse l'esprit.

Sans plus de retard, il sort de ses draps, emprunte le manteau d'un camarade, qui habite une chambre voisine, et court vendre ses reconnaissances. L'affaire conclue, notre héros rend grâce à la mauvaise fortune, qui lui a laissé son caleçon de bain, et, toujours muni du manteau protecteur, il se dirige en triomphe vers l'école de natation.

Pendant trois mois entiers, Ernest mena l'existence excentrique d'une grenouille. Lorsque sa famille jugea convenable de lui envoyer des fonds pour remonter sa garde-robe, il était le premier plongeur de l'école et savait merveilleusement piquer une tête.

Si des parents sévères n'avaient pas mis un terme à cette longue punition, le défenseur de la veuve et de l'orphelin serait, à l'heure où je vous parle, classé par M. Geoffroy Saint-Hilaire dans l'espèce intéressante des amphibies. Au surplus, je n'ai mentionné ce fait que pour avoir l'occasion de fixer ici l'origine certaine de la tribu des *grenouillards*, corporation célèbre qui, chaque été, vient s'établir aux bains à quatre sous, et dont Ernest fut le fondateur. Nous étions bien aise d'éclaircir ce point de l'archéologie parisienne.

L'histoire d'Ernest nous fait naître l'envie d'en raconter une seconde.

Une honnête famille de province avait envoyé, pour apprendre le commerce, dans l'un des premiers magasins de la capitale, une jeune fille de dix-huit ans, rose et fraîche comme on l'est à cet âge; naïve et curieuse, comme une fille d'Ève, qui ne connaît pas encore le danger de prêter l'oreille au langage mielleux du serpent tentateur.

Adèle (c'était le nom de la jeune provinciale) s'ennuyait fort de la réclusion qu'on lui imposait depuis le jour de son arrivée à Paris. Rester claquemurée dans un étroit comptoir, quand, près de là, sur le boulevart, les spectacles s'ouvrent et donnent le signal du plaisir, c'est vraiment une triste chose pour une jeune fille.

Donc Adèle s'ennuyait fort de rester ainsi prisonnière.

Elle couchait dans une petite chambre au quatrième étage, et son unique plaisir était, chaque matin, en ouvrant sa fenêtre, de regarder par dessus les toits les hauteurs de Montmartre qui se dessinaient dans un horizon lointain. Là bas, du moins, il y a des arbres verts, des oiseaux et des fleurs! On danse, on rit, on est libre!... et la pauvre enfant descendait à son magasin, le cœur triste et les yeux baignés de larmes.

Mais un jour elle vit autre chose que les hauteurs de Montmartre et les moulins agitant leurs grandes ailes. Elle vit, dans une chambre située en face de la sienne, un jeune peintre aux longs cheveux, à la barbiche naissante, qui lui faisait des signes fort encourageants.

Adèle, il faut le dire, ferma précipitamment sa fenêtre, mais le lendemain, la correspondance télégraphique s'organisa, mais des lettres volèrent bientôt d'une chambre à l'autre, mais on apprit que le jeune peintre s'appelait Paul, mais on finit par si bien s'entendre que, huit jours après, Adèle était dans la chambre de Paul, souriant et croyant à mille serments d'un amour éternel.

On avait envoyé la jeune fille en course à midi sonnant et ce fut seulement le soir qu'elle songea qu'on devait l'attendre à son magasin. Alors elle pleura; Paul sécha ses larmes avec des baisers et s'écria fort étourdiment : — Allons au bal!

A cette proposition, les yeux de la jeune fille étincelèrent. Un bal et un bal masqué! C'était pour elle quelque chose de fantastique et d'étourdissant, un conte des Mille et une Nuits, un rêve, dont elle n'avait jamais cru la réalisation possible.

Le jeune peintre n'avait que cinquante centimes dans sa poche... N'importe, il n'y avait pas moyen de s'en dédire!

Le Mont-de-Piété voisin vit arriver la garde-robe tout entière de Paul. Cette garde-robe lui valut à peine de quoi suffire aux deux tiers des frais; mais la soif du plaisir rend ingénieux. Il restait à Paul les habits dont il était couvert; Adèle avait une toilette assez jolie... Bref! on laissa les costumes de ville en nantissement des costumes de bal, et les deux amants se firent descendre, un quart d'heure après, sous le péristyle de l'Opéra.

La soirée fut charmante. L'orchestre de Musard enflammait nos jeunes têtes, et les faisait tourbillonner dans un atmosphère enivrante.

Mais, le lendemain, il se trouva que les glaces, les rafraîchissements et les voitures avaient réduit à zéro la faible somme prêtée par le Mont-de-Piété. Impossible de payer le prix des costumes, et par conséquent de retirer les effets laissés en nantissement. Adèle ne rentrera certes pas à son magasin avec ses cheveux poudrés et sa robe de Camargo. Paul la reconduira-t-il en garde-française?

La jeune fille écrivit à ses parents et leur confia la triste nécessité où elle se trouvait réduite de partager la chambre du jeune peintre.

Cinq jours après, un père furibond descendait de voiture dans la cour des diligences, et courait chez l'artiste.

L'habit de garde-française et la robe de Camargo se trouvaient étalés sur des chaises et les rideaux du lit étaient soigneusement fermés...... Que voulez-vous qu'un père fasse en pareil cas? Commander deux costumes de noce et conduire les jeunes gens en présence de M. le maire......

Ce fut le parti plein de bon sens que prit le père d'Adèle.

Le Mont-de-Piété produit peu d'épisodes qui finissent aussi gaîment. On conçoit qu'une folle jeunesse, avide de plaisirs et d'émotions, paie son tribut à ce gouffre inépuisable : c'est un dommage que l'avenir se charge de réparer... Mais que le pauvre, à son tour, enrichisse l'usure de ses dépouilles, voilà, sans contredit, une chose odieuse, et qui ne laisse pas d'expressions assez fortes pour la flétrir! Cette usure a, du reste, des manières fort engageantes. Vous demeurez à une lieue de la rue des Blancs-Manteaux, et vous êtes également éloigné de la succursale... Mon Dieu, ne vous dérangez pas! On serait au désespoir de vous occasionner une course aussi longue... Prenez seulement la peine de sortir de chez vous et d'aller à deux pas. Vous trouverez, dans la première maison borgne, un bureau tenu par des employés en sous-ordre, appelés *commissionnaires*. Ces derniers se chargent volontiers de la besogne qui vous répugne, vous prêtent sur l'objet que vous leur présentez, le déposent eux-mêmes au chef-lieu et vont le reprendre, quand cela vous fait plaisir, à condition, toutefois, que vous paierez à un taux usuraire leur complaisance et leur déplacement.

Malgré la remise énorme qu'ils font à l'administration, ceux qui tiennent les bureaux succursalistes s'enrichissent promptement. Un bureau de commissionnaire s'achète cent vingt mille francs. Il arrive que quelques uns réussissent à dérouter l'œil du maître, en prêtant pour leur propre compte; alors ils ne tardent pas à devenir millionnaires. C'est une nouvelle preuve à l'appui de ce que nous disions précédemment. Par exemple, gare à ceux qui se laissent prendre à cette manœuvre! On s'est réservé, là haut, le privilége exclusif de la philantropie. Si vous êtes atteint et convaincu, vous infime, d'avoir couru sur les brisées du chef-lieu, celui-ci vous condamne aussitôt à fermer boutique, et vous force à payer une amende de cent cinquante mille francs et au-dessus... Le bureau du n° 18, faubourg Montmartre, peut vous en donner des nouvelles.

Autrefois, quand les maisons de jeu n'étaient pas abolies, certains commissionnaires des environs du Palais-Royal avaient, dans les joueurs, une brillante clientèle. Bon nombre de ces derniers engageaient, chaque soir, quelque objet précieux, chaîne d'or, bague ou diamant, qu'ils venaient reprendre, une heure après, quand le paroli leur avait été favorable ou que la martingale s'était montrée de bonne humeur. Ceci, vous le comprenez, se passait en famille, et le Mont-de-Piété n'avait rien à y voir. On se connaissait de longue date; toujours le même prêt, et jamais de reconnaissance. Or, il y avait un cas où le bénéfice était parfaitement clair pour le bureau :

C'était quand le joueur, ayant tout perdu, se brûlait la cervelle.

Nous pourrions citer également des bureaux de commissionnaires où le commerce parisien, surtout celui de joaillerie et de matières précieuses, va chercher de quoi faire face aux fins de mois difficiles. On y porte des parures entières, que le commissionnaire consent à garder au-delà des deux jours tolérés par le grand Mont. Ces gros emprunteurs se présentent clandestinement à la nuit tombante, on les fait passer par un escalier dérobé, on les reçoit dans une pièce à part, et l'on arrange tout pour favoriser le mystère sans lequel de pareilles affaires deviendraient impossibles. L'usure, dans ces cas-là, se produit sans la moindre gêne, et le taux qui règle ce genre de transactions varie selon le degré d'exploitation auquel on peut soumettre l'embarras de l'emprunteur. Le commerce de Paris et des départements a réclamé maintes fois contre cet état de choses, et demandé qu'il fût interdit au Mont-de-Piété ainsi qu'à ses succursales de prêter sur les marchandises neuves, mais l'oreille du pouvoir est demeurée sourde à des remontrances qui auraient eu pour effet d'apporter des entraves aux profits de la philantropie. Il a statué que la plaie du prêt usuraire devait ronger le commerce aussi bien que tout le reste.

J'ai dit que les commissionnaires demeuraient toujours dans une maison borgne : en voici la raison bien simple et bien positive. Les industries honorables ont en horreur le voisinage d'un Mont-de-Piété. Jamais un homme, qui tient à sa considération, ne voudra loger sous le toit qui abrite un établissement de ce genre, et ceux qui se placent au dessus du préjugé ne tardent pas à s'en repentir. Le meilleur de vos amis craint de vous rendre visite dans un semblable domicile, attendu que chacun, en le voyant entrer, peut croire qu'il va mettre sa montre en gage. Donc, à l'approche d'un bureau de commission, tout fuit, tout déserte, et, dans la place laissée vide par ce départ universel, viennent s'abattre les professions louches, les négociants sans patente, les industriels de bas étage, les revendeuses à la toilette, et presque toujours les filous.

Le Mont-de-Piété procure à ceux-ci le moyen de cacher provisoirement le résultat du vol : une reconnaissance est plus facile à soustraire, que tout autre objet, à l'œil perçant de la police.

C'est ici le moment de parler du trafic des reconnaissances, trafic éhonté, qui s'exerce en plein jour, à la face du ciel, comme le commerce le plus honnête. Avant de s'établir, le marchand de reconnaissances a spéculé sur la dernière larme du malheureux ; il exploite les derniers débris de sa ruine... C'est le corbeau qui vient se jeter sur un cadavre, quand les vautours et les grands oiseaux de proie sont gorgés de pâture.

Ou celui qui vend une reconnaissance est un voleur, ou bien c'est un homme qui touche aux dernières limites de la détresse... Examinez, je vous prie, la manière de procéder de l'industriel!

Il sait que le pauvre diable, qui s'adresse à lui, n'a jamais un centime vaillant; d'autre part, il sait aussi que les bureaux ne prêtent jamais que le tiers de la valeur d'un objet : donc il pourrait conclure à l'instant le marché qu'on lui propose, certain de faire un bénéfice raisonnable, et de venir, en outre, au secours d'un homme, qui peut-être se meurt d'inanition... Morbleu! pour qui le prenez-vous? Il commence par renvoyer son client au lendemain... Serait-ce, comme il le dit, pour avoir le temps de dégager les objets? Allons donc!... Il les dégage, oui... mais il fait, pour cela, des avances, au moyen desquelles il tient son homme à discrétion. Refusez d'entrer en arrangement... vous devenez le débiteur du marchand de reconnaissances; il garde tout pour se couvrir de ses déboursés... Le plus court est de prendre la faible somme qu'il vous offre, et de faire, en sortant, une croix sur sa porte, comme sur une porte maudite, afin de la reconnaître et de ne plus y frapper de votre vie.

J'ai dépeint le Mont-de-Piété, j'ai parlé de ses filiations, de ses dépendances, de la principale industrie qui s'y rattache; mais je n'ai rien dit encore des employés. En général, ils ressemblent à ceux des autres administrations : même politesse, même complaisance, même savoir-vivre... Prenez, je vous prie, le contre-pied de ces qualités! Toutefois, il en est un qui mérite, à lui seul, un coup de pinceau : vous devinez qu'il s'agit de l'estimateur.

Figurez-vous un homme, dont le visage est toujours impassible, quelles que soient les observations, les plaintes, et même les injures de ceux qui ont affaire à lui. Sa voix est brève et sententieuse. Il prononce en dernier ressort; c'est l'oracle du temple. L'objet que vous lui présentez vaut le double de ce qu'il en offre... Demain est un jour d'échéance, vos meubles seront saisis... N'inporte! il n'ira pas au-delà du prix qu'il a fixé dans sa haute sagesse... Et n'espérez pas l'attendrir! Il faut, pour gérer ces sortes d'emplois, des hommes au cœur dur et impitoyable. A part ce léger défaut qui, chez l'estimateur, est une nécessité de position, les autres nuances de son caractère sont dignes de remarque. Il trône avec une gravité comique au centre de mille chiffons, déjeûne, séance tenante, et rend. ses arrêts la bouche pleine. Quelquefois il se permet la plaisanterie et se déride avec les habitués, auxquels il adresse un sourire de protection.

Les habitués, me direz-vous? — Cela vous étonne?... Rien n'est plus vrai, je vous assure. Tantot c'est un vaudevilliste, dont la pièce n'a pas eu, la veille, tout le succès désirable...

Il en est à son trente-cinquième acte, et, jusqu'alors, il est venu régulièrement au Mont-de-Piété toucher ses droits d'auteur. Tantôt c'est une Lorette, en butte aux injustes soupçons de son banquier (c'est la cinquantième fois que le même désagrément lui arrive), une actrice que son protecteur abandonne, un pion de collége, une infortunée sous-maîtresse, victimes tous deux de l'espiéglerie des classes, un romancier qui n'a pu vendre son chef-d'œuvre, un comédien sifflé par un public imbécile; en un mot, tous les membres de cette grande Bohême, qui vit et pullule, au sein de la capitale, sans moyens d'existence connus.

Voilà, mes chers lecteurs, les habitués de la métropole, de la succursale et des bureaux de commission.

Malheur aux gens établis, qui, pour se préserver d'une gêne passagère, s'aviseraient de recourir à l'emprunt sur gage! Le négociant ne tarderait pas à voir s'ouvrir, sous ses pas, le gouffre de la faillite; la mère de famille perdrait la paix de son intérieur, l'estime de son époux, l'avenir de ses enfants. Sans doute elle serait moins coupable que ces mégères, qui nourrissaient jadis de leurs épargnes les numéros trompeurs de la loterie; mais, pour elle, le résultat serait le même et le Mont-de-Piété la ferait descendre jusqu'au dernier degré de l'échelle sociale.

EUGÈNE DE MIRECOURT.

ORDRE : GENDELETTRE.

PREMIER GENRE : LE PUBLICISTE.

SOUS GENRES.

Sous-genre	Variétés
Le Journaliste : Variétés........	Le marquis de Tuffière. — Le Ténor. — Le Faiseur d'articles de fond. — Le Maître-Jacques. — Les Camarilistes.
L'Homme d'État : Variétés......	L'Homme politique. — L'Attaché. — L'Attaché-Détaché. — Le Politique à brochures.
Le Pamphlétaire : Sans variété.	
Le Rienologue : Sans variété.	
Le Publiciste à portefeuilles : Sans variété.	
L'Écrivain Monobible : Sans variété.	
Le Traducteur : Sous genre disparu.	
L'Auteur à Convictions : Variétés.	Le Prophète. — L'Incrédule. — Le Séide.

DEUXIÈME GENRE : LE CRITIQUE.

SOUS GENRES.

Sous-genre	Variétés
Le Critique de la vieille roche : Variétés.	L'Universitaire. Le Mondain.
Le Critique blond : Variétés......	Le Négateur. — Le Farceur. — Le Thuriféraire.
Le grand Critique : Variétés......	L'Exécuteur des hautes-œuvres. L'Euphuiste.
Le Feuilletoniste : sans variété.	
Les petits Journaux : Variétés....	Le Bravo. — Le Blagueur. — Le Pêcheur à la ligne. — L'Anonyme. — Le Guerillero.

Tableau synoptique pour servir à la monographie de l'ordre GENDELETTRE,

Extrait de l'histoire naturelle du Bimane en société.

Il part de la tribune des journalistes un tas de notes pour les orateurs, à qui ces jeunes gens envoient des faits et des citations. (LA PRESSE PARISIENNE.)

MONOGRAPHIE

DE

LA PRESSE PARISIENNE

(Extrait de l'Histoire naturelle du Bimane en société)

Avis aux contrefacteurs.

L'Ordre GENDELETTRE (comme Gendarme) s'étant constitué en société pour défendre *ses propriétés*, il devait en résulter, ce qui résulte en France de beaucoup d'institutions, une antithèse entre le but et les résultats : on pille plus que jamais les propriétés littéraires. Et comme la Belgique est maintenant autant en France qu'à Bruxelles, nous sommes forcés, nous éditeurs, encore sous l'empire du droit commun, de déclarer naïvement :

Que LA MONOGRAPHIE DE LA PRESSE PARISIENNE nous appartient,

Que le dépôt en a été fait conformément aux lois,

Que toute publication de cet ouvrage serait poursuivie, attendu que la reproduction en est interdite, en tant que de besoin, au nom de l'auteur.

Nous avons entendu Victor Hugo exprimant, paraphrasant, avec l'éloquence qui lui est propre, une belle pensée que nous nous hasardons à traduire ainsi :

La France a deux faces. Éminemment militaire en temps de guerre, elle est également puissante en temps de paix par ses idées.

La Plume et l'Épée, voilà ses deux armes favorites. La France est inventive parce qu'elle a de l'esprit; elle est artiste, parce que l'Art est le complément des Lettres; elle est commerçante, manufacturière, agricole, parce qu'une nation doit produire sa production comme un ver à soie file son cocon; mais, sur ces trois points, elle a des rivales qui, pour le moment, lui sont encore supérieures; tandis que ses armées ont lutté pendant quinze ans contre le monde, et que ses idées lui en donnent le gouvernement moral.

Les Anglais ont une charmante et proverbiale expression pour caractériser la nécessité dans laquelle on se trouve de parler de soi-même : — *Il paraît*, disent-ils, *que le trompette de ce monsieur est mort?*

Victor Hugo parlait pour la France. N'est-il pas malheureux que l'incurie du gouvernement actuel, à l'égard des Lettres, ait forcé notre grand poète à dire ce qui ne devrait être que pensé par l'Europe.

Si la plume de la France possède un tel pouvoir, n'est-il pas nécessaire de donner la description analytique de l'Ordre Gendelettre (comme Gendarme)?

Et dans cet Ordre, ne faut-il pas mettre en tête le Genre Publiciste et le Genre Critique, qui composent, avec leurs Sous-Genres et leurs Variétés, la *Presse Parisienne*, cette terrible puissance dont la chute est sans cesse arrêtée par la faute du pouvoir?

AXIOME.

On tuera la presse comme on tue un peuple, en lui donnant la liberté.

C'est surtout dans cette partie de ce *Traité du Bimane en société* que nous avons apporté l'attention à laquelle la Zoologie a dû les Monographies des Annélides, des Mollusques, des Entozoaires, et qui ne pouvait faillir à de si curieuses Espèces Morales. Nous espérons que les nations étrangères prendront quelque plaisir en lisant cette portion d'Histoire Naturelle Sociale à laquelle une illustration vigoureuse donne tout le mérite de l'iconographie.

CARACTÈRES GÉNÉRAUX. — Le principal caractère de ces deux Genres est de n'en jamais avoir aucun. Les individus appartenant au Sous-Genre du *Publiciste à portefeuille* (faites comme le gouvernement, voyez plus bas) qui seraient tenus d'en conserver un quelconque, ne sauraient en offrir la moindre apparence; car alors ils manqueraient essentiellement aux conditions de la politique française, qui échappe à toutes les définitions, et se recommande à la philosophie par des non-sens continuels. On remarque cependant quelques individus qui, en écrivant toujours la même chose, en répétant le même article, faute d'ailleurs d'en pouvoir trouver un autre, passent alors pour avoir du caractère; mais c'est évidemment des maniaques dont la folie sans danger engourdit l'abonné-*confiant* et réjouit l'abonné-*esprit fort*. Si les étrangers s'étonnent de ce défaut, ils doivent tenir compte de l'esprit national qui exige une aussi grande mobilité chez les Hommes que dans les Institutions. Le public, en France, trouve ennuyeux les gens à convictions, et accuse les gens mobiles d'être sans caractère. Ce dilemme, perpétuellement dirigé contre les individus de ces deux Genres, rend leur position extrêmement critique. Qu'un écrivain spirituel aille, comme une mouche lascive, de journal en journal, soit tour à tour royaliste, ministériel, libéral, reministériel, et continue à écrire secrètement dans tous les journaux, on dit de lui : « C'est un homme sans consistance! » Qu'un écrivain se fasse coucou libéral, coucou humanitaire, coucou d'opposition, et ne varie pas son thème, on dit de lui : « C'est un homme ennuyeux. » Aussi, l'individu le plus spirituel est-il *le Rienologue* et *l'Écrivain monobible*. Ces deux Variétés évitent les périls du dilemme en se rendant illisibles. (Voyez, comme le gouvernement, toujours plus bas.)

Sous le rapport physique, ces individus manquent assez généralement de beauté, quoiqu'ils se fassent des têtes remarquables à l'aide de la lithographie, du plâtre, des statuettes et du faux-toupet.

Presque tous sont dénués de cette politesse que les écrivains du dix-huitième siècle devaient à leur commerce avec les salons où ils étaient fêtés. Ils vivent isolés, séparés par leurs prétentions, et se connaissent peu entre eux, tant ils ont peur d'avoir de mauvaises connaissances. Cette vie solitaire n'empêche pas tous les individus d'exercer leur envie sur la position, sur le talent, sur la fortune et sur les avantages personnels de leurs confrères, en sorte que leur féroce manie de l'égalité vient précisément de ce qu'ils reconnaissent entre eux les plus blessantes inégalités.

PREMIER GENRE. — LE PUBLICISTE.

HUIT SOUS-GENRES : A, le Journaliste. — B, l'Homme d'État. — C, le Pamphlétaire. — D, le Rienologue. — E, le Publiciste à portefeuille. — F, l'Écrivain monobible. — G, le Traducteur. — H, l'Auteur à convictions.

Publiciste, ce nom jadis attribué aux grands écrivains comme Grotius, Puffendorf, Bodin, Montesquieu, Blakstone, Bentham, Mably, Savary, Smith, Rousseau, est devenu celui de tous les écrivassiers qui *font* de la politique. De généralisateur sublime, de prophète, de pasteur des idées qu'il était jadis, le Publiciste est maintenant un homme occupé des bâtons flottants de l'Actualité. Si quelque bouton paraît à la surface du corps politique, le Publiciste le gratte, l'étend, le fait saigner et en tire un livre qui, souvent, est une mystification. Le publicisme était un grand miroir concentrique , les publicistes d'aujourd'hui l'ont mis en pièces et en ont tous un morceau qu'ils font briller aux yeux de la foule. Ces différents morceaux, les voici :

A. LE JOURNALISTE.

CINQ VARIÉTÉS : 1° le Directeur-Rédacteur-en-chef-propriétaire-gérant, 2° le Ténor, 3° le Faiseur d'articles de fonds, 4° le Maître-Jacques, 5° les Camarillistes.

PREMIÈRE VARIÉTÉ. *Le Directeur-Rédacteur-en-chef-propriétaire-gérant.* — Cette belle espèce est le marquis de Tuffière du journalisme. Publiciste pour ce qu'il n'écrit pas, comme les autres sont publicistes pour ce qu'ils écrivent trop, cet individu qui offre toujours une des quatre faces de son quadruple titre, tient du propriétaire, de l'épicier, du spéculateur, et comme il n'est propre à rien, il se trouve propre à tout. Les rédacteurs transforment ce propriétaire ambitieux en un homme énorme qui veut être et devient quelquefois préfet, conseiller d'état, receveur-général, directeur de théâtre, quand il n'a pas le bon sens de rester ce qu'il est : le portier de la gloire, le trompette de la spéculation et le Bonneau de l'électorat. Il fait à volonté passer les articles ou les laisse se morfondre sur le marbre de l'imprimerie? Il peut pousser un livre, une affaire, un homme, et peut quelquefois ruiner l'homme, l'affaire, le livre, selon les circonstances. Ce Bertrand de tous les Ratons du journal, se donne comme l'âme de la feuille, et nécessairement chaque Cabinet traite avec lui. De là son importance. A force de causer avec les rédacteurs, il se frotte d'idées, il a l'air d'avoir de grandes vues et se carre comme un vrai personnage. C'est ou un homme fort ou un homme habile qui se résume par une danseuse, par une actrice ou par une cantatrice, quelquefois par sa femme légitime, la vraie puissance occulte du Journal.

AXIOME.

Toutes les feuilles publiques ont pour gouvernail une sous-jupe en crinoline, absolument comme l'ancienne monarchie.

Il n'y a eu (il est mort) qu'un seul directeur de journal, dans la véritable acception de ce mot. Cet homme était savant, il avait une forte tête, il avait de l'esprit; aussi n'écrivait-il jamais rien. Les rédacteurs venaient chez lui, tous les matins, écouter le sens des articles à écrire. Ce personnage fut sans ambition : il fit des pairs, des ministres, des académiciens, des professeurs, des ambassadeurs et une dynastie, sans rien vouloir pour lui-même, il refusa la visite d'un roi, tout, même la croix de la Légion-d'Honneur. Vieillard, il était passionné; journaliste, il n'était pas toujours *in petto* de l'avis de son

Le Directeur-Rédacteur-en-chef-propriétaire-gérant est un homme qui se résume par une danseuse, par une actrice ou par une cantatrice.

(PRESSE PARISIENNE.)

journal. Tous les journaux d'aujourd'hui mis ensemble, propriétaires et rédacteurs, ne sont pas la monnaie de cette tête-là.

Instruction et connaissances à part, il ne suffit pas d'une centaine de mille francs et d'un cautionnement pour devenir Directeur-Rédacteur-en-chef-propriétaire-gérant d'un journal, il faut encore des circonstances, une volonté brutale et une espèce de capacité théâtrale qui manquent souvent à des gens d'un vrai talent. Aussi voit-on beaucoup à Paris de gens qui survivent à leur pouvoir expiré. Le Journal a ses Fernand-Cortez malheureux, comme la Bourse a ses ex-millionnaires. L'insuccès, étant en raison des tentatives, explique le nombre effrayant de masques tristes que les Parisiens montrent aux observateurs qui les étudient se promenant sur les boulevarts. Depuis 1830, il n'y a pas eu moins de cinquante journaux tués sous l'ambition publique, ce qui représente à peu près six millions de capitaux dévorés. Nous avons vu, nous voyons encore des journaux s'établissant à Paris dans la pensée de ruiner les journaux anciens en faisant un journal inférieur sur tous les points à celui qu'ils veulent renverser. L'ex-Directeur-Rédacteur-en-chef-propriétaire-gérant de journal n'est plus un homme, ni une chose, c'est l'ombre méprisée d'un fœtus d'ambition.

Il existe trois sortes de propriétaires-directeurs-rédacteurs-en-chef du Journal : l'ambitieux, l'homme d'affaires, le pur-sang.

L'ambitieux entreprend un journal soit pour défendre un système politique au triomphe duquel il est intéressé, soit pour devenir un homme politique en se faisant redouter. L'homme d'affaires voit dans un journal un placement de capitaux dont les intérêts lui sont payés en influence, en plaisirs et quelquefois en argent. Le pur-sang est un homme chez qui la gérance est une vocation, qui comprend cette domination, qui se plaît à l'exploitation des intelligences, sans abandonner toutefois les profits du journal. Les deux autres font de leur feuille un moyen; tandis que, pour le pur-sang, sa feuille est sa fortune, sa maison, son plaisir, sa domination : les autres deviennent des personnages, le pur-sang vit et meurt journaliste.

Les propriétaires-rédacteurs-en-chefs-directeurs-gérants de journaux sont avides et routiniers. Semblables, eux et leurs feuilles, au gouvernement qu'ils attaquent; ils ont peur des innovations, et périssent souvent pour ne pas savoir faire des dépenses nécessaires *et en harmonie avec le progrès des lumières.*

AXIOME.

Tout journal qui n'augmente pas sa masse d'abonnés, quelle qu'elle soit, est en décroissance.

Un journal, pour avoir une longue existence, doit être une réunion d'hommes de talent, il doit *faire école*. Malheur aux journaux qui s'appuient sur un seul talent.

La plupart du temps, si le directeur devient jaloux des gens de talent qui lui sont nécessaires, il s'entoure de gens médiocres qui le flattent et lui font son journal à bon marché. On périt toujours *le journal le mieux fait de Paris*.

DEUXIÈME VARIÉTÉ. *Le Ténor*.—On appelle Premier-Paris, la tartine qui doit se trouver en tête d'une feuille publique, tous les jours, et sans laquelle il paraît que, faute de cette nourriture, l'intelligence des abonnés maigrirait. Le rédacteur des Premiers-Paris est donc le ténor du journal, car il est ou se croit l'*ut* de poitrine qui fait l'abonnement, comme le ténor fait la recette au théâtre. A ce métier, il est difficile qu'un homme ne se fausse pas l'esprit et ne devienne pas médiocre. Voici pourquoi :

Sauf les nuances, il n'y a que deux moules pour les Premiers-Paris : le moule de l'opposition, le moule ministériel. Il y a bien un troisième moule; mais nous verrons tout à l'heure comment et pourquoi ce moule s'emploie rarement. Quoi que fasse le Gouvernement, le rédacteur des Premiers-Paris de l'Opposition doit y trouver à redire, à blâmer, à gourmander, à conseiller. Quoi que fasse le Gouvernement, le rédacteur des Premiers-Paris ministériels est tenu de le défendre. L'un est une constante négation, l'autre une constante affirmation, en mettant à part la couleur qui nuance la prose de chaque parti, car il y a des tiers-partis dans chaque parti. Au bout d'un certain nombre d'années, de part et d'autre, les écrivains ont des calus sur l'esprit, ils se sont fait une manière de voir, et vivent sur un certain nombre de phrases.

Si l'homme engrené dans cette machine est par hasard un homme supérieur, il s'en dégage; s'il y reste, il devient médiocre. Mais il y a tout lieu de croire que les rédacteurs des Premiers-Paris sont médiocres de naissance, et se rendent encore plus médiocres à ce travail fastidieux, stérile, dans lequel ils sont bien moins occupés à exprimer leurs pensées qu'à formuler celles de la majorité de leurs abonnés. Vous savez quelle classe de gens est en majorité dans une masse?

Ces faiseurs de tartines s'ingénient à n'être que la toile blanche sur laquelle se peignent, comme aux ombres chinoises, les idées de leur abonné. Le ténor de chaque journal joue donc un jeu plaisant avec son abonné. A chaque événement, l'abonné se forme une opinion, et s'endort en se disant : — Je verrai demain ce que dira là-dessus *mon journal*. Le Premier-Paris, qui n'existe que par la divination perpétuelle des pensées de son abonné, le surprend le lendemain agréablement en lui panifiant sa pensée. L'abonné récompense ce jeu de : *Vive l'amour, la carte a fait son tour!* par douze ou quinze francs tous les trois mois.

Le style serait un malheur dans ces délayages où l'on doit noyer les événements pour amasser le public qui regarde alors où ça va. D'abord quel homme tiendrait à faire par an six cents colonnes dignes de Jean-Jacques, de Bossuet ou de Montesquieu, pleines de sens, de raison, de vigueur et colorées ?... Aussi, dans les Premiers-Paris, y a-t-il une phraséologie de convention, comme il y a des discours de convention à la tribune. On n'ose point dire les choses comme elles sont. Ni l'Opposition ni le Ministère n'écrivent l'histoire. La Presse n'est pas aussi libre que le public l'imagine, en France et à l'étranger, d'après ce mot *liberté de la presse.* Il y a des faits impossibles à dire, et des ménagements nécessaires avec les faits dont on parle. Aussi le jésuitisme tant stigmatisé par Pascal était-il bien moins hypocrite que celui de la Presse. A sa honte, la Presse n'est libre qu'envers les faibles et les gens isolés.

Ce qui tue l'écrivain des Premiers-Paris, c'est son incognito : le Premier-Paris ne se signe pas. Ce ténor de la Presse est en réalité le *condottiere* du moyen-âge. On a vu M. Thiers enrôlant et dirigeant les feux de cinq Premiers-Paris au temps de la Coalition.

Aussi le Premier-Paris a-t-il l'allure fière; il croit parler à l'Europe, et croit que l'Europe l'écoute. Quand meurt un de ces ténors, personne ne sait le nom de l'illustre écrivain que pleurent tous les journaux.

Le génie, et si vous voulez ne vous en tenir qu'à l'esprit, l'esprit consiste à voir, en politique, toutes les faces d'un fait, la portée d'un événement, de prévoir l'événement dans sa cause, et de conclure au profit d'une politique nationale ; or, un écrivain qui jetterait ses Premiers-Paris dans ce troisième moule, ferait fuir tous les abonnés d'un journal. Plus le journal deviendrait Pitt ou Montesquieu, moins il aurait de succès. (Voyez le Rienologue.) Il ne serait compris que de ceux à qui les événements suffisent, et qui n'ont pas besoin de journaux. Le journal qui a le plus d'abonnés est donc celui qui ressemble le mieux à la masse : concluez ?

Étant en lui-même peu de chose, l'écrivain des Premiers-Paris a beaucoup de morgue : il se croit nécessaire! Et il l'est... à l'entreprise de papier noirci qui rapporte telle ou telle somme aux croupiers. Oui, n'est pas Premier-Paris qui veut! il faut savoir *parler le jésuite* de la feuille publique. Ainsi, le jury condamne une phrase nette et claire, mais il absout les circonlocutions. Faites marcher vos idées sur des béquilles, le jury vous trouve constitutionnel ; allez droit, vous devenez factieux.

Dites : *la pairie vient de se déshonorer.* Vous payez dix mille francs d'amende, et vous envoyez le gérant du journal pour deux mois en prison.

Mais après une critique violente des actes de la Chambre, ajoutez :

En vérité, nous sommes trop les amis des institutions dont le pays a entouré la dynastie nouvelle, pour ne pas dire qu'en continuant d'aller dans cette voie, on marche vers la déconsidération, le déshonneur, etc., etc.

Le Parquet, la Chambre, le Trône n'ont pas le plus petit mot à dire.

Il y a dans Paris des artistes en plaisanterie, qui, tel fait étant donné, peuvent écrire par avance les principaux Premiers-Paris. Ainsi, par un calme plat survenu dans l'Océan politique, cette terrible nouvelle arrive d'Augsbourg (Augsbourg est pour le journalisme ce que Nuremberg est pour les enfants, une fabrique de joujoux) :

Lors du passage de lord Willgoud à Galucho (Brésil), on dit que la légation anglaise a donné un dîner auquel assistait tout le corps diplomatique, moins le consul de France. Cet oubli dans la circonstance actuelle est significatif.

Aussitôt la République s'élance la première sur la brèche, par le Premier-Paris suivant :

Si l'esprit de courtisanerie et de corruption n'était pas le seul mobile du Système qui gouverne, si son but unique n'était pas d'avilir constamment la France aux yeux de l'étranger, on pourrait vraiment s'étonner d'une telle assurance dans la couardise, d'une telle impudeur dans la honte, d'un tel courage dans la lâcheté ! Un fait qui blesse profondément le sentiment national, nous a été révélé hier par la *Gazette d'Augsbourg ;* et, en le répétant ce matin, pas une feuille du pouvoir ne semble soupçonner l'éclatante indignation qu'il a déjà soulevée dans le pays. Lors du passage de lord Willgoud à Galucho (Brésil), un banquet fut offert à cet amiral par la légation anglaise de cette résidence, et de tous les consuls étrangers, le consul de France seul n'a pas été invité à ce repas, tout diplomatique. Il était souffrant, ajoute ironiquement la *Gazette.* Hélas! nous ne le savons que trop, les tristes hommes qui dirigent ou représentent la France, sont toujours moribonds quand il s'agit de maintenir l'honneur du pays dont ils gaspillent les destinées. Tout entier à ses misérables intrigues de personnes, à ses honteux tripotages de consciences à l'encan, à ses scandaleuses complaisances pour le parti de la cour, le ministère laissera s'effacer cette nouvelle insulte sous une insulte prochaine, et le pays sera contraint encore cette fois de subir en silence cet insolent affront de sa très chère alliée, la cupide Angleterre.

En fait d'humiliations, le laissez-faire et le laissez-passer est donc décidément la maxime favorite du pouvoir. En vertu de l'axiome très connu sur la plus belle fille du monde, nous ne demandons à ce pouvoir ni talents, ni dignités, ni patriotisme ; mais, dans son intérêt, nous devons l'avertir qu'il dépense notre honneur en pure perte, s'il espère pouvoir recoudre les lambeaux déchirés de la Sainte-Alliance, à force de bassesses et de lâchetés.

Puis le lendemain cette énergie s'étend sous un laminoir d'une lourdeur de 40,000 abonnés qui lisent :

C'est avec douleur que toutes les opinions sincèrement dévouées à nos institutions voient le gouvernement s'isoler (1) chaque jour de plus en plus du pays, et fouler aux pieds tous les principes de haute probité politique qui ont fondé notre constitution, et pouvaient seuls lui assurer dans l'avenir les conditions de moralisation nécessaires à toute organisation sociale dont les bases doivent toujours être fondées sur la loyauté gouvernementale, surtout dans une nation qui, comme la France, est toujours à l'avant-garde de la civilisation, et pèse de toute son influence initiative, dans le plateau de la balance libérale des destinées du monde, pour faire contrepoids aux monarchies absolues, dont les traditions et l'organisation indispensables à leur conservation, sont en opposition fatale, mais naturelle, avec son esprit de liberté : dans cette lutte entre les idées rétrogrades de l'absolutisme et les sympathies généreuses que la France a toujours soulevées, un ministère à la hauteur de sa noble mission, et qui, par conséquent, ne ferait ni litière de la dignité nationale, ni marchandise de nos humiliations, parlerait constamment haut et ferme à l'étranger, dans toutes les circonstances ; car, lorsqu'on a l'honneur de représenter la France, on n'a pas le droit de cacher son manque de patriotisme sous un faux semblant de mépris, en déclarant que telle insulte n'est pas digne de notre colère, comme va le dire aujourd'hui le pouvoir à propos de la grave question Willgoud, qui, nous l'espérons, ralliera au parti que nous représentons, tous les hommes modérés qui mettent en première ligne l'honneur national, la droiture politique, la moralité gouvernementale, tous les sentiments généreux enfin dont est si complètement dépourvu le triste système qui nous gouverne, et qui dès lors sans appui dans l'opinion publique, tombera de lui-même sous le poids écrasant de ses propres iniquités.

Cette phrase unique, combinée de trois façons, suffit chaque ma-

(1) Ce Premier-Paris a inventé des phrases d'une longueur ultra-constitutionnelle.

tin à la majorité des Français, pour se former une opinion sur tous les événements possibles. Le ténor à qui elle est due l'écrit depuis cinq ans avec un courage vraiment parlementaire. Après le triomphe de juillet, un vieux ténor gauchiste avoua qu'il n'avait jamais écrit que le même article pendant douze ans. Cet homme franc est mort! Son aveu, devenu célèbre, fait sourire et devrait faire trembler. Pour renverser le plus bel édifice, un maçon ne donne-t-il pas toujours le même coup de pic?

Le plus grand des journaux, comme format, répond alors à la manière d'un personnage d'églogue virgilienne.

Tout en admirant l'esprit, le grand sens, et surtout le bon goût des organes de l'Opposition, nous avouons comprendre difficilement la peine qu'ils se donnent, chaque jour pour découvrir une nouvelle insulte faite à la France. Pour un parti qui s'est modestement déclaré le seul gardien de la dignité nationale, cette préoccupation manque peut-être de logique. Toutefois, comme nous n'avons pas l'honneur d'être admis, ainsi que le *National*, dans l'intimité de l'avenir, nous n'avançons cette opinion qu'avec une extrême timidité.

Que sommes-nous en effet pour oser juger la politique radicale, nous qui ne défendons que la politique du bon sens? Voilà bientôt douze ans, il est vrai, que le parti conservateur a rétabli l'ordre et maintenu la paix *(prix : cinq mille francs par mois)*. Voilà bientôt douze ans que, grâce à notre prudence courageuse, à notre sagesse désintéressée, le pouvoir s'est maintenu contre toutes les anarchies; mais cette tâche est bien mesquine auprès des sublimes visées d'une opinion qui rétablit chaque matin les droits méconnus de l'humanité et qui règle en même temps les destinées du monde.

L'alliance de la monarchie et de la liberté a toujours été le vœu de la France (1). Cette alliance, nous l'avons établie et nous la défendrons constamment avec les hommes honnêtes et les esprits sensés, contre les passions mauvaises et les idées subversives qui minent sans relâche l'ordre social. *(Prix : cinq mille francs par mois.)*

Cependant, nous laisserions souvent s'agiter, dans son impuissance, cette vieille Opposition que tout calme trouble, que toute supériorité irrite et que tout bonheur public afflige, si elle ne dénaturait journellement les faits les plus simples pour s'en faire des armes contre le pouvoir.

Ainsi, par exemple, l'Opposition s'indigne depuis deux jours à propos d'un banquet diplomatique auquel un de nos consuls n'aurait pas été invité. Pour nous qui connaissons la haute réputation de courtoisie de lord Willgoud, et le noble caractère de notre représentant à Galucho, nous déclarons à l'avance qu'il est impossible que les choses se soient passées comme le prétend l'Opposition.

Sur cette simple nouvelle et sans attendre de plus amples détails, le *National* arme pourtant le Nord contre le Midi, l'Orient contre l'Occident, tous les points cardinaux sont mis en feu par lui, et tout cela pour un billet d'invitation, perdu, omis ou refusé. En vérité, l'Opposition est bien bonne de prendre si vivement les intérêts d'un pays qui l'écoute si peu.

(1) Le mieux écrit des journaux a pour base cet agréable rébus : *l'alliance de la Monarchie et de la Liberté*, l'un des plus grands non-sens politiques connus, et qui fait pouffer de rire les cabinets étrangers, à la tête desquels il faut placer le nôtre, dit le *Charivari*.

En voyant son quasi-gouvernement engagé, le *Messager* répond alors par ces cruelles lignes sur la *dent d'or* d'Augsbourg :

Depuis quelque temps, les journaux se préoccupent d'un fait qui se serait passé, dit-on, à propos d'un dîner offert par la légation anglaise de Galucho à l'amiral Willgoud, et d'où notre consul aurait été exclus. D'abord Galucho est un fort démantelé autour duquel il n'y a que trois cabanes de pêcheurs, situé à 800 kilomètres de Pernambuco. Puis, il n'existe aucun amiral du nom de Willgoud sur les contrôles de l'amirauté anglaise.

Voici comment procède la *Gazette de France*, en paraissant à la même heure que le *Messager :*

Quand on pense que les journaux dynastiques en sont à chercher si l'un de nos consuls a dîné ou n'a pas dîné chez un anglais avec ou sans caractère politique, pour savoir si le gouvernement de Louis-Philippe est ou non honoré, qui ne partagerait notre opinion sur la nécessité de mettre à l'essai un mode satisfaisant de représentation. Si le pays avait été appelé à faire un gouvernement, en serions-nous là? En étions-nous là en 1825? Répondez; acteurs de la comédie de quinze ans?

Là-dessus, *la Presse*, le lendemain matin, lance cet agréable entre-filet :

Dans l'impossibilité où elle est de créer quelque chose, l'Opposition vient de créer un amiral anglais et une ville. Qui est-ce qui déconsidère la Presse, de ceux qui se laissent prendre à des puffs allemands et qui répandent leur bile dans le vide, ou de ceux qui s'occupent honnêtement des vrais intérêts du pays?

La Presse tient à faire les affaires du pays.

Voici bientôt vingt-sept ans que le Journal politique, en France, rend à l'Esprit Humain le service de l'éclairer ainsi sur toutes les questions. Voilà la *charge* du Premier-Paris. Voilà cette liberté qu'on a payée avec des flots de sang et de tant de prospérité perdue. Relisez les vieux journaux, vous verrez toujours le même amiral Willgoud sous d'autres formes.

Si les journaux n'existaient pas, quelle eût été la profession des ténors politiques? la réponse est la plus cruelle satire de leur existence actuelle.

Les ténors sont divisés en deux nuances bien distinctes : le ténor de l'opposition, le ténor ministériel. Les écrivains ministériels se donnent pour de bons garçons. Généralement spirituels, amusants et gais, ils sont serviables; ils s'avouent corrompus comme des diplomates, et partant ils sont optimistes. Les autres, gourmés et prétentieux, mettent tant de vertus en dehors qu'il ne doit plus leur en rester au dedans; ils se disent puritains, et harcèlent très bien le pouvoir en faveur de leurs parents. (La maison

Barrot touche pour cent trente mille francs de traitements.) Quand un ténor ministériel apprend qu'un homme de la Presse a commis quelques énormités, il demande : « A-t-il fait du moins son affaire? » Et il pardonne. Tandis que le ténor de l'opposition jette feu et flamme, il trouve le moyen de faire son propre éloge en disant : « Nous avons cela dans notre parti, que nous sommes honnêtes! » Ce qui veut dire : *il n'y a encore rien à partager.*

TROISIÈME VARIÉTÉ. *Le faiseur d'articles de fonds.*—Ce rédacteur, occupé de matières spéciales, sort de la phraséologie des Premiers-Paris. Il peut avoir une opinion en ce qui ne touche pas au fond commun de la politique, car il doit toujours se rattacher à l'opinion du journal par quelques phrases. En étudiant les questions commerciales ou agronomiques, les livres de haute science, ce publiciste conserve de la rectitude dans les idées. Aussi a-t-il plus de valeur réelle que le Ténor. Il vient rarement au journal, et ses articles se comptent par trois ou quatre tous les mois. Le Premier-Paris, toujours préparé par les événements, se boulange à l'Opéra, dans les couloirs de la chambre, à dîner chez le patron politique du journal (voyez toujours plus bas); tandis que l'article de fond exige la connaissance du livre dont on s'occupe et de la science dont il traite; aussi ce rédacteur gagne-t-il peu d'argent, et peut-il se comparer à ce genre de rôle qu'on appelle les grandes utilités au théâtre.

Dans les journaux ministériels, ces rédacteurs ont un avenir : ils deviennent consuls-généraux dans les parages les plus éloignés, ils sont pris pour secrétaires particuliers par les ministres, ou font des éducations; tandis que ceux de l'Opposition ou des journaux anti-dynastiques n'ont pour hospices que les académies des sciences morales et politiques, des inscriptions et belles-lettres, quelques bibliothèques, voire les Archives, ou le triomphe excessivement problématique de leur parti. L'article de fond manque dans les journaux, qui commencent à être pleins de vide. Aucune feuille n'est assez riche pour rétribuer le talent consciencieux, et les études sérieuses. (Voyez le Genre Critique.)

QUATRIÈME VARIÉTÉ. *Le Maître Jacques du journal.*— Outre le Premier-Paris, ce pot-au-feu du journal, outre l'article de fonds aujourd'hui de plus en plus rare, le journal se compose d'une foule de petits articles intitulés *Entre-filets*, *Faits-Paris* et *Réclames*. Ces trois sortes d'articles sont ordonnés par un Gendelettre (comme Gendarme) sous la dépendance du gérant ou du propriétaire et qui a des appointements fixes, à peu près cinq cents francs par mois. Chargé de lire tous les journaux de Paris, ceux des départements, et d'y découper avec des ciseaux les petits faits, les petites nouvelles qui composeront le numéro, il admet ou rejette les Réclames d'après le mot d'ordre du gérant ou du propriétaire. Tenu de veiller à la *mise en page* des éléments du numéro, ce Maître-Jacques, debout jusqu'au moment où le journal se met sous presse, commande cette espèce de *sergent-major* des compositeurs d'imprimerie, appelé *metteur en page*. Ce Maître-Jacques est excessivement important. Les choses les plus intéressantes, les grands et les petits articles, tout devient une question de *mise en page* entre une heure et minuit, l'heure fatale des journaux, l'heure où les nouvelles politiques, écloses le soir, exigent des Entre-filets.

L'Entre-filet se commet comme les grands crimes, au milieu de la nuit. Le gérant, le *ténor*, *le maître Jacques*, quelquefois un *Attaché* (voyez toujours plus bas), quelquefois la femme de ménage, ajoutent les plaisants, réunissent leurs intelligences pour écrire cet Entre-filet qui dépasse rarement dix lignes, et qui n'en a souvent que deux.

L'Entre-filet de l'Opposition causé par un démenti à donner à un autre journal, par une nouvelle qui prend le journal sans Premier-

Paris et qui l'annonce pour le lendemain, tombe toujours sur le favoritisme, sur les nominations, et fait l'effet d'un gourdin, car voici la maxime de tous les journaux d'Opposition.

AXIOME.

Frappons d'abord, nous nous expliquerons apres.

Les Faits-Paris sont les mêmes dans tous les journaux. Retranchez les Premiers-Paris? il n'y a qu'un seul et même journal, dans le sens vrai du mot. De là vient cette nécessité quotidienne de tirer des conséquences contraires et d'arriver nécessairement d'un côté ou de l'autre, à l'absurde, pour que les journaux puissent exister. C'est aux Faits-Paris que se produisent les *Canards*.

Fixons bien l'étymologie de ce mot de la Presse. L'homme qui crie dans Paris l'arrêt du criminel qu'on va exécuter, ou la relation de ses derniers moments, ou le bulletin d'une victoire, ou le compte-rendu d'un crime extraordinaire, vend pour un sou le feuillet imprimé qu'il annonce, et qui se nomme *un Canard* en termes d'imprimerie. Cette profession de Crieur va diminuant. Après avoir brillé sous l'ancienne monarchie, sous la Révolution et sous l'Empire, la classe patentée des Crieurs-Jurés compte aujourd'hui peu d'individus. Le journal, lu aujourd'hui par les cochers de fiacre sur leur siége, a tué cette industrie. La relation du fait anormal, monstrueux, impossible et vrai, possible et faux, qui servait d'élément aux *canards*, s'est donc appelée dans les journaux *un canard*, avec d'autant plus de raison qu'il ne se fait pas sans plumes, et qu'il se met à toutes sauces.

Le Canard prend souvent sa volée du fond des départements. Il y a ce qu'on nomme le canard périodique, une niaiserie qui se répète à quelques années de distance. (Un Rubens retrouvé dans une chaumière. — Le militaire prisonnier en Sibérie, etc.) Le Constitutionnel, sous la Restauration, avait fait, du canard, une arme politique. Il avait son fameux carton aux curés qui contenait des refus de sépultures, et des récits de tracasseries faites aux curés libéraux *qui n'ont jamais existé* : le curé libéral est une fiction.

Le Canard pur-sang s'est élevé quelquefois à des hauteurs prodigieuses en absorbant l'attention de l'Europe entière. Ce serait être incomplet que de ne pas faire observer ici que Gaspard Hauser n'a jamais existé, pas plus que Clara Wendel et le brigand Schubry. Paris, la France et l'Europe ont cru à ces canards. Napoléon a pensionné un homme qui, pendant cinq ans, a publié dans le *Moniteur* de faux bulletins de la guerre des Affgans contre les Anglais. Quand la supercherie fut découverte, elle était si bien conçue dans les intérêts de Napoléon, qu'il pardonna cette audacieuse tromperie.

En ce moment, on importe beaucoup de canards de l'empire russe. L'empereur Nicolas n'est pas plus épargné par le *Puff* que s'il était un français illustre. Depuis quelques années on substitue le mot *Puff* au mot *canard*.

Les fonctions du Maître-Jacques du journal sont importantes, il est en réalité le journal lui-même: aussi le mot qu'il a sans cesse à la bouche est-il : — Cela ne dépend pas de moi, voyez un tel...

Vous vous endormez avec la conviction que votre article passera; mais les *Chambres* ont voulu deux colonnes de plus, et votre article déjà *serré dans la forme* a repris sa place *sur le marbre* pour un autre jour qui ne viendra jamais. Les Annonces prenant la quatrième page du journal, et le feuilleton un quart de ce qui reste, les journaux n'ont plus d'espace. Un des devoirs les plus graves du Maître-Jacques est de deviner *l'Annonce* dans le *Fait-Paris*. Le Fait-Paris peut souvent devenir la recommandation d'une affaire, d'un livre, d'une entreprise, mais alors ces quelques lignes astucieuses et insidieuses se paient au gérant, en toutes sortes de monnaie. Vous avez un concurrent à une place, et vous voulez y être nommé, vous pouvez empêcher la nomination de votre rival en faisant tambouriner la vôtre avec éloges par tous les journaux, et faire ainsi reculer le ministère devant l'opinion publique. L'Entre-filet et le Fait-Paris deviennent terribles aux élections. Une nuée de canards électoraux couvre alors la France.

La Réclame consiste en quelques lignes faites au profit de l'Annonce, et qui, combinées l'une par l'autre, ont tué la critique dans les grands journaux. Le Maître-Jacques, objet des caresses et des soins des éditeurs, règne sur la Réclame : selon ses amitiés ou ses haines, il la porte au gérant et lui inspire des susceptibilités, ou il la met sans mot dire. Quasi-censeur du journal, il éveille l'attention du gérant sur les phrases compromettantes. Aussi quand il y a quelque procès politique : « Ils n'ont pas voulu m'écouter!... Je le disais bien !.. » est-il le mot du Maître-Jacques. Ce Chat du logis voit juste, il n'a pas de passion politique : le journal change de maître ou d'opinion, il ne change pas de place, lui! Après dix ans de pratique, c'est souvent un homme distingué, qui a du bon sens, qui connaît les hommes, et qui a mené la vie la plus agréable. Après avoir protégé les libraires et les théâtres, après avoir vu les ficelles de toutes les inaugurations, même celle d'une dynastie, il s'est fait une bibliothèque et une philosophie. Souvent supérieur aux faiseurs, il a médité sérieusement sur l'envers des choses publiques. Il finit par devenir préfet, juge de paix, commissaire royal, ou secrétaire particulier du ténor, quand le ténor devient ministre.

CINQUIÈME VARIÉTÉ. *Les Camarillistes.* — Chaque journal *fait faire* les Chambres par un sténographe-rédacteur qui assiste aux séances, et qui leur donne la couleur du journal. Voici le programme de ces fonctions.

Mettre en entier les discours des députés qui appartiennent à la couleur du journal, en ôter les fautes de français, les relever par des (*sensation*) (*vive sensation*) (*profonde sensation*). Si le chef de la nuance du parti que représente le journal a pris la parole, on lui doit la phrase suivante :

Après ce discours, qui a vivement agité la Chambre, la séance est pendant un moment suspendue, et les députés se livrent à des conversations particulières dans l'hémicycle.

Ou bien (ceci vous indique un député du second ordre) :

L'orateur reçoit les félicitations de ses collègues.

L'orateur *qui agite la Chambre* ne peut pas devenir autre chose que ministre, celui *qui reçoit les félicitations de ses collègues*, sera préfet ou directeur dans un Ministère. L'un est un grand citoyen, un homme d'état ; l'autre n'est qu'un des hommes remarquables de son parti.

Au retour, le Camarilliste analyse en quelques lignes les discours des adversaires politiques, ou souvent il les donne incomplètement en les *entre-parenthésant* de (*murmures*) (*la Chambre se livre à des conversations particulières*) (*dénégations*) (*vives dénégations*) (*interruptions*) (*bruit*). Ou bien : *Ce discours a réjoui la Chambre* (*hilarité*). Il y a *l'hilarité* dans un sens favorable quand l'Opposition a fait rire la Chambre aux dépens du Ministère, et l'*hilarité* cruelle par laquelle on essaie d'interdire la Tribune à un ministériel. Sous la Restauration, les camarillistes avaient fini par faire croire à la France libérale que M. Syriès de Mayrinhac, très bon administrateur et homme d'esprit, faisait rire la Chambre par ses balourdises.

Quand on veut favoriser un député, on met avant sa première phrase, cette puissante réclame.

M. Gaucher de Galifou succède au ministre de l'intérieur (profond silence)

Les députés qu'on veut annuler sont sous le poids de ces atroces plaisanteries.

M. Gabillot monte à la tribune, et prononce un discours que l'éloignement, — la faiblesse de l'organe, — le son de sa voix, — l'accent méridional ou alsacien de l'orateur, — ou — que le bruit de la Chambre — nous empêchent d'entendre.

Souvent on ne fait même pas mention d'un discours, on le passe. Il s'ensuit que l'abonné des départements ne peut plus s'expliquer les votes de la Chambre. Parfois on présente un athlète à épaules carrées comme un tribun, quand les hommes sérieux se moquent de ce Perkins-Varbeck républicain ou gauchiste, espèce de mannequin politique, et quelquefois impolitique. On fait de beaux caractères à des gens qui se permettent, au nom de la patrie, des choses assez déshonorantes. Souvent les actions les plus logiques du pouvoir deviennent des non-sens. Un phraseur incapable de quoi que ce soit et sans idées, devient un homme d'état.

La vraie séance n'est nulle part, pas même dans le *Moniteur* qui ne peut avoir d'opinion, qui ne peut décrire la physionomie de la Chambre, qui accepte les rectifications des orateurs, et qui détruit, par sa froideur officielle, la passion qui a bouleversé les Députés sur leurs bancs. Assister à une séance, c'est avoir entendu une symphonie. Lire les séances dans chaque journal, c'est entendre séparément la partie de chaque instrument ; vous avez beau réunir les journaux, vous n'avez jamais l'ensemble : le chef d'orchestre, la passion, la mêlée du combat, les attitudes, tout y manque, et l'imagination n'y supplée pas. Le journal qui voudrait être vrai sur ce point, aurait un immense succès.

Les Camarillistes de chaque journal se connaissent, et sont d'ailleurs forcés de se connaître, car ils sont entassés à la Chambre dans une tribune, et sont, quoique jeunes, et peut-être parce qu'ils sont jeunes, les juges de ce tournoi quotidien. Le *National* dit à la *Gazette* : « Votre député vient de se mettre dedans. » Il part de la tribune des journalistes un tas de notes pour les orateurs, à qui ces jeunes gens envoient des faits et des citations. Il y a tel combat, telle séance qui fut dirigée par cette tribune. On y entend des exclamations, comme : Allons, je l'avais pourtant bien seriné (il s'agit quelquefois d'un ministre), et voilà, comment il s'en tire! merci!

Les Camarillistes sont aux Députés ce que les Romains sont à une pièce de théâtre, ils peuvent faire un succès et s'opposer pendant long-temps à une réputation parlementaire. Les Camarillistes connaissent le personnel de la politique, ils savent de jolies petites anecdotes qu'on publie rarement, et qui méritent la publicité; car elles peignent très bien les acteurs du drame politique.

Ne comprend-on pas mieux deux ministres, en sachant que l'un d'eux, un doctrinaire, a dit à son collègue, un petit corrompu de la haute école, en lui montrant la Chambre assemblée, avant d'y entrer : — Chose étrange! dans tout çà, il n'y a pas un fou? Et que le petit a répondu : — Il y a des f..tu bêtes, heureusement!

Ne serait-il pas utile à quelques uns de ceux qui aspirent aux honneurs de la députation, de savoir qu'un jour un député méridional, ministériel et ennuyeux, cherchait à mettre en ordre ses feuillets à la tribune, sans y réussir, et que le président l'entendant se répétailler pendant cette opération, s'écria : — Tu auras beau battre tes cartes, tu n'y trouveras pas d'*atout!*

Résistez donc à un pareil coup de boutoir?

B. LE JOURNALISTE-HOMME D'ÉTAT.

QUATRE VARIÉTÉS . 1° l'Homme politique, 2° l'Attaché, 3° l'Attaché-détaché, 4° le Politique à brochures.

PREMIÈRE VARIÉTÉ. *L'Homme politique.* — Tout journal a, sans compter son gérant, son rédacteur en chef, son ténor (Premier-Paris), son rédacteur d'articles de fond, ses Camarillistes, un homme qui lui donne sa couleur, auquel il se rattache, qui le protége ostensiblement ou sourdement, qui peut avoir appartenu aux sous-genres subséquents, et qui est arrivé à faire dire de lui : C'est un homme politique.

Un homme politique est un homme entré aux affaires, qui va y entrer, ou qui en est sorti, et qui veut y rentrer.

Cet homme est quelquefois un mythe ; il n'existe pas, il n'a pas deux idées : vous en feriez un sous-chef, il serait incapable d'administrer le balayage public.

AXIOME.

Plus un homme politique est nul, meilleur il est pour devenir le Grand-Lama d'un journal.

Le journal est le journal, l'homme politique est son prophète. Or, vous savez que les prophètes sont prophètes bien plus pour ce qu'ils ne disent pas que pour ce qu'ils ont dit. Il n'y a rien de plus infaillible qu'un prophète muet.

Le système actuel joue aux quilles avec la Chambre. Les quilles se nomment Soult, Guizot, Thiers, Villemain, Molé, Martin-du-Nord, Teste, Dufaure, Duchâtel, Duperré, Passy, etc. Tantôt la Cour

abat les quilles de l'Opposition, tantôt l'Opposition abat les quilles de la Cour, et on les relève depuis 1830 avec de nouvelles combinaisons de place. Ce jeu s'appelle la politique intérieure de la France. Il y a des ex-quilles, des gens devenus impossibles, comme MM. Salvandy, Montalivet, Cubière, de Broglie, dont on ne veut plus, ou qui ne veulent plus être le but des boules, qui sont sous la remise des ambassades, casés dans un coin de la Liste Civile. Il y a beaucoup d'aspirants-quilles, MM. Billaut, Malleville, Cousin, Jaubert, Rémusat, et qui, pour le moment, sont en ex-quilles, fracassées par la chute du ministère du 1er mars.

AXIOME (*renouvelé de Bossuet*).

La Chambre s'agite, une pensée immuable la mène.

Tous ces prétendus hommes politiques sont les pions, les cavaliers, les tours, ou les fous d'une partie d'échecs, qui se jouera tant qu'un hasard ne renversera pas le damier.

L'homme politique du journal demeure dans son sanctuaire, on ne le voit jamais dans les bureaux. Rédacteurs, propriétaires, gérants, tout le monde va chez lui. Les hommes politiques se voient à la Chambre. On sait de combien de mille abonnés chacun d'eux dispose : leur considération vient de là. Quelquefois l'homme politique descend dans le Premier-Paris, ou se manifeste par un Entrefilet. Le journal prie un confrère ou ministériel ou de sa couleur, de soulever alors le boisseau de l'anonyme qui peut dérober cette lumière à l'abonné.

On lit alors, dans une feuille :

L'article d'hier dans (tel journal) est évidemment dû à..... Nous y avons reconnu la pensée de... Aussi nous attachons-nous à ce que demande... Quel était le sens de cet article.... Où veut-on en venir?.... Monsieur *un tel* s'aviserait-il de croire qu'il est l'homme de la situation, etc.

Le journal reprend alors ces allégations, et tance son confrère en lui parlant *des priviléges de la presse*, et il le dément. Non, l'homme politique n'a pas écrit l'article ; mais le Ténor lâche ces assertions de manière à faire croire le contraire aux abonnés *qui ont la finesse de deviner l'embarras où se trouve leur journal*. Je trouve les inventions des Funambules, Cassandre et Debureau beaucoup plus drôles, et la place ne coûte que soixante-quinze centimes.

L'homme politique est le galérien du journal : il va voir une de ses fermes, il est toujours accueilli par la localité qui lui donne un banquet où il fulmine un *speech!* (spitche) mot anglais qui va devenir français, car il signifie quelque chose qui n'est ni français ni anglais, qui se dit et ne se pense pas, qui n'est ni un discours, ni une conversation, ni une opinion, ni une allocution, une bêtise nécessaire, une phrase de musique constitutionnelle qui se chante sur toute espèce d'air, entre la poire et le fromage, en plein champ, chez un restaurateur, mais toujours au sein de *ses* concitoyens, n'ÿ en eût-il que cinq, y compris l'homme politique. Si l'homme politique perd sa femme, le pays ne la pleure pas, mais il s'associe à la douleur du grand citoyen en en vantant le courage civil; s'il perd son fils, on fait l'éloge du père; s'il marie sa fille, on compte au père une dot de compliments; si le pays est en deuil, l'homme politique s'avance un mouchoir à la main et fait une réclame pour sa couleur particulière à propos de la douleur générale; s'il voyage, les populations l'admirent sur son passage, même dans les villes où il passe de nuit; s'il paraît à l'étranger, il y produit une grande sensation qui fait honneur à la Prusse, à l'Italie, à l'Espagne, à la Russie, *et qui prouve que ces pays goûtent les idées de l'homme politique et l'envient à la France.* S'il voit le Rhin, c'est le Rhin qui le voit.

Et ces journaux-là se sont plaints que jadis on encensait les seigneurs dans les églises!...

DEUXIÈME VARIÉTÉ. *L'attaché.* Dans certains journaux à convictions (voyez plus bas) des gens désintéressés qui vivent, moralement parlant, par un système auquel ils ont voué leur vie, des gens à lunettes vertes, jaunes, bleues ou rouges, et qui meurent avec leurs besicles sur le nez, sont attachés au journal. On dit d'eux : il est attaché à tel journal. Ces gens n'y sont souvent rien, ils en sont quelquefois les conseils, ils en sont souvent l'homme d'action. Aussi, *sont-ils toujours connus par l'énergie de leurs principes.* Dans les journaux de l'opposition ou radicaux, ils inventent des coups de Jarnac à porter au pouvoir, ils sont les chevilles ouvrières des coalitions, ils découvrent les actes arbitraires, ils se portent dans les départements aux élections menacées, ils troublent le sommeil des minis-

tres en les taquinant. On leur doit les *questions palpitantes*, et *les actualités :* la réforme électorale, le vote de la garde nationale, des pétitions à la Chambre, etc. Ces gens de cœur sont les tirailleurs, les chasseurs de Vincennes de la Presse ; ils prennent *des positions politiques dans leur parti*, jusqu'à ce que, lassés de faire le pied de grue dans leurs positions, ils s'aperçoivent qu'ils sont les dupes d'une idée, des hommes ou des choses, et qu'il n'y a rien d'ingrat comme une idée, une chose et un parti ; car un parti, c'est une idée appuyée par les choses. Il y a parmi eux des entêtés qui passent pour des *hommes d'un beau caractère, des hommes solides, des hommes sur lesquels on peut compter*. Quand, plus tard, on va chercher ces Attachés, on les trouve attachés à leur femme et à leurs enfants, jetés dans un commerce quelconque et tout-à-fait *désabusés sur l'avenir du pays*.

Le parti républicain surveille ses attachés; il les entretient dans leurs illusions. Un jour un républicain rencontre son ami sur le boulevart, un ami que son attachement aux doctrines populaires maintenait dans une maigreur d'étique : — Tu t'es vendu! lui dit-il en le regardant. — Moi! — Oui, je te trouve engraissé!

TROISIÈME VARIÉTÉ. *L'Attaché-détaché*. Cet autre attaché, pour employer une expression soldatesque, ne s'embête pas dans les feux de file : il file son nœud entre les journaux et les articles, il sert les ministres, il trahisonne et se croit fin; il se drape souvent de puritanisme, il a quelque talent, il est souvent dans l'Université; il est à la fois rédacteur politique et rédacteur littéraire. Il rend des services à prix débattus, il dîne à toutes les tables, il se charge d'attaquer tel homme politique dans tel journal, d'y louer tel autre; de faire mal attaquer là, pour victorieusement répondre ailleurs. A ce métier, ces Attachés, qui vont et viennent dans les journaux comme des chiens qui cherchent leurs maîtres, deviennent professeurs d'une science fantastique, secrétaires particuliers de quelque cabinet, consuls-généraux, ils obtiennent des missions; enfin on les case, et quand ils ont une position, ils font place à d'autres, qui recommencent ce métier dans la Presse. Mais il faut avoir rendu d'innombrables services ou s'être fait étrangement redouter pour en arriver là. Ces maraudeurs de la Presse sont souvent abandonnés par ceux qu'ils ont servis; mais *ils s'y sont toujours attendus! Et voilà,* disent-ils, *comment on finit quand on a du cœur.*

AXIOME.

Le cœur est la fiche de consolation de l'homme impolitique.

QUATRIÈME VARIÉTÉ. *Le Politique à brochures.* Certains écrivains ne se manifestent que par des brochures, et chaque événement leur en inspire une, comme M. Jovial *a fait une chanson là-dessus.* Les brochures ne se lisent plus, mais elles ont fait jadis des hommes politiques. M. Salvandy est le produit incestueux de plusieurs opinions contraires, manifestées par quelques brochures publiées sous la Restauration qui fut le beau temps de cette espèce de floraison politique, *car alors les journaux ne pouvaient pas tout dire.* MM. de Mosbourg, Aubernon, Bigot de Morogues et Montlosier ont pondu beaucoup de brochures, et tous quatre ont été promus à la Chambre des Pairs de Juillet 1830. Ordinairement le politique à brochure adopte une spécialité. Toutes les fois que sa spécialité reparaît sur l'eau, il y met le morceau de liége de sa brochure. Il arrive à se faire prendre ainsi pour un homme spécial, il fait souvent lui-même l'article sur sa brochure dans les journaux et il conquiert une position, il est assez souvent riche. Le philantrope est essentiellement brochurier.

Un Maître-Jacques qui ne manque pas d'esprit, disait dernièrement : « Les brochures, c'est comme les sauterelles, elles jaillis- « sent par troupes et par saisons. »

Il considérait la brochure comme une éruption cutanée particulière à la politique. La question d'Orient, les fortifications de Paris, les chemins de fer, ont fait lever des brochures à obscurcir l'horizon politique. Les journaux n'aiment pas les brochures, mais ils s'en servent : *les questions s'y élaborent*. Par un calme plat, on a quelquefois forgé une *question*, à l'aide d'une brochure. Cette brochure acquiert alors de la réputation : *elle est l'œuvre d'un bon citoyen, elle produit de la sensation;* elle est quelquefois *l'imprudente révélation d'un homme qui trahit la pensée du gouvernement.*

La brochure a ses martyrs. Vous rencontrez des hommes qui, dans le monde, vous écoutent, qui ont l'air de gens tranquilles et rangés : vous touchez une question, vous avez touché leur grand ressort, ils se colorent, se dressent.

— Monsieur, disent-ils, j'ai fait une brochure là-dessus, j'ai tenté d'éclairer le gouvernement (ou l'opposition), mais c'est comme si j'avais donné un coup d'épée dans l'eau, et voilà qu'aujourd'hui on reconnaît le danger que j'ai signalé !

Cet homme parle alors pendant deux heures; et, si vous le poussez un peu, si vous l'interrogez avec adresse, vous parvenez à découvrir dans cet homme qui, dit-il, a voulu payer sa dette à la patrie, un intrigant qui tirait une lettre-de-change sur le budget, en tentant de se faire nommer à une place.

Les philantropes ont fini par faire créer des places à coups de brochures sur les prisons, sur les forçats, sur les pénitenciers, etc. *Les Prud'hommes* sont la dernière invention de la brochure. Nous aurons un tribunal de *Prud'hommes*, il faudra le greffier du tribunal des *Prud'hommes*, la jurisprudence des *Prud'hommes*, etc.

C. — LE PAMPHLÉTAIRE. *(Sans variété.)*

Qui dit pamphlet, dit opposition. On n'a pas encore su faire en France de pamphlets au profit du pouvoir. Le pamphlet n'a donc que deux faces, il est radical ou monarchique. L'opposition à l'eau tiède des journaux dynastiques ne leur permet pas de fabriquer le trois-six du pamphlet. Le vrai pamphlet est une œuvre du plus haut talent, si toutefois il n'est pas le cri du génie.

L'Homme aux quarante Écus, l'un des chefs-d'œuvre de Voltaire, et Candide sont deux pamphlets. Le pamphlet doit devenir populaire. C'est la raison, la critique faisant feu comme un mousquet et tuant ou blessant un abus, une question politique ou un gouvernement. Le pamphlétaire est rare, il doit d'ailleurs être porté par des circonstances; mais il est alors plus puissant que le journal. Le pamphlet veut de la science réelle mise sous une forme plaisante, il veut une plume impeccable, car il doit être sans faute; sa phraséologie doit être courte, incisive, chaude et imagée, quatre facultés qui ne relèvent que du génie.

Sous la Restauration, le pamphlet a fourni Benjamin-Constant, Châteaubriand, Courier et M. Vatout.

M. de Châteaubriand regrette peut-être d'avoir écrit son pamphlet contre Napoléon. *De l'usurpation et de l'esprit de conquête* de Benjamin-Constant est trop méthodique. *Les Aventures de la fille d'un roi*, premier coup de feu de la maison d'Orléans sur la Charte de Louis XVIII, est oublié. Courier seul reste, plus comme un monument littéraire, que comme pamphlet. Le vrai pamphlétaire fut Béranger, les autres ont aidé plus ou moins à la sape des Libéraux; mais lui seul a frappé, car il a prêché les masses.

Aujourd'hui nous jouissons de deux pamphlétaires : l'abbé de Lamennais et M. de Cormenin.

Les intentions de M. de Cormenin ne sont pas nettement dessinées, il n'est pas sur un bon terrain; il attaque le budget, et sait mieux que personne que le budget est le sang du Corps politique, que l'État ne garde pas un liard du budget, et le répand en pluie d'or sur la France. Une manœuvre plus habile serait de discuter l'emploi des fonds. D'ailleurs ce pamphlétaire est lourd, il est rhéteur, il n'a pas l'allure à la Figaro de Courier, il n'est pas agile. Aussi n'abattra-t-il rien, et n'est-il pas dangereux, tant qu'il ne changera pas de manière. Sièyès reste le prince des pamphlétaires, il a montré la manière de se servir de ce stylet politique, car Courier ne fut qu'un agréable moqueur.

M. de Lamennais assied ses pamphlets sur une large base en prenant la défense des prolétaires; mais il n'a pas su parler à ces modernes barbares qu'un nouveau Spartacus, moitié Marat, moitié Calvin, mènerait à l'assaut de l'ignoble Bourgeoisie à qui le pouvoir est échu. Heureusement pour les loups-cerviers et pour les riches, ce Luther manqué donne dans un style biblique et prophétique, dont les magnifiques images passent à mille pieds au dessus des têtes courbées par la Misère. Ce grand écrivain a oublié que le pamphlet est le sarcasme à l'état de boulet de canon. Le système actuel en France ne tiendrait pas contre trois pamphlets. Le pamphlet Cormenin est filandreux, celui de M. de Lamennais est nuageux. M. de Châteaubriand, dont les dernières brochures sont supérieures à ses premières, est arrivé à l'âge où l'on n'écrit plus de pamphlets. Le pouvoir, qui s'endort dans une trompeuse sécurité, ne comprendra ses fautes envers l'intelligence qu'à la flamme d'un incendie allumé par quelque petit livre.

D. LE RIENOLOGUE, nommé par quelques uns LE VULGARISATEUR. (*Aliàs homo papaver.*) Nécessairement *sans aucune variété.*

La France a le plus profond respect pour tout ce qui est ennuyeux. Aussi le vulgarisateur arrive-t-il promptement à une position : il passe *homme grave* du premier coup à l'aide de l'ennui qu'il dégage. Cette école est nombreuse. Le vulgarisateur étend une idée d'idée dans un baquet de lieux communs et débite mécaniquement cette effroyable mixtion philosophico-littéraire dans des feuilles continues. La page a l'air d'être pleine, elle a l'air de contenir des idées; mais quand l'homme instruit y met le nez, il sent l'odeur des caves vides. C'est profond et il n'y a rien: l'intelligence s'y éteint comme une chandelle dans un caveau sans air. Le Rienologue est le dieu de la bourgeoisie actuelle; il est à sa hauteur, il est propre, il est net, il est sans accidents. Ce robinet d'eau chaude *glougloute* et *glouglouterait in sæcula sæculorum* sans s'arrêter.

Voici comment procède le vulgarisateur.

En examinant l'état actuel de la France, un penseur pourrait tout résumer par cette phrase : *Des libertés, oui; la liberté, non!*

De ce mot, un vulgarisateur fera trois articles conçus dans ce style :

Si l'on entend par être libre, exister sans lois, rien n'est libre dans la Nature, et conséquemment personne ne peut être libre dans l'Ordre Social, car l'Ordre Social est le subjectif de l'Ordre Naturel. L'univers a ses lois : tout animal suit les lois de la nature et celles de sa propre nature. Dieu lui-même, dans l'idée que nous nous formons de lui, a une nature que nous appelons *nature divine* aux lois de laquelle il obéit. (Six pages sur Hegel, Kant, Wolf, Schelling, et qui se terminent par :)

Nous ne pouvons donc concevoir que des choses fixes, c'est-à-dire ayant une manière d'être; et, lorsqu'un être subit des changements, ces changements entrent dans la nature des choses ou sont le résultat de ses propres évolutions; ce qui ne dérange en rien les idées que nous concevons de leur fixité.

Mais si l'on entend par, être libre, avoir une volonté, faire un choix... D'abord, il faudrait expliquer ce qu'est la volonté. Les bonnes définitions font la richesse de la langue philosophique. (Six pages sur la volonté.)

Si donc la volonté signifie : commencer le mouvement, exercer des pouvoirs; nous sommes libres, hommes et animaux, à des degrés différents. Mais remarquez-le, nous obéissons, nous commandons tour à tour, tant dans l'Ordre Naturel que dans l'Ordre Social. Or qu'est donc la liberté! La liberté, c'est le pouvoir exercé selon certaines règles. Ceci peut sembler paradoxal. Eh! bien, la liberté est définie *pouvoir* dans les lois romaines. Cette définition fut, mal à propos, attribuée à Locke, dans le dernier siècle. Les grandes difficultés de la politique actuelle consisteraient donc à savoir, philosophiquement parlant, si le mot *libre* ne veut pas seulement dire *volontaire*. Tout être qui suit sa volonté, se croit libre; s'il agit contre sa volonté, il se croit esclave; s'il ne croit pas avoir de volonté, il reste inactif. Un peuple doit être, comme certaines armées, composé de *volontaires*, car tout volontaire se croit libre.

La politique serait donc l'art de, etc., etc.

En écoutant le mot de l'homme de génie, un bourgeois serait tenu de réfléchir, de faire en lui-même un livre; tandis qu'avec le Rienologue, il se trouve de plain-pied, il en comprend tout, il l'admire pendant six cents pages in-octavo qui, cependant, n'ont pas toujours la clarté de celle ci-dessus.

Croirait-on que les vulgarisateurs ont, après madame de Staël, redécouvert l'Allemagne, et qu'ils ont refait son livre en une mul-

titude de livres. Un vulgarisateur est nécessaire aux Revues; mais n'en ont-elles pas trop de sept ou huit? Les Revues sont tellement à la hauteur du juste-milieu, il lui convient si bien de laisser l'intelligence française dans cette donnée autrichienne, qu'il répand ses faveurs sur les vulgarisateurs. Ceux du journal des Débats, les mignons du pouvoir, mangent à beaucoup de râteliers.

AXIOME.

Moins on a d'idées, plus on s'élève.

Telle est la loi en vertu de laquelle ces ballons philosophico-littéraires arrivent nécessairement à un point quelconque de l'horizon politique.

Après tout, le pouvoir, le ministère, la cour, ont raison : on ne peut protéger que ce qui se trouve au dessous de nous. Telle est la raison du dénuement, de l'abandon, de tous les malheurs qui se retrouvent de siècle en siècle dans la vie des hommes supérieurs qui ne sont pas nés riches.

M. Guizot, débordé par les prétentions des vulgarisateurs indigènes, en a fait arriver un de l'étranger. Cette manœuvre de haute stratégie donne une curieuse idée de cet homme d'état qui, sachant combien les professeurs sont ennuyeux, a choisi de main de maître un professeur, en pensant que ce vulgarisateur intimiderait les autres. Et la leçon a fait son effet. Les Rienologues placés sont devenus.... modestes, et les autres sont sans espoir.

E. LE PUBLICISTE A PORTEFEUILLE. (*Sans variété.*)

Les individus de ce genre sont publicistes pour leurs discours, pour leurs conversations dans les salons, pour leurs cours à la Sorbonne ou au Collége de France, pour une histoire quelconque, pour *leurs vues* sur la politique (on leur prête des vues), et quoiqu'on ne leur doive aucune idée, aucune entreprise, aucun système autre que celui de vouloir être ministres, ils passent pour être des hommes d'état et surtout des publicistes. Cette triste variété, mélange de l'homme politique et du Rienologue, est donc essentiellement transitoire. Un Cours au collége de France, un discours préliminaire, ne mèneront plus, hélas! au pouvoir. Cette étrange fortune a été due aux premiers temps de la Restauration, pendant lesquels on passait homme politique pour un discours, pour une préface, comme au dix-huitième siècle on était bel esprit pour un madrigal, une tragédie, une chanson, une héroïde, une épître. Dans la Béotie libérale de cette époque, on a prêté à des chiffons la valeur d'un drapeau par l'étonnement que causait aux niais ce qu'on nommait alors l'*établissement du régime constitutionnel*.

Ces gens-là, les *parasites cutanés* de la France, auront vécu un quart de siècle aux dépens de la prospérité publique, s'agitant pour s'agiter, ayant inutilement piqué, tracassé la France; ayant, pour repaître leur vanité, retardé l'agrandissement du pays, manqué les occasions d'une conquête et causé des démangeaisons au Corps Politique afin de lui faire oublier, par ces picoteries, la marche honteuse d'un système où l'intérêt personnel domine l'intérêt général. La médiocrité sera toujours égoïste. Voilà ce qui rend antinational le système actuel qui est la déification de la médiocrité.

Les étrangers, en venant à Paris, se plaignent de ne pas comprendre les rubriques qui servent à désigner les fractions de la

Chambre. Ils ne savent ce que veulent dire : Les Doctrinaires, — La Gauche-pure, — La Gauche, — Le Centre-Gauche, — Le Tiers-parti, — Le Centre, — Le Château, — Le Parti-social, — La Droite.

Puis le 29 octobre, — le 15 avril, — le 1er mars, etc.

Le mot de ces charades inventées par nos sophistes est : *Le bas-empire*. Celui-là ne manquera pas d'historiens !

F. L'ÉCRIVAIN MONOBIBLE. (*Sans variété.*)

Il s'est rencontré cinq ou six hommes d'esprit qui ont très bien compris le siècle que le gouvernement bourgeois allait nous faire. Au lieu de s'appuyer sur la noblesse ou sur la religion, ils ont pris l'intelligence pour support en devinant que de nom, sinon de fait, l'intelligence serait le grand mot de la bourgeoisie. Comme on ne court qu'après ce qui nous fuit, et que l'intelligence manque essentiellement à la bourgeoisie, elle devait en raffoler. Or, quand un homme a fait un livre ennuyeux, tout le monde se dispense de le lire et dit l'avoir lu.

On devient alors l'homme d'intelligence que la Bourgeoisie recherche, car elle veut tout *à bon marché* : le gouvernement, le roi, l'esprit et le plaisir. Faire un livre à la fois moral, gouvernemental, philosophique, philantropique, d'où l'on puisse extraire, à tout propos et à propos de tout, quelques pages plus ou moins sonores, devait être un excellent point d'appui. On ne laisse plus alors prononcer son nom qu'accompagné de cette longue épithète : MONSIEUR MARPHURIUS QUI A FAIT DE L'ALLEMAGNE ET DES ALLEMANDS. Cela devient un titre, un fief. Et quel fief ! Il produit une foule de décorations envoyées de toutes les cours, il donne hypothèque sur une classe quelconque de l'Institut. Ce cheval de bataille mène à toutes les places fortes qui s'ouvrent devant l'opinion publique. Ces jeunes gens, en garçons très spirituels et beaucoup plus élevés que leur époque, ont mis les trois cents pages d'un in-octavo dans leur maison, comme autrefois on y entretenait les trois cents lances d'une compagnie.

Admirons ces habiles prestidigitateurs, les seuls qui, ayant lu leur livre, savent à quoi s'en tenir sur cette *dent d'or*, de laquelle ils ont occupé le monde, sans que le monde s'en occupe. Nous les comprenons ici, parce qu'ils appartiennent aux hommes politiques. Ils arrivent à une position parlementaire, en se mettant à la suite d'une question : les sucres, les chemins de fer, les canaux, une question agricole, les noirs ou les blancs, l'industrie considérée comme, etc., ou l'Europe dans ses tendances, etc.

G. LE TRADUCTEUR. (*Sous-genre disparu.*)

Jadis les journaux avaient tous un rédacteur spécial pour les Nouvelles Étrangères, qui les traduisait et les *Premierparisait*. Ceci a duré jusqu'en 1830. Dans la bagarre, le traducteur du *Journal des Débats* s'est dirigé vers les Affaires Étrangères ; le journal lui a dit : Va, mon fils ! Et il est aujourd'hui, de simple monsieur Bourqueney, baron de Bourqueney, presque ambassadeur. Depuis, les journaux de Paris ont eu tous le même traducteur, ils n'ont plus ni agents, ni correspondants, ils envoient rue Jean-Jacques Rousseau, chez M. Havas, qui leur remet à tous les mêmes nouvelles étrangères, en en réservant la *primeur* à ceux dont l'abonnement est le plus fort. Le *Journal des Débats* donne cent écus par mois. Le premier rédacteur venu joint aux nouvelles la sauce à laquelle il faut les accommoder pour les abonnés, en sorte que le bombardement de Barcelone n'est presque rien, une vétille dans le *Constitutionnel*, et une des plus grandes atrocités des temps modernes dans la *Presse* ou dans le *National*.

II. L'AUTEUR A CONVICTIONS.

Trois variétés : 1° le Prophète, 2° l'Incrédule, 3° le Séide.

Première variété. *Le Prophète*. Ce qui rend Paris si profondément amusant, c'est qu'on y voit tout comme dans une immense lanterne magique. Or, il existe des Mahomet dans la Presse. A tout Mahomet il faut un dieu nouveau ; mais comme il est difficile d'admettre un dieu vivant, allant à la taverne anglaise ou chez Katcomb, on a déifié des morts. On a d'abord pris Saint-Simon, qui a produit le saint-simonisme. Cette doctrine s'est manifestée par le journal gratis, une grande idée qui a été tuée sous le ridicule. Les hommes groupés autour du Globe furent si remarquables, que la plupart d'entre eux sont entrés dans des carrières où ils ont très bien fait leur chemin. Malgré la chute des Saints-Simoniens, on peut encore observer à Paris, le Prophète : il offre au philosophe une occasion d'examiner une maladie de l'esprit à laquelle on a dû jadis de grands résultats politiques, mais qui n'a plus d'action sur une époque où tout se discute, et où l'on envoie très bien un demi-Dieu en cour d'assises.

Un vol se commet avec des circonstances affreuses, un homme meurt de faim par entêtement, car nous vivons dans un temps de fourneaux économiques et de petits manteaux-bleus qui ne permettent pas à un homme de mourir de faim à Paris. En province, où tout le monde se connait, on ne laisse à personne la possibilité de mourir de faim; mais, enfin, un journal reçoit dans la volière de ses Faits-Paris, ce canard excessivement sauvage, le Prophète se dresse alors ses cheveux sur sa tête à lui-même dans un article crânement fait, et qui se termine ainsi.

Et ce fait a lieu, lorsque nous affirmons que par la réalisation du système de Notre Maître, il y aurait un *minimum* de production avec lequel chaque regnicole pourrait vivre, et bien vivre!

Le Maître a promis à chaque Français quatre cents francs de rentes *en nature*, ce qui équivaut à dire que la France, qui a près de trente-six millions d'habitants, peut produire quatorze milliards quatre cents millions par an; et, encore, n'aurait-on avec cette rente (garantie par le Maître contre la grêle, les inondations, les gelées, les sécheresses, par un accord avec la lune,) qu'une moyenne de quatre cents francs par tête.

Si l'on parle de faire disparaître l'isthme de Panama, le Prophète avance que, selon la politique de son Maître, la chose se ferait par les phalanges de l'Europe, en un moment.

Il anathématise les dépenses du ministère de la guerre, et propose d'économiser trois cents millions par an, en construisant une baraque-modèle du prix de quatre millions, par commune, que l'Europe entière s'empresserait d'adopter, surtout les pays boisés où les plus jolis *cottages* ne coûtent pas cent écus à construire. Tous les maux de la Société viennent de ce qu'il n'y a pas trente-six mille couvents en France, qui coûteraient la bagatelle de cent trente et quelques milliards, sans compter les outils ni le mobilier, et qui exigeraient un emplacement égal à celui de la surface de la France en y comprenant les jardins d'agrément.

Si l'on assassine un homme, le journal du Prophète démontre l'impossibilité de l'assassinat dans le système politique du Maître, attendu que chacun y satisfait ses passions. La doctrine est fondée sur ce fragment de vers de Virgile : *Trahit sua quemque voluptas.* Un assassin devient boucher, et tue les volailles; un avare est caissier, les enfants lèchent les assiettes, et tiennent ainsi la vaisselle propre, etc.

Si les journaux de ces diverses doctrines n'avaient pas été publiés, on n'aurait pas su tout ce que la France peut déployer de talent, d'esprit, de saine et sage critique dans un cadre vicieux; car il faut reconnaître chez ces novateurs une grande énergie, des aperçus ingénieux et souvent justes dans leurs observations sur le malaise social; mais tout en est déparé par une phraséologie ingrate, aride, fatigante.

DEUXIÈME VARIÉTÉ. *L'incrédule.* A côté du Prophète, cette noble dupe d'une illusion généreuse, se place toujours un incrédule, personnage extrêmement utile : il est l'homme d'affaires de l'Idée, il en tire parti.

AXIOME.

Le Prophète voit les anges, mais l'incrédule les fait voir au public.

Il y a des incrédules de bonne foi, qui pensent que *l'idée ira*, que sa prédication confère une puissance quasi sacerdotale. Si le caillou est dur à digérer, il sera si bien entouré de légumes, qu'on en pourra vivre. En un mot, l'incrédule ne conteste pas que la tribune ne soit en carton, peu solide, mais on peut y monter, y parler, se faire entendre et se faire connaître. Les incrédules sont des hommes fins, spirituels qui se chargent de raccoler des prosélytes, en se servant d'arguments mondains. Là où le Prophète s'écrie après la déroute : Il y avait une grande idée, une réforme sociale, on ne l'a pas comprise!... l'incrédule, devenu maître des requêtes, dit : Nous avions réuni des hommes intelligents, il y avait quelque chose à faire.

TROISIÈME VARIÉTÉ. *Le Séide.* Le séide est un homme resté très jeune ; il croit, il a de l'enthousiasme. Il prêche sur les boulevarts,

dans les foyers de théâtre, en diligence. Il aspire les fleurs qui croissent dans la lune. Sa passion pour le Maître est telle, qu'il ne conçoit pas d'obstacles : il est dévoué jusqu'à l'imprudence, il est prêt à payer de sa personne, comme Jésus-Christ, pour l'Humanité. Ce séide honnête est un des phénomènes de notre temps ; il est d'autant plus difficile à rencontrer, qu'il faut le distinguer du séide qui joue l'enthousiasme ; mais c'est, au milieu de la foule des gens de la Presse, une figure aussi sublime que rare, c'est la Foi! le phénomène le plus rare dans Paris.

Encore quelques années, et ces trois caractères originaux auront disparu, balayés par le grand courant des intérêts parisiens. Cet héroïsme mal placé, qui accusait tant de vie et de chaleur, qui a fait jadis Penn et les frères Moraves, ne pourra plus se concevoir. Le

Prophète, à la parole ardente et vibrante, sera sans doute député, remuera peut-être la Chambre, et demandera des allocations pour la marine. L'incrédule sera nommé quelque chose aux Iles Marquises. Le séide se réfugiera dans sa croyance et dans sa province. Dans dix ans, si l'on disait que sept cents personnes ont écouté l'éloge du Maître après une communion à six francs par tête chez un restaurateur, on serait aussi moqué que si l'on affirmait l'existence des êtres qui vivent à plat ventre dans la lune.

DEUXIÈME GENRE. — LE CRITIQUE.

CINQ SOUS-GENRES : A, le Critique de la vieille roche. — B, le jeune Critique blond. — C, le grand Critique. — D, le Feuilletoniste. — E, les petits Journalistes.

Les caractères généraux du critique sont essentiellement remarquables, en ce sens qu'il existe dans tout critique un auteur impuissant. Ne pouvant rien créer, le critique se fait le muet du sérail, et parmi ces muets, il se rencontre par ci par là un Narsès et un Bagoas. Généralement le Critique a commencé par publier des livres où il a pu peut-être écrire en français, mais où il n'y avait ni conception, ni caractères ; des livres dépourvus d'intérêt.

Autrefois, l'instruction, l'expérience, de longues études étaient nécessaires pour embrasser la profession de critique; elle ne s'exerçait que fort tard; mais aujourd'hui, comme dit Molière, *nous avons changé tout cela*. Il y a eu des critiques qui se sont constitués critiques du premier bond, et qui, comprenant les règles du jeu sans pouvoir jouer, se sont mis à professer. Le jeune homme de vingt ans juge à tort et à travers (voyez le jeune critique blond). Aussi la critique a-t-elle changé de forme. Il ne s'agit plus d'y avoir des idées, on tient beaucoup plus à une certaine façon de dire les choses qui se résout en injures. La critique du jour a été parfaitement rendue par Bertrand dans la terrible farce intitulée *Robert Macaire*. Quand monsieur Gogo, l'actionnaire, demande des comptes, Bertrand se lève, et dit : « *Et d'abord, je ferai observer que monsieur Gogo est une canaille !* » On commence aujourd'hui par où finissaient, hélas! quelquefois les érudits des temps passés. Il paraît que de tout temps une injure a paru la meilleure raison de toutes les raisons. Aujourd'hui que tout va se matérialisant, la Critique est devenue une espèce de douane pour les idées, pour les œuvres, pour les entreprises de librairie. Acquittez les droits, vous passez!... Charmante à l'égard des stupidités et des niaiseries, la critique ne prend son fouet à lanières, elle n'embouche sa trompette à calomnies, elle ne met son masque et ne prend ses fleurets que dès qu'il s'agit des grandes œuvres. Elle n'est pas dénaturée, elle aime son semblable : elle caresse et choie la médiocrité. Les critiques de toute espèce tiennent surtout à passer pour être de bons enfants, ils ne font pas le mal par spéculation, mais parce que le public aime à ce qu'on lui serve chaque matin trois ou quatre auteurs embrochés comme des perdrix et bardés de ridicule. Ce que le critique trouve éminemment drôle et de haut goût est de vous serrer la main, de paraître votre ami, tout en vous piquant avec les aiguilles empoisonnées de ses articles. S'il fait de vous un éloge dans un journal de Paris, il vous assassinera très bien dans un autre journal à Londres.

AXIOME.

La critique aujourd'hui ne sert plus qu'à une seule chose : à faire vivre le critique.

A. LE CRITIQUE DE LA VIEILLE ROCHE.

DEUX VARIÉTÉS : 1° l'Universitaire, 2° le Mondain.

Ce critique s'en va, vous ne pouvez plus guère l'observer que dans le Journal des Savants, dans quelques articles très rares du *Constitutionnel*, cette arche de Noé des vieilleries, dans quelques recueils où son style décent, sa politesse fait l'effet de la danse de mademoiselle Noblet à côté des danseuses de la nouvelle école, les Elssler, les Carlotta Grisi, les Taglioni et autres qui passent comme des météores.

Ce critique croit devoir être aux idées, ce que le magistrat est aux espèces judiciaires, et il a raison le bonhomme. D'ailleurs, plein d'atticisme, il plaisante au lieu de blesser; il n'entre jamais dans la personnalité, mais il tient à se montrer malin. L'Académie française est toute son ambition, il croit y avoir des droits en ayant consacré sa vie aux lettres. Après avoir occupé pendant vingt ans le siége du Ministère Public, il demande à faire partie de la magistrature assise. Il est surtout honnête homme. Il se croirait déshonoré s'il consentait à écrire un article *pour*, après avoir écrit un article *contre*. Quand, par considération pour le journal ou pour des amitiés puissantes, il faut parler d'un livre qu'il n'approuve pas, il fait un article *sur*. Voilà sa théorie. Il ne sort pas de ces trois formes : *Pour*, *contre*, *sur*. Le *Journal des Débats* a eu, pendant trente ans environ, une nichée de bons vieux critiques, gens d'esprit, gens de talents, gens de cœur, profondément instruits, qui

Le public aime à ce qu'on lui serve chaque matin une foule d'auteurs embrochés comme des perdrix et bardés de ridicule.

(PRESSE PARISIENNE.)

constituaient la haute école de la critique. Le dernier de ces romains est mort. Le vieux Duvicquet a eu comme des éblouissements à l'aspect du jeune critique blond. Duvicquet peut passer pour le dernier, car MM. Feletz et Jay, devenus académiciens, n'ont plus guère écrit; M. Fiévée s'était depuis long-temps retiré de l'arène, et feu Becquet, appelé à leur succéder, n'a pas été fécond. Ce viveur a promptement abandonné le sentier des Dussault, des Hoffmann, des Colnet, des Bonald, des Tourreil, pour succéder à Duvicquet. Le critique de la vieille roche se produit sous deux formes : il est *universitaire* ou *mondain*.

PREMIÈRE VARIÉTÉ. *L'universitaire.*—Ce critique peu fécond prend un livre, il le lit, il l'étudie, il se rend compte de la pensée de l'auteur, il l'examine sous le triple rapport de l'idée, de l'exécution et du style. Au bout d'un mois, il se met à écrire ses trois articles, en analysant préalablement l'œuvre elle-même. Il fait sa critique comme Boulle faisait ses meubles. Après trois mois, quand le livre est à peu près oublié, le bon vieux critique apporte son lourd et consciencieux travail. Réfugié sur les hauteurs du quartier Latin dans

les profondeurs d'une bibliothèque, ce vieillard a tant vu de choses qu'il ne se soucie plus de regarder le temps présent. Il va vêtu de noir, il est décoré de la Légion-d'Honneur, et joue aux dominos. Il est sans ambition, il est pensionné, il a une gouvernante, il aime la jeunesse, il prophétise les succès, et il se trompe toujours.

DEUXIÈME VARIÉTÉ. *Le mondain.* — Celui-là marche avec son siècle, tout en s'étonnant de l'allure des choses : vous le rencontrez à l'état passif d'un oiseau empaillé, se promenant sur les boulevarts, ne concevant plus rien au journalisme, à ses tartines pleines de fautes, à ses *lapsus plumæ* trop fréquents pour ne pas révéler une ignorance crasse, à ses manques de convenance. Ce savant de l'Empire avoue ingénument être *d'un autre âge*, il se balance agréablement dans ses succès oubliés, et sait toutes les anecdotes du temps de l'Empire. Ce brave homme, moitié Schlegel, moitié Fontanes, a dirigé des recueils périodiques, il a occupé des fonctions, car autrefois le gouvernement savait qu'on ne pouvait pas vivre de sa plume. Enfin, ce vieux critique a cet avantage sur le précédent, qu'il n'écrit plus; il cache son dédain des œuvres contemporaines sous une exquise politesse, et sous des formules pleines de bonhomie : il s'accuse de peu d'intelligence, il est encore homme à femmes, il suit

les théâtres, il achète les plus belles dents et les plus beaux cheveux du monde. Il est si vraiment affable et de si bonne compagnie, qu'un bourgeois le prend pour un ancien préfet impérial. Il est trop bien vêtu, trop galant, il suit trop les théâtres, il hante trop les salons pour être caricature. Il a de vieux amis et de vieilles amies. Il représente admirablement ce qu'on nommait autrefois *un littérateur!*

B. LE JEUNE CRITIQUE BLOND.

TROIS VARIÉTÉS : 1º le Négateur, 2º le Farceur, 3º le Thuriféraire.

Paris, qui se moque de tout, même de lui quand il n'y a rien à railler pour le moment, a trouvé ce surnom pour la critique imberbe qui procède par : *Gogo est une canaille.* Il n'est donc pas nécessaire d'être blond, pour être un jeune critique blond, il y en a de fort noirs.

PREMIÈRE VARIÉTÉ. *Le négateur.* —Quand ce critique est logé dans quelque quatrième étage avec une fille, il est essentiellement

moral et crie sur les toits : « Où allons-nous? » S'il se marie, il tourne aux opinions de la Régence, et se met à justifier les plus grandes énormités. Lui qui sait à peine sa langue, il est puriste, il nie le style quand un livre est d'un beau style, il nie le plan quand il y a un plan, il nie tout ce qui est, et vante ce qui n'est pas : c'est sa manière. Il examine par où le créateur est fort, et quand il a reconnu les qualités réelles, il base là-dessus ses accusations, en disant : cela n'est pas. Il fait lire les ouvrages par sa maîtresse, et il adopte l'analyse qu'elle lui en fait. Ce qu'il apprend la veille, il vous le dégurgite le lendemain ; il est donc puriste, moraliste et négateur, il ne sort pas de ce programme.

DEUXIÈME VARIÉTÉ. *Le farceur.* — Cette belle variété se livre à des plaisanteries continuelles, comme de rendre compte d'un livre en travestissant les faits, et confondant les noms des personnages ; comme de faire croire au talent d'une personne médiocre. Le Farceur aime à *faire* des acteurs, des auteurs, des danseuses, des cantatrices, des dessinateurs. Il travaille partout, il écrit sur tout ; il parlera des arts sans en rien savoir, il rendra compte de l'exposition de l'industrie, d'une séance de l'Académie, d'un bal de la Cour, sans y avoir mis le pied. En faisant la biographie d'un respectable vieillard, il lui donne trente-six ans, il déplore qu'il soit mort à la fleur de l'âge ; puis dans celle d'un jeune homme, il le dit presque centenaire. Si quelque familier prend la liberté de lui faire observer que Raphaël n'a pas fait la Judith du palais Pitti. — Pédant ! répond-il en souriant.

Le jeune critique blond a des amis qui lui chantent des hosanna continuels et qui partagent sa vie débraillée ; il dîne et soupe, il est de toutes les parties et de tous les partis, il fait un carnaval qui prend au 2 janvier et ne finit qu'à la Saint-Sylvestre ; aussi le jeune critique blond dure-t-il très peu. Vous l'avez vu jeune, élégant, passant pour avoir de l'esprit, ayant fait un premier livre, car toutes ces *fleurs des pois* littéraires ont, au sortir du collége, publié soit un roman, soit un volume de vers ; et vous le retrouvez flétri, passé, les yeux aussi éteints que son intelligence ; il cherche une position, et, chose étrange, il en trouve une, il est consul-général dans le pays des *Mille et une Nuits*, ou bravement établi ni plus ni moins qu'un bonnetier, à la campagne, il a des propriétés. Mais, selon un mot de l'argot journalistique, *il n'a plus rien dans le ventre* que l'impuissance, l'envie et le désespoir.

Troisième variété. *Le thuriféraire.* — Dans tous les journaux, il y a le préposé aux éloges, un garçon sans fiel, bénin, et qui fait de la critique une boutique de lait pur. Sa phrase est ronde et sans aucune espèce de piquants. Il a pour état de louer, et il loue avec une infinité de tours aussi désagréables qu'ingénieux; il a des recettes pour tous les cas, il pile la rose et vous l'étend sur trois colonnes avec une grâce de garçon parfumeur; ses articles ont l'innocence des enfants de chœur dont l'encensoir est dans ses mains. C'est fade, mais c'est agréable à celui que l'article concerne. Les directeurs de journaux sont très heureux d'avoir sous la main un rédacteur de ce genre. Quand il faut louer un homme à outrance, on le livre au thuriféraire. Malheureusement, à la longue, les abonnés reconnaissent ce genre, et ne lisent plus ces tartines azymes. Aussi beaucoup d'auteurs menacés du thuriféraire, préfèrent-ils être assassinés à coups de poignards, que de mourir comme Clarence dans ce tonneau de Malvoisie.

Le thuriféraire, chanoine de la critique, est bien vu, bien reçu partout; il est aimé, il est bon, il a peu de méchanceté à se reprocher, mais il en a; il a eu ses moments de révolte, et il se les reproche; il passe sa vie en fêtes: il y a tant de vanités à satisfaire. Il a le pied dans tant de journaux où il glisse de pe-

tits articles qu'il est choyé, surtout par les vieux bas-bleus. Dire toujours du bien de son prochain est peut-être plus difficile que d'en dire toujours du mal. Le thuriféraire, que quelques personnes ont la bonhomie d'appeler un crétin, a commis son petit roman, son petit recueil de poésies; il fait parfois une nouvelle *bien écrite* qui reparaît dans les Kepseakes, dans les livres du jour de l'an. Son nom est dans cette légion de noms célèbres dont abuse tout spéculateur, et qu'on annonce comme travaillant à des journaux qu'ils ignorent. Le thuriféraire, qui semble alors faire partie de la littérature, passe dans sa province pour un grand homme. Il finit, après cette jeunesse orageuse, après avoir mené la vie des journalistes inconnus, par épouser une jeune personne qui a l'excentricité de vouloir porter un nom célèbre, et que, dans sa clémence, Dieu punit cruellement : elle a pour mari un parfait honnête homme, incapable de lui faire connaître les énormités de ses rêves de jeune fille en délire, et qui la tue à se rendre heureuse.

C. Le grand critique.

Deux variétés : 1° l'Exécuteur des hautes-œuvres, 2° l'Euphuiste.

Première variété. *L'exécuteur des hautes-œuvres.* — Ce critique s'explique par un seul mot : l'ennui. Ce garçon s'ennuie et il essaie d'ennuyer les autres. Sa base est l'envie ; mais il donne de grandes proportions à son envie et à son ennui. D'abord, il a, sur les autres sous-genres, l'avantage de savoir quelque chose, d'étudier les questions, et d'écrire correctement sa langue, c'est-à-dire sans chaleur, sans images, mais purement. Son style est froid et net comme une lame de couteau. Il est grammairien, il lit les œuvres dont il rend compte, il est consciencieux dans son envie, et voilà pourquoi les ennemis de tout talent intitulent ce garçon un grand critique. Il est surtout superbe et dédaigneux ; il tient à ses jugements, il les rend sans appel. Il ne s'occupe pas indifféremment de tous les livres, de toutes choses comme le critique blond et le thuriféraire ; il choisit ses victimes, et trouve dans ce choix un éloge si grand qu'il se permet d'appliquer le livre à la question ordinaire et extraordinaire de sa critique, car il tient à être impitoyable.

C'est pour les gens de son siècle un *tourmenteur* littéraire. Il aime par dessus tout à rendre justice aux morts, il les loue en scrutant leurs intentions et découvrant une foule d'idées qui ne se trouvent pas chez les auteurs contemporains. Si l'un des collaborateurs de *sa Revue* publie un roman, intitulé JOUISSANCE, il trouve le moyen de lui percer le cœur en le louant ainsi :

L'ouvrage que je viens de lire est celui que devait écrire le collaborateur à qui nous devons tant d'appréciations fines, et des pages dont le travail rappelle celui des ivoires de Dieppe. L'action, la fable est réduite à rien, elle se perd en un millier de pages couvertes de réflexions et d'idées dans lesquelles l'auteur fait exécuter à sa pensée d'innombrables évolutions, sans se mettre en peine de construire une scène ou de raconter un événement. Il a pris la déduction pour l'analyse, il a remplacé les nerfs délicats de l'intrigue par les confuses images de la poésie. Si la connaissance des choses humaines est un peu trop enfouie sous une phrase rêveuse, les esprits d'élite sauront y démêler, sur l'ordre social, des sentiments et des opinions qui ne démentent pas l'harmonie littéraire de la vie de l'auteur. C'est une conclusion logique et glorieuse de diverses tentatives intellectuelles essayées, prises, quittées, mais courageusement abordées. Envisagé de cette sorte, le livre n'a plus rien d'obscur ni de mystérieux pour les gens au fait des transformations littéraires de notre époque. L'auteur a mis sous la forme du récit une expression plus familière, plus accessible des idées déjà révélées, tantôt sous une forme lyrique, tantôt sous la forme dialectique.

Ce livre s'explique donc beaucoup par l'auteur, dont les pèlerinages en des terres opposées, dont les dévotions à des saints de sectes diverses seraient incompréhensibles pour qui ne connaît pas en lui ce mélange heureux d'enthousiasmes et de curiosités qui se renouvellent à mesure qu'ils s'apaisent et qui enrôlent son esprit, ses études, sa science du style au service des gloires méconnues.

Tout en proclamant aujourd'hui des vérités austères, il débrouille les volontés qui s'entremêlent dans la vie de l'homme. Son héros est le frère de René par la rêverie, par l'inaction ; mais moins coupable, aussi nous paraît-il plus explicite. Si René se réfugie au désert pour y rester lui-même et s'incarner sa passion, l'autre se réfugie au séminaire pour en sortir transformé. Si le héros embrassait la religion en se sentant indécis entre le monde et le cloître, ou pour terminer une lutte entre trois amours, j'aurais eu peur qu'il ne lui arrivât de dire un jour ce vers devenu fameux :

J'aurais mieux fait, je crois, d'épouser Célimène !

L'auteur, mieux que personne, aurait pu nous raconter alors les malheurs de l'indécision ; mais ce but n'aurait pas également frappé les regards. Aussi a-t-il cherché de plus hautes moralités qui se sont offertes à ses yeux en des personnages contemporains. Il a voulu proclamer cette grande vérité que le catholicisme finit toutes les incertitudes. Pris ainsi, le roman arrive à toute la hauteur de l'homélie, et tend, par un chemin glorieux, au point où cesse la mobilité. Un homme qui croit à Saint-Martin et à Lamartine, à Châteaubriand et à Lamennais, à Carrel et à Ballanche, à l'abbé Prévost et à de Vigny, à Genève et à Diderot, ne pouvait pas procéder autrement. Croire, pour lui, est une des formes de l'intelligence ; et qui de nous osera condamner les tâtonnements de l'intelligence ? Des esprits sévères répudieront peut-être une candeur qui va d'enthousiasme en enthousiasme à divers autels, car il y a des esprits sérieux qui ne se condamnent pas facilement à la sympathie universelle ; mais ces esprits-là n'ont sans doute rien de lyrique ni d'harmonieux ; ils tiennent du XVIIIe siècle une rectitude mathématique sans grâce, sans ampleur. L'amoureuse curiosité du style est, dans ce livre, pleine de ressources d'ailleurs. Rompu de bonne heure aux ruses les plus lascives de l'expression, l'auteur a des métamorphoses irrésistibles. Dans ce livre, on voit le cœur sous les sens se révolter contre l'avilissement du plaisir. Ceux qui peuvent y trouver de la trivialité dans certaines parties, de la puérilité dans plusieurs descriptions, pourraient manifester un égal dédain en présence d'un Hobbéma. Ce livre est à mon avis une monodie désespérante. Croyez-vous que, pour tous ceux qui sont vraiment hommes, pour le poète, le philosophe, l'artiste, l'amour se réduise à l'ivresse et l'oubli, à l'exaltation et l'épuisement. Était-ce ainsi que saint Augustin comprenait la volupté? Oh! que non pas. Les grands hommes ne tardent pas à reconnaître les ivresses rapides et mal choisies, l'exaltation inutile, l'épuisement sans fruit. En vue du port qu'elle aperçoit, l'âme ralentit sa manœuvre et tend à se purifier par une héroïque abnégation. Il y a des voluptueux qui reculent, le pied leur trébuche devant l'abîme du dévouement, et ils retournent pour quelques moments à l'alcôve embaumée. Tout le roman est là. Du désir à l'impuissance, de l'irrésolution à la nullité, la transition est logique. Le plaisir ainsi compris est une initiation. Cette histoire très simple aboutit à une conclusion lumineuse : le voluptueux indécis redevient homme en choisissant la prière comme un dernier, un inévitable asile. Ainsi soit-il.

Ce critique est grand, parce que personne ne peut être à la fois sec et froid. Je préfère à ce système l'épigramme du bon vieux temps, et ceux qui eussent dit à un auteur :

Publiez votre livre, et qu'on n'en parle plus.

C'était plus facile à retenir et plus amusant que les arrêts passionnés du grand critique sec et froid.

DEUXIÈME VARIÉTÉ. *L'Euphuiste.* — Cet autre grand critique est nuageux et cotonneux. Il procède par phrases semblables à celles que faisaient les beaux-esprits de la cour d'Élisabeth. De là son nom.

LES PRINTEMPS DE L'AME

PAR

ABEL MUTIN, DE NEUFCHATEL.

Ce poète, dont les œuvres annoncent des tentatives d'art sévères en des cas limités, n'a pas encore donné son dernier mot. Ses publications, restreintes, d'ailleurs, et destinées à la Suisse, sa patrie, marquent un goût invincible pour la rêverie, et s'adressent à ceux qui, par une conformité douloureuse d'existences, s'intéressent aux peines de cœur harmonieusement déplorées. Sa poésie est un inconcevable chaos, où de fraîches réminiscences nous égarent en des sentiers épineux, où de monstrueuses imaginations nous ramènent aux espaces infertiles. On y aperçoit des sables mouvants d'où sortent des osiers. Ces pages nous offrent de grandes pensées avortées, de sages prévoyances suivies d'actions folles. L'auteur doit vivre d'effets de lumière, au soir, sur les nuages groupés au couchant, et de mille aspects d'un vert feuillage clair-semé dans un horizon bleu.

C'est un de ces hommes qui ne trouvent rien de puéril à prendre dans la rue du côté du soleil, à s'arrêter quatre heures sur le pont du Nant (le mot du pays), à courir voir passer une chaise de poste; il se glorifie d'avoir un cœur de poète, de s'associer aux êtres élus qui s'égârent en des landes lumineuses. Vraisemblablement, il ne voulut d'abord que se dire à lui-même ses souffrances, et il se surprit *murmurant des plaintes* cadencées qui ressemblaient à des vers. Une mélancolie bleuâtre transpire dans ses confidences, montées parfois à un lyrisme prématuré. Chez lui, l'inexpérience est pleine de grâce; et, quand l'amertume le plonge en des railleries saisissantes, il lui arrive quelquefois de s'écrier avec lord Ormond du *Cromwell* de Victor Hugo :

Et combien semblent purs qui ne furent qu'heureux!

Par ses goûts, ses études et ses plaisirs, Abel Mutin appartient à cette jeune et chaste école de poésie murmurante et domestique, passionnée pour l'intime, pour le pittoresque et l'imagé, qu'André Chénier légua du pied de l'échafaud au XIXe siècle, et dont Lamartine, Alfred de Vigny, Victor Hugo, Émile Deschamps et *quelques autres* après eux, ont décoré le glorieux héritage. Quoiqu'il ne se soit essayé qu'en des peintures d'analyse, en des intérieurs de petite dimension, Abel Mutin a le droit d'être compté à la suite. Il est sévère dans la forme, religieux dans sa facture; il refrappe les mots surannés ou de basse bourgeoisie exclus, on ne sait pourquoi, du langage poétique. Il recule devant la tranchante célérité du langage et taille sa pensée dans un vaste et flottant exemplaire d'où sortent mille circonstances sous-entendues. Ce sont des franchises réservées aux vrais poètes qui lâchent toujours la *science* pour la *forme*, tout en réservant le nécessaire. Que les adversaires ne s'y trompent pas : parce qu'on donne certains conseils de style, et qu'on révèle certains secrets nouveaux de *forme*, on ne prétend pas contester la prééminence des sentiments et des conceptions. Les successeurs d'André Chénier sont poètes avant tout ; ils ont retrempé le *vers flasque* du XVIIIe siècle en assouplissant l'alexandrin un peu raide et symétrique du XVIIe.

L'instrument à la fois puissant et souple d'Abel Mutin est d'un disciple vagabond, mais fidèle. Ces mots d'*école* et de *disciple* simplifient le langage et n'impliquent aucune imitation servile, ils expriment une communauté de vues sur l'Art. Ce disciple, pour être Suisse, n'en pousse pas moins des vers pleins et immenses, drus et spacieux, tout d'une venue et tout d'un bloc, jetés d'un seul et large coup de pinceau, soufflés d'une seule et longue haleine, comme celui-ci :

> Le coup n'est pas très fort, non, il n'est pas sans doute
> Large comme un portail d'église, ni profond
> Comme un puits; c'est égal, la botte est bien à fond.

D'une traduction déjà célèbre de Shakspeare. De tels vers, quoiqu'ils tiennent de bien près au talent individuel de l'artiste, se rattachent à la manière et à la facture de l'École.

Le jour se lèvera pour ces poésies naïves, agrestes, d'une simplicité irréfléchie, pleines de noblesse dans leur abandon, et au milieu desquelles se dresse parfois l'*écorché* dans la manière de Géricault. Abel aussi aura eu part à la grande œuvre; il aura, lui aussi, apporté sa pierre taillée pour le temple; car Abel Mutin possède les éléments intégrants de la forme, lesquels, pour être mobiles et fluides, n'en sont pas moins fixes et réels. L'insouciance et la profusion donnent une allure si coulante aux périodes de ce poète, cette foule de participes présents, tour à tour pris et quittés; ces phrases incidentes jetées adverbialement; ces *si*, ces *quand*, ces *mais*, ces *aussi*, qui passent flot à flot, qui r'ouvrent coup sur coup des sources imprévues et nourrissantes; ces énumérations qui jaillissent, comme un rayon, de la cime aux profondeurs; tout cela rappelle le roi des fleuves, qui passe, sous les grands horizons de la Lombardie, à nappes épanchées, recevant les ondées du ciel et les coups d'un soleil avide; irrésistible à son milieu, incertain des courants; prenant des roseaux caressants, jonchant de mille gerbes de feu ses crêtes écumantes : allez lui dire qu'il a tort?...

Laissons ce puéril critique sur le Pô.

Cette prose ne fait-elle pas aimer celle de l'exécuteur des hautes-œuvres? On aime mieux recevoir un coup de cimeterre, que de périr entre deux matelas de ouate.

D. LE FEUILLETONISTE.

Voici de tous ces gâte-papier, le sous-genre le plus heureux, il vit sur les feuilles comme un ver à soie, tout en s'inquiétant, comme cet insecte, de tout ce qui file. Les feuilletonistes, quoi qu'ils disent, mènent une vie joyeuse, ils règnent sur les théâtres; ils sont choyés, caressés! mais ils se plaignent du nombre croissant des premières représentations auxquelles ils assistent en de bonnes loges, avec leurs maîtresses. Chose étrange! Les livres les plus sérieux, les œuvres d'art, ciselées avec patience et qui ont coûté des nuits, des mois entiers, n'obtiennent pas dans les journaux la moindre attention et y trouvent un silence complet; tandis que le dernier vaudeville du dernier théâtre, les flons-flons des Variétés, nés de quelques déjeûners, enfin les pièces manufacturées aujourd'hui comme des bas ou du calicot, jouissent d'une analyse complète et périodique. Ce travail exige dans tous les journaux un rédacteur spécial, annaliste des gravelures de la Déjazet, historien des répétitions kaléidoscopiques de sept situations incessamment remuées dans une lorgnette. Ce rédacteur, le Panurge du journal, se plaint, comme les sultans, d'avoir trop de plaisir; il a le palais saturé d'ambroisie; il plie sous le faix de quinze cents actes par an, sur lesquels se promène son scalpel et que goûte sa plume. Comme un cuisinier qui appelle parfois l'eau de Sedlitz pour se ranimer le goût, il va voir les Funambules. Pourquoi ce privilége accordé à cette mousse de vin de Champagne, sur l'art littéraire? Ceci tient à une question mercantile horrible, qui dévoile l'immoralité des conceptions législatives, sous le poids desquelles se trouvent tous les journaux.

Le Théâtre paie le Journal en plaisir, il bourre les rédacteurs de toute espèce, les gérants, les Maîtres-Jacques, un chacun, de billets, de loges et de subventions; tandis que la libraire dont les produits ne peuvent s'enlever que par la plus grande publicité, paie le journal en écus. Si le journal analysait les livres, comme il analyse les pièces de théâtres, les annonces de la librairie seraient inutiles. Or, depuis le jour où la quatrième page des journaux est devenue le champ fertile où fleurissent les annonces, la critique des livres a cessé. Ceci est une des causes de la diminution progressive de la vente des ouvrages littéraires, à quelque catégorie qu'ils appartiennent. La littérature et l'industrie ont payé le timbre et la poste des journaux, du jour où les annonces ont valu deux cent mille francs par an. D'abord, le Théâtre peut se passer d'annonces, en jaunissant tous les coins de rues de ses affiches quotidiennes; puis il n'a pas l'insensibilité du livre. Avec ses actrices, ses danseuses, ses cantatrices, il s'adresse aux sens et à l'amour-propre; il envoie des loges, il reçoit tous les soirs la légion de la Presse, car la Presse compte plus de cinq cents entrées gratuites aux théâtres de Paris, parmi lesquelles il s'en présente tout au plus dix par soirée. Entre l'argent à empocher et le gouvernement de la plus belle partie de l'intelligence, la Presse n'a pas hésité : elle a pris l'argent et a résigné le sceptre de l'article de fond. Le jour où les droits de poste et de timbre ne coûteront ensemble qu'un centime, la critique littéraire et scientifique sera tout aussi nécessaire dans un Journal que le roman publié maintenant par feuilleton.

Geoffroy fut le père du feuilleton. Le feuilleton est une création qui n'appartient qu'à Paris, et qui ne peut exister que là. Dans aucun pays, on ne pourrait trouver cette exubérance d'esprit, cette moquerie sur tous les tons, ces trésors de raison dépensés follement, ces existences qui se vouent à l'état de fusée, à une parade hebdomadaire incessamment oubliée, et qui doit avoir l'infaillibilité de l'almanach, la légèreté de la dentelle et parer d'un falbalas la robe du journal tous les lundis. Maintenant tout en France a son feuilleton. La Science et la Mode, le puits artésien et la guipure ont leur tribune dans les journaux. Baudran et Arago, Biot et Nattier se coudoyent dans les *comptes-rendus*. Cette vivacité de production spirituelle fait de Paris aujourd'hui la capitale la plus *amuseuse*, la plus brillante, la plus curieuse qui fut jamais. C'est un rêve perpétuel. On y consomme les hommes, les idées, les systèmes, les plaisanteries, les belles œuvres et les gouvernements, à faire envie au tonneau des Danaïdes.

Le métier de feuilletoniste est si difficile, qu'il n'en est que deux sur vingt qui se fassent lire avec plaisir, et dont la verve soit attendue le lundi. L'un des deux est un de nos poëtes les plus distingués.

FEUILLETON DE BEAUCOUP DE LUNDIS.

Voici le spécimen du premier de ces feuilletons :

Tenez-vous beaucoup à ce que moi, Pistolet, le chien de votre critique marié, je vous parle de ce drame pendant que nous déménageons? — Non. — Alors tant mieux pour vous et tant mieux pour moi. Aussi bien le connaissez-vous déjà, car il n'y a qu'un drame au monde comme il n'y a qu'une comédie. C'est l'ambition, c'est l'amour. Et le moyen de croire à l'ambition humaine, aujourd'hui que cette noble vertu des grandes âmes est devenue le vice des petits esprits. Aujourd'hui que nos seigneurs les avocats rêvent tous le pouvoir et que vos vaudevillistes ont la croix!!! Comment l'ambition en est-elle tombée là? nul ne saurait le dire; laissez-la donc mourir dans la poitrine sourde de nos tribuns et sur l'habit vert d'un académicien. C'est ainsi, d'ailleurs, que meurent toutes choses, les belles passions comme les grandes idées. Le drame est tombé de Corneille à M. Bouchardy, et la chute est trop grande pour qu'il s'en relève jamais. Après avoir dominé César, Cromwell et Napoléon, l'ambition en est réduite à taquiner des bourgeois. Le palais Bourbon est un hôtel des Invalides. Pauvre passion! le destin lui devait mieux que cela!

Donc, faites votre drame vous-même, ou, mieux encore, ne le faites pas du tout, et parlons de la campagne. Quand vient l'hiver, comme dit mon maître, on peut se contenter du blafard soleil d'une rampe, on peut écouter les chants éraillés et vieillardant de vos *prime donne* maigres et chauves, on peut se résigner à subir tous ces oripeaux huileux, tous ces visages badigeonnés, tous ces sourires édentés, toutes ces passions fausses, toutes ces phrases boiteuses et hydropiques, toutes les vieilleries de tréteaux enfin, qui composent le théâtre; — mais, quand arrive l'été, quand les chants de l'alouette matinale nous saluent tous comme autant de Roméos, quand aux fraîches senteurs du soir le rossignol mêle ses amoureux nocturnes, quand sous les vertes allées d'un bois mystérieux scintillent de brillantes demoiselles bleues et roses comme des fleurs égarées, qui ont oublié le numéro de leurs tiges, quand sous un ciel constellé de fleurs d'or, perdu au milieu de ces harmonies splendides, on se demande si l'on écoute des parfums ou si l'on respire des chants, — quelle joie d'oublier M. Arnal et le Vaudeville! M. Duprez et l'Opéra! et mademoiselle Rachel! et les comédiens ordinaires du roi! et les comédiens ordinaires du peuple! et même Alcide Tousez à qui l'on dit alors : *Displicuit nasus tuus :* ton nez me déplaît, va-t'en.

Mon maître écrivait cela l'autre jour, et je gambadais à ses côtés, lorsque nous entendîmes crier des cerneaux dans la rue. C'était l'automne. Alors votre critique n'y tint plus, vaudevillistes! il jeta son bonnet de coton, mit son beau gilet blanc, me siffla gaîment, et nous voilà partis tous deux à la recherche d'une maison de campagne. Prenez ceci comme vous voudrez le prendre : toujours est-il que nous avons trouvé une campagne et une maison. Une charmante maison sise entre ville et jardin; la ville c'est Paris, le jardin c'est le bois de Boulogne. Une maison rococo, toute pleine encore des souvenirs de Louis XV, avec des amours partout, des bergères partout, des moutons partout, des fleurs partout, une vraie bergerie. Il ne s'agit pas cette fois d'une villa Blaguanini, il est simplement question d'une bonne maison en pierres, ma foi! avec des persiennes grises, et qui est bien à nous, et les persiennes aussi, et le jardin aussi, et le jardin a de beaux gazons de velours et de bons vieux arbres ornés de vieux lierres bien touffus, et j'ai une belle niche peinte en vert dans la cour, et quand vous passerez par là, demandez Pistolet, on vous dira : « C'est là. »

Mais pour en revenir à ce drame, que nous n'avons pas vu, nous pensions hier, en nous promenant, à vous narrer cette vieille histoire de poignards rouillés, d'adultères vrais, d'enfants supposés et de passions enrouées, qu'on appelle le drame moderne, lorsque Louis nous présenta une jeune fille qui venait se recommander à nous pour entrer au théâtre. A quel théâtre? La pauvre enfant l'ignorait elle-même. Elle était belle, elle était pure et fraîche, de beaux yeux bleus et doux, et dans sa naïveté, elle croyait qu'il suffisait d'être intelligente, très sensible, très belle et très jeune, pour attendrir ces cerbères qui se font nommer directeurs. A la vue de tant de grâce, de tant de jeunesse et de tant de beauté que le théâtre pouvait dévorer d'une seule bouchée, je me sentis pris d'une horrible douleur, et mon maître se mit à verser de grosses larmes comme un gros enfant qu'il est.

C'était là, en effet, une bien triste et bien poignante réalité. — Quoi! mon enfant! lui dit-il, vous pensez au théâtre! Mais à la Comédie-Française, M. Samson vous trouvera trop jeune pour jouer les ingénues, et mademoiselle Mante vous trouvera trop maigre; — à l'Opéra, on vous trouvera trop grasse; — à l'Opéra-Comique, on vous reprochera de parler trop bien le français. Oh! ma pauvre enfant! croyez-moi, j'ai pour voisin un brave quincaillier retiré, qui ne va jamais qu'à l'Ambigu et ne lit que le *Constitutionnel*. C'est le chef d'une honnête famille, dont pas un homme n'a écrit de feuilletons, dont pas une femme n'a fait de nouvelles. Ce digne homme m'a demandé une gouvernante pour ses enfants, c'est dans cet intérieur calme et probe que vous ferez vos débuts. Ainsi parla mon maître; là-dessus, elle pleurant, lui souriant, moi jappant, nous entrons chez le voisin, qui agrée notre jeune fille de grand cœur, et aujourd'hui, au milieu de ses compagnes, ses sœurs d'hier, vous ne sauriez vraiment pas distinguer notre protégée.

Et voilà pourquoi je ne vous ai pas parlé de la pièce du jour. Une telle histoire ne vaut-elle pas pour vous tous les drames des boulevarts? Une telle action ne vaut-elle pas mieux pour mon maître que le meilleur de ses feuilletons?

On ne sait vraiment qu'admirer de la patience de celui qui tourne cette serinette ou de la longanimité de ceux qui l'écoutent. C'est depuis dix ans le même cliquetis d'adverbes, les mêmes mots enfilés comme des verroteries et agités par une main perfide.

La trompette de la Presse joue une musique variée, éclatante et poétique : on devine facilement que celui qui l'embouche y souffle sans efforts, et réserve ses meilleurs airs, ses fanfares étincelantes, pour un autre public que le gros public.

L'empire du Feuilleton était trop vaste, on y régnait à la fois sur la poésie et sur la musique du Théâtre. Un jour, le *Journal des Débats*, en apercevant les énormes développements de la musique, art qui n'a envahi la société qu'après la chute de l'empereur dont les roulades étourdissaient le monde, détacha pour un grand compositeur, pour Berlioz, la critique musicale de la critique littéraire. Ce jour-là, MM. Bertin ouvrirent une porte par laquelle devaient se précipiter plus tard les sept ou huit journaux, exclusivement consacrés à la musique.

Aujourd'hui, la Presse possède un orchestre si varié, si fécond, si étendu, qu'il ne faut pas désespérer de ne pas jouir d'ici à peu de temps d'un journal uniquement destiné au Piano ou au Cornet à piston. Voici comment les plus célèbres plumes de la musique rendent compte d'un opéra.

Après une introduction d'un caractère maigre comme tout ce que fait M. Un Tel, le premier acte s'ouvre par un *andante* mystérieux, où s'enchaînent une foule de dessins légers. Frantz, le favori du prince, fait part aux courtisans de l'amour de son maître pour Lucile. Bientôt Lucile paraît avec son amant. La belle phrase en *ut* majeur :

Et si cette flamme si belle
Devait s'éteindre en vous un jour :
Ah ! par pitié, soyez cruelle
Et n'acceptez pas mon amour.

n'est pas suffisamment adaptée à l'accent rhythmique de la mélodie. Nous désirerions aussi que l'accord de cinquième diminuée sur le sensible d'*ut* mineur fût posé sur la dominante du *mi* bémol. Le chœur final de cet acte :

Il faut ici dévorer notre outrage;
Mais la vengeance n'est pas loin.

est d'une vigueur entraînante. L'accompagnement des cors bourdonnés en *tremolo* par les troisièmes violons, et aboutissant au *forte* sur l'accord de l'accent tonique, serait d'un meilleur effet, si le trombone qui domine cette trame mélodique, en imitation à l'octave, prolongeait la tenue sur le bémol de la *cacciatura*. Ceci est clair.

Au second acte, nous sommes dans le jardin du palais. Après quelques mesures d'*andante*, suivies d'un *allegro* plein de feu, s'élève un immense *crescendo* sur la dominante du ton de *fa* naturel à six-huit. Horace chante alors une charmante sicilienne, où se trouve adroitement dessiné un noir pressentiment, exprimé par les secondes contre-basses, en imitation syncopée de la phrase vocale :

Ce n'est que le soir,
O douce maîtresse !
Que de ta tendresse
J'obtiens quelque espoir ;
Mais dans tes yeux bleus
Mon soleil se lève,
Et mon jour s'achève
Quand l'autre est aux cieux.

Ces couplets, un peu pont-neufs, écrits dans la coupe binaire, sont assez bien chantés par Roger. Nous n'en dirons pas autant du *sextuor* des soldats :

Buvons, amis, et chantons tous en chœur :
Honneur et gloire à notre gouverneur.

L'accompagnement en est cependant passablement orchestré ; mais les messieurs qui le disent le prennent trop haut d'un bon trente-deuxième de ton. Le trio entre Frantz, Lucile et Horace, bien que très vulgaire, se relève pourtant un peu, à la fin, par la phrase, dans le mode mineur :

Il faut partir, oh ! quel malheur.
Il va partir, oh ! quel bonheur.
Ce départ me brise le cœur.

Ce qui fait un très bel effet comme dialogue syllabique.

Ce deuxième acte, qui n'est pas fort, est cependant le meilleur des trois. Le final, qui repose sur une pédale tonique, avec rappel du *grupetto* précédent, est d'une pauvreté mélodique pitoyable, que ne cachent nullement les vocalisations ambitieuses de madame Rossi.

Le dernier acte se passe dans une chaumière isolée. Désespéré de la fuite de Lucile, le prince chante sa douleur en faux-bourdon, tandis que Frantz se bat contre Horace. Frantz est blessé ; il va même être un peu tué, lorsque Horace est arrêté, jugé et condamné à mort. Fort heureusement un portrait vient éclaircir l'affaire. Horace n'a jamais été orphelin ; le prince retrouve en lui un neveu chéri ; tout le monde s'embrasse ; Lucile arrive ; les deux amants sont unis, et le tout se termine par un chœur combiné d'un canon à la quinte, dans lequel le chant se marierait à des modulations très gracieuses, si le son piqué des *alto* et les trilles perpétuels des petites flûtes n'ôtaient à ce final tout caractère de gravité.

En somme, c'est un fort beau succès pour M. Un Tel, dont, plus que personne, nous admirons l'immense talent.

Les autres feuilletonistes, inconnus à un kilomètre du mur d'enceinte, écrivent, selon leur opinion particulière, d'une manière sage. Ils s'en tiennent à la Raison, et ils ont tort. Quoique très honnêtes, ils rencontrent parfois des moments de verve, mais ils s'en repentent très promptement. Ils prennent, d'ailleurs, la critique au sérieux, se permettent quelques réquisitoires contre les trois cent soixante auteurs dramatiques, dont les talents jetés dans une cornue et concentrés, donneraient 0' de Corneille, ou $\frac{0}{0000}$ de Shakspeare. Ces messieurs ne conçoivent ni l'un ni l'autre des deux feuilletonistes célèbres, *ils ne voudraient pas écrire ainsi, bien certainement;* mais aussi le public, hélas! s'obstine-t-il à leur refuser son attention. Le feuilletoniste du *National* est de l'école paresseuse, il sort quelquefois de son sommeil et jette des éclairs passagers qu'on remarque; et, cependant, il déploie habituellement autant d'esprit que celui du *Commerce* a de probité dans ses appréciations littéraires. A quoi sert d'être honnête, hélas!... Quant à celui de la *Gazette*, il est obligé de tout foudroyer, *quand même!* Jusqu'aujourd'hui *le Siècle* a trouvé commode de se dispenser d'avoir de l'esprit dans son feuilleton de théâtres sous prétexte de la bêtise, parfaitement constatée,de ses 30,000 abonnés. Aussi, l'un des hommes les plus spirituels de notre temps disait-il : C'est un journal qui a le pied plat.

E. Les petits journalistes.

Cinq variétés : 1° le Bravo, 2° le Blagueur, 3° le Pêcheur, 4° l'Anonyme, 5° le Guérillero.

A l'exception des Bravi dont plusieurs se posent le poing sur la hanche et la plume au chapeau dans les Revues, les variétés de ce Sous-Genre appartiennent presque toutes aux rédacteurs de petits journaux. Il existe à Paris une vingtaine d'entreprises de scandale, de moquerie à tout prix, de criailleries imprimées, dont plusieurs sont spirituelles, méchantes, et qui sont comme les troupes légères de la Presse. Presque tous les débutants, plus ou moins poètes, grouillent dans ces journaux en rêvant des positions élevées, attirés à Paris comme les moucherons par le soleil, avec l'idée de vivre *gratis* dans un rayon d'or et de joie jeté par la Librairie ou par le Journal. Ils furètent chez les libraires, ils s'insinuent aux Revues, et parviennent difficilement, en perdant leur temps et leur jeunesse, à se produire. Ces braves garçons croient que l'esprit dispense de la pensée, ils prennent l'envie pour une muse, et quand ils mesurent la distance qui sépare un livre d'une colonne de journal, quand ils parcourent les landes situées entre le style et les quelques phrases d'une colonne de petit journal, leurs cerveaux se dessèchent, ils tombent épuisés, et se changent en directeurs de feuilletons, en Maître-Jacques, en employés dans quelques Ministères. Cependant on observe plusieurs de ces tirailleurs, à l'état d'hommes modérés, vivant de leur bien, en bourgeois, c'est ceux qui ont joint à ce métier l'exploitation du vaudeville et du mélodrame en commandite, ou l'exploitation des prix Monthyon.

Voici, certes, à notre avis, les figures les plus originales de la Presse : il y en a de tristes comme les statues autour de l'église de la Madeleine, de gais comme des détenus pour dettes, de jolis garçons qui ne pensent qu'à l'amour, à la dissipation, de mariés ayant des actions dans la propriété du journal, de bons garçons ne voyant que du plaisir dans le mal; des avocats sans cause qui gagnent des causes sans avocats, des fils de famille ruinés. C'est la turbulence des premiers désirs littéraires, et les joyeusetés dangereuses des gamins de Paris qui salissent les plus beaux monuments, et peuvent crever les yeux des passants en voulant leur faire une malice. Là se trouve tout le sel du journalisme, un esprit constamment original, dépensé en feux d'artifices dont les carcasses (les motifs) sont cependant et comme toujours hideuses.

Première variété. *Le Bravo.* — Le Bravo veut se faire un nom, ou, du moins, il l'espère, en s'attaquant aux grandes réputations ; il est connu pour *empoigner* les livres, pour les *échiner;* il est assommeur-juré. Cet écarrisseur littéraire ne discute pas une œuvre, il la dépèce; il ne l'examine pas, il l'écrase. Il croit alors qu'on admire la force de sa plume, la vigueur de ses raisonnements, et la grâce avec laquelle il *roue* le patient. Ses articles sont des exécutions, il y gagne un sou par ligne que lui donne un directeur de revues ou de journal. Malgré tant d'efforts, il arrive, par le débordement des œuvres de la presse, que le Bravo ne fait pas la moindre sensation. Notre époque est si agitée, il y a tant de gens pressés par leurs affaires dans les rues, qu'on ne fait plus la moindre attention à des calomnies qui, dans le XVIIIe siècle, envoyaient Rousseau, pour le reste de ses jours, en exil. Aujourd'hui, la chanson de J.-B. Rousseau serait une gentillesse dont personne ne s'occuperait et qui ne blesserait que celui pour qui elle serait écrite. Telle est la jurisprudence que la Presse a faite à la littérature française. Ce qui vaudrait un soufflet à un homme qui se permettrait de dire en face ce qu'il écrit en colonne, devient un honneur pour le calomnié quand le Bravo l'imprime, car alors c'est le Bravo qui se déshonore. Les Bravi ne manquent pas de manteaux pour envolopper leur envie ou leur misère : il s'agit toujours, selon eux, de venger la langue française outragée, la morale compromise, de s'opposer à de fatales tendances, de sauver l'art, etc. Parmi les grands critiques (voyez plus haut), il en est qui se sont laissé débaucher par d'ignobles spéculateurs à épouser des querelles de boutique, et qui se sont retournés contre leurs idoles en essayant de les briser, qui se sont permis des calomnies dont la tache leur reste sur la conscience, et qui gémissent d'avoir écrit certaines pages ou d'éloges ou de blâmes également faux et menteurs.

AXIOME.

Il n'y a pas de police correctionnelle pour la calomnie et la diffamation des idées.

Le critique effronté qui travestit un livre n'est justiciable que de sa conscience et du spéculateur qui le paie, et qui, tôt ou tard, en fait justice. On trouve, sur la place publique de la littérature, des Bravi à trois francs la colonne de cent lignes et à soixante francs la feuille, tant qu'on en veut.

Le Bravo est à l'affût de tout ce qui s'entreprend en littérature, et s'il n'est pas *compté* parmi les faiseurs d'une entreprise quelconque, il attaque l'entreprise. On vient à lui, la bourse ouverte le Bravo rengaîne sa plume.

Exemple : Un libraire invente de publier une collection de Physiologies, et refuse à un Bravo de lui donner cinq cents francs d'une Physiologie du Cigare; le Bravo, le lendemain, écrit dans un petit journal quelque chose comme ceci :

« La Physiologie était autrefois la science exclusivement occupée à nous raconter le mécanisme du coccix, les progrès du fœtus ou ceux du ver solitaire, matières peu propres à former le cœur et l'esprit des jeunes femmes et des enfants. Aujourd'hui, la Physiologie est l'art de parler et d'écrire incorrectement de n'importe quoi, sous la forme d'un petit livre bleu ou jaune qui soutire vingt sous au passant, sous prétexte de le faire rire, et qui lui décroche les mâchoires.

« Vous avez à faire la Physiologie du Priseur, vous écrivez que le tabac dégage le cerveau, éclaircit les idées, gâte le nez, prend à la gorge et devient une sale habitude ; qu'on finit par priser au lit et que les femmes se trouvent alors saupoudrées de ce topique, qui devient un des ingrédients de l'amour. Si le libraire trouve cela drôle, vous ajoutez que le tabac gâte le linge, fait moucher, irrite les muqueuses, adoucit les chagrins, est excellent dans le cabinet, et qu'on peut le regarder comme un excellent sternutatoire dû à Nicot, ambassadeur de France

« en Portugal, un Salvandi du XVIe siècle. Cela mis en chapitres, ornés de gra-
« vures, se tire à cent mille exemplaires dont quelques uns se vendent, etc. »

Le libraire effrayé s'empresse d'acheter le manuscrit de la Physiologie du cigare. Le lendemain, le Bravo vante l'opération dans un autre journal par un article qui commence ainsi :

« Le XVIIIe siècle a eu la mode des Carlins, aujourd'hui nous avons celle des
« Physiologies. Les Physiologies sont comme les moutons de Panurge, elles cou-
« rent les unes après les autres, Paris se les arrache, et on vous y donne pour
« vingt sous, plus d'esprit que n'en a dans son mois un homme d'esprit. Et com-
« ment en serait-il autrement? Ces petits livres sont écrits par les gens les plus
« spirituels de notre époque (*vingt-sept noms*). Aussi les Physiologies se trou-
« vent-elles sur toutes les tables de salon avec les œuvres de ceux qui ont le mo-
« nopole de la plaisanterie écrite à coups de crayon. Une Physiologie est aussi in-
« dispensable à une femme comme il faut qui veut rire, que le *Voyage où il vous*
« *plaira* de Tony Johannot et d'Alfred de Musset, que les charmantes Scènes de
« la vie privée et publique des Animaux par Sthal et Grandville, etc., etc. »

DEUXIÈME VARIÉTÉ. *Le Blagueur*.—Il y a cette différence entre le Blagueur et le Bravo, que le Blagueur raille pour railler, calomnie avec l'opinion publique, par erreur. Le Blagueur vous demande au besoin pardon de la liberté grande, et attaque pour son compte. Il fait feu sur les sottises publiques, il secoue les vieux pour voir s'ils se tiennent encore sur leurs arbres ; s'ils tombent, il passe à d'autres en se glorifiant d'écheniller ainsi le Double Vallon. Les Blagueurs ont tué le Constitutionnel en lui tuant son hydre de l'anarchie, animal politique et périodique qui faisait les délices des abonnés, en dételant *son char* de l'État, en lui reprochant son araignée mélomane. Ils ont perdu Arbogaste en en donnant à l'avance des scènes cocasses. Ils ont démonétisé des idées, ils ont déconsidéré par le ridicule des gens honorables; ils ont empêché des affaires, ils ont fourré leurs bras dans le trou fait à certaines réputations, là où il n'y avait pas à passer le petit doigt; ils ont augmenté le poids d'une condamnation légère; ils sont venus en aide avec leurs carabines à la grosse artillerie du grand journal. A peine dans le secret des maux qu'il fait, le Blagueur fume son cigare sur le boulevart, les mains dans son paletot, en cherchant à *faire des morts*, en cherchant des imbéciles à tuer. Les ridicules sont des espèces de fonds publics qui rapportent dix francs par jour au Blagueur. On blague les gens riches, les lions, les bienfaits, les crimes, les affaires, les emprunts, tout ce qui s'élève et tout ce qui s'abaisse.

Le duc d'Orléans meurt, Gannal veut l'embaumer, le chirurgien du prince réclame le droit de faire cette opération; au milieu du deuil général, un Blagueur, en apercevant cette lutte de deux *Réclames*, dit : — Quel joli article à faire!

Et l'article paraît, on y blague les chirurgiens, Gannal et l'opération.

On fonde la Phalange pour manifester la doctrine de Fourier, le Blagueur voit dix articles dans cette philosophie, et il commence :

« Saint-Simon avait proposé de faire vingt pauvres avec la fortune d'un riche; « mais les Quatre Mouvements de Fourier, ancien correcteur d'épreuves en son « vivant, sont une bien autre philosophie sociale : vous allez travailler les bras « croisés, vous n'aurez plus de cors aux pieds, les avoués feront fortune sans pren- « dre un liard à leurs clients, les gigots iront tout cuits par les rues, les poulets « s'embrocheront d'eux-mêmes. Il vous poussera, vers cinquante ans, une petite « queue de trente-deux pieds que vous manœuvrerez avec élégance et grâce; la « lune fera des petits, les pâtés de foie gras pousseront dans les champs, les nuées « cracheront du vin de Champagne, le dégel sera du punch à la romaine, les « laquais seront rois de France, et les pièces de dix sous vaudront quarante « francs, etc., etc. »

Jasmin arrive à Paris, amené par un article de Revue qui, pour se dispenser de trouver du talent aux Parisiens en prête à la province, le Blagueur restreint sa blague aux dimensions du poète perruquier, il n'écrit que ces quelques lignes :

« Le célèbre Jasmin est de retour à Paris. Dans une brillante soirée, donnée par M. Villemain chez un de ses amis, le célèbre poète charabia a lu sa charmante élégie du *Fer à toupet :*

> Qu'es debenou lou tan oï moun mouse inconnou
> Cantait loun blou cielo et vertous compagnou ;
> Timido, craintivo, coum un hirondello
> Ché vollou légèro sour lo petiot ruisso! »

Ces vers ravissants, que personne n'a compris, ont excité un immense enthousiasme.

Quand on veut *blaguer* un badaud littéraire, on commence par s'occuper exclusivement de lui. Tous les matins, on raconte de lui quelques traits plaisants, comme ceci :

« Depuis quelque temps la Russie éprouvait le besoin d'acheter un de nos grands « hommes et elle pensait surtout à Gaschènes de Molon, vaudevilliste, dont les « prétentions égalent le talent qu'il n'a pas.

« En rentrant chez lui, hier au soir, Galon de Moschènes y trouve trois en- « voyés du Czar, qui l'attendaient depuis long-temps. Ces messieurs venaient lui « présenter de la part de l'autocrate, vingt-trois tabatières de platine, onze por- « traits avec diamants, très ressemblants, et seize boisseaux de roubles en papier. « En échange de ces petits cadeaux, S. M. Nicolas Ier implorait seulement l'ami- « tié de M. Groschène de Molleton. Mais sourd à toutes les prières, M. Galè- « nes de Moschon indigné, repousse les présents et renvoie les seigneurs en leur « disant : — Allez dire à votre Empereur que je n'accepte rien des ennemis de » la France.

« De pareils exemples doivent prouver que notre époque n'est pas entièrement « déshéritée de vertus. »

TROISIÈME VARIÉTÉ. *Le Pêcheur à la ligne.* — Tous les petits journaux paient leurs rédacteurs à tant la ligne, cinq ou dix centimes, selon le nombre des abonnés. *Le Charivari*, le matador des petits journaux, est le seul qui ait réalisé le problème de donner tous les jours une caricature. Cette collection sera certes un jour une des plus précieuses de notre époque? Si l'on demandait aux plus habiles écrivains de tympaniser du jour au lendemain de grands talents, soit Ingres, soit Hugo, comme *le Charivari* s'en acquitte, haut le pied, ils seraient un mois avant de trouver ces plaisanteries incessantes. De trois jours en trois jours, on trouve sous les caricatures faites par Daumier, de délicieux quatrains qui arrachent le rire, comme sous les caricatures de Gavarni se lisent d'admirables scènes de mœurs, en quatre lignes, aussi drôlatiques, aussi incisives que la lithographie elle-même. Gavarni est inexplicable dans sa fécondité, comme le journal lui-même, avec ses lazzis. Aussi ce journal, dont l'existence est un délit perpétuel, a-t-il trois mille abonnés.

Le pêcheur à la ligne est le rédacteur qui vit, comme le pêcheur, de sa ligne. Chaque jour, il use les qualités les plus précieuses de l'esprit à sculpter une plaisanterie en une ou deux colonnes ; il découpe ses phrases en pointes, il s'épuise à donner les fleurs de son esprit dans cette espèce de mauvais lieu de l'imagination, appelé *le Petit Journal*. Il s'aperçoit trop tard de ses dissipations ; mais, souvent il a fini par devenir la dupe de ses plaisanteries, il s'est inoculé les ridicules après les avoir ridiculisés, comme un médecin meurt de la peste. A ce métier, le plus vigoureux esprit perd le sentiment du grand, car il a tout amoindri pour lui dans l'état social en s'y moquant de tout.

Certains pêcheurs à la ligne, plus habiles, ont inventé des formes de plaisanteries auxquelles tout s'adapte, comme les Premiers-Paris ont inventé les continuelles répétitions d'un seul article. C'est les grands hommes du genre. De tous les rédacteurs de petit journal, un seul a traversé les journaux et s'est fait une position. Ce feuilletoniste célèbre est le parvenu de ce petit monde littéraire. Il a voulu faire des livres, mais chacun de ses livres était une collection d'articles. S'il n'a pas fait grand'chose, il a du moins fait école : il est le père Gigogne des pêcheurs à la ligne et des Blagueurs, car il a ranimé la vie du petit journal moribond par une incroyable dissipation d'esprit et de railleries.

Aujourd'hui, le petit journal est devenu dix fois plus spirituel qu'il ne l'était à ses débuts, sous la Restauration, et cent fois plus piquant que le *Nain Jaune*, tant vanté. On y rend compte d'une pièce de théâtre en six lignes :

« Dans cette pièce, il s'agit de deux maris : l'un s'exerce au maniement du « bâton sur les épaules de sa moitié, pour mieux la toucher, quand il la croit « volage ; il croit que le meilleur moyen pour apprendre à vivre à une femme, « c'est de l'assommer ; l'autre se contente, pour la première fois, de lui brûler la « cervelle ; la différence est si peu de chose, que ce n'était pas la peine d'en faire « un vaudeville, et le public a pensé comme nous. »

On y a fait, pendant deux ans, les biographies des hommes célèbres en tout genre, sur ce modèle :

JOSEPH DELORME.

Joseph Delorme naquit d'une femme morte, aux Eaux-Vives, près Genève. Il eut pour parrain le sieur *Gali*, pasteur de l'église réformée, et, pour marraine, la jolie madame *Mathias*, catholique. De ce compérage vint son indécision religieuse, le va-et-vient de sa pensée, et les incohérentes images de son style.

Effrayé de l'état embryonesque où restait le corps et l'esprit de cet enfant, son père, le banquier des *mômiers*, le mit dans un bocal et l'envoya, dès l'âge le plus tendre, à la Faculté de médecine de Paris, quelques uns disent pour étudier, d'autres pour y être étudié.

Les professeurs, ne voyant rien de vivant dans ce bocal, le laissèrent sur une planche au soleil, où Joseph contracta le goût le plus vif pour le paysage, les rayons jaunes et la poésie intime.

A quinze ans, il se plaignit de ne pas fixer l'attention des Sages-Femmes qui détournaient les yeux avec horreur, quoiqu'il eût les cheveux d'un joli rouge, les yeux en dérive comme sa pensée, et un nez aussi galamment tourné que celui d'Odry. Ce dédain du beau sexe lui fit rater quelques sonnets et autres poésies destinées à ne pas faire impression.

A dix-sept ans, il eut le génie de se fabriquer une loupe avec un noyau de cerise et une goutte d'eau-de-vie; il put alors observer dans le cœur humain, une multitude de petites bêtises qui l'occupèrent spécialement.

Six mois après, il aspirait à une position sociale : il fut alors traîné sur des roulettes à travers le Luxembourg, où de facétieux étudiants le déposèrent rue Notre-Dame-des-Champs, à la porte d'un cuistre.

Durant ce *steaple-chase*, il inventa de se suicider pour voir s'il renaîtrait en typographie; et il suivit son propre convoi qui eut lieu dans tous les journaux.

Ce séjour dans le cénacle de sa tombe postiche lui permit de faire connaissance avec Ronsard, avec tous *les vieux* d'avant Boileau; mais quand il en sortit, il avait contracté un goût déterminé pour les morts ou pour tous ceux qui ne devaient pas vivre.

Il s'occupa donc minutieusement d'analyser ce que contenaient les poitrines des phthisiques, les cancers des femmes lettrées, etc. Et il découvrit ainsi dans le charnier des Innocents de la littérature, les œuvres de MM. Bonardin de Gex, et celles de madame Fischtaminel de Lausanne, etc., etc.

Il démontra pertinemment qu'il y avait une langue française en 1760, et il éclaircit l'origine de la césure.

Il publia l'histoire de Marie-Alacoque dans le temps où il rédigeait le *National*. Il fut quelquefois saint-simonien le matin et aristocrate le soir. Cette parfaite indépendance dans ses opinions le fit rechercher par les propriétaires de la *Revue des deux Mondes*, où Joseph qui revenait de *l'autre* fut admirablement placé, car il s'y trouva toujours *outre-tombe*.

Il publia, pendant le mois d'août, un livre intitulé : PENSÉES DE JANVIER, poésies pleines de brouillards et de fautes de français.

Un phénomène étrange, récemment manifesté chez ce grand poète, le signale d'autant plus à la plume du biographe et du philosophe.

La mort, la tombe et la Revue ont rajeuni Joseph Delorme. A trente-six ans, ses membres se sont assouplis, il a paru vivant. A quarante ans, il est retombé littéralement en enfance : il s'exprime incorrectement, mais toujours dans sa langue maternelle, le Genevois, et quelques personnes le comprennent.

En ce moment, ses cheveux se dédorent, il a fait toutes ses dents, il a quitté la bouillie de ses premières humanités, il regrette ses erreurs, il fait des cocottes et des petits bateaux avec ses anciens cahiers d'écriture, et s'exprime en futur académicien.

Il a donné des preuves d'un grand sens : il a refusé la croix de la légion-d'honneur, et a pris une place honorable. Il est maintenant de son époque, il paraît devoir écrire très peu; mais en revanche il agit à la manière des taupes auxquelles ses vues littéraires le font ressembler.

Un jour, le Conseil-Général des hospices prend la funeste résolution de supprimer le tour, il parut dans le plus spirituel de ces petits journaux, trois articles si mordants que les Hospices revinrent sur leur résolution. Voici quelques fragments du premier article :

« LES ENFANTS TROUVÉS SONT PERDUS!

« La ville de Paris récolte tous les ans quatre mille enfants, qui ne sont fils de « personne.

« Il fut un temps où les jeunes femmes qui avaient le bonheur d'être mères, « s'empressaient d'aller déposer leurs enfants sur la neige, au coin d'une borne, « et saint Vincent de Paule faisait sa plus douce occupation de les y ramasser. « Beaucoup de devants de cheminées sont là pour attester cette touchante anec- « dote. On était, dans ce temps-là, fils de saint Vincent de Paule qui se trouva « bientôt à la tête d'une famille florissante. Ces enfants, aguerris aux rhumes de « cerveau, prospéraient d'autant plus qu'on ne savait où les mettre, ils croissaient « et multipliaient avec une indiscrétion désolante. On leur bâtit alors un établis- « sement où ils furent logés, nourris comme les enfants de la maison. Pour épar- « gner aux mères scrupuleuses le soin de loger leurs fils dans la neige et autres « lieux insalubres, on ouvrit jour et nuit un bureau pour déposer les nouveaux « nés Il n'y eut plus alors de raison, pour préférer la neige au tour. Mais les abus « s'en mêlèrent, et depuis saint Vincent de Paule, le chiffre des enfants n'a fait « que croître et embellir. On ne déposait pas seulement des enfants dans le « tour, on y glissait des petites vieilles atroces. Les ivrognes, en revenant de « la barrière, essayaient d'y insérer des camarades trop indisposés pour aller plus « loin. L'administration des hospices a tenu conseil et a statué ceci :

« *Le tour est supprimé.*

« *Mais, considérant que le secret et la trop grande facilité accordée aux mères est la* « *cause du grand nombre d'enfants abandonnés, et que ce grand nombre occasionne* « *des dépenses auxquelles l'administration ne peut suffire ;*

« *Que, d'autre part, la moindre atteinte portée à ce secret, peut engager les mères à* « *remettre leurs enfants dans la neige ;*

« *L'administration promet que le secret sera fidèlement gardé aux femmes qui dé-* « *sirent abandonner leurs enfants; seulement, pour qu'une trop grande facilité ne* « *multiplie pas les abandons outre mesure, les filles ou femmes seront tenues d'aller* « *faire leur déclaration au commissaire de police. De là, deux agents les conduiront* « *à l'hospice, et quatre fusiliers les reconduiront chez leurs parents.*

« On parle de joindre à ce cortège la musique de la loterie qui se trouve sans « emploi.

« Ces mesures ont produit le plus heureux résultat. Dès le lendemain de l'ar- « rêté, l'abandon a cessé. On a seulement trouvé beaucoup d'enfants sous les gout- « tières, on les jette dans les boîtes aux lettres ; on les expédie par la diligence ; « on les envoie aux directeurs des hospices sous forme de bourriches ; on les dé- « livre aux portiers par les vasistas.

« Nous espérons que ces légers abus ouvriront les yeux au conseil des hospices. »

Le roi de Hollande abdique-t-il? on annonce ainsi son abdication :

« Le roi Guillaume se retire des affaires avec cent vingt petits millions. Pauvre « sire! il a distribué, dit-on, à ses ex-sujets ses bénédictions. »

Si l'eau jaillit au puits de Grenelle, on l'accueille par des plaisanteries de ce genre qui se trouvent tous les matins à propos des événements de chaque jour :

« Les curieux qui viennent goûter l'eau du puits de Grenelle sont prévenus de « ne pas apporter de *vases*, car l'eau en contient suffisamment. »

Si Victor Hugo présente un nouveau drame à quelque théâtre, on en donne toujours la première scène par une charge comme celle-ci :

LANDRY.

Mais, causons un peu, Monseigneur. — Il me semble
Qu'avant tout, lorsqu'on va signer un pacte ensemble,
Il faut, — c'est mon avis, — et je le juge bon,
S'entendre sur tout point ; car, de cette façon
On évite le bruit, on prévient le scandale.

CLÉOFAS.

(*Bas*) Où veut-il en venir? (*Haut*) Ah! ça, ta langue sale,
Aura-t-elle fini bientôt de remuer?
Je t'ai pris pour agir et non point pour parler!

LANDRY.

Je le sais, mais......

CLÉOFAS.

Oh! mais, point de mais..... Sur ton compte
Je me suis renseigné. Donc j'entends et je compte
Que tu fasses pour moi ce que tu fis un soir.....

LANDRY.

Je ne vous comprends point.....

CLÉOFAS.

Un soir qu'il faisait noir?

LANDRY.

Il fait noir tous les soirs, et cela depuis Ève.

CLÉOFAS.

Tremble que mon courroux, pendard, chez moi ne crève.
Tu me comprends?...

LANDRY.

Mais non.

CLÉOFAS.

Mais si.

LANDRY.

Mais non.

CLÉOFAS.

Mais si.

LANDRY.

Puisque vous y tenez, qu'il en soit donc ainsi.
Vous voulez...

CLÉOFAS.

Une mort !

LANDRY.

Par l'épée ?

CLÉOFAS.

Ou la dague.
Peu m'importe !

LANDRY.

C'est bien.

CLÉOFAS.

Ta réponse est trop vague.

LANDRY.

Vous dites ?...

CLÉOFAS.

Moi, je dis que j'exige un serment ;
Est-ce clair ?

LANDRY.

C'est fort clair !

CLÉOFAS.

Donne-le ?

LANDRY.

Plus souvent !
J'irais m'engager, moi ! — Suis-je donc un bélître ?
Une brute, un crétin, un animal, une huître ?
M'avez-vous seulement dit vos conditions?
Je suis marchand ! — calmez vos ébullitions,—
Et marchand, Monseigneur, il faut, — puisque j'exerce, —
Que je tire un bon gain des fruits de mon commerce.
J'assassine, — d'accord. — Mais, — je le dis fort net, —
J'assassine suivant tous les prix qu'on y met.
Sur les façons d'agir, je règle mon adresse :
Pour cent ducats, je tue, et pour trente, je blesse ;
J'ai fait de mon métier, plus qu'un métier, — un art !

CLÉOFAS.

Ton prix sera le mien.

LANDRY.

Bien parlé. — Mon poignard
Vous appartient. — Voyons ? faut-il une blessure
A Monseigneur ? ou bien faut-il une mort sûre ?
Vous plaît-il que l'on meure à l'instant, sur-le-champ,
N'aimeriez-vous pas mieux qu'on râlât un moment ?

Me faudra-t-il frapper un homme? Est-ce une femme?
Toutes ces questions sont graves, sur mon âme!
Car pour bien accomplir mon devoir, il me faut
Tout savoir, l'heure, l'âge et le sexe.

CLÉOFAS.

Aussitôt
Que minuit sonnera, ce soir, aux cathédrales,
A l'heure où brillera l'étoile aux reflets pâles,
Tu devras, seul, — tout seul! — t'acheminer sans bruit
Vers la place Saint-Côme...

LANDRY.

Oh! mais un lieu bénit,
C'est dix ducats en plus.

CLÉOFAS.

Tu les auras. — Écoute :
Il faudra te cacher dans un angle sombre, ou te
Coucher par terre, alors...

LANDRY.

Je tache mon pourpoint,
C'est cinq ducats en plus.

CLÉOFAS.

Je t'accorde ce point.
Tu verras s'entr'ouvrir une porte, un jeune homme
Sortira.....

LANDRY.

Je comprends on ne peut mieux.

CLÉOFAS.

Et comme
Il sera seul, sans arme, il faudra, sur-le-champ,
Lui faire — de ton fer, — un trou profond au flanc.

LANDRY.

Les arrhes du marché?

CLÉOFAS.

Sont là, dans une bourse,
Je puis compter sur toi!

LANDRY.

Donnant, donnant! — Car, pour ce
Qui concerne la foi que l'on doit au serment,
Je n'y faiblis jamais. — Séville en est garant.

CLÉOFAS.

Je puis dormir en paix?

LANDRY.

Oh! sur les deux oreilles.
Je lui réserve trois blessures sans pareilles :

Une au bras, l'autre au cœur, l'autre au ventre, et voilà
Comme nous exerçons, Seigneur, ce métier-là.

CLÉOFAS.

Si l'alcade t'arrête?.....

LANDRY

Eh bien! doublez la somme;
Et je serai, d'honneur, muet comme une pomme,
Discret comme un œuf dur ou comme un artichaut;
Sinon Landry bavarde et gare l'échafaud!

CLÉOFAS.

Prends donc cette re-bourse et que ce soir sa vie.. ..

LANDRY.

Votre Grâce, Seigneur, à point sera servie.

Quand l'Exposition ouvre ses portes, voici comment la mitraille du petit journal prend les peintres en écharpe :

« Sans progrès comme sans décadence, MM. Rouillard et Henry Scheffer con-
« tinuent tranquillement leur manière. Le premier taille toujours des têtes
« d'homme dans des blocs d'acajou ronceux ; et de son côté M. Scheffer exécute
« avec sa froideur ordinaire de consciencieux portraits d'une monotone tristesse.
« M. Duval Lecamus continue son commerce de bons hommes avec la plus
« noble persévérance et l'honorable approbation du *Journal des Débats*.
« M. Jacquand raille agréablement les moines et les curés en façonnant leurs
« visages dans de la brique plus ou moins rouge.
« M. Jadin a été pris par le prince royal pour peintre ordinaire de ses meutes.
« Les chiens de M. Jadin jouent la férocité de leur mieux ; mais, à l'impossible
« nul chien n'est tenu, aussi voit-on aisément que faire le mort ou donner la patte
« conviendrait mieux au caractère pacifique de ces excellentes bêtes ; — faire le
« mort sur tout! A propos de pattes, quelques mauvaises langues ont prétendu
« que M. Jadin n'en faisait jamais que trois à ses personnages. C'est là une absurde
« calomnie contre laquelle toute critique consciencieuse doit s'élever. Comment!
« parce que M. Jadin traite la nature avec un laissez-aller plein de superbe et qu'il
« supprime, de son pinceau privé, le poil et les articulations des animaux, on en
« conclura qu'il ne sait pas sur combien de pattes ils marchent. Mais c'est tout
« simplement stupide. Si cet artiste fait des chiens rasés de près, des cerfs en
« bois soigneusement raboté, et des sangliers en feutre, c'est uniquement parce
« que cela lui semble plus facile, et voilà tout. Il est trop fin observateur pour
« ne pas avoir remarqué que les chiens ont ordinairement quatre pattes.
« Il nous reste encore à signaler dans le genre anecdotique, *le duc d'Orléans*
« (alors devenu Louis-Philippe) *recevant l'hospitalité chez les Lapons*. Devant ce ta-
« bleau embrouillé, et dans lequel Sa Majesté semble déplorer le sort des pois-
« sons qu'on fait cuire pour son dîner, la seule réflexion qu'on puisse se permet-
« tre, c'est qu'il est probable que chez les Lapons :

L'hospitalité se donne
Et ne se vend jamais.

On pourrait en vouloir à M. Ingres de la maladresse de ses imitateurs, qui compromettent son école.

« Depuis bientôt dix ans, ces messieurs nous assurent que leur plate et mo- « nochrome peinture est pleine de caractère et de naïveté : que la couleur leur « soit légère et qu'on n'en parle plus! L'erreur des Ingristes est de croire qu'en « remplissant avec trois tons plus ou moins gris, une silhouette sèchement ar- « rêtée, on fait preuve de sentiment et de gravité. C'est absolument comme si les « pleureurs gagés d'un convoi se prétendaient pénétrés d'une douleur véritable, « parce qu'ils sont vêtus d'un costume lugubre. Si M. Lacordaire peint par « M. Chasseriau a peu de relief dans son cadre, ceci peut du moins s'expli- « quer par l'humilité de ce dominicain qui se retire autant qu'il peut de sa toile, « en attendant qu'il se retire tout-à-fait du monde. »

La politique intérieure est-elle en train d'accoucher d'une de ces mille combinaisons ministérielles qui sont l'amusement de la Cour, voici ce qu'en dit cette moquerie journalière, à la piste des moindres comme des plus graves sujets de plaisanterie :

« M. le vicomte Hugo a été mandé au Château, et a reçu mission de composer « un cabinet. Les conditions du programme ont été discutées et acceptées de « part et d'autre avec beaucoup de sincérité. M. Victor Hugo demandait une « royauté mêlée d'ombres et de rayons, et un trône environné de gloire et de « génie. Après quelques difficultés, ces deux points ont été accordés. La Cou- « ronne a cédé sur les institutions faites de gloire et de génie, en demandant « qu'on n'allât pas plus loin.

« Les premiers actes de ce ministère seraient une loi plus libérale sur l'enjam- « bement et l'abolition de la césure.

« M. Victor Hugo est sûr de l'adhésion de MM. Sainte-Beuve, Édouard Thierry, « Paul Foucher, Berthoud, vicomte de Launay, Alphonse Brot.

« Les membres du futur cabinet doivent se réunir ce soir pour s'entendre sur « le choix des sous-secrétaires d'État. MM. Paul de Kock, Alphonse Karr, et « Lherminier paraissent avoir des chances. M. Paul de Kock serait particu- « lièrement agréable à l'Angleterre, et Alphonse Karr à la Prusse qui s'intéresse « beaucoup à cette contrefaçon du Kreisler d'Hoffmann.

« L'appui des Débats est acquis à cette nouvelle combinaison. Le cabinet « veut, dit-on, s'intituler : *Ministère de la Renaissance.* Espérons que ces hommes « mystérieux et sombres feront les affaires de l'État d'une façon éclatante et « surhumaine.

« Au moment de mettre sous presse, nous apprenons que M. le vicomte Hugo « vient de résigner ses pouvoirs. Les refus obstinés de M. Alphonse Brot ont fait « échouer la combinaison. Le dissentiment portait sur le maintien de la césure; « M. Alphonse Brot croit qu'il est impossible de gouverner sans elle.

« Un courrier extraordinaire a été expédié à M. Alexandre Dumas, qui se « trouve à Florence; mais qu'on a rencontré fort heureusement à Senlis (Oise). »

S'agit-il d'une conspiration, voici comment quelque plume républicaine s'en empare :

« On vient de faire à Boulogne-sur-Mer une saisie que le parquet regarde « comme très importante. Il s'agit d'une machine infernale prodigieuse, assez

« haute et assez large pour entrer dans un gousset de montre. Ce formidable « bijou qui n'est pas autre chose qu'un pistolet à cent coups, ressemble, par sa « forme, à un bâton de sucre d'orge. Quand on veut s'en servir, il suffit de le « pendre à son cou comme un sifflet; et, en tirant une simple ficelle, on obtient un « feu de bataillon qui dure vingt-cinq minutes. Le parquet de Boulogne vient « d'envoyer l'inventeur et son invention à Paris : on pense qu'ils seront jugés l'un « et l'autre par la Cour des Pairs. »

Une princesse étrangère est-elle attirée par l'éclat de la gloire? voici comme elle est reçue par cette raillerie parisienne :

« Nous avions déjà le roi de Bavière qui signe ses poésies burlesques : *Apollon « de Munich!* — la reine Victoria qui tapote du piano, — la reine Christine dont le « pinceau napolitain marche sur les traces de Dubufe. Au milieu de cet Olympe « princier, la Saxe brillait par son absence; mais la Saxe qui jusqu'alors n'avait « produit que les porcelaines de ce pays, se manifeste au monde par une muse « indigène, issue de sa cour. On ne connaissait pas cette muse en France, lors- « que M. Pitre Chevalier la révéla sur les deux rives de la Seine, par des récla- « mes et par des affiches. Tout Paris ébloui fit : — Oh!... Oh!...

« La princesse Amélie, qui savait que les petites traductions entretiennent « l'amitié, traduisit les romans bretons de M. Pitre Chevalier, et Dresde étonné « fit : — Ah!... Ah!...

« Cependant nous devons avouer qu'on ne sait pas si Amélie, la première, a « révélé Chevalier à la Saxe! ou si c'est Pitre qui a révélé Amélie, le premier, à « la France!

« Quoi qu'il en soit, cette traduisante amitié ne connaît plus de bornes. Les « traductions se succèdent et se ressemblent. C'est à qui se traduira le plus vite.

« De cette façon d'agir, il résulte le plus étrange salmigondis. Il y a des gens « qui, voyant à tout propos Amélie après Pitre, et Chevalier après la Saxe, ont « brouillé dans leur esprit ces quatre noms; comme la Liste-Civile brouille « quatre œufs pour faire une omelette le jour où Elle reçoit à l'improviste un « parent.

« Ces gens-là demandent la dernière comédie de Pitre de Saxe et le roman « nouveau d'Amélie Chevalier. — On ne leur donne rien, et ils s'en vont contents. — « Tous les goûts sont dans la nature! »

Cet *Houx* perpétuel contre les hommes et les choses se continue depuis dix ans avec autant de verve que d'effronterie. Il n'épargne ni l'âge, ni le sexe, ni les royautés, ni les femmes, ni les œuvres de talent, ni les hommes de génie! Il amoindrit le pouvoir, les conspirations, les actes les plus graves; il ébrècherait le granit, il entame les diamants! La satyre Ménippée serait pâle auprès du livre qu'un homme d'esprit pourrait trier dans cette production journalière due à des jeunes gens inconnus. Cette source est si prodigue d'esprit, si vive, si animée, si constamment agressive, que dernièrement (1841) les Anglais étaient forcés d'avouer, que rien de pareil à la publication de nos petits journaux n'avait jamais existé dans aucun pays, à aucune époque. Tout cela s'invente et s'imprime pour réjouir ce sultan hébété de jouissances appelé Paris !

Hélas, la France est colossale jusque dans ses petitesses, jusque dans ses vices, jusque dans ses fautes !

Les étrangers qui admirent nos hommes de talent ne savent pas à quel prix se vend à Paris la gloire, la mode, toute espèce de lustre, même la triste faveur d'occuper le public de soi pendant quelques moments. Relisez ces citations prises au hasard, mais qui sont des chefs-d'œuvre de plaisanterie?... et — frémisssez !

Quatrième variété. — *L'anonyme.* Élève de Grisier.

Cinquième variété.— *Le Guérillero.* Depuis trois ans, un nouveau mode de publication a surgi. Le journal mensuel, plein de blancs afin d'avoir des parties innocentes, plein de personnalités, de petites anecdotes fabriquées au coin du feu, de réflexions réimprimées, a demandé vingt sous au public, une escopette à la main, et tout aussitôt dix ou douze soldats ont levé la bannière de l'in-32, en imitant l'inventeur, dont l'invention consistait à tâcher d'avoir de l'esprit tous les mois, comme les petits journaux en ont tous les jours. L'auteur du premier de ces petits livres avait pris pour épigraphe : *Je dirai toute ma pensée et serai inexorable pour les hommes comme pour les choses. — Pas un journal n'oserait publier ces lignes neuves et hardies.*

Il publia quelque chose comme ceci :

J'ai quitté Paris hier, en compagnie de Léon Gatayes, et Paris ne s'en est pas aperçu, — quoique je sois un de ceux qui protestent contre l'absurdité de notre costume, en portant un habit de velours.

Le soleil se couchait rouge à l'horizon ardoisé de lames ; — les vagues déferlaient à mes pieds, sur la grève d'Étretat, en entrechoquant les galets sonores. — Mes beaux ajoncs dorés courbaient leurs têtes chargées de pluie.—De plaintifs goëlands planaient immobiles sur les flots, qu'ils éraillaient parfois de leurs longues ailes blanches. — Les douces senteurs marines s'exhalaient dans la brise du soir, et j'offris un cigare de trois sous à un pauvre pêcheur qui regagnait sa cabane où le chaume ne le couvre pas, — attendu que c'est une grotte taillée dans la falaise.

Mon ami, le baron de B....., vient de faire paraître un nouveau roman. — Comme chez moi l'amitié n'exclut pas la franchise, je dois déclarer que cet ouvrage est ravissant.

Quand le temps est sombre depuis plusieurs jours, et que les nuées tamisent de larges gouttes, c'est, n'en déplaise à M. Arago, un signe évident de pluie.

On se trouve toujours assez fort pour supporter seul son bonheur, tant grand soit-il ; — mais on est toujours trop faible pour supporter le plus léger chagrin, sans en ennuyer ses amis. — L'amitié est donc une duperie dont le plus clair bénéfice est de ne partager que le malheur des autres. (22e édition.)

M. Thiers est un petit homme portant lunettes. — Dans l'indépendante pensée qu'il pourrait bien un jour revenir sur l'eau, nous devons déclarer qu'il ne manque pas d'un certain talent.

M. Chambolle a une phrase qu'il répète un peu trop souvent, cette phrase la voici : Napoléon ne manquait pas d'intelligence politique, mais il a fait des fautes que M. Odilon-Barrot aurait certainement évitées.

J'ai vu hier une pipe chez un marchand. — J'ai acheté cette pipe, ce qui n'est pas aussi facile qu'on pourrait le croire, par un temps qui est, au siècle de Louis XIV, ce qu'un centime est à vingt francs. — Le marchand a persisté à dire cette pipe — *d'écume de mer ;* — tandis que ces sortes de pipes sont censées faites par Kummer, un fabricant qui a été le Stradivarius des pipes. — Mais la pipe d'écume de mer restera dans la langue populaire — comme *le chameau par le trou de l'aiguille* dans l'Évangile. Camelus, qu'on a traduit par Chameau, signifie, en basse latinité, Cable !... — Ce n'est pas parce que j'ai remporté le prix d'honneur que je fais cette double observation, mais pour donner une teinture de science à beaucoup de bourgeois qui la répéteront, — ce qui vaut bien, — pour eux, — les vingt sous que coûte la présente livraison.

Non, pas un journal n'aurait osé publier ces lignes aussi neuves que hardies.

Bien que ce soit une épidémie, essentiellement éphémère dans un pays qui passe son temps à déménager sa politique, comme il change le format de ses livres, tous les cinq ans, il y a là l'avenir du pamphlet périodique. Après avoir passé en revue les groupes, il était indispensable de parler des gens isolés.

CONCLUSION.

Tel est le dénombrement des forces de la Presse, le mot adopté pour exprimer tout ce qui se publie périodiquement en politique et en littérature, et où l'on juge les œuvres de ceux qui gouvernent, et de ceux qui écrivent, deux manières de mener les hommes. Vous avez vu les rouages de la machine ; quant à la voir fonctionnant, ce spectacle est un de ceux qui n'appartiennent qu'à Londres et à Paris : en dehors de Paris, on en sent les effets ; mais on n'en comprend plus les moyens. Paris est comme le soleil, il éclaire, il échauffe, mais à distance. A trente-deux kilomètres, le diplomate le plus habile en est réduit à des conjectures sur l'essence de cette lumière. Le soleil est peut-être aussi, comme la Presse, une grande écumoire?

La Presse de Londres n'a pas sur le monde la même action que celle de Paris : elle est en quelque sorte spéciale à l'Angleterre qui porte son égoïsme en toute chose. Cet égoïsme doit s'appeler patriotisme, car le patriotisme n'est pas autre chose que l'égoïsme du pays. Aussi doit-on faire observer l'immense différence qui existe entre les journalistes anglais et les journalistes français. Un Anglais est Anglais d'abord, il est journaliste après. Le Français est avant tout journaliste, il n'est Français qu'après. Ainsi, jamais les journaux anglais ne commettront la faute de donner les secrets de leur cabinet quand il s'agit de recueillir un avantage quelconque au dehors ; tandis que pour avoir des abonnés, le journal français bavardera sur les arcanes politiques, il a pour base cet axiome.

AXIOME.

Pour le journaliste, tout ce qui est probable est vrai.

Et c'est à qui dévoilera les plans du cabinet. Abd-el-Kader a dit naïvement : Je n'ai pas de meilleurs espions que les journaux français.

Hier, un journal prétendait que l'Angleterre et les États-Unis, ont des droits de propriété sur les *Iles Marquises* antérieurs à la prise de possession par la France, et il s'intitule le National.

Entre les chances d'une chute et la liberté de la presse, Napoléon n'a pas hésité.

Certes, il eût été facile de vous peindre les hommes de la Presse et leurs mœurs, de vous les montrer dans l'exercice de leur prétendu sacerdoce ; mais les *choses* ont paru plus curieuses que les hommes. Aujourd'hui cette maladie chronique de la France s'est étendue à tout. Elle a soumis à ses lois la justice, elle a frappé de terreur le législateur qui peut-être eût regardé la publicité comme un supplice plus cruel que toutes ses inventions pénales. Elle a soumis la royauté, l'industrie privée, la famille, les intérêts; enfin, elle a fait de la France entière une petite ville où l'on s'inquiète plus du *qu'en dira-t-on* que des intérêts du pays.

Le nombre des lévites de cette divinité moderne n'excède pas un millier. Le moindre d'entre eux est encore un homme d'esprit, malgré sa médiocrité qui n'est jamais que relative. Pour que rien ne manque aux singularités de la Presse, il s'y trouvait deux femmes et deux prêtres; aujourd'hui, il n'y a plus qu'une femme et un prêtre : deux robes!

Peut-être les abonnés sont-ils plus inexplicables que les journaux et que les journalistes. Les abonnés voient leurs journaux changeant de haines, pleins de bienveillance pour tels hommes politiques contre lesquels ils faisaient feu tous les jours, vantant aujourd'hui ce qu'ils dépréciaient hier, s'alliant avec ceux de leurs confrères qu'ils boxaient la veille ou l'an dernier, plaidant des thèses absurdes, ils continuent à les lire, à s'y abonner avec une intrépidité d'abnégation qui ne se comprendrait pas d'homme à homme.

La Presse, comme la femme, est admirable et sublime quand elle avance un mensonge, elle ne vous lâche pas qu'elle ne vous ait forcé d'y croire, et elle déploie les plus grandes qualités dans cette lutte où le public, aussi bête qu'un mari, succombe toujours.

AXIOME.

Si la Presse n'existait pas, il faudrait ne pas l'inventer.

En effet, il y a, dans les événements humains, une force supérieure que la discussion, que le bavardage de l'homme — imprimés ou non — ne peut pas enrayer.

Pour subsister, le gouvernement actuel devra se sauver par deux lois, là où Charles X a péri par deux ordonnances. Et ces deux lois seront probablement votées à de grandes majorités dans les deux Chambres.

H. De Balzac.

Chambre des Députés.

LA CHAMBRE DES DÉPUTÉS.

Par Frédéric Soulié.

La Chambre considérée comme bâtisse peu monumentale. — L'extérieur, l'intérieur. — Coup d'œil de l'hémicicle. — Mauvaise disposition du banc des ministres. — De l'absence de tout costume officiel. — Une billevesée de l'opposition. — Les couloirs, les corridors, la salle des Pas-Perdus, la buvette. — Du député considéré comme créature multiple — De l'aristocratie du scrutin — Croquis. — LE DÉPUTÉ DE L'OPPOSITION. — Le radical. — Le mécontent consciencieux. — Le député anti-Algérien. — Papillons noirs, cauchemars et rêveries de l'anti-Algérien. — L'ennemi des gens de lettres. — Le pourfendeur des fonctionnaires publics — LE DÉPUTÉ MINISTÉRIEL. — Le ministériel honteux. — Les rats du ministère. — Le haut ministériel. — Le ministériel féroce. — Le ministériel menaçant — Voix dévouées jusqu'à l'enrouement. — Le ministériel administratif. — LE DÉPUTÉ INDÉPENDANT. — Trois interpellations de l'auteur. — Où est le député indépendant ? — L'auteur découvre le député indépendant. — Axiome final à l'usage des électeurs

Est-ce le monument que vous voulez connaître? Non, assurément : et d'ailleurs ce serait une assez sotte connaissance à faire. Comme monument d'art, la Chambre des députés est déplorable. Une façade de temple grec collée sur un hôtel du XVIIe siècle, si tant il est que les temples grecs eussent une façade comme celle-là. Dans ces deux morceaux de maçonnerie on a pratiqué la salle des séances, énorme hémicicle, dont le diamètre est occupé par le fauteuil du président; à droite et à gauche de ce fauteuil, les pupitres des secrétaires de la Chambre, et des secrétaires-rédacteurs. Au dessus du fauteuil et des pupitres, la tribune où l'on monte par deux escaliers latéraux, et qui est en saillie sur ce vaste mur mal orné à droite et à gauche de tableaux qui sont sans effet.

A dix pas de la tribune, commence une suite de demi-cercles de pupitres, de bancs et de couloirs ainsi disposés : 1er pupitre; 2° banc; 3° couloir, ainsi jusqu'au tiers à peu près de l'élévation de la salle, et atteignent le mur semi-circulaire. Là, s'élève une colonnade où se trouvent les tribunes de la diplomatie, des pairs, du conseil d'État, des journalistes, de la garde nationale, et plus haut celle du public.

Tout cela est garni de tapis qui, s'ils ont l'inconvénient d'assourdir la voix de l'orateur, ont l'avantage d'éteindre un peu le bruit des conversations particulières, et des allées et venues perpétuelles de messieurs les députés.

Le banc des ministres est le premier, à partir du pied de la tribune et en face d'elle. Cette disposition les sert, en ce qu'ils sont plus à portée d'entendre quand ils écoutent, et de monter à l'assaut de la discussion quand il en est besoin; mais, comme toutes choses de ce monde, elle a son côté défavorable. Les jours de vote, les grands jours où les majorités chancelantes font trembler les ministres sur leurs bancs, ils ne peuvent surveiller cette armée qui les suit, et dont les premiers rangs leur voilent les rangs éloignés. Tandis que si le ministère était aux bancs supérieurs, il aurait tout son monde sous son regard, sous sa main, sous sa férule; il jugerait de l'accord de ces terribles *assis et levés* qui, bien exécutés, saisissent le bureau par leur vive spontanéité, ou le laissent indécis par l'indolence des votants.

Quant à l'aspect général de la Chambre dans ses plus belles réunions il est triste, sec, râpé. L'absence du costume en est la première cause. Il est entré dans l'esprit de quelques députés de l'opposition qu'un costume pour le député, comme il y en a un pour le juge, pour le général, pour l'avocat, pour le préfet, etc., serait un attentat à la liberté : et l'on considèrerait aujourd'hui la proposition d'un costume pour un membre de la Chambre comme une plate courtisanerie, et la proposition faite par le gouvernement comme une violation de la Charte.

Cette billevesée a pris la consistance d'un principe dans l'opposition. Peut-être est-ce parce que le principe de l'opposition a la consistance d'une billevesée.

Toujours est-il qu'il résulte de ce sans façon imité de l'Angleterre, quelque chose de pauvre, de laid, de mesquin, fort peu en harmonie avec les instincts d'un peuple pour qui l'éclat, le grandiose, la pompe, ont un attrait irrésistible.

Serait-ce que nos députés ont la prétention de refaire les instincts naturels du peuple français ; alors il faut qu'ils changent son sang, son ciel, son climat. On ne refait pas le caractère d'un peuple, on l'exagère dans ce qu'il a de mauvais, on l'amoindrit dans ce qu'il a de bon, mais on ne lui fait pas prendre les goûts et les passions d'un autre peuple.

Mais nous ne sommes encore qu'à ce qu'on appelle en français législatif : Palais de la Chambre des députés. Et bien, pour arriver aux tribunes de cette salle (à ce qui appartient au public des séances) il faut passer par des escaliers en bois et des corridors blanchis à la chaux qui feraient honte aux plus misérables théâtres de la banlieue.

Le reste, ce qui est les coulisses de la Chambre, est mieux entendu, car c'est le public qui paie et les députés qui usent. La salle des Pas-Perdus est belle, celle des conférences de même; les bureaux sont largement chauffés et tapissés, et la buvette a des agréments que ne présentent point les soirées officielles des ministres, où il n'y a jamais rien à boire ni à manger.

Mais en vérité, et je crois ne pas me tromper sur ce que désire le public dans un livre pareil à celui-ci, il ne s'agit pas le moins du monde de lui raconter le nombre de pièces de ce palais interminable, logé dans un vieil hôtel, dans ses communs, dans ses écuries, partout. Il désire surtout connaître la Chambre même, c'est-à-dire le député.

Or, le député est un être multiple, divers, difficile à saisir et à faire poser, et quoiqu'il ne fasse pas autre chose six mois de l'année sur la table de marbre où il concourt de tous ses poumons à quelque chose qui s'appelle le gouvernement représentatif, la France n'en a pas une idée certaine, intime, véridique.

Assurément, nous n'avons aucune prétention à saisir dans toutes ses variétés la race des députés, mais nous essaierons d'en esquisser quelques espèces.

Sans doute, il faut être bien hardi pour porter le crayon sur ces Pères de l'État, et les rabaisser au niveau d'un drame et d'un roman en les soumettant à la critique du feuilleton, car ceci ressemble beaucoup à un feuilleton. Leur superbe s'en révoltera, car vous ne pouvez vous imaginer quelle fierté aristocratique s'empare d'un individu, s'appelât-il Jacques, Thomas, ou tout autre chose, le jour où deux cents, cent, ou quatre-vingts électeurs lui ont dit :— Tu es député.

La grande aristocratie de l'ancienne monarchie ne se carrait pas avec plus de solennité sur ses antiques souvenirs, que cette olygarchie de deux jours sur son scrutin.

Ce caractère général d'importance se manifeste cependant d'une façon si diverse, que nous en donnerions une fausse idée à nos lecteurs, si nous voulions le généraliser. On le retrouve partout ; mais sous des couleurs si nuancées, qu'il nous semble nécessaire de peindre d'abord les variétés du genre, en nous réservant de généraliser ensuite.

Nous commencerons cette importante nomenclature par ce qu'on est convenu d'appeler LE DÉPUTÉ DE L'OPPOSITION. Nous passerons ensuite au DÉPUTÉ MINISTÉRIEL, et enfin au DÉPUTÉ INDÉPENDANT, chose fort rare et si exceptionnelle, que c'est par respect pour la France que nous en parlerons.

Ce n'est pas tout que d'être député, encore faut-il avoir une opinion.

La plus facile à se donner, c'est de ne pas penser comme le gouvernement, quoi qu'il fasse ou quoi qu'il dise.

Cela bien résolu et hardiment exécuté, on est député de l'opposition, et l'on a une des existences les plus considérables et les plus considérées de la société française.

D'abord, le métier est des plus aisés, car il n'est pas besoin de beaucoup d'esprit pour y réussir; blâmer tout, nier tout, insulter à tout : en politique comme en littérature c'est le but des impuissants; mais ce n'est pas ainsi que le considère le public : il donne volontiers au député de l'opposition toutes les vertus que celui-ci dénie à ses adversaires, et lui croit toute la capacité qu'il refuse aux hommes du pouvoir.

D'une autre part, il y a un bruit fort accrédité parmi les électeurs, c'est qu'un député de l'opposition ne sollicite ni pour lui ni pour personne de sa famille; que l'idée de passer devant la cuisine d'un ministre lui donne une indigestion, et que la seule proposition d'une place appointée le porterait aux dernières extrémités. Il en résulte que la grande nation se croit obligée de dédommager le député de l'opposition du crédit et de l'argent qu'il méprise; mais encore elle le récompense en popularité, en concerts, en dîners d'ovation, où l'honorable porte un toast motivé, après quoi l'Europe applaudit.

Il ne faut donc pas s'étonner si le métier est si couru; il l'est tellement, qu'il y a embarras, encombrement, et que le jour où l'opposition cueillera ces raisins du pouvoir, aujourd'hui trop verts et bons pour des goujats, il y en aura à peine un grain pour chacun de ces appétits aiguisés par une longue privation.

Mais en attendant cette grande transformation, nous devons les saisir au passage, bien assurés, toutefois, que nos portraits ne manqueront jamais d'originaux, car le jour où le député de l'opposition deviendra député ministériel, le député ministériel deviendra député de l'opposition, et ceux-ci seront comme ont été ceux-là, et ceux-là seront comme ont été ceux-ci ; — vous pouvez en être sûr.

Commençons donc, et plaçons en première ligne le député de l'opposition radicale.

Avant d'aller plus loin, permettez-nous de vous faire remarquer que le mot radical ne signifie pas ici, comme dans le baragouin politique, un homme qui a des opinions démocratiques très avancées. Député de l'opposition radicale veut dire celui qui trouve tout absolument mauvais, funeste, intempestif et antinational. Ce député est toujours, toujours, vous entendez bien, un avocat, ce qui constitue un être doué du don pernicieux de parler sans cesse à tort et à travers de tout, sur tout, pour et contre tout.

Cet avocat est un homme de quarante à cinquante ans, proprement habillé, légèrement ventru, presque distingué quand il ne parle pas, pétulant dans les salons où il passe pour homme d'esprit, galant, quêtant du tabac dans la tabatière de tous ses voisins, et doué de cette physionomie indéfinissable qui tient du renard et du mouton, qui a quelque chose d'ouvert et d'astucieux, d'important et d'humble, et qui ne va qu'à l'homme qui a juré de défendre généreusement la veuve et l'orphelin, et qui tire au dernier écu du client.

Fatigué de plaider d'assez piètres affaires au barreau, il s'est résolu à se faire homme politique, et comme au parlement le parlage est la plus éminente des qualités, le parleur a été élu, ni plus ni moins que si c'était un homme d'état ou un orateur.

Du reste, à l'exception des affaires du pays, on ne remplit pas mieux son mandat que ne le fait le nouveau député : il parle sur les finances, sur la marine, sur la guerre, sur les travaux-publics, sur le commerce, sur les beaux-arts... Mais l'endroit où il triomphe, ce sont les affaires extérieures. Il assigne à court délai le ministère de lui donner des explications; et le jour venu, le voilà qui s'établit à la tribune remuant au gré de sa parole *spirituelle et profonde*, comme dit son journal, les quatre ou cinq parties du monde. Il pousse l'Occident sur l'Orient, le Nord sur le Midi, traite du colosse du Nord, de l'innocente Isabelle, de l'alliance anglaise, foudroie Nicolas, pince don Carlos, sermone M. de Metternich, écorche la Prusse, admoneste le pape, montre que la France est descendue au dernier degré des nations, et conclut que le ministère est stupide et antinational, — ce qu'il eût pu dire tout de suite comme Caton criant à tout propos : *Delenda est Carthago*, car c'est le fond de tous ses discours, comme goddem est le fond de la langue anglaise, selon Figaro.

Prenez-bien garde à ce gaillard, hommes de tous les partis, préparez-vous à le combattre à quelque époque que vous arriviez au pouvoir, car vous serez alors pour lui ce que vos devanciers auront été.

Mettez le côté gauche au ministère, mettez-y les carlistes, le tiers parti ou les doctrinaires, mettez-y la république, il est contre tout cela, car il n'est que pour lui; et comme personne n'en veut, il est tout simple qu'il soit contre tout le monde.

Il est à lui tout seul, le patriotisme, la capacité, la sagesse, la grandeur, la prudence et l'audace réunis; et si ce n'est qu'il est le délégué appointé de quelque chose, ce serait un vrai Cincinnatus ou un Aristide; mais comme il faut que tout le monde vive, il se raccroche à quelque vieil abus, dont il mange et s'engraisse en se disant : J'ai parlé pour l'abolition du monopole du tabac, et je n'ai point d'emploi du gouvernement dont je suis le plus noble défenseur de l'humanité, et le modèle du plus pur désintéressement.

Du reste, il y a peu de députés de cette force dans l'opposition, comme il n'y a qu'un Dieu au ciel ou un diable en enfer.

Car il faut bien distinguer. Dans cette opposition, nous connaissons beaucoup de députés qui blâment le blanc, parce qu'ils croient au noir; ceux-là ont des convictions sincères basées sur des principes positifs, ils pensent qu'en faisant autre chose que ce qu'on fait on arriverait au bien; mais ce quelque chose ils en ont une idée, ils le savent, ils l'ont étudié, ils sont prêts à le mettre en œuvre s'ils arrivent; bonne ou mauvaise, ils ont une politique.

Mais celui dont je vous parle n'a pas d'autre système que le blâme régulier et aveugle de ce qui se fait; c'est le principe négatif incarné, c'est le critique impuissant à produire qui dénigre tout ce qui produit.

Une seule chose trouble la sérénité de sa supériorité, c'est d'être quelquefois de l'opinion de quelqu'un. Comme dans son rôle d'opposition radicale, il se trouve avoir attaqué ce que d'autres attaquent à leur tour, il en éprouve un dépit secret, aussi se retire-t-il dans sa tente au moment des luttes sérieuses : car, s'il se joignait à l'un des partis politiques qui visent au pouvoir, il aurait compromis son opposition future, si par hasard ce parti venait à triompher; et il est l'ennemi né de celui-là comme de tous les autres.

A côté de ce colosse de l'opposition, il y a une foule d'autres mandataires des électeurs à qui l'on donne aussi le titre de députés de l'opposition, quoiqu'ils n'exercent qu'une partie de la profession.

En les plaçant à une grande distance de ce terrible Titan, nous n'entendons pas dire que leur opposition soit moins vive, moins acérée, seulement elle choisit ses sujets; au lieu de les embrasser tous, elle s'applique à une spécialité de dédification.

Par exemple, vous avez le député d'opposition anti-algérien.

Sur tout autre chapitre il est assez raisonnable, il ne dépasse pas les bornes d'une honnête contradiction; mais au mot Alger il s'anime, s'emporte, devient furieux, c'est un taon qui le pique et le met hors de lui.

Alger est pour ce député un monstre, un gouffre, une iniquité.

A son compte, tout employé du gouvernement qui est à Alger s'y gorge de paresse et d'or, en même temps que tout y meurt de misère et de fièvre putride.

Selon lui, quand on dit qu'il y a des oranges à Alger, on ment:

Quand on dit que l'armée y a accompli de beaux faits d'armes, on ment:

A Alger, voyez-vous, il n'y a que de l'eau croupie qui donne la colique, et tue en trente-six minutes tout individu qui la boit:

A Alger, dès qu'un soldat met la tête à la fenêtre de sa caserne, il a immédiatement la tête coupée par un kabyle qui passe, la plante sur un piquet dans le salon du gouverneur, tandis que les chacals viennent manger effrontément le reste.

En même temps, voyez-vous, le soldat français, devenu une bête féroce, massacre les indigènes entre les heures de ses repas; et tous

les officiers remplissent leurs poches de plusieurs millions de boudjoux, quoique le pays soit si pauvre, d'un autre côté, qu'il ne puisse en rien servir à notre commerce et nous acheter une aune de calicot.

Veuillez remarquer le député anti-algérien : il est curieux. C'est une haine si profonde, si folle, si inouïe, que, selon l'occasion, il vous prouvera qu'Alger est trop près et trop loin, qu'il y fait trop chaud et trop froid, trop sec et trop humide.

S'il passe par l'idée d'un ministre de faire sur cette terre maudite une maison de correction pour les assassins, Alger devient un lieu de délices où le crime se couchera sur des divans de plume à l'ombre des orangers; si le même ministre veut alors envoyer quelques colons dans cet Eldorado, c'est immédiatement un enfer stérile à qui l'on sacrifie à plaisir des victimes humaines.

Il y a véritablement dans cet Alger quelque chose d'incompréhensible qui frappe ces braves députés au cerveau et les rend maniaques. Livrer Alger, quitter Alger, ou la mort, voilà leur vœu et leur cri de tous les jours. D'où diable leur peut venir une telle maladie? qui peut le savoir? Ces choses-là se constatent et ne s'expliquent pas.

Près de ce député affecté de cette fâcheuse disposition, il y en a quelques uns qui ont des manies plus gaies.

Il y a par exemple celui qui a entrepris de flageller tous les ans la corruption des gens de lettres. Celui-là tonne périodiquement contre les subventions théâtrales et les encouragements à la littérature, et fait de la morale et du bon goût contre le drame et le roman modernes à propos de Molière et de M. de Voltaire. Il s'extasie sur la retenue pudique de Georges Dandin et recommande à sa fille la lecture de Candide. D'ordinaire ce député a fait une mauvaise tragédie, et fait maintenant de la mauvaise opposition.

C'est étonnant comme le mauvais est tenace, c'est un mal dont on ne peut se défaire.

Parmi les députés de l'opposition, il faut distinguer encore celui qui s'est voué à la destruction du fonctionnaire public; la présence du fonctionnaire public lui agace les nerfs, et il tuera le fonctionnaire public ou bien il en mourra.

Le fonctionnaire public, c'est sa proie, son bien, son lot; il en fait la base de sa fortune et de sa renommée politique; l'abus du fonctionnaire public lui appartient, comme autrefois la révolution française appartenait à MM. Thiers et Mignet. Tout homme qui écrivait quatre lignes sur cette illustre époque les volait, et il leur a fallu toute leur longanimité et toute leur foi dans leur supériorité pour ne pas attaquer les contrefacteurs en police correctionnelle.

De même nous sommes assurés que tels de ces illustres honorables se croient tellement les missionnaires inféodés de cette grande réforme que tout autre, qui s'en emparerait, leur semblerait un malhonnête homme. N'est-ce pas leur bien, n'est-ce pas de cela qu'ils vivent, qu'ils nourrissent leur gloire, leur popularité, leur opposition; si bien que s'ils arrivaient à réussir, le lendemain ils ne seraient plus bons à rien et périraient politiquement parlant comme le ver quand il a fait tomber la branche qu'il ronge.

En face ou à côté de cette collection d'opposants qui vivent de théories plus ou moins impossibles, il y a une autre collection non moins curieuse qui vit de réalités excessivement positives.

Cette collection est celle des députés ministériels.

Ceux-ci se divisent en deux grandes espèces, les honteux et les féroces. Les honteux sont ceux en qui a survécu le singulier préjugé qu'on ne peut pas être de l'opinion du pouvoir sans être un misérable vendu et corrompu jusqu'à la moëlle. Peut-être est-ce chez eux une conscience plutôt qu'un préjugé, mais enfin peut-être ceux-là ne rougissent-ils si profondément d'être les suivants d'un système qui ne leur a donné que de mesquines récompenses, que parce qu'ils se sentent tout prêts à servir un drapeau contraire, pour peu qu'il montrât un peu plus de générosité.

C'est à vrai dire l'espèce la plus malencontreuse de la chambre; solliciteurs de bas emplois, encombrant l'administration de demandes pour les postes les plus infimes, une des plus odieuses lèpres du gouvernement représentatif, rongeant le gouvernement dans le menu de son organisation, comme une cuisinière vole ses maîtres sur le pain, la viande et le lait. On leur abandonne par ennui tout ce qu'ils demandent, c'est si peu de chose à la fois; mais c'est tous les jours et sans cesse, et il arrive qu'à la fin ces rats politiques ont mangé plus de fromage budgeteur que ceux qui procèdent par très gros morceaux.

Ceux-là sont ce qu'on peut appeler les gardes ordinaires d'un ministre. En effet, il y en a toujours dans les antichambres un escadron qui défend les abords du salon d'audience contre tout autre solliciteur. L'huissier les connaît et ne les protège pas; l'huissier du ministre a plus de tact que cela : il n'a de haute déférence que pour le haut ministériel.

Celui-ci est à son confrère, comme le noble coursier d'Arabie à l'âne patient : il a l'encolure fière, il est belliqueux, toujours prêt à charger son ennemi; mais aussi fort capable de désarçonner son cavalier, si celui-ci pousse trop l'éperon dans ces flancs. Le haut ministériel protège et ne demande pas, et quand il veut obtenir, il arrange une mutation et ne sollicite pas un emploi. Il a le plus profond dédain des places de percepteur, de bureau de timbre, de contrôleur des douanes qu'il laisse à ses petits collègues, il vise pour lui et beaucoup plus souvent pour les siens à la Cour des comptes,

à la Cour royale, au Conseil d'Etat, au parquet et aux fonctions financières; mais à vrai dire il aime assez les protégés qui ont quelque valeur personnelle, il ne place pas, il rallie, il a la prétention de rendre service au pouvoir autant qu'à ses amis en leur procurant des fonctions que leur donnent une haute influence politique.

Que ces messieurs se trompent souvent grossièrement, ce n'est pas douteux, et les preuves en sont devant les yeux de tout le monde; mais enfin ces gens-là ont une idée, un but, une opinion, et ils ont le courage de tout cela. Ils sont ministériels en vertu d'un principe d'une élasticité immense et pour lequel on a inventé l'épithète de conservateur.

En conséquence, tout ce qui est, étant bon à conserver, à la moindre tentative qui consisterait à faire autre chose, ils croient à la révolution, à l'anarchie; comme leurs antagonistes croient à l'arbitraire dès que le pouvoir demande la plus petite garantie.

C'est une chose merveilleuse en France que la façon dont se traitent les partis; il n'est pas de vice, de lâcheté, de perfidie, de bassesse; il n'est pas de cruautés, de rixes sanglantes, de folies barbares, dont les uns n'accusent les autres.

Cependant ce sont des deux parts gens fort paisibles et qui ne veulent rien égorger ni rien étouffer.

On a beaucoup débité de plaisanteries dans les petits journaux, et Béranger lui-même a fait, à ce sujet, une illustre chanson sur les députés ventrus. C'est une espèce à peu près morte.

Le refrain :

> Quel dîner,
> Les ministres m'ont donné

est d'un autre siècle. Il y a trois raisons à cela, comme dit M. Pincé : la première, c'est que les ministres donnent les plus mauvais dîners du monde; la seconde, c'est — mais il me semble que celle-là nous dispense des deux autres.

Mais une autre espèce de député ministériel de formation nouvelle, c'est le ministériel menaçant, celui qui, étant un riche fabricant, un propriétaire considérable, et ne voulant pas vendre ses loisirs pour quelques milliers d'écus dont il n'a pas besoin, vend son appui d'un prix moral. Il blâme, il crie, il tempête, il amende, il pose ses conditions avant les autres et dans les secrets des cabinets, c'est le ministériel qu'on honore et qu'on exécre.

Enfin de compte, une boule n'est qu'une boule, et celles qu'on achète par des sacrifices personnels de vanité, sont bien plus chères que celles qu'on paie de la ration prise au budget.

Mais aussi, il faut le reconnaîtré, une fois ces voix satisfaites, elles sont dévouées jusqu'à l'enrouement. Elles crient, elles hurlent, elles tempêtent, elles ont une conviction frénétique qui chauffe les tièdes et entraîne les incertains.

Nous ne parlerons pas du ministériel administratif, nous dirions à ce sujet des choses qui pourraient passer pour monstrueuses.

Et pourquoi ne pas les dire? Eh bien! nous sommes d'avis qu'un homme qui est l'agent d'un système gouvernemental, doit quitter la place du jour où ce système lui déplaît.

Ergo, et comme la loi dit qu'en toutes choses on doit présumer la bonne foi, j'aime mieux le fonctionnaire ministériel que le fonctionnaire opposant: l'un sert, l'autre trahit.

Mais en voilà déjà beaucoup sur ces diverses catégories, et il nous reste le député indépendant.

Voyons!

Appellerons-nous députés indépendants ces deux ou trois chefs de petites factions impuissantes à dominer par elles-mêmes et qui ont cependant une énorme puissance d'adjonction? Est-ce indépendance, que ce calcul qui les mène tantôt à droite ou à gauche, rien que pour faire subventionner leur concours d'un petit ministère au besoin, quelquefois de trois ou quatre directions générales?

Non, ce ne sont pas là nos hommes.

Appellerons-nous députés indépendants, ceux-là qui, après avoir accepté la discipline sévère de la doctrine, impatients du joug d'un maître qui ne laissait arriver que lui, ont voulu leur part personnelle du pouvoir et qui se sont jetés à l'encontre du dieu qu'ils avaient servi?

Non, ce ne sont pas là nos hommes.

Appellerons-nous députés indépendants, ces natures impuissantes et prétentieuses, dont personne n'a jamais pu rien faire, ni le pouvoir ni l'opposition, et qui après s'être promenées dans tous les partis qui les ont rejetées comme des bouches inutiles, se constituent dans leur isolement une position pour s'appuyer sur tout le monde.

Hélas! non, ce ne sont pas là nos hommes.

Quel est donc le député indépendant ?

Je vais vous le dire : il n'est ni à droite, ni à gauche, ni au centre, ni au mi-centre, il n'est pas à la chambre.

Le député indépendant, c'est le candidat devant les électeurs.

Que de vertus, que de sagesse, que de lumières, que d'austérité, que d'indépendance, — avant le scrutin.

O électeurs! conservez à la France ce précieux phénomène, ne faites rien qui puisse altérer sa splendeur.

Ne le nommez pas député.

FRÉDÉRIC SOULIÉ.

Rivoyeurs et Canotiers.

LES CANOTIERS DE LA SEINE

OU

SOUFFRANCES ET MÉSAVENTURES DE M. BERLINGUOT, CAPITAINE DU *VEAU-MARIN*, AVEC UN RÉCIT DES RIVALITÉS AMOUREUSES DE LA BELLE GUSTINE AUX CHEVEUX NOISETTES, ET DE MADAME BINETTE, FABRICANTE DE FLEURS, SUIVI DE LA MÉMORABLE VENGEANCE QU'IMAGINA CELLE-CI.

M. Berlinguot, capitaine de l'équipe appelée le *Veau-Marin*, était un grand jeune homme blond, d'une figure assez bonasse, et d'un aspect généralement vulgaire. Mais M. Berlinguot rachetait cette faveur naturelle par une amplitude de gestes et un coloris de langage qui lui avaient attiré l'estime de tous les canotiers de la rue Saint-Martin. Il terrifiait ses camarades par le *bagou d'entre-pont*, comme il disait lui-même. Son vocabulaire de marine était l'argot le plus formidable qui eût jamais grondé de l'île Saint-Louis à la cambuse du père Cholet, et personne ne commandait mieux une *pige*, ou ne faisait mieux exécuter un *battage* provocateur.

Le capitaine Berlinguot jouissait en outre d'une belle position sociale. Il était fleuriste chez madame Binette, fabricante de la rue Saint-Martin, et gagnait douze cents francs par an, moyennant quelle somme il semait son existence de coquelicots en percale et de belles roses-pompon. On osait même prétendre que la barbe naissante de Berlinguot n'était pas indifférente à madame Binette, et que le jeune canotier devait aux sensibilités de cette dame l'excès d'appointements et de liberté dont, avant Berlinguot, il n'y avait pas d'exemple qu'un fleuriste eût jamais été favorisé.

Berlinguot pouvait inspirer des passions. nous aimons à le croire, mais celle qui le dominait était exclusive et n'admettait point de partage. Le jour qu'il fit construire, du produit de ses économies, un canot de dix-huit pieds de long auquel il fit ajuster une voile et un gouvernail, et que le curé de Charenton baptisa du nom de *Veau-Marin*, ce jour-là Berlinguot mit le pied dans le beau et fantastique domaine de la Manie.

Il prit un air solennel et s'habitua à chiquer.

De plus, il tomba fréquemment dans de longues abstractions, durant lesquelles il semblait abandonner sa gomme, son bouloir et sa cannetille, pour se promener à travers de nouveaux mondes. Madame Binette avait beau darder sur lui les flammes de ses yeux bleu de prusse, les traits galants frappaient une masse inerte et retombaient émoussés. Berlinguot dormait ainsi six jours et ne se réveillait que le septième. Mais aussi le matin de ce jour, il secouait la vie réelle et enfourchait sa Chimère. Une fois parti, Berlinguot se transfigurait. Ses traits, passablement bêtes à l'état normal, se couvraient de lumière, sa langue se dénouait et ses bras se mettaient à tourner comme les ailes d'un moulin à vent. Arrivé sur la berge où le *Veau-Marin* était amarré, Berlinguot passait vivement en revue ses quatre hommes d'équipage, doués comme lui de positions privées assez innocentes, telles que courtier-marron, garçon apothicaire, calicot et clerc d'avoué, et leur disait ces mots invariables :

« Braves marins, c'est aujourd'hui que nous allons nous laver le torse, dans un genre ficelé, et embêter les autres de la *Raffale!* Ces *muftons* se vantent de passer au pont de Charenton en nageant seulement de la *godille*. C'est une blague. Je veux les *piger* comme des riens du tout qu'ils sont, et leur passer sous le nez, aussi vrai que Gustine a les cheveux noisettes ; est-ce convenu ?

— Hurra!!

— Très bien. Alors, mes amours, nous irons manger leur matelotte et siffler leur nectar à quinze chez le père Bauny. Ça sera très cocasse quand ils arriveront. Du reste, braves des braves! s'il faut du *battage*, il y en aura.

— Hurra!!

— Très mieux!

Range alors à virer, hisse la voile et nageons bien. Et l'on partait.

Le capitaine d'équipe, comme les autres animaux de la création, a d'ordinaire un autre capiatine d'équipe qui lui est antipathique. Berlinguot avait Pinchon. Ce Pinchon était premier commis dans un magasin de *blanc* qui faisait face à la boutique de madame Binette. Quand Berlinguot acheta son *Veau-Marin*, Pinchon se saigna des quatre membres pour se donner un canot. Pinchon et Berlinguot se jalousaient comme deux jolies femmes. Un des plus méchants tours de Berlinguot avait été d'enlever la maîtresse de Pinchon, la belle Gustine aux cheveux noisettes, et de la promener publiquement du pont d'Austerlitz à la gare de Bercy, en *pigeant* deux fois la *Raffale*, qui était le canot de Pinchon. Celui-ci en avertit madame Binette, et ces deux victimes de l'amour se concertèrent pour anéantir Berlinguot.

Un samedi soir, les espions du commis de blanc l'avertirent que Berlinguot devait aller le lendemain prendre possession d'une île, découverte huit jours auparavant par le *Veau-Marin*, dans les plus lointains parages du *tour de Marne*.

Ce qu'il faut savoir, c'est que les canotiers découvrent beaucoup d'îles. Presque tous leurs voyages sont des voyages de découverte, à la recherche des bancs de sable, émaillés de tessons, qui fourmillent dans la Seine. Quand une terre inconnue est signalée, on l'aborde, on lui donne un nom et l'on en prend possession par un *gobichonage majeur*(1). Telle était l'intention de Berlinguot à l'endroit de son île, qui était située quelque part entre le 48e et le 49e degré de latitude. Un mot, écrit la veille au père Bauny, maître d'une cambuse en Marne, envoyait des ordres au cabaretier pour faire transporter dans les nouvelles possessions du capitaine, du jambon salé et du cachet vert en quantité raisonnable. Berlinguot, bravant du reste toute retenue envers madame Binette, avait persuadé à Gustine d'accompagner l'expédition, voulant accabler Pinchon du spectacle combiné de ses deux conquêtes, car il s'attendait bien le long de la route à *piger la Raffale*. Gustine, après quelques façons propres à donner du relief à son sacrifice, avait fini par déclarer qu'après tout *elle s'en battait les yeux*.

On va voir à quelle héroïque vengeance l'amour, qui perdit Ilion,

(1) Une ripaille de premier ordre. Nous demandons grâce pour quelques mots extravagants que la vérité locale nous forcera d'employer dans le courant de cet article. Nous ne voyons pas pourquoi nous serions plus scrupuleux que le *Journal des Débats* en matière d'argot. Le nôtre du moins ne fera pas rougir les sergents de ville.

poussa la dame Binette, exaltée, du reste, par les conseils de Pinchon.

Dès le matin du dimanche, Berlinguot et Gustine s'acheminèrent chez Hédouin, un cabaret du pont Notre-Dame, près duquel était amarré le *Veau-Marin*. Les quatre canotiers de Berlinguot s'y trouvaient déjà en costume d'ordonnance. L'uniforme d'un canotier, qui a quelque estime de lui-même, se compose d'un cotillon en grosse toile à torchon, nommé la *salopète* : le canotier qui se permettrait de faire laver cette partie de son costume serait déshonoré à tout jamais. Vient ensuite le bourgeron de laine appelé la *vareuse*, et enfin le *toquet*, sorte de coiffure qui a pour effet de ne garantir ni du vent, ni du soleil, ni de la pluie, et qui doit à ce triple avantage la faveur universelle. L'un des quatre équipiers de Berlinguot, commis-fleuriste comme lui, dans la rue Saint-Martin, avait un air sombre et taciturne qui ne lui était pas habituel; nous saurons tout à l'heure pourquoi. Pour Berlinguot, il était radieux.

« Ohé! les équipiers du *Veau-Marin*! s'écria-t-il en sautant dans la barque, attention à la manœuvre! Range à hisser la voile! Nous allons, s'il vous plaît, cingler babord amures! Ça sera chouetmar!! Haut les avirons! une, deux, ensemble! Enlevé!!... Mille noms d'une pipe, fais donc attention Gustine, v'là ton crêpe de Chine qui plonge comme une voile de beaupré déralinguée : hisse-moi ce torchon, bichette, c'est pas de la manœuvre.... Hé, vous autres, est-ce que vous prenez ce bateau de blanchisseuses pour l'établissement du père Jambon, par hasard? Tonnerre! nage à tribord! nage donc! Ah ben oui, v'là le *battage* en plein! C'est du bel ouvrage!... Faites pas attention, mère Crêpu, faites pas attention, je vous prie, c'est le *Veau-Marin* qui louvoie... Il louvoie crânement ce pauvre cher veau... Allons, mère Crêpu, un coup de main et le tour est fait, tirez sur tribord, là, comme ça, bravo!... Et maintenant, chers équipiers de mon cœur, halons vivement sur le bras du vent... Gustine, passe-moi ma bouffarde et range à me hisser un verre de fil en quatre... Au revoir, m'ame Crêpu, bien des choses de ma part à votre matou, et embrassez pour moi votre pivoine!

Un instant après, le *Veau-Marin*, poussé par une jolie brise nord-ouest, avait franchi le pont d'Austerlitz et cinglait vers la Râpée.

Gustine, pendant ce temps, étudiait des poses de nymphe marine sur l'avant de l'embarcation, et continuait, malgré les avertissements de Berlinguot, à livrer les plis vaporeux de son schall aux caprices du nord-ouest, jugeant que cette ondoyante draperie, qui s'arrondissait par moment au dessus de sa tête, devait donner à sa petite personne un caractère de beauté passablement mythologique.

On ne sait peut-être pas ce que c'est qu'une *canotière*. Gustine était canotière depuis la semelle de ses brodequins jusqu'à la pointe de ses cheveux noisettes. Une canotière est une femme-libre qui boit du grog américain et fume des cigares de Manille. Elle permet que l'on jure en sa présence. Pendant une traversée, elle pêche des goujons à la ligne, fait des calembourgs et chante des romances de Loïsa Puget. S'il s'élève une contestation sur le mérite d'une pipe culottée, elle daigne départager les voix. Dans un gros temps (les canotiers et les canotières naviguent de préférence par les gros temps), c'est elle qui conseille la première de *risquer le bouillon*, c'est-à-dire d'attacher au bordage tout ce qui peut tomber à l'eau, et de déployer la voile jusqu'au dernier des ris. Si l'on *capote*, elle compte sur son jupon-crinoline, pour filer à la dérive jusqu'au prochain rivage. C'est une femme forte, *femina fortis*.

Cependant le *Veau-Marin* pinçait joliment le nord-ouest et l'un de ses rameurs s'obstinait plus que jamais dans un inquiétant silence. Nous avons promis de dire pourquoi.

Canotiers! s'écrie tout à coup Berlinguot, si nous allions prendre un *renseignement* à cette seule fin de nous allumer un peu?

Prendre un renseignement, c'est aller boire un petit verre dans une cambuse de Bercy, appelée les *Renseignements*. Pourquoi ce nom? C'est ce que nous allons expliquer.

En dépit de la grimace de Gustine, qui sait que les deux cabaretières de la cambuse sont assez pimpantes, le gouvernail tourne lentement à babord, et l'on touche bientôt à la berge; mais en arrivant Berlinguot lâche un juron farouche, car *la Raffale* est amarrée au rivage, et le cabaret, malgré l'heure matinale, retentit déjà de rires et de cris de joie... Berlinguot déclare alors qu'il descendra seul.

Une dizaine de jeunes sauvages en manches retroussées, en chemises bleues et en *salopète*, sont assis à l'entrée de la cambuse, s'égosillant à demander du vin à quinze et du lard aux choux. L'un est élève en médecine, et joint à l'étude de la pathologie un cours approprié au culottage des pipes belges. L'autre est rapin chez

M. Delaroche, et prélude aux grandes compositions historiques par la culture d'une barbe qui eût fait rougir celle du juif-errant. Celui-ci passe quatre heures par semaine au ministère de la justice à tailler des plumes et à composer des vaudevilles pour *Bobino*. Celui-là n'a d'autre vocation connue que celle de briller à la *Chaumière*, de faire jurer le *père Lahire* et de molester les municipaux. Tous sont de bons enfants qui aiment à ne rien faire que ce qui leur plaît, et à qui la bière de Strasbourg, le carambolage par les quatre bandes, la giletière en chambre, le *caporal* et le canotage plaisent assez généralement.

Parmi eux, il y a un luron qui crie plus fort que les autres, et une femme qui éclate à chaque instant d'un rire fiévreux et saccadé. Le jeune luron, c'est le commis de blanc, capitaine de la *Raffale*, et la femme, c'est madame Binette, fabricante de fleurs. O amour!

Après les parfums des eaux de Marne et la friture de goujons, ce que le canotier préfère, c'est de chanter. Lorsque Berlinguot s'avança vers l'entrée de la cambuse, trois des membres de la société-Pinchon roucoulaient un effroyable trio, détonné sur trois airs différents, avec la plus aimable indépendance, sans qu'aucun des chanteurs s'occupât précisément de ce que beuglait son voisin.

L'ÉTUDIANT EN MÉDECINE (fortement ému).

Quand l'on entend un branle-bas,
Quand par la fenêtr' volent les plats,
Qu' le pèr' Jambon effarouché
S' laisse tomber dans sa friture,
Le péquin qui s' promèn' par là
Est convaincu, s'il n' le voit pas,
Qu' des canotiers très distingués
Sont en train d' prend' leur nourriture.

LE RAPIN (qui regarde tendrement Mme Binette).

Nous étions trois bons gilles
Qui n'avions pas le sou
 Qu'en ferions-nous?
J'irions de bourgs en villes
Toujours bien boire et bien manger,
 Jamais payer.
Zist, zist, et zon et fist!
C'est un pouf, rantanplan.

L'EMPLOYÉ DU GOUVERNEMENT. (Sur un air de *scie*.)

Y'avait un chef de division
Fort connu dans l'histoire:
Qu'aimait pas mal le cotillon
Et disait après boire:
Femme, voulez-vous éprouver
Si j'ai serré ma jarretière,
 J'ai du bon tabac
 Dans ma tabatière, etc., etc.

— Tiens, tiens, se dit tout à coup le rapin de M. Delaroche qu'est-ce que j'aperçoà.

Berlinguot avait effectivement passé devant la table des buveurs, sans daigner y jeter les yeux, et s'était approché d'une ardoise fixée à l'intérieur du cabaret, près de la porte d'entrée. Il est d'usage, parmi les canotiers, que le capitaine de chaque équipe inscrive sur cette ardoise, en passant à Bercy, l'heure de son passage, l'état du vent, la route qu'il tient, et les canots qui *sont en vue*. De là le nom de *Renseignements* que porte le cabaret. Berlinguot lut donc ces mots sur l'ardoise :

La *Raffale*, capitaine Pinchon,
Passée à sept heures du matin, avec le vent N.-N.-O.,
Se fiche très parfaitement
Du *Veau-Mariné*.

Berlinguot bondit comme un buffle piqué par une vipère. Le rapin à qui la figure effarée de Berlinguot parut faire un effet désagréable, prit aussitôt la parole au milieu des éclats de rire de plus en plus rauques de madame Binette.

— Ohé! *pitancheux*, va donc *trimbaler* plus loin. Tu as un canezou qui me fait mal aux yeux.

— Dis donc, *biboche*, reprit le héros de la Chaumière, fort satisfait d'avoir quelqu'un à vitupérer, connais-tu c'te équipe qui a l'air d'être *beuffée* par des écrevisses en uniforme anglais?

—Tiens, continua perfidement Pinchon, en braquant une bouteille vide en guise de lunette d'approche, il me semble que j'entrevois une belle inconnue pas mal *panée* sur l'arrière de c'te patache.

— Oh! c'te farce, tu ne la reconnais pas? C'est madame la *Marquise Desruisseaux*.

— En v'là une pommé de canne!

— Une carotte mal épluchée!

— Avec une chevelure couleur de pipe culottée.

Pour un d'ses cheveux, je donnerais l'Espagne;
C'n'est pas l'Pérou....

Berlinguot, en se retournant vers les drôles qui insultaient Gustine, avait fait un soubresaut en arrière, à la vue de madame Binette qui lui dardait deux yeux chargés à mitraille. Un instant, il eut la pensée de se sauver à toutes jambes et de rentrer à Paris; mais l'air triomphant de Pinchon lui redonna tout son courage, et se posant en face des buveurs à la manière d'un héros grec de Guérin :

« Si Pinchon s'insinue dans la *boussole* que j'ai peur de lui et de sa coque de noix, il n'a qu'à venir un peu voir. J'ai quelque idée que le *Veau-Mariné* brûlera la moustache à tous les *Raffalés* de par ici.

Raffalés avait certainement son mérite, mais le mot ne fut accueilli que par un éclat de rire formidable de madame Binette, accompagné d'un torrent de sarcasmes et de provocations.

Berlinguot, après cette improvisation, avait rejoint promptement son équipe et gagné le large. Mais ce n'était pas le compte de Gustine qui avait à peu près deviné les plaisanteries dont elle était l'objet, et dont les petits yeux courroucés venaient de découvrir la rieuse dame Binette au milieu de sa phalange d'ivrognes.

— Ah! ça, voyons, fit-elle, pas de bêtises : est-ce que nous repartirons sans donner une leçon de politesse à ces impertinents?

— Capitaine, reprit celui des canotiers qui s'était fait remarquer jusque là par un air farouche, mam'zelle Gustine vous demande si le *Veau-Marin* se laissera tripoter par un tas de *poufiasses* dont je ne voudrais pas pour me prendre un ris par un calme plat?

—Ah! reprit Gustine d'une voix sèche et claire comme le cliquetis de deux sabres, si vous croyez, vous autres, que ça fait quelque chose à Berlinguot qu'on m'insulte! Et d'ailleurs, faut-il pas qu'il baisse pavillon devant cette *pas grand'chose* qui est là bas à se faire pincer les coudes.

—Ohé! ohé! ohé!! cria-t-on de la *Raffale* qui venait de démarrer et qui poussait vigoureusement au large, attendez, les peaux rouges, nous allons vous laver *la pelure*.

Cela signifiait que Pichon se flattait de l'espoir de faire chavirer Berlinguot et son embarcation, par une manœuvre de *battage* assez en usage parmi les canotiers.

— Est-ce que nous les attendrons, capitaine, reprit alors l'équipier taciturne qui depuis un moment s'obstinait à causer, ou bien préférez-vous que nous nagions à aborder?

—Il nous faut les couler, dit Gustine, et les éventrer de leur gaillard d'avant. Ça sera un peu gentil de voir *grenouiller* madame Binette.

— Équipiers, à la manœuvre! cria tout à coup Berlinguot en sautant à la barre du gouvernail.

— Hurra! répondirent en chœur Gustine et les quatre équipiers qui tous crurent en ce moment que Berlinguot allait sauver l'honneur de sa maîtresse et de son *Veau-Marin*.

— Attention! range *à risquer le bouillon!* Toute la voile dehors! Il s'agit ici de jouer des nageoires, et de *beuffer* dans le plus beau genre connu. Allume, allume!

La manœuvre de Berlinguot ne manquait pas de bon sens, car un choc avec la *Raffale* était fort à craindre pour le *Veau-Marin* qui n'avait d'autre qualité que d'être excellent marcheur, mais dont la construction légère n'eût pas résisté à un canot de vingt pieds de long, comme était celui de Pinchon, manœuvré par douze avirons, une voile latine et un tape-cul. Il serait difficile d'exprimer néanmoins l'éclair de rage qui traversa le regard de Gustine et l'espèce de désappointement qui se peignit sur la figure de l'équipier taciturne.

Cependant la *Raffale* prenait chasse, et semblait aspirer à l'un de ces épisodes dont les canotiers de la Seine sont ordinairement jaloux.

C'est peut-être ici l'occasion de dévoiler un des traits saillants du canotier, cette variété si intéressante de la grande famille des Béotiens. Le canotier n'est pas tant remarquable pour ce qu'il est véritablement que pour ce qu'il se figure qu'il est. Ce qui se passe dans la cervelle d'un canotier a pour l'ordinaire des proportions gigantesques, effrénées. C'est un poëme épique du sublime le plus extravagant. Il voit tout ce qui l'entoure, et il se voit lui-même à travers une lunette fantastique qui lui disproportionne les objets. Il croit toucher au doigt tout ce qu'il rêve. La Seine, pour lui, n'est pas la Seine, son canot n'est pas un canot, sa voile, s'il en a une, n'est pas un triangle de toile de sept à huit mètres de long ; ce qu'il voit, c'est l'Océan, c'est un navire, ce sont des ponts et des entreponts, des mâts de misaine, des mâts de perroquet, des sabords et des caronades. Deux heures de traversée, c'est un voyage de long cours. Il descend à terre, ivre de la terre, affamé de femmes et de viande fraîche comme un naufragé de la Méduse. Il méprise le soleil, il abhorre un ciel pur et serein; ce qu'il aime, c'est la Seine roulant de grandes eaux turbulentes sous un ciel labouré par l'orage, ce sont les grises giboulées de février, les pluies équinoxiales de novembre, les jours sombres, et le pont de Charenton, ce pont terrible, d'une seule arche, où le courant présente *presque* une réalité de péril. Pour le canotier, l'eau de la Seine est salée.

Mais revenons au *Veau-Marin*. Soit que le trouble où se trouvait Berlinguot eût communiqué à la barre du gouvernail une marche désordonnée qui contrariait celle du canot, soit que l'équipier taciturne eût pris à tâche de ramer tout de travers, le fait est que la *Raffale* gagnait du vent, et n'était plus qu'à quelques toises du *Veau-Marin*. Le cœur de Gustine bondissait d'une douce allégresse, car elle n'avait point perdu l'espoir de voir madame Binette naviguer sur ses jupons, mais son attente ne fut pas tout-à-fait comblée. Berlinguot eut beau donner au vent tout ce qu'il avait de toile, exciter du geste et de la voix ses rameurs, le *Veau-Marin* semblait frappé d'une torpeur inusitée qui lui devint fatale.

— Parez le battage! s'écria Berlinguot au comble de l'angoisse, en voyant arriver la *Raffale* à pic sur son gaillard d'arrière.

Mais il n'était plus temps. L'équipier taciturne, saisissant le moment où ses camarades, incertains de ce qu'ils devaient faire, halaient sur les avirons, plonge le sien avec vigueur, et par une manœuvre habile, saisissant la drisse à babord, fait virer le *Veau-Marin* qui présente alors le flanc à la proue de la *Raffale*. Le choc fut terrible, et fit voler en éclats tout un côté de l'infortuné canot. En même temps on vit l'équipier perfide se dresser sur son banc, et, profitant du coup de bande imprimé au *Veau-Marin*, peser de tout son poids à tribord et achever la défaite de Berlinguot en faisant chavirer sa barque..... Une minute après le traître était à bord de la *Raffale*, et recevait les félicitations de Pinchon, dont la voix était néanmoins couverte par le rire tout-à-fait déchaîné de madame Binette.

La bagarre fut au comble. Gustine poussait des cris de mouette en s'accochant à la salopète de Berlinguot, lequel se cramponnait à la quille de son *Veau-Marin* qui s'en allait tranquillement à la dérive, couché sur le flanc et supporté entre deux eaux par la voile et les amures. Heureusement, on n'était pas loin du bord, et les naufragés abordèrent tous assez facilement. Mais un train de charbon qui descendait avec la rapidité d'une flèche, et qui n'aperçut pas assez tôt la coque du *Veau-Marin*, le frotta si vigoureusement au passage, que le canot ne s'en releva jamais.

Cependant la *Raffale*, l'heureux Pinchon et la rieuse madame Binette poursuivirent triomphalement leur route ; ils dépassèrent la Verrerie, laissèrent derrière eux la petite maison de Soussignan, vis-à-vis de l'île des *Pouilleux*, et arrivèrent bientôt à la bosse de Marne. Le pont de Charenton fut franchi avec honneur, on entra dans le canal, et l'on commença joyeusement le tour de Marne. Quand il se présentait un barrage, et que le goulet se trouvait fermé, ce qui arrive souvent, on tirait le canot à sec, et on le portait à dos d'homme de l'autre côté de la passe. Tout cela se faisait au bruit des rires et des quolibets. Enfin, l'équipier farouche, qui était devenu le plus évaporé de la bande, signala l'île-Berlinguot...— C'était un petit morceau de terre fort joliment bordé de mousse et ombragé de quelques houppes de saules. La situation était délicieuse. Deux filles du cabaret de Bauny y étaient déjà, attendant l'arrivée du *Veau-Marin* et gardant à vue une corbeille pleine de provisions. Les rires redoublèrent à bord de la *Raffale*, et un quart d'heure après, les vainqueurs mangeaient le déjeûner des vaincus. On avait fait de la voile du canot une tente assez grande pour abriter tout le monde, y compris les deux servantes, qui, malgré l'ombre, attrapèrent quelques coups de soleil durant la collation.

Vers quatre heures, on plia bagage, et l'on redescendit la *Marne* jusque chez le père Bauny, où les libations recommencèrent. Ce jour-là, trois autres canots se trouvaient en Marne : la *Tortue*, dont le capitaine, M. Lebrun, est célèbre parmi les canotiers; la *Folle*, qui est le plus fin voilier qui soit en Seine, et qui appartient à M. Piuel, et enfin *l'Ariel*, l'un des trois canots à musique qui tous les mercredis donnent des concerts sur l'eau. On redescendit en flottille, hélant à droite et à gauche les autres embarcations, et flairant surtout *les canots de famille*, qui sont au canot d'équipe, ce que le pékin est au militaire ou le bourgeois à l'artiste. Excepté une salopète fraîchement lavée, je ne pense pas que le canotier d'équipe méprise rien tant au monde que ces lourds bateaux chargés de dames à ombrelles, et de messieurs en manches de chemises et en gilet blanc, qui se promènent jusqu'à la gare de Bercy avec des cargaison de melons, de limonade, et de veau froid. *Le canot de famille* est l'abomination de la désolation pour l'équipier.

En revenant de Marne ou de Choisy-le-Roi, on navigue pour passer à la patache, et c'est là que se dirigea la flottille en ayant bien soin d'exécuter la manœuvre savante qui consiste à virer de bord de manière à ranger au plus près le bateau de la douane, et à *mâter les avirons*, c'est-à-dire à les élever hors de l'eau et à les maintenir debout : quand ce double mouvement est bien exécuté, il ne manque pas de grâce et de caractère.

Pour le pauvre Berlinguot, il ne se releva pas de sa défaite. La fleuriste de la rue Saint-Martin consomma dès le lendemain sa vengeance, en remerciant son ancien favori, et comme un malheur arrive toujours de compagnie, mademoiselle Gustine, froissée dans son amour-propre de femme et de canotière, ne voulut plus entendre parler de Berlinguot. On prétend qu'elle passa même à l'ennemi.

Le *Veau-Marin* fut tellement désemparé par suite de ses mésaventures, que Berlinguot le vendit pour un morceau de pain, et ce dernier coup acheva de lui détraquer la cervelle. Privé d'ailleurs des munificences de madame Binette, il ne fallut pas qu'il songeât à équiper un autre canot. Tout ce qu'il put faire, fut d'acheter, l'année suivante, une mauvaise carcasse de bateau-maraîcher incapable de tenir la Seine, et amarrée pour le restant de ses jours au dessous du pont-Marie.

C'est là que Berlinguot va régulièrement passer chaque dimanche. A force d'économies, il est parvenu à se donner une petite chaloupe amarinée à la poupe de *son bâtiment*. Le saute-ruisseau du magasin où Berlinguot travaille, lui sert de mousse et d'équipage. Dès le matin du dimanche, Berlinguot et son mousse s'acheminent vers le pont Marie et montent à bord du bateau-maraîcher, au moyen de la petite chaloupe que l'on hisse à l'arrière. Cela fait, Berlinguot commande la manœuvre qui consiste à laver le pont, à déranger chaque chose pour la ranger ailleurs, et à hisser la voile. Ensuite, Berlinguot allume sa pipe et regarde l'eau couler. De la berge au bateau, il y a une distance de quinze pieds que l'on peut franchir du reste au moyen d'un pont jeté tout à côté pour le service d'un bateau de blanchisseuses; mais ne croyez pas que Berlinguot se fasse l'injure de jamais prendre un pareil chemin pour aller à bord ou pour retourner à la berge. Quand il n'a plus de tabac, il siffle son mousse, et lui ordonne de mettre la chaloupe à l'eau *pour conduire le capitaine à terre*. Berlinguot va faire sa provision, revient sur la berge, resiffle son mousse, remonte dans sa chaloupe, et retourne à bord. Et puis il rallume sa pipe, pousse un soupir, et se remet à voir l'eau couler.

L'équipier taciturne est aujourd'hui premier commis chez madame Binette, et commande un très joli canot, le *Loup-de-Mer*, qu'il a fait construire à ses frais.

Gustine est ostensiblement redevenue la canotière de Pinchon.

MARC FOURNIER.

La Goguette.

LES SOCIÉTÉS CHANTANTES.

Par C. Couailhac

D'Olivier Basselin à Piron. — Naissance du *Vieux Caveau*. — *Les Dîners du Vaudeville*. — Le *Caveau moderne*. — Laujon. — Les *Soupers de Momus*. — La Chanson passe des épicuriens au peuple. — La *Goguette* commence. — *Les Joyeux*. — Le vieux Lerouge. — *Les Gais Lurons*. — Émile Debraux. — *La Mère Goguette*. — Le père Simar. — Les deux ministres constitutionnels de Simar. — *L'Entonnoir*. — *L'Amitié*. — *Les Lapins*. — Schisme des *Lapins du Nord* et des *Lapins du Midi*. — Le quartier des Lapins. — *Les Troubadours*. — *Les Bergers de Syracuse*. — Myrtil-Larfouillard, Licidas-Lopinot et Damis-Berlingouin. — La Goguette depuis 1830. — *Le Caveau, le Gymnase lyrique, le Luth galant*. — *La Société des animaux*. — *Les Gais Pipeaux*.

La chanson devait naître en France : elle y est née. Nous la rencontrons, pour la première fois, vers le milieu du XVe siècle, grandelette et toute formée, dans un beau vallon de Basse-Normandie. Nous n'avons pu retrouver son berceau. Elle est sans doute venue au monde devant une bonne table, au coin d'un bon feu, chez quelque vieux bourgeois de Paris qui fêtait sa commère, entre un verre d'hypocras et un faisan doré. Puis elle se sera réfugiée en province, effrayée par les cris des Maillotins et l'air rébarbatif des Bourguignons et des Armagnac.

C'est Olivier Basselin, le maître foulon normand, qui nous a laissé les premiers vaudevilles. Que c'était là un gaillard joyeux, bien inspiré, sans soucis, d'âme bonne et indulgente, un vrai chansonnier enfin! Ecoutez-le :

Louons notre hostel,
Bibimus satis,
Et l'hôte le quel
Nos pavit gratis,
Onerans mensas
De mets délicats.

N'y a-t-il pas dans ces *grâces* macaroniques quelque chose de l'entrain de table qui brilla plus tard chez Désaugiers?

Voulez-vous le portrait de Basselin? Tenez..... il se peint lui-même dans ce couplet qu'il fait chanter par sa femme :

Mon mari a que je croy
Par ma foi!
Le gosier de chair salée,
Car il ne peut respirer
Ni durer
Si sa gorge n'est mouillée.

Olivier Basselin se fit bravement tuer à la bataille de Formigny qui délivra la Normandie des Anglais. C'est là une belle mort et qui honore la chanson.

Le vaudeville, réchauffé dans le sein d'Olivier, prit son vol et fit du chemin. Il se mit à raconter le petit scandale de la cour et de la ville, se moqua des fausses prudes et des parvenus, désola les mauvais ministres et les mauvais rois, et fit dire, avec assez de raison, que la France était une monarchie tempérée par des chansons.

Si le XVIIIe siècle fut le siècle de l'Encyclopédie, il fut aussi celui du vaudeville, car il vit naître les sociétés chantantes.

La première fut fondée dans l'arrière-boutique d'un épicier; singulière origine, n'est-ce pas? Il est vrai que Gallet était un épicier homme d'esprit. Les méchantes langues prétendent que la graine s'en est perdue.

Piron, Collé, Crébillon fils, amis de Gallet, dînaient souvent chez lui et égayaient le repas par de joyeux propos et de gais couplets. Crébillon fils excellait dans la chanson grivoise aussi bien que dans le roman de boudoir. La réunion s'augmenta bientôt et se transporta de la boutique de Gallet dans l'établissement du restaurateur Landelle, au carrefour Bussy. Cet établissement s'appelait le *Caveau*. De là vint la popularité de ce nom.

Les dîners du *Caveau* devinrent mensuels. On y trouvait Saurin, Duclos, La Bruyère, Gentil-Bernard, Moncrif, Helvétius, Favart, le peintre Boucher, le compositeur Rameau, le ministre Maurepas, etc.

Tel fut le premier âge des sociétés chantantes.

Vingt ans plus tard, le fermier général Pelletier établit chez lui un second *Caveau*. Plusieurs membres de l'ancienne réunion Landelle en faisaient partie; et parmi les nouveaux élus, on remarquait Marmontel, Boissy, Suard, Lanoue. Sterne et Garrick, dans leur voyage en France, visitèrent cette académie gastronomico-littéraire. Elle perdit bientôt son Mécène : Pelletier se maria, devint fou, et mourut à Charenton.

Il nous faut aller de-là jusqu'en 1796 pour trouver *les Dîners du Vaudeville*. Ils furent fondés par Barré, Radet, Desfontaines, Piis, les deux Ségur, Dieulafoy, Laujon, Armand Gouffé, etc., etc.

Après Marat, Robespierre, le maximum et la guillotine, il était doux de pouvoir célébrer le vin, la table et les belles. Aussi s'en donna-t-on à cœur joie et la France entière répéta les refrains des joyeux convives. Il est vrai qu'ils chantaient aussi les victoires de nos héroïques armées, et que Montenotte, Lodi, Arcole venaient souvent briller dans leurs rimes.

L'année 1806, année de gloire pour la France et pour son nouvel empereur, devait occuper aussi une place bien remarquable dans les fastes de la chanson. Un grand nombre d'amis de la gaîté et des bons couplets se réunirent et votèrent dans les salons du restaurateur Balaine, au Rocher de Cancale, les statuts du *Caveau moderne*. Au bas de cette charte du vaudeville, on lit les noms de nos épicuriens les plus célèbres, de nos poètes les plus aimables : le vieux Laujon présida ; cet honneur était bien dû à ses cheveux blancs et à son talent si gracieux. Laujon était alors le doyen de la chanson, et les suffrages du Rocher de Cancale, en appelant sur lui l'attention d'un siècle qui, au milieu de ses travaux gigantesques, était bien excusable de l'avoir oublié, ne contribua pas peu à lui assurer une place à l'Académie Française.

La chanson est assez frondeuse de son naturel, et sous Napoléon, malgré la fumée des batailles et les récoltes de lauriers, il y avait de quoi mordre. La chanson aurait peut-être eu bonne envie de *tempérer* l'empire, comme elle avait *tempéré* autrefois la monarchie ; mais l'empire ne plaisantait guère : il était d'humeur moins accommodante que la monarchie, et une bonne plaisanterie, au lieu d'amener le sourire sur ses lèvres, lui faisait froncer le sourcil. Au fait, Louis XIV, au milieu des pompes de Versailles, ayant derrière lui quatre générations de rois, ses aïeux, et devant lui l'avenir tel qu'il le voyait à travers le prisme de son orgueil, pouvait bien s'amuser des Noëls que lançait Bussy-Rabutin du fond de sa retraite de Bourgogne. Napoléon commençait le métier de roi, et il se sentait encore un peu gauche ; il redoutait les brocards pour lui, pour sa jeune dynastie, pour les glorieux parvenus qui l'entouraient : aussi la police impériale surveillait-elle la chanson de très près.

La chanson fut prudente ; cependant le *Roi d'Ivetot* se fredonna à voix basse autour de la table de Balaine. Ah! si M. de Rovigo l'avait su!

A côté du *Caveau moderne* s'éleva, en 1813, sous le titre des *Soupers de Momus*, une nouvelle société qui eut ses réunions chez le restaurateur Beauvilliers. Plusieurs des membres du *Caveau*, qui se sentaient assez de verve et d'appétit pour bien tenir leur place des deux côtés, en firent partie.

La politique tua le *Caveau moderne* en 1817 : les *Soupers de Momus* résistèrent plus long-temps à cette influence; mais ils succombèrent aussi en 1828. Du reste, il est étonnant qu'ils n'aient pas cédé plus tôt, car les nouvelles circonstances étaient pour toutes ces réunions gastronomiques un dissolvant invincible. En effet, sous la république et sous l'empire, elles se composaient surtout de boudeurs qui regrettaient l'ancien régime, ou d'oisifs qui ne comprenaient rien à l'activité politique et militaire de la nouvelle époque, et qui, se trouvant mal à l'aise au milieu du tourbillon, se réfugiaient dans les petits coins où l'on chantait à loisir, où l'on buvait à pleins verres. Ces deux natures d'hommes devaient sympathiser avec la restauration, et la restauration sympathiser avec elles. Louis XVIII avait intérêt à récompenser les boudeurs et à s'attacher les oisifs. Il le fit. Les uns devinrent diplomates, les autres préfets, les autres censeurs, les autres chefs de division; ceux qui ne trouvèrent point place dans l'administration, obtinrent des faveurs de toute espèce, comme missions scientifiques, directions de théâtre, inspections extraordinaires, etc., etc. La tribu se dispersa tout naturellement. Des hommes repus ou ambitieux ne pouvaient plus chanter la gaudriole; il faut du loisir, même pour être heureux ; il faut de l'insouciance pour rire, aimer, boire, et ne faire que cela!

Aussi, dès les premiers jours de la restauration, la physionomie des sociétés chantantes changea-t-elle tout-à-fait. Désertées par les vaudevillistes de 1780, les viveurs, les littérateurs à l'eau rose, les gastronomes et les insouciants, elles devinrent l'asile du peuple. Pendant les vingt années qui venaient de s'écouler, le peuple avait été trop occupé, lui, pour songer à d'autres chansons qu'à la *Mar-*

seillaise. Il avait jeté bas une noblesse qui avait ses racines dans les siècles ; il avait fondé un nouvel ordre social ; il avait conquis la Belgique, l'Italie, les provinces Rhénanes ; il avait parcouru l'Europe d'un bout à l'autre ; il était entré au Caire, à Vienne, à Berlin, à Moscou. Trouvez donc le temps de vous distraire au milieu d'une si rude et si terrible besogne!

La restauration vint faire au peuple de tristes loisirs ; oui... bien tristes! car il fallait se consoler de Waterloo et de l'entrée des alliés à Paris.

Les vieux soldats, les ouvriers, se réunirent pour répéter en chœur des refrains patriotiques, et se raconter les choses d'autrefois.

La chanson descendit du *Rocher de Cancale* aux cabarets des barrières. Les sociétés chantantes devinrent des *Goguettes!* Oui... le règne de la Goguette était arrivé!... La Goguette, qu'a célébrée Debraux, qu'a protégée Béranger, qu'ont illustrée tant de joyeux poètes populaires!...

Et à vrai dire, ce fut là pour la chanson une époque toute nouvelle. Elle ne fut plus seulement la compagne des buveurs et la fée des beaux-esprits ; le temps était passé où tout entière à la joie et aux vaines pensées, oublieuse de la veille, insouciante du lendemain, elle aiguisait des pointes et des madrigaux aux petits soupers de l'abbé de Bernis, et accompagnait les bourgeois de Paris à leur retour des Porcherons et de la Courtille.

Son rôle devint plus beau, plus élevé. Assise au cabaret entre un vétéran à la moustache grisonnante et un rude travailleur aux bras nus, elle s'associa à de nobles sentiments, à de patriotiques regrets. Ses refrains s'élevèrent souvent jusqu'à la majesté de l'ode, et Béranger devint son interprète.

Grande et glorieuse époque pour la chanson!

La liste des sociétés populaires qui se formèrent sous la restauration est fort longue. Nous y trouvons la *Mère Goguette*, les *Amis de l'Entonnoir*, les *Joyeux*, les *Lapins du Nord* et les *Lapins du Midi*, la *société du Gigot*, les *Francs Gaillards*, les *Enfants de la Gloire*, les *Gais lurons*, les *Bergers de Syracuse*, les *Troubadours*, la *Chopinette*, les *Écureuils déchaînés*, etc. De nombreux chansonniers presque tous sortis de la classe ouvrière, venaient animer de leur verve prime-sautière ces joyeuses et fraternelles réunions.

Honneur aux anciens! Ne passons pas sans nous incliner devant les *Joyeux*.

Les *Joyeux* avaient deviné le bel avenir qui était réservé au chant populaire, et devançant leur époque, ils s'étaient constitués en société lyrico-bachique dès 1792. Leur première réunion eut lieu chez Louvain, à *l'Ile d'Amour* de Belleville, et depuis ils furent toujours fidèles au culte de leur berceau. La police impériale parut se préoccuper assez peu de leurs flons-flons, et les laissa circuler sans leur demander le mot d'ordre; elle était peut-être bien aise que le peuple chantât de temps en temps pour égayer la situation.

Les *Joyeux*, qui respiraient à peine sous l'œil sévère de Fouché et de M. de Rovigo, relevèrent la tête lorsque la Charte octroyée nous fit tant de belles promesses qu'elle a si mal tenues; ils devinrent la tête de colonne de cette grande armée de la chanson qui marcha avec l'opposition de quinze ans à la conquête des libertés publiques, et démolit la monarchie bourbonnienne à coups de refrains et de farida dondaine!

A cette époque les *Joyeux*, qui ne s'étaient pas recrutés depuis la fondation, et chez lesquels la mort avait fait des vides, sentirent le besoin de renforcer leur bataillon. Mais ils prirent une résolution qui devait leur conserver ce cachet d'antiquité dont ils étaient justement fiers, et leur imprimer en quelque sorte une date. Ils décidèrent que nul ne pourrait être admis dans la société des *Joyeux*, s'il n'avait atteint l'âge de soixante ans. Du reste, ils se réservaient la faculté de recevoir à leur table des *visiteurs* plus jeunes, qui viendraient se former à ces grands exemples et allumer leur verve au foyer sacré; l'école des néophytes à côté de l'aréopage.

Les *Joyeux* existent encore aujourd'hui; dans la belle saison, ils se réunissent le premier lundi de chaque mois à *l'Ile d'Amour*. Et là il est beau de voir tous ces vieillards, véritables Anacréons de l'atelier et de la guinguette, tous assis sur des futailles vides, — ainsi le veut le réglement, — échangeant, le verre en main, de vifs propos et de doux refrains, et montrant ce que peuvent la gaîté, le travail, une bonne conscience, une saine philosophie pour embellir les derniers jours d'une vie que les gens moroses et les fanatiques nous représentent sous des couleurs si sombres et si tristes!

Voyez-les obéissant au commandement que leur fait le président dans le vocabulaire qu'ils ont adopté depuis la fondation de leur société :

« Les deux mains sur l'escabelle, » — et ils mettent les deux mains sur la table. — « Haut le...... (1) », — et ils se lèvent. — « Saluez le guindal, — et ils saluent leur verre. — « Le guindal dans la main droite, » — et ils prennent leur verre de la main droite. — « Haut le guindal, » — et ils lèvent leur verre. — « Le guindal à deux doigts de la gargamelle, » — et ils portent le verre à leur bouche. — « Videz le guindal, » — et ils vident leur verre. — « Rubis sur l'ongle, » — et ils font résonner sur l'ongle du pouce de la main gauche le bord de leur verre. — « Torchez le rubis, » — et ils essuient leur ongle avec leur manche. — « Posez et resaluez le guindal, » — et ils s'inclinent de nouveau devant leur verre. — « Le... au repos (2), » — et ils s'asseyent.

Et tout cela s'exécute avec une précision, avec une gravité véritablement comiques

Les *Joyeux* furent long-temps présidés par un nommé Leroux, qui cachait le caractère le plus ouvert et le plus gai sous la physionomie la plus renfrognée, sous l'enveloppe la plus sombre et la plus triste qu'il fut possible d'imaginer. C'était Roger Bontemps dans la peau d'un héros de mélodrame. Rien n'était plus grotesque que le contraste qui existait entre les allures de ce brave Leroux et les

(1) Ici nous obéissons à un sentiment de pudeur peut-être un peu exagéré, et nous n'osons pas écrire le mot, quoique le président des *Joyeux* se serve d'une expression toute géographique pour peindre cette partie du corps que M. de Pourceaugnac ne voulait pas livrer aux explorations scientifiques de l'apothicaire Purgon et de ses acolytes.

(2) Même observation que ci-dessus.

fonctions qu'il avait à remplir; les mots eux-mêmes, en passant par sa bouche, prenaient une physionomie si différente de leur sens véritable, qu'on ne pouvait s'empêcher de pouffer de rire. On se donnait rendez-vous un mois d'avance à l'Ile d'Amour pour entendre le président Leroux dire, au commencement de la séance, d'une voix caverneuse et en roulant des yeux terribles : « Joyeux, attention...... nous allons bien nous amuser. »

Les Gais Lurons s'assemblaient le soir, à l'estaminet Sainte-Agnès, rue Jean-Jacques Rousseau. Ce fut là que la fameuse chanson de la *Colonne*, qui devait faire le tour du monde, fut chantée pour la première fois en 1818, par son auteur Emile Debraux! Pauvre Emile! Talent insouciant et prodigue, caractère heureux et facile! Il ne se doutait guère alors qu'il toucherait presque à la gloire et qu'il aurait pour linceul la plus belle des odes de notre immortel Béranger!

Ce fut à peu près à cette époque (1818) que la réputation de la *Mère Goguette*, qui devint plus tard l'une des plus célèbres et des plus nombreuses sociétés chantantes, commença à se répandre. La *Mère Goguette* tenait ses séances tous les samedis soirs, au boulevart du Temple; du reste elle changea assez souvent de domicile. Elle se composait d'ouvriers aisés, tous braves gens et joyeux compères, qui, leur semaine achevée, venaient chercher un délassement dans la chanson.

Le membre le plus connu, le plus influent de la *Mère Goguette* était sans contredit le père Simar, petit fabricant du quartier Saint-

Martin. Simar portait la *Mère Goguette* dans son cœur, comme il le disait lui-même. Il en était le fondateur et le président. Une inondation, une guerre civile, un tremblement de terre n'auraient pas empêché Simar de se rendre à une réunion des enfants de la Mère Goguette. Il arrivait toujours le premier et s'en allait le dernier.

Il suffisait de voir Simar pour le connaître à fond. C'était une bonne grosse nature allemande à l'œil doux, aux lèvres ouvertes, aux traits empreints de bonté, à la physionomie bienveillante, aux façons cordiales et qui inspirent aussitôt une sympathie irrésistible.

Simar était bien le type de ces épicuriens pratiques, de ces philosophes populaires qui sont gais, heureux, insouciants, et cela sans système, sans arrière-pensée, sans parti pris, sans folie, et parce que Dieu les a faits ainsi.

Père Simar, ainsi que l'appelaient ses amis, regardait la vigne comme le plus grand bienfait de la Providence, et dans son style mythologique il mettait Bacchus à la tête des immortels de l'Olympe. Il avait voué à ce dieu un culte qui consistait à être toujours altéré. Lorsqu'on demandait à Simar combien il y avait du Pont-au-Change à la barrière de La Villette, il répondait aussitôt : « Quarante-huit marchands de vins. » C'était sa manière de mesurer les distances.

A l'ouverture de chaque séance de la *Mère Goguette*, Simar, après avoir réclamé le silence, se découvrait, se levait, prenait son verre de la main droite, jetait un regard de béatitude sur tous les convives qui l'entouraient, puis prononçait tout d'une haleine la phrase suivante, qui était stéréotypée dans sa mémoire : « Amis, je vous porte tous dans mon cœur. Tant que vous serez avec moi, nous serons ensemble, et vous ne manquerez jamais de comestibles. La santé que je vous porte est celle de la *Mère Goguette* et de toutes les goguettes de l'un et l'autre hémisphère. »

Après cette allocution les verres étaient vidés, et Simar entonnait d'une voix forte et vibrante :

« Amis, au plus puissant des dieux. »

Et toutes les voix s'unissaient à la sienne et le chœur infernal commençait pour ne finir quelquefois que le lendemain matin.

Simar était un vrai roi constitutionnel, et, qui plus est, un roi élu. Il devait tout naturellemennt avoir son conseil des ministres; mais plus heureux que la plupart de ses confrères couronnés, il n'avait que deux conseillers.

Simar eut encore un autre genre de bonheur. Il trouva des ministres dévoués, désintéressés, fidèles, qui n'avaient d'autre ambition que de bien servir leur maître et de faire les beaux jours du peuple qu'ils étaient appelés à gouverner avec lui. Ces deux joyeux soutiens d'un joyeux sceptre étaient Villot et Danglobert.

Danglobert, avec sa figure réjouie, son œil vif, sa trogne enluminée, ses mouvements brusques et saccadés semblait avoir servi de modèle à Béranger pour son *petit homme gris*. L'insouciance était peinte sur sa physionomie. Il riait toujours, était sans cesse en mouvement; le plaisir, le plaisir, tel était son but constant. Il avait une petite rente qui suffisait à ses besoins, et n'en demandait pas davantage au ciel. Il savourait le présent sans s'occuper du lendemain. « Si j'étais Dieu, disait-il souvent, ce serait tous les jours dimanche. » Quand on lui faisait des questions sur l'état de sa fortune, il répondait : « J'ai six flacons à vider par jour. » Lui parlait-on politique, se plaignait-on devant lui du triste état des affaires publiques? « C'est vrai, c'est vrai, répliquait-il, tout va bien mal. Les vignes sont gelées cette année. »

Villot n'avait été entraîné dans les sociétés bachiques ni par l'amour de la bouteille, ni par l'oisiveté, ni par le besoin de se trouver en nombreuse et folle compagnie ; ce qui l'y attirait, c'était la chanson! La chanson! voilà l'idole de Villot! Une bonne fée avait sans doute présidé à sa naissance comme à celle de l'illustre poète, et l'avait bercé avec de gais refrains. Lorsqu'il entendait chanter un couplet, son regard étincelait, un frémissement électrique parcourait tout son corps, et aux deux derniers vers, à la pointe finale, il bondissait sur sa chaise et semblait en proie aux heureuses convulsions de l'extase. Il savait par cœur les Noëls les plus anciens comme les chansons les plus nouvelles, et on n'avait qu'à nommer un air devant lui, pour qu'il en fournît aussitôt le timbre complet. Cet homme était un répertoire vivant de l'esprit lyrique français ; on n'avait qu'à toucher sa mémoire pour qu'elle résonnât. Et l'on ne trouvait point dans Villot un instrument sourd et insensible; il tressaillait sous la main qui l'interrogeait, il avait une âme qui mariait ses joies aux inspirations de sa mémoire.

Villot était tailleur et marchand d'habits. Sa boutique était située rue des Filles du Calvaire ; et toujours fidèle au culte de la chanson, même au milieu des préoccupations commerciales, il avait pris pour enseigne : *à l'Aveugle de Bagnolet!*

Figurez-vous un petit homme, à la figure ronde, colorée et imitant la pomme d'api, aux petits yeux gris pleins de malice, au front chauve, rond, brillant et couronné d'une auréole de cheveux blancs frisés, — toujours sautillant, gesticulant, ayant toujours le sourire sur les lèvres et un refrain à la bouche.

A son lit d'agonie, et quelques minutes avant de rendre le dernier soupir, Villot, sortant d'une longue léthargie, sembla reprendre des forces; il se leva sur son séant, et d'une voix affaiblie demanda tous ses recueils de chansons, qui formaient une collection très précieuse. Il les arrangea en cercle autour de lui, jeta sur chacun d'eux un regard de tendresse ; puis, la mort le saisissant tout à coup, il prit d'une main convulsive un volume de Désaugiers, le porta à ses lèvres et expira. Ainsi le gai chanteur ne voulut pas quitter cette vie sans dire un dernier adieu aux muses folles qui l'avaient aidé à en supporter l'amertume et les déboires.

Simar, Danglobert, Villot, — c'est-à-dire l'épicurisme naïf et franc, l'entrain bachique, la verve chansonnière, — disparurent à peu près à la même époque. Emportèrent-ils la Mère Goguette dans la tombe ou moururent-ils du chagrin de lui avoir survécu? C'est un point que nous n'avons pu éclaircir et dont nous laissons la discussion aux Saumaise futurs?

La société de l'*Entonnoir* tenait ses séances *extrà muros*, près la barrière Poissonnière. Ici il y avait quelque peu de pompe théâtrale dans l'arrangement des accessoires. Le président, homme d'une prestance herculéenne, était couvert de grands cordons de toutes couleurs, de crachats postiches, et portait à la boutonnière un entonnoir de plaqué suspendu à un ruban rose. Le vice président et le secrétaire, attifés dans le même goût, quoique dans un système plus modeste, en raison des convenances hiérarchiques, étaient placés à ses côtés sur une estrade élevée. En présence de ce bureau, ainsi composé, on pouvait se croire à l'entrée des salons de Curtius, sur le boulevart du Temple.

Deux écussons, entourés de feuillage, ornaient la salle des réunions; sur l'un, on lisait : *Hommage aux Dames*, et sur l'autre : *Il est défendu de parler politique, mais vous pouvez fumer*.

La révolution de 1830, qui fit la fortune de quelques viveurs dont il est inutile de rappeler les noms, poussa aussi ce digne président à des honneurs plus effectifs. S'il n'eût pas le bonheur d'être nommé préfet ou directeur-général, il arriva cependant à une position qui avait bien son éclat. Il fut nommé tambour-major d'une légion de la garde nationale parisienne, et eut le droit de porter d'énormes moustaches, une grande canne et un habit galonné sur toutes les coutures.

Dans le voisinage de l'*Entonnoir* on trouvait encore la société de l'*Amitié*, qui donnait à boire à ses adeptes à quatre sous l'heure.

La société des *Lapins* prit naissance dans la plaine de Montrouge; elle emprunta son nom au cabaret où elle tint ses premières réunions. Il avait pour enseigne *au Terrier des Lapins*.

Cette société acquit de suite une très grande renommée. Mais la discorde ne tarda pas à se mettre parmi ses fondateurs. Plusieurs d'entre eux émigrèrent, et allèrent se réunir dans la commune de Belleville, où ils prirent le nom de *Lapins du Nord*. De sorte qu'il y eut les *Lapins du Nord* et les *Lapins du Midi*

La division ne devait pas s'arrêter là. Bientôt tout le monde voulut être lapin. Plusieurs sociétés se parèrent de ce titre. Un seul et même traiteur ne put leur suffire, et à Belleville toute une chaussée finit par prendre le nom de *Quartier des Lapins*.

Malgré cette diffusion du nom générique, les *Lapins* continuèrent à être en renom, et dans le langage des classes populaires ces mots, *c'est un lapin*, sont encore un grand éloge et un témoignage d'estime tout particulier accordé à un homme.

Les *Troubadours* se réunissaient chez un marchand de vins du cloître Saint-Jacques. Là, au milieu d'un épais nuage de fumée, se dessinait parfois la fraîche et gracieuse silhouette de la grisette et de la petite ouvrière. Cette moderne cour d'amour avait un maître des cérémonies qui, avec son habit noir et sa chaîne d'argent au cou, ressemblait tout-à-fait à un huissier de la chambre. Ces honorables fonctions furent long-temps remplies par un perruquier de la rue des Fossés Saint-Germain-l'Auxerrois, nommé Deflers.

Lecteur, parfume ta chevelure, ceins ton front de bandelettes, couronne-toi de roses, laisse flotter au vent les plis gracieux de ta blanche tunique de lin... je vais te faire pénétrer dans l'enceinte mystérieuse où les *Bergers de Syracuse* se livrent à leurs plaisirs lyriques et champêtres. Entrons !

« Mais quoi ! cette salle noire et enfumée, c'est donc l'arène « poétique où vont lutter Corydon et Alexis? Et ces bergers dont « tu me promettais les doux chants, faut-il donc les reconnaître « dans ces honnêtes bourgeois à l'épaisse encolure, aux bras nus, « à la figure enluminée, qui entrechoquent leurs verres pleins, et « font retentir l'air de cris discordants? Où sont les bandelettes? « où sont les couronnes de roses? où sont les blanches tuniques de « lin? où sont les cithares aux cordes retentissantes? où sont les « flûtes harmonieuses qu'inventa le dieu Pan? »

Pardonne-moi, cher lecteur, pardonne-moi. Je me suis laissé prendre aux mots, et en te trompant, j'étais trompé moi-même. Syracuse n'est qu'un bouchon, et les bergers de bons Parisiens en goguette, et qui sont faits comme tout le monde. Remettons notre redingote d'alpaga, coiffons-nous de notre chapeau Gibus, et prenons notre physionomie du XIXe siècle.

En se faisant recevoir dans cette société, tout membre devait, d'après les réglements, prendre le nom gracieux d'un berger des idylles grecques et latines. Ainsi, Larfouillard devenait Myrtil, Lopinot Licidas, Berlingouin Damis.

Les bergers de Syracuse avaient mis un soin très plaisant à faire concorder le vocabulaire de leurs cérémonies avec la phraséologie de l'idylle antique. Ainsi, pour donner le signal des chants, le président disait : *Enflez vos pipeaux!*

Le contraste qui existait entre le nom d'emprunt des sociétaires et leur physionomie, ainsi que leur position réelle, offrait quelquefois des scènes très curieuses.

« Le berger Daphnis peut entrer dans la lice. »

Et l'on voyait se lever le père Jacquemard, tripier au carré des Innocents, gaillard aux joues énormes; au nez rouge, au ventre proéminent, qui après avoir ôté son bonnet de soie noire et essuyé sa bouche sur la manche de son gilet de flanelle, entonnait avec une basse-taille infernale :

Si j'étais l'hirondelle
Que j'aie pusse voler,
Sur lé sein dé ma belle
J'iré mé réposer.

La révolution de juillet semblait devoir donner une impulsion toute nouvelle aux sociétés chantantes. Le contraire arriva. Plusieurs causes contribuèrent à ce résultat : la gravité des circonstances politiques, les défiances du pouvoir, l'impulsion des esprits vers les intérêts matériels et les spéculations positives, les prétentions grotesques de la jeunesse au sérieux et au grave.

Si bien que toutes les anciennes sociétés disparurent peu à peu. Celles qui survécurent, ou bien les sociétés nouvelles qui eurent le courage de se former au milieu de cette défaveur générale, portèrent plus ou moins le cachet des diverses tendances de l'époque.

Mais un caractère qui appartint à toutes, ce fut l'absence de cette gaîté franche, ouverte, qui rassemblait nos pères et leur inspirait de ces bons refrains qui se sont tû depuis. Autrefois l'on était gai parce qu'on était gai; aujourd'hui on est gai, parce qu'on veut paraître gai. Il y a de la prétention même dans le plaisir. Autrefois chacun songeait aux autres aussi bien qu'à soi, et apportait généreusement son tribut à l'entrain général. Aujourd'hui l'égoïsme et l'amour-propre prennent place au festin avec les convives. *Jouir* était la devise de nos bons aïeux; *parvenir*, voilà la nôtre. Et l'on veut parvenir, même à l'aide de chansons; parvenir à peu de chose, me direz-vous. Eh mon Dieu, oui... je vous le concède. Mais de nos jours l'ambition ne tend-elle pas souvent aux résultats les moins élevés, les moins dignes d'estime, les plus extravagants, et n'avons-nous pas vu des gens rechercher cette espèce de gloire de carrefour qui s'acquiert par le débraillé d'un costume de mardi-gras, la perfection dans les danses obscènes et le cynisme d'un langage emprunté au vocabulaire des halles et des estaminets borgnes de la Cité? Mais j'arrive à la fin de ma carrière, et je me sens rappelé vers mon sujet!

Mon sujet! — Hélas! lui que j'ai pris si brillant et si riche, combien il est devenu pauvre et nu!

Je jette les yeux autour de moi, et je ne vois que des ruines! N'importe.... il faut que j'aille jusqu'au bout... Ce n'est pas ma faute si au lieu d'une belle jeune fille couronnée de fleurs et laissant tomber de ses lèvres des strophes vives et harmonieuses, je n'ai plus qu'à montrer un froid squelette qui s'agite de temps en temps à l'aide de ressorts cachés.

Depuis quelques années les admirateurs des Piis, des Désaugiers, des Laujon, ou plutôt ceux qui se portent assez intrépidement leurs successeurs, ont cherché à rallumer les traditions éteintes de l'ancien Caveau. Ils ont fondé le *Caveau moderne*. Mais de pareilles institutions ne se créent pas, et surtout ne s'imitent pas; elles naissent des entrailles mêmes d'une époque, et brillent un beau matin au soleil sans qu'on sache ni d'où elles viennent, ni de quelles mains elles sont sorties.

Le Caveau moderne qui n'a rien de la fougue actuelle des passions et des idées (et c'est là peut-être l'un des bons côtés de notre société au milieu de tous ses vices), n'est qu'une pâle contrefaçon de l'ancien Caveau; la vie lui manque. Il chante comme l'ancien Caveau, la gloire, le vin et les belles, moins toutefois l'entrain et la verve. Il tombe dans d'éternelles redites; ses invocations à l'amour sont de fades bouquets à Chloris, et le champagne de ses rimes ne monte guère à la tête.

Le *Gymnase lyrique* a cherché à établir un rapprochement entre l'aristocratie du flon-flon, entre les habitués du Caveau, entre les poëtes du *Printemps* et du *Fruit défendu*, et les Tyrtés populaires qui avaient pris leurs grades dans les cabarets de barrières à côté de Debraux et de Dauphin, qui s'étaient fait une réputation sous la treille, et auxquels les nouvelles circonstances inspiraient de l'audace et le désir de briller sur un théâtre plus élevé.

Mais cette tentative avorta. Il y avait incompatibilité d'humeur entre les nouveaux alliés. Les chansonniers populaires trouvaient le Caveau un peu musqué, un peu languissant, un peu *rococo*, et le Caveau à son tour se plaignit de ce que les révolutionnaires criaient trop fort, sentaient le vin bleu, et employaient des expressions mal sonnantes et des rimes qui ne se trouvaient pas dans Richelet. Bref, la discorde ne tarda pas à secouer ses torches sur le Gymnase lyrique. Ses réunions qui avaient lieu chez le restaurateur Champeaux, place de la Bourse, cessèrent tout à coup.

Le *Luth galant*, société exclusivement composée de jeunes ouvriers, nous offre un symptôme de cette tendance malheureuse qui pousse tant de jeunes gens recommandables à sortir de leur classe, et à sacrifier le travail à des préoccupations étrangères. Eh! mon Dieu! si ces jeunes gens, comme leurs aïeux des Porcherons et de la Râpée, s'assemblaient pour oublier un instant leurs fatigues, pour se réjouir en commun sans arrière-pensée, sans réserve hypocrite, pour mettre à l'unisson leur joie et leurs saillies, je n'aurais que des éloges pour une aussi bonne imitation du temps passé, et j'applaudirais de grand cœur aux vifs refrains qui s'échapperaient de leurs lèvres!

Mais jetez un coup d'œil attentif sur cette réunion. Est-ce une gaîté franche et sincère que vous voyez briller dans ces yeux étincelants et maladifs? Ces physionomies pâles, inquiètes, crispées, vous rappellent-elles les trognes enluminées et au sourire large qui s'épanouissaient autour des tables de Ramponeau? Retrouvez-vous ici cette approbation bruyante, cordiale, de bon aloi qui accueillait la fin de chaque couplet, cette satisfaction réelle et apparente que chacun ressentait du succès de son voisin et de son compère, cette reconnaissance expansive que tout le monde témoignait à celui qui avait procuré un instant de plaisir et de distraction à tout le monde? Ne remarquez-vous pas combien ici les applaudissements sont secs, forcés, et pour ainsi dire de convention? Ne remarquez-vous pas que la figure de la plupart des convives s'assombrit lorsqu'un camarade a fait une bonne chanson à laquelle il est impossible de refuser son suffrage? Enfin, cette prétention continuelle de traiter en mauvais termes les questions les plus hautes, — questions sociales, morales et religieuses,—au lieu de se livrer, comme les chansonniers d'autrefois, à une peinture naïve des sentiments les plus naturels et les plus vrais, ne jette-t-elle pas sur tout cela un voile de tristesse, n'exhale-t-elle pas une odeur rance de club provincial et d'académie philantropique qui affadit le cœur.

C'est qu'on vient ici pour briller, pour *poser*, pour prouver qu'on est au dessus de sa condition, plutôt que pour chercher un délassement agréable. On espère que l'attention publique se portera sur le tailleur qui peut coudre deux rimes ensemble, sur le serrurier qui sait marteler la langue française et la mettre à la torture!

La *Société des Animaux* s'est chargée de représenter les instincts brutaux et matériels de notre époque. En y entrant, on prend un nom dans le Dictionnaire d'histoire naturelle; l'un devient le serpent, l'autre le chien, l'autre l'ours, l'autre le cheval. Le cheval *hennit*, l'ours *grogne*, le chien *jappe*, le serpent *siffle*. Nous ne chercherons pas tout ce qu'il peut y avoir de fin et d'ingénieux sous ces différentes allégories; pour compléter notre travail, nous devions parler des *Animaux*. Mais nous craignons bien qu'en copiant La Fontaine et en voulant avoir trop d'esprit, cette société ne finisse par arriver à l'ennui en passant par la prétention; nos paroles sont peut-être un peu sévères. Mais la librairie a tant abusé dans ces derniers temps du règne animal, on nous a montré des lapins si bêtes, des singes si lourds, et des perroquets si tristement bavards, qu'il est bien permis au public et à moi de conserver un peu de rancune et de défiance pour toute cette exploitation surannée, prosaïque et maladroite des idées d'Ésope et de Phèdre.

Il fallait bien que la chanson reçût aussi le contre-coup de ce grand mouvement d'émancipation du sexe féminin, qui a si profondément remué dans ces derniers temps les boudoirs et les ateliers de couturières. Les besoins d'une société chantante exclusivement recrutée dans les rangs de la plus belle moitié du genre humain *se faisait généralement sentir*. On fonda les *Gais-Pipeaux*. La société des *Gais Pipeaux* tient ses séances dans un cabaret du faubourg Saint-Martin. Les hommes y sont admis, mais simplement comme *visiteurs*. Le bureau est occupé par une présidente et deux vice-présidentes qui ont pour ornement distinctif un cordon bleu en sautoir; nous leur devons cette justice qu'elles gardent leur sérieux autant que possible. Tout se passe là comme ailleurs. Un article du réglement porte qu'aucune sociétaire ne pourra demander la parole plus d'une fois. Cette mesure est fort prudente.

Voyez-vous dans un coin du tableau ce groupe d'artistes, de chansonniers, de viveurs, — tous gens de verve et de cœur, — qui ont pris part aux belles joies d'autrefois, qui se tiennent à l'écart et regardent passer notre société morose. Voilà les véritables héritiers du passé; vous les rencontrerez quelquefois chez la mère Saguet, à la barrière Mont-Parnasse, et aux festins de Balthazar, *presque aussi anciens que le monde,* suivant le prospectus! Mais, hélas! ils vivent entre eux, ils ne se recrutent pas dans le présent, et le cercle se rétrécit tous les jours! Ils ne sont qu'un souvenir!.....

Adieu, gaîté!..... Adieu, chanson!.....

L. COUAILHAC (1).

(1) Nous devons la plupart des renseignements positifs sur lesquels nous avons basé cet article, à l'obligeance de notre ami Édouard Donvé, l'un de nos plus joyeux poëtes populaires, et qui aurait ressuscité la chanson, si la chanson pouvait être ressuscitée.

Au boulevart du Crime, le spectacle est aussi bien à la porte du théâtre que dans le théâtre même.

(LE BOULEVART DU CRIME.)

LE BOULEVART DU CRIME.

Par Eugène de Mirecourt.

Comme quoi le sergent de ville défend de protéger l'innocence. — Le mélodrame, — Il vole à la tragédie sa coupe et son poignard. — Marie-Antoinette et la Marseillaise. — Le Waterloo de M. Harel. — Miracle à l'Ambigu, marionnettes vivantes. — Les anges indignés. — Tout l'Empire sous vos regards. — Un singe au Théâtre-Français. — Les culottes de Martainville. — Jules Janin et Debureau : concurrence. — La queue. — M. Bouchardy, fabricant de noirceurs. — Gracieux amusements du peuple. — Mademoiselle Léontine, reine de l'orgie. — Prenez vos billets!

D'où vient qu'une partie de cette belle promenade, que l'Europe nous envie, de cette avenue splendide, qui court de la Bastille à la Madeleine, soit baptisée de ce nom de fâcheux augure?

La vie du passant se trouve-t-elle menacée, lorsqu'il se hasarde, le soir, sur l'asphalte solitaire, alors que les becs de gaz ne jettent plus qu'une clarté mourante, que les magasins ont fermé leur devanture lumineuse et que les rayons de la lune se trouvent interceptés par les hautes maisons du voisinage ou les rameaux des vieux tilleuls? Un assassin se cache-t-il dans l'ombre, derrière ce tronc d'arbre, ou va-t-il débusquer de cette rue déserte?

Le boulevart du Crime.... Miséricorde! Il doit y avoir là tout un recueil de sombres histoires, toute une série de coups de poignard, de meurtres ténébreux, de vols, de trahisons et d'embûches?

Tout cela s'y trouve, et plus encore.

Vous voyez passer devant vous des fantômes sanglants. L'adultère, le viol, l'inceste, le parricide, se présentent effrontément sous vos regards; vous pouvez les entendre discuter leurs hideux projets; ils déroulent, en votre présence, avec un cynisme qui vous glace d'effroi, leurs trames infernales et leurs machinations impures. Les pleurs, les gémissements, les cris de désespoir de la victime, sa lutte avec le bourreau, son dernier combat, sa dernière prière, les angoisses inouïes de la torture, le râle de l'agonie, rien ne manque à ce spectacle de sang et de mort. Et, si la pitié vous prend au cœur, si vous voulez sauver l'innocence, si vous essayez de fléchir le misérable qui se porte à de pareils excès, vous vous exposez vous-même aux traitements les plus rigoureux. Il vous est défendu d'interpeller le meurtrier, de vous opposer à ses coupables manœuvres. Un mot peut-être éveillerait ses remords, un geste l'empêcherait de frapper... Mais le moindre mot, le moindre geste, soulèveraient contre vous des clameurs unanimes ; on se moquerait de votre humanité, vos tentatives auraient pour résultat d'attirer sur votre tête un effrayant orage. On vous accablerait d'injures et de projectiles de toute espèce, et, pour en finir avec ce scandale, un sergent de ville, vous prenant aussitôt au collet, se mettrait en devoir de vous conduire à la préfecture, et vous entraînerait aux applaudissements de la salle entière.

Car nous supposons que, tout en vous promenant sur le boulevart du Crime, vous êtes entrés dans l'un des nombreux théâtres de mélodrame, auxquels il a donné refuge. Prendre votre billet au contrôle, c'était acheter le droit de gémir et de pleurer tout à votre aise sur les désordres commis, mais on ne vous avait pas autorisés le moins du monde à troubler la représentation.

Boulevart du Crime! vous devinez maintenant pourquoi le peuple l'appelle ainsi.

Depuis la fin du dernier siècle jusqu'à nos jours, il s'est commis, en cet endroit, tant d'atrocités et tant de forfaits, on a tant abusé du meurtre et du poison, du sacrilége et du blasphème, que ce nom, tout noir qu'il est, n'a rien que de juste et de mérité.

Le mélodrame est un genre qui a pris naissance au milieu de la grande orgie de 93 : il n'est pas étonnant qu'il porte le cachet de son origine. A cette époque, où la lie de la société montait à la surface, où tout se corrompait, mœurs, institutions, langage, on devait s'attendre à ce que l'art lui-même fût atteint de la fièvre chaude et s'affranchît de ses règles austères. La muse tragique vit déserter son temple; elle se voila la face à l'aspect du monstre couvert de haillons, qui lui prenait sa coupe et son poignard, pour courir hurler en prose sur des tréteaux obscurs. Comme elle, le mélodrame arrachait des pleurs, et tout fut dit : Melpomène dut se résigner à partager les applaudissements avec son hideux rival.

Voyez un peu comme tout change en ce bas monde! La joie fait place à la tristesse et le rire est chassé par les larmes.

Autrefois le boulevart du Temple était un lieu de gaîté folle et de récréation charmante. La foule avide assaillait, du matin au soir, les tréteaux dressés en plein vent; le paillasse gambadait, exécutant ses tours, débitant ses saillies et dilatant les poumons des spectateurs. Bobèche et Galimafré rivalisaient de grimaces, et souvent la police fut obligée d'intervenir, afin d'empêcher la plaisanterie de parler politique, Là pétillait tout l'esprit du Caveau : Collé, Piron, Favart, Sainte-Foix et Vadé rimaient à l'envi, pour de gentilles actrices au frais minois, qui se faisaient applaudir en chantant au soleil, comme chante l'oiseau, en frétillant sous mille regards, avec le ciel bleu sur leur tête et sans crainte aucune d'être écrasées par la chute des décors.

Puis ces rires, ces trépignements, ces chansons et ces bravos, tout cela se tut un beau jour.

Le boulevart du Crime commence à la porte Saint-Martin et finit à la hauteur du café Turc et de la rue d'Angoulême. Il a huit théâtres sous sa dépendance, et c'est de l'histoire de ces théâtres que nous devons nous occuper d'abord.

THÉATRE DE LA PORTE SAINT-MARTIN. Un architecte habile construisit cette salle en quarante jours, au moment où l'incendie venait de jeter sur le pavé la troupe de l'Opéra. Chanteurs, choristes et danseurs acceptèrent avec empressement l'hospitalité du boulevart. Marie-Antoinette, avec toute sa cour, voulut assister à l'ouverture de la nouvelle salle. Pauvre jeune reine, que chaque spectateur saluait alors par un cri d'allégresse, pouvait-elle prévoir que, trois ans plus tard et à pareil jour, l'échafaud se dresserait pour elle, et que, le soir de sa mort, le même public forcerait les acteurs du même théâtre à mettre un genou en terre et à chanter la Marseillaise?

En 1794, l'Opéra quitta la Porte Saint-Martin pour la rue Richelieu.

Le théâtre délaissé tomba dans le marasme; il eut vingt années d'agonie, pendant lesquelles il fut alternativement fermé et ouvert.

Enfin, au commencement de la restauration, plusieurs succès consécutifs mirent un terme à l'indifférence du public. *Richard d'Arlington*, *Trente ans, ou la Vie d'un joueur*, rappellent les plus beaux jours de ce théâtre. Il fut le premier à donner asile au drame, cet autre enfant de l'école moderne, aussi farouche, aussi sombre que le mélodrame, son frère, mais plus orgueilleux, affichant des manières aristocratiques et se drapant dans un manteau de velours, au lieu de s'entourer de guenilles.

Alors apparaissent les grands noms, les chefs-d'œuvre sont applaudis et les célébrités prennent naissance.

Victor Hugo, Casimir Delavigne, Alexandre Dumas travaillent pour mademoiselle Georges, madame Dorval, Frédéric Lemaître et Bocage, sublimes artistes, nobles bohémiens de l'art, toujours victimes d'une lâche cabale, d'une médiocrité jalouse, mais que le public récompense des persécutions par des bravos et des couronnes.

La Porte Saint-Martin compte parmi ses plus beaux succès *Antony*, *Lucrèce Borgia*, *l'Incendiaire* et *la Tour de Nesle*, ce drame-colosse, dont les tribunaux furent appelés à nommer l'auteur.

Mais la phase la plus étonnante de l'existence de ce théâtre est sans contredit la direction Harel.

Pendant des années entières, ce Napoléon des directeurs resta debout sur des ruines. Pilote intrépide, il dirigeait sa barque sur une mer orageuse, luttant avec énergie contre les courants rapides qui l'entraînaient vers le gouffre de la faillite. Il dut céder enfin, car la caisse du théâtre était vide, les munitions manquaient, et vingt prises de corps le cernaient de leurs troupes brutales; mais il succomba comme l'empereur à Waterloo : sa défaite fut plus glorieuse que la victoire de ses créanciers.

L'empereur se dirigea vers Sainte-Hélène, M. Harel partit pour Constantinople.

Théâtre de l'Ambigu-comique. Nous trouvons au berceau de l'Ambigu le célèbre Nicolas-Médard Audinot, son fondateur.

Audinot se borna d'abord à faire jouer de modestes marionnettes; mais laissez faire le rusé directeur : il a son plan, dont il ne s'écartera pas d'une ligne et qu'il saura conduire à bonne fin. Bientôt un miracle s'opère. Les marionnettes n'ont pas grandi d'un pouce, mais elles parlent sans emprunter la voix du maître; elles se meuvent, elles agissent sans le secours d'un ressort caché. Ce sont de véritables acteurs, des acteurs vivants, des acteurs de trois pieds.... Tranchons le mot, ce sont des enfants, que le directeur vient de substituer à ses automates.

L'usurpation était flagrante. Audinot empiétait évidemment sur son privilége et les grands théâtres crièrent. Mais l'Ambigu laissa passer l'orage, et décora son frontispice de cette inscription latine : *Sicut infantes audi nos.*

Le peuple traduisait naïvement : *C'est ici les enfants d'Audinot.*

Or, on devine ce qui advint ensuite. Le directeur nourrissait parfaitement ses jeunes élèves, et les enfants atteignirent petit à petit, et sans en avoir l'air, la taille de l'homme. Dès lors le privilége fut conquis. Le mélodrame remplaça les comédies puériles, on effaça l'inscription de la porte, l'ancien rideau changea ses attributs contre ceux d'une toile de perspective, et l'on envoya jouer aux billes ceux des acteurs qui n'avaient pas acquis le degré de développement de leurs camarades.

Audinot mourut, et ses successeurs recueillirent tous les avantages qu'il avait obtenus par son adresse. L'affiche annonça tour à tour *Calas, le Songe, Cardillac, le Fils banni, Thérèse, la Bataille de Pultawa, et l'Auberge des Adrets.*

A mesure que nous avançons sur le boulevart du Crime, le mélodrame devient de plus en plus noir.

En 1827, l'incendie, ce fléau des théâtres, dévore l'Ambigu. Sans se déconcerter, il transporte aussitôt ses pénates dans le voisinage de la rue de Bondy.

Frédéric Lemaître et madame Dorval n'avaient pas encore conquis la scène voisine, et nous les voyons paraître à la tête de la nouvelle troupe; mais, après le départ de ces deux artistes, commence pour l'Ambigu une ère de décadence. En vain le *Curé Mérino*, le *Festin de Balthasar* et les *Sergents de la Rochelle* font luire de temps à autre quelques éclairs de prospérité : les faillites se succèdent avec une rapidité effrayante. On vit tout récemment l'Ambigu donner au monde dramatique le singulier spectacle d'une administration fermant ses portes au milieu d'un succès.

Aujourd'hui, la direction éclairée de MM. Antony Béraud et Alphonse Brot rend à ce théâtre sa première et brillante fortune. *Paris la nuit* et *Madeleine* remplissent la caisse, et l'on annonce la première représentation de *Saint-Vincent de Paul*...

O bienheureux habitants du ciel, quelle ne doit pas être votre indignation?

Cirque Olympique. Franconi fut long-temps nomade. On le trouve d'abord, en 1807, dans le théâtre de la Cité, rue de la Barillerie, puis sur l'emplacement de l'ancien monastère des Capucines, puis au faubourg du Temple. Enfin il est venu se fixer au boulevart du Crime, où le génie de la guerre et de l'extermination lui souffle ses fureurs, où il mitraille et tue tout à son aise.

Le Cirque n'a pas toujours eu cette humeur martiale. On l'a vu donner asile aux jongleurs indiens, aux sauteurs chinois, aux acrobates italiennes qui pirouettaient, ma foi, les sylphides quelles étaient, sur un simple fil d'archal! Puis arrivèrent le nain Harvy-Leack et le fameux cerf *Coco,* dont les dames se plaisaient à caresser les bois rameux, au grand scandale de leurs maris, qui prenaient ce caprice pour une personnalité; puis la chèvre acrobate, le cheval gastronome et le fameux Kiouny, cet acteur monstre, dont la trompe donna plus d'une fois des inquiétudes au crâne du chef d'orchestre, et qui faisait trembler les planches et vaciller les décors, lorsqu'il entrait en scène pour jouer son rôle dans l'*Éléphant du roi de Siam.*

En 1830, la fièvre des conquêtes s'empara du Cirque.

Depuis cette époque, on n'y voit que des batailles. A peine si, par intervalles, on permet aux singes de venir gambader sur la scène et aux lions de Numidie de lécher les pieds de leur dompteur.

Arrière les animaux savants! vivent les évolutions militaires, les feux de file et le roulement des caissons! Vive l'Empereur! vive l'*Homme du siècle!*

Et voilà que le héros s'avance, entouré de sa vieille garde et de ses grognards intrépides. C'est bien lui, vrai Dieu! c'est bien son large front et son regard d'aigle. — Grenadiers, en avant! — Le cliquetis des armes et le fracas de l'artillerie se font entendre. Ecoutez la marche pesante des bataillons, le galop des chevaux, le bruit des tambours, le son belliqueux des fanfares. Au travers de la fumée de la poudre, reconnaissez-vous le petit chapeau du roi des batailles? C'est lui! toujours lui! Ce tourbillon doré, qu'il entraîne à sa suite, est son état-major; ces plumes flottantes vous annoncent la présence de Murat; voici Lannes, voici Berthier, voici Lobau, les voici tous! Ils conduisent au feu leurs bouillants escadrons: Prussiens, Autrichiens, Russes, l'Europe entière est en fuite!

Quand le combat est fini, quand tout l'Empire a passé sous vos regards, reposez-vous un instant avec les vainqueurs. Asseyez-vous au foyer du bivouac; lorgnez les agaçantes vivandières, au pied leste, à l'œil mutin, aux jupons si courts. Prêtez l'oreille au langage original du grognard, aux saillies des camps, aux quolibets de la caserne... Et, quand le Cirque n'aura plus rien à dire il fera de nouveau parler le canon.

Franconi est un grand seigneur qui a sa maison de ville et sa maison de campagne. Quand les arbres fleurissent, quand la bière est tiède, le directeur fait un signe et la troupe entière, sautant, gambadant, caracolant, vient s'ébattre sous l'ombrage des Champs-Élysées.

Folies-Dramatiques. On voit que nous prenons les théâtres d'après le rang qu'ils occupent sur le boulevart du Crime et non d'après leur degré d'importance. Ouverte le 22 janvier 1831, la salle des Folies-Dramatiques a, depuis vingt ans, l'outrecuidante prétention de rivaliser avec la *Gaîté*, sa voisine, et, depuis vingt ans, elle ne lui a pas enlevé le moindre spectateur. Bernard-Léon s'est enterré, l'on ne sait pourquoi, dans ce théâtre obscur. M. Mourier-Valory, directeur des Folies-Dramatiques, est un homme de lettres : nous nous faisons un véritable plaisir de l'apprendre à nos lecteurs.

Théatre de la Gaîté. J.-B. Nicolet fut son fondateur en 1770. Deux ans après l'ouverture, il mena sa troupe jouer à Choisy, chez la Dubarry, Louis XV fut tellement émerveillé des sauts et gambades des acteurs, qu'il leur donna l'autorisation de s'intituler : *Grands danseurs du roi.*

Le principal acteur de Nicolet était un singe, qui s'acquit une réputation colossale; voici à quel propos :

Molé, de la Comédie française, tomba malade, et l'on eut la singulière fantaisie de le remplacer par le singe. En conséquence, on fit asseoir l'animal sur un fauteuil, on lui mit une robe de chambre à ramage, on le coiffa d'un bonnet de coton, noué par un ruban rose, et tout Paris courut à ce singulier spectacle. Le chevalier de Boufflers chanta cette aventure :

Quel est ce gentil animal
Qui, dans les jours de carnaval,
Tourne à Paris toutes les têtes,
Et pour qui l'on donne des fêtes?
Ce ne peut être que Molet
Ou le singe de Nicolet.

Molet se trouve ici pour *Molé*. Partisan de la richesse de la rime, Boufflers crut pouvoir se permettre cette licence poétique.

L'animal, un peu libertin,
Tombe malade un beau matin;
Voilà tout Paris dans la peine,
On crut voir la mort de Turenne :
Ce n'était pourtant que Molet
Ou le singe de Nicolet.

Ce fameux singe mourut, et son maître ne tarda pas à le suivre dans la tombe.

On était alors au règne de la terreur, et la nouvelle administration s'empressa de changer le titre de *Grands danseurs du roi* pour celui de *Gaîté*. Certes, un pareil titre, à cette époque de deuil public et d'angoisse universelle, nous fait l'effet d'une ironie sanglante, surtout si l'on considère les pièces que le théâtre jouait alors : *Brutus, Fénelon, les Victimes cloîtrées.* A quelque temps de là, le successeur de Nicolet se voyait menacé d'une chute prochaine, lorsque le célèbre Martainville le releva par son *Pied de mouton*.

C'est le même Martainville qui, cité un jour devant le tribunal révolutionnaire, s'entendit appeler *de* Martainville par le président. — « Citoyen, s'écria-t-il, mon nom n'a jamais eu les honneurs de la « particule, et je te rappelle à l'ordre ; tu es ici pour me raccourcir « et non pour me rallonger ! »

Sommé un soir au café des Aveugles, de chanter une chanson républicaine, Martainville improvisa le couplet suivant :

Embrassons-nous, chers jacobins,
Long-temps je vous crus des mutins
Et de faux patriotes :
Oublions tout, et désormais
Donnons-nous le baiser de paix.....
J'ôterai mes culottes !

Le rédacteur en chef du *Drapeau blanc* composa pour la Gaîté plusieurs autres pièces féeries ; mais le mélodrame avait envahi le théâtre. On y joua successivement la *Tête de bronze*, l'*Homme de la*

Forêt noire, les *Ruines de Babylone*, la *Femme à deux maris*. Si le boulevart du Temple est surnommé le boulevart du Crime, c'est à la Gaîté qu'il doit s'en prendre, et surtout à M. Bouchardy, le plus sombre fabricant de forfaits et de noirceurs, qui ait paru, de temps immémorial, à l'horizon de la scène.

Cependant quelques hommes de sens donnèrent parfois à ce théâtre de jolis drames à l'eau de rose et dégagés des atrocités d'usage. La *Belle écaillère* de M. Gabriel, l'aimable auteur de tant de vaudevilles pleins d'esprit, eût un succès foudroyant à la Gaîté.

Ce théâtre, en 1835, devint la proie des flammes, au milieu des représentations de *Latude*. Il rouvrit neuf mois après, l'incorrigible! par la *Tache de sang*. Chacun se rappelle avec quel délire la foule courut pleurer au *Sonneur de Saint-Paul* et à la *Grâce de Dieu*. Le plagiat paraît tout simple au boulevart du Crime, et si vous demandez à MM. Meyer et Montigny le chiffre des représentations que vient d'obtenir la seconde *Fanchon la Vielleuse*, ils vous répondront après avoir compté leurs billets de banque.

Funambules, Délassements-Comiques, Lazzari. Trois théâtres exclusivement populaires, et dans lesquels il est imprudent de s'aventurer, si l'on n'a pas la blouse du titi, le tablier du maçon, la robe souillée de fange de la balayeuse ou la coiffure désordonnée de la poissarde : pour y pénétrer, nous avons choisi la blouse, de préférence aux trois autres costumes. Les *Funambules* ou danseurs de corde possèdent le grand Debureau, paillasse incomparable, que M. Jules Janin se mit un jour à louer sans restriction. Ce noble désintéressement prouve que le feuilletoniste des Débats est au-dessus des petitesses de la concurrence. Les *Délassements-Comiques* n'ont de commun que le titre avec l'ancien théâtre où Potier débuta dans le rôle du cocher des *Visitandines*. D'évêque devenu meûnier, M. Ferdinand Laloue est tombé de la direction du Cirque à celle de l'ex-théâtre de madame Saqui, lorsque cette reine de la voltige eut quitté la capitale pour aller faire des sauts de carpe en province. Quant au théâtre *Lazzari*, il doit son nom au pauvre diable d'Italien dont les arlequinades étaient assez appréciées vers 1777, et qui se brûla quelque chose d'analogue à la cervelle, en voyant l'incendie réduire en cendres la salle dont il était directeur. *Lazzari*, qui possédait autrefois quelques acteurs de mérite, est descendu de nos jours jusqu'à l'extrême base de l'échelle théâtrale.

Trois ou quatre heures doivent s'écouler encore avant l'ouverture des spectacles et déjà le boulevart du Crime voit arriver son public.

La *queue*, puisqu'il faut l'appeler par son nom, prend naissance à la porte même de la salle, se déroule graduellement sous le péristyle, occupe l'étroit labyrinthe formé par les balustrades, saute en dehors, s'étale sur le trottoir et court bientôt jusqu'à la chaussée. C'est un aspect curieux que celui de cette foule qui se heurte et s'entasse, se pousse et se renverse, qui murmure, qui se plaint, qui hurle à la moindre usurpation de ses droits, au moindre pouce de terrain qu'elle s'imagine avoir perdu.

Quand les perturbateurs sont mis à l'ordre, quand le calme est rétabli, tout ce peuple cherche naturellement à tromper les heures d'attente.

Ceux-ci tirent leur dîner de leur poche et le dévorent en plein vent; ceux-là se posent en orateurs, singent les mimes du théâtre et font l'analyse grotesque de la pièce nouvelle. L'un se permet d'humiliants commentaires sur le nez de son voisin, sur les hanches de sa voisine; l'autre donne sournoisement un croc-en-jambes au sergent de ville qui se hasarde dans les environs de la queue, ou lance des trognons de pommes sur le casque des gardes municipaux. Le voisin se fâche, la voisine crie qu'on la viole, le sergent de ville empoigne, et les gardes municipaux jurent...

Le désordre recommence de plus belle.

On se heurte, on se pousse de nouveau. Les hommes se prennent à la gorge, les femmes glapissent et perdent leur coiffure dans la bagarre; le gamin se glisse entre les jambes, mord, pince, égratigne, finit par conquérir un poste plus avantageux et célèbre sa victoire en imitant le cri de vingt animaux divers. La main du filou profite de la circonstance pour s'égarer à droite et à gauche. Des montres, des foulards disparaissent; les cris, Au voleur! se font entendre. C'est un épouvantable concert de grognements, de sifflements, de hurlements de toute nature. Enfin les bureaux s'ouvrent. La foule assiége le contrôle, se précipite dans les couloirs, envahit le parterre, l'amphithéâtre, le paradis, roule sur les degrés et s'entasse sur les banquettes... Il y a bien çà et là, des foulures, des meurtrissures, des écorchures... n'importe, on est placé.

La queue, telle que nous venons de la dépeindre, appartient

surtout aux derniers théâtres dont nous avons fait l'histoire : elle est exclusivement peuple. Les queues du Cirque, de l'Ambigu-Comique et de la Porte Saint-Martin sont moins bruyantes et moins séditieuses. Le bourgeois du Marais ou de la rue Saint-Denis peut se permettre d'y introduire sa femme et sa fille, ce qu'il n'oserait jamais faire à la porte de Lazzari, des Funambules ou des Délassements.

Après tout, il faut bien en convenir, le véritable public des théâtres de mélodrames est le public en manches de chemise et en blouse. Celui-là seul, n'en déplaise aux avant-scènes et aux loges, prend au sérieux les fictions dramatiques : témoin ces deux hommes qui se placèrent un soir en embuscade à la sortie des acteurs, attendant le traître qui, pendant cinq actes, avait excité leur colère, et se promettant de l'assommer au passage.

Vous discutez, vous jugez la pièce, vous êtes en garde contre vos émotions : le peuple frémit et se passionne ; il absorbe le drame par les yeux, par les oreilles, par tous les pores. Pour lui, les souffrances de l'acteur sont réelles, c'est du sang véritable qui coule sur la scène ; il appliquera demain, si l'occasion s'en présente, les principes d'immoralité qu'on lui développe : il tuera comme il a vu tuer ! Qu'avez-vous à répondre à cela, messieurs les mélodramaturges en vogue, vous surtout, Monsieur Bouchardy, qui savez si bien nouer vos noires intrigues et les dénouer par l'empoisonnement ou le poignard ? Pensez-vous que la société vous doive beaucoup de reconnaissance pour donner à l'ouvrier des leçons de meurtre, à sa femme des leçons d'adultère ? Vous figurez-vous que l'intelligence du peuple saura tirer profit de la faible moralité qui perce au milieu d'un amas d'infamies et d'horreurs ? Encore seriez-vous excusables, si vous aviez eu l'intention de faire de l'art, si vos œuvres étaient littéraires ; mais vous n'avez garde, en vérité, de cultiver le beau style et le beau langage ! Vous ne seriez pas compris, et vous employez avec infiniment plus de succès l'argot du bagne et l'odieux idiome des prisons.

C'est un pareil système qui dut amener Rome, aux jours de sa décadence, à faire massacrer dans le Cirque des victimes humaines, pour amuser ses loisirs.

En attendant que nous en soyons là, ce qui ne peut tarder, grâce à nos faiseurs, qui augmentent chaque jour dans l'esprit des masses le besoin d'émotions violentes, achevons d'esquisser la physionomie du boulevart du Crime : physionomie du trottoir pendant l'entr'acte, physionomie de la salle pendant la représentation.

Si vous n'avez pas entendu les bruits étranges qui s'élèvent, de cinq heures à minuit, dans le voisinage des théâtres en question, je déclare que vous n'avez pas la moindre idée de ce que peut être un charivari.

Deux actes sont joués. Vous quittez l'atmosphère étouffante de la salle, afin d'aller respirer au dehors un peu d'air pur. Soudain vous êtes assailli par cinq ou six industriels qui vous crient à tue-tête : « La vendez-vous, bourgeois? » L'un vous tire par le bras, l'autre vous arrache un pan de votre redingote; une douzaine de gamins se mêlent de la partie : « La vendez-vous? la donnez-vous? » Il s'agit de votre contremarque, et comme vous n'êtes dans l'intention ni de la donner ni de la vendre, vous avez toutes les peines du monde à sortir de ce guêpier. Mais ce n'est là qu'une faible partie des tribulations qui vous attendent. Vingt marchandes d'oranges vous assiégent; une fleuriste met entre vos mains ses bouquets fanés et vous en réclame le paiement; le décrotteur veut cirer vos bottes, le marchand de coco vous assourdit du tintement de sa sonnette et vous présente un verre de sa tisane. Vous vous heurtez d'étalage en étalage. Chacune des mille industries qui pullulent aux alentours, vous accapare, vous tiraille, vous presse, vous obsède. Elles vous regardent comme leur bien, comme leur propriété, vous faites partie de leur fonds de commerce; elles vous accablent d'oranges et de pommes cuites, de gâteaux suspects et de bâtons de sucre d'orge; elles vous offrent de l'orgeat, de la limonade et jusqu'à des glaces.... Oui, pardieu! de véritables glaces, des glaces à la vanille et au citron, des glaces à cinq centimes!

Tortoni ne se doute guère qu'il a sur le boulevart du Crime une aussi redoutable concurrence.

Vous essayez de vous réfugier dans le café voisin : toutes les places sont prises. Cent consommateurs veulent être servis à la fois. Le maître de l'établissement perd la tête, la dame du comptoir a le vertige, les garçons trébuchent au milieu des tabourets, cassent les bouteilles et renversent les plateaux.

Effrayé de ce *coup de feu*, vous rentrez dans la salle.

L'entr'acte dure encore. L'amphithéâtre, les troisièmes galeries et le poulailler se reposent des émotions du drame, en se livrant à leurs facéties habituelles.

Rien n'est poli, rien n'est gracieux comme le peuple qui s'amuse. Écoutez ces charmants dialogues, qui s'établissent d'un bout de la salle à l'autre, ces interpellations de bon goût, que l'esprit français a tout récemment inventées : « Ah! c'te balle! Ohé, mufle! Voyez donc c'te tête! Eh! titi, ton voisin possède un pif chicandard! etc., etc. » Vous croyez que ces aimables spectateurs s'en tiennent aux paroles? Non vraiment, ils ont la galanterie de faire pleuvoir sur vous les débris de leur repas aérien. Vous essuyez une grêle de projectiles, vous recevez sur le crâne une pomme plus ou moins cuite, des gâteaux à demi rongés et des épluchures d'orange. Enfin les trois coups retentissent, et vous êtes en sûreté jusqu'à l'entr'acte suivant ; car le peuple se livre corps et âme à l'attrait du spectacle : il suit avec anxiété l'intrigue qui se déroule. Vous le voyez, le cou tendu, l'œil fixe, la bouche béante. Il ne perd pas un mot, pas une syllabe; il frissonne aux péripéties et pleure au dénouement. Il prend tout à la lettre avec une naïveté qui fait frémir, et c'est pour lui qu'on invente chaque jour des mélodrames plus noirs, qu'on fabrique des vaudevilles plus licencieux... C'est devant lui qu'on a joué *Robert Macaire!*

Nous ne terminerons pas sans dire un mot des acteurs de ces théâtres : l'écho des coulisses et du foyer veut bien quelquefois être indiscret avec nous.

On prétend que l'ancien comédien s'en va... non certes. Vous le retrouverez au boulevart du Crime, avec ses mœurs débraillées et son existence nomade.

Ce qui fait surtout le charme de ces créatures à paillettes, c'est le mélange plus caractérisé là qu'ailleurs des réalités les plus mesquines de la vie privée avec l'idéalisme des oripeaux et du cothurne. L'Actrice, en poudre et en habit de cour, cause familièrement, dans les coulisses, avec le pompier de garde ou le garçon coiffeur. Elles viennent en socques jouer les reines, et répètent le matin les jeunes princesses en écumant leur pot-au-feu.

C'est, du reste, quelque chose de prodigieux et d'ébouriffant que le laissez-aller de ces messieurs et de ces dames. Ils sont à *tu* et à *toi*, non seulement entre eux, mais avec le directeur, le régisseur, le souffleur et les auteurs. Ces derniers surtout sont forcés d'accepter cette familiarité républicaine, s'ils ne veulent pas s'exposer à une chute immédiate, lorsqu'ils font représenter une pièce. Ils assistent à de petits soupers, dont mademoiselle Léontine est la reine. Le champagne pétille au milieu des calembourgs, des lazzis et des propos grivois....

Il va sans dire que le sexe est tout-à-fait régence.

L'orgie se termine au petit jour, et la consommation se paie *à l'œil* (expression consacrée). Le crédit d'un auteur se mesure à la queue du théâtre, quand son nom se trouve sur l'affiche; celui d'un acteur dépend des bravos qu'il obtient. Les cafés du Cirque et de la Gaîté professent de longue date ce principe de justice distributive, et trop souvent, hélas! un revirement imprévu du public a sevré plus d'un malheureux artiste de sa demi-tasse et de son verre d'absynthe.

Maintenant, nos chers lecteurs, vous pouvez à très bas prix vous assurer de l'exactitude rigoureuse des détails que nous vous donnons dans cet article.

Le boulevart du Temple vous offrira des avant-scènes, des loges de face et des deuxièmes galeries à soixante-dix, quarante et quinze centimes. Pour une somme plus légère encore, il vous introduira dans un établissement qui, seul, lui vaudrait le terrible surnom de boulevart du Crime. Pénétrez donc au *salon de figures*, ne reculez pas d'épouvante à la vue de l'assassin qui aiguise son couteau, du traître qui vous couve de son œil farouche : ce sont les bagatelles de la porte, et vous allez faire connaissance avec madame Lafarge, l'enfant de La Villette, Louvel, Papavoine et Fualdès.

EUGÈNE DE MIRECOURT.

L'HOTEL DES COMMISSAIRES-PRISEURS.

Par Charles Ballard.

Habitués de l'Hôtel des Commissaires-Priseurs. — Origine du genre. — Coup d'œil sur l'édifice. — Quelques chiffres. — Droits perçus. — De l'éloquence du commissaire-priseur. — Fascination dangereuse de son regard. — Les roueries de l'affiche. — D'APRÈS et PAR. — Le fameux M. K... — Les *loupeurs*. — Un Monsieur décoré. — La lutte s'engage. — Belles manœuvres du fameux M. K... — Défaite du père Grimoud. — Malheureuse destinée d'un cheval arabe. — Un vieillard à tête blanche. — Le petit bossu et l'*allumeur*. — Le *brocanteur*. — Le *revideur*. — L'*étaleur*. — Le *rapiéceur*. — La *femme de menage*. — Les amazones de l'encan — Succursale de la rue des Jeûneurs. — Conclusion.

Le jour où le gouvernement fit fermer les maisons de jeu, il jeta sur le pavé plusieurs centaines d'individus qui ne surent plus où trouver un gîte de midi à minuit. Je ne parle pas ici des tailleurs, croupiers, *employés de la chambre*, et autres, qui vivaient d'un salaire connu, régulier, légitime; je parle de ces misérables hères, sans état, sans famille, sans avenir, âgés de quarante à soixante ans, qui,—après avoir humé chaque matin l'atmosphère poudreuse du Palais-Royal, avoir lu les *papiers publics*, avoir flâné une heure ou deux sous les tilleuls, en dissertant gravement des erreurs du pouvoir, s'être reposés quelque temps sur les bancs de pierre qui bordent les galeries, avoir assisté, les jours de soleil, à la détonation du canon, —s'en allaient, au dernier coup de midi, prendre place autour d'un tapis vert, et là, une pelote et un carton devant eux, une épingle à la main, se mettaient à *piquer* douze heures de suite sans boire ni manger.

Pour ceux-là, la maison de jeu était littéralement une salle d'asile, un hospice, un réfuge. Depuis qu'on leur en a fermé les portes, que sont-ils devenus? Hélas! ils ont abandonné le Palais-Royal, ils se sont dispersés, disséminés. Chacun d'eux s'est mis en quête d'un toit qui pût abriter de nouveau son oisiveté, sa vieillesse, ses infirmités, et sa misère. Ceux-ci, émigrant vers le Palais de Justice, sont allés demander à la cour d'assise ou à la police correctionnelle, un poêle, des distractions et l'amitié du greffier, autant de bienfaits que n'eussent pu leur accorder les dieux ! Ceux-là sont allés grossir la galerie de certains estaminets, donner leur avis sur un carambolage, et par réminiscence du bon temps, risquer à de rares intervalles, un modique enjeu sur une bille; d'autres enfin, et ce sont les artistes, les gens comme il faut de la bande, se sont dirigés place de la Bourse, vers l'hôtel des ventes mobilières; c'est là que nous les retrouverons, assidus à l'encan comme ils l'étaient au trente et quarante, occupant les meilleures places, appelant les garçons de salle par leur nom, familiers avec le crieur, connaissant chaque commissaire, chaque clerc, chaque amateur, chaque marchand; donnant leur avis à tout propos, faisant des réflexions, des plaisanteries, et quelles plaisanteries! Approuvant, blâmant, mais, règle générale, se gardant bien d'enchérir, encore moins d'acheter. Ce ne sont ni des compères, ni des connaisseurs, ni des curieux, ce sont tout bonnement des habitués, des amis de la maison, souvent incommodes pour le public, mais dont la présence a le mérite de faire nombre et de donner à certaines ventes une physionomie plus animée.

L'Hôtel des commissaires-priseurs, situé à l'angle de la place de la Bourse et de la rue Notre-Dame des Victoires, n'a guère que onze ans de date; il fut achevé en 1832.

L'ensemble de l'édifice est satisfaisant, la distribution des salles faite avec intelligence; mais ce qui frappe à la première vue, ce sont l'exiguïté et l'insuffisance de l'emplacement. Toutes les pièces, moins une ou deux, manquent d'air et d'espace; le nombre en est aussi trop restreint; enfin la circulation à l'intérieur devient souvent difficile, faute de dégagements convenables.

Frappé de ces inconvénients, qui peuvent leur être préjudiciables dans certains cas, plusieurs commissaires-priseurs se sont réunis et ont fondé à leurs frais, rue des Jeûneurs, une succursale dont nous parlerons plus loin.

Le nombre des commissaises-priseurs, pour Paris, est fixé à quatre-vingts ; leurs charges sont transmissibles comme celles de notaire, d'avoué, d'agent de change, etc. Un titre nu de commissaire-priseur est estimé 80,000 francs environ, prix plus élevé qu'aucun autre de même espèce; mais qui ne paraîtra pas exorbitant quand on saura que la compagnie a consacré et qu'elle met en pratique le principe de la bourse commune. Cette bourse est formée de la moitié des droits perçus sur toutes les ventes faites par les membres de la société, et cette moitié est répartie, tous les deux mois, par égales portions entre chacun d'eux. Or, le chiffre des sommes versées dans la bourse commune s'élevant annuellement de 300 à 530,000 francs, il en résulte que chaque commissaire, avec ou sans clientèle, peut compter sur un revenu de 4,000 francs. Un titre nu acheté 80,000 francs, représente, comme on voit, les intérêts d'un capital placé à cinq.

Les droits perçus par le commissaire-priseur dans les ventes confiées à son ministère sont de deux sortes : droits perçus sur le vendeur, droits perçus sur l'acheteur. Les premiers ne donnent aucun bénéfice. Ils ne se composent que du remboursement des avances faites pour le compte du client, et de la perception du tarif affecté à la location des salles de l'hôtel; tarif qui varie de 10 fr. à 30 fr. par vacation, et destiné spécialement à couvrir des frais d'entretien assez considérables.

Quant aux droits perçus sur l'acheteur, ils consistent dans un prélèvement de cinq pour cent en sus du prix d'adjudication; d'où il suit que le commissaire-priseur est intéressé à vendre le plus et le mieux possible. Mais vendre quoi? vendre tout ce qui est vendable et même tout ce qui ne l'est pas; vendre des objets qui valent dix, vingt, trente mille francs, et des objets qui ne valent pas cinq centimes. Un homme meurt, sa garde-robe est à vendre, le commissaire-priseur vend la garde-robe; un créancier est autorisé par jugement à faire vendre les meubles de son débiteur, le commissaire-priseur vend les meubles du débiteur; une petite maîtresse veut renouveler sa livrée, un bibliomane se débarrasser de sa bibliothèque, un beau-fils ruiné, réformer son attelage, un ménage en détresse faire argent des trois chaises qui lui restent; chaises, attelage, ameublement, bibliothèque sont vendus par le ministère du commissaire-priseur. C'est le commissaire-priseur qui a vendu dernièrement les ours, l'âne, le taureau et les boules-dogues qui firent si long-temps les délices de la barrière du Combat. Tout lui est bon, tout est de son domaine, tout, excepté les immeubles, les marchandises neuves et les individus appartenant à l'espèce dite humaine; encore n'est-ce que depuis peu que la vente des marchandises neuves lui est interdite, et échappe-t-il à cette interdiction, dans certains cas, et en vertu d'une autorisation des juges-consulaires.

La manière dont le commissaire-priseur procède à la *conduite* des enchères, le vocabulaire dont il use, son geste, son attitude et sa pose dépendent du genre des objets qu'il met en vente, du public auquel il s'adresse, et même de la salle où il trône. S'agit-il d'une vente de curiosités, d'objets d'art, de tableaux, — c'est toujours dans la plus belle salle qu'elle aura lieu, — le commissaire déploiera tout

ce qu'il a de zèle, d'expérience, d'adresse, de cordes vibrantes dans la voix, de fascination dans le regard. A l'instar des athlètes antiques qui se préparaient long-temps à l'avance aux luttes du cirque, il se sera préparé, lui, aux luttes de l'encan. Rien ne lui aura coûté, ni les dépenses préliminaires, ni les démarches, ni les peines, ni ces mille petits moyens dont la publicité n'est souvent que le prétexte.

Supposons le cas d'une vente de tableaux.

Huit jours avant l'adjudication, le rentier, l'homme bien posé, le protecteur des arts a reçu à domicile un livret annonçant l'exposition de la superbe galerie de M. X..., une des plus riches de l'Europe. Vous ne connaissez pas M. X.... l'Europe le connaît encore moins que vous; n'importe! cette exposition aura lieu, — c'est toujours le livret qui parle, — à dater de la semaine prochaine, tous les jours de midi à quatre heures, à l'hôtel des ventes mobilières, salle n° 2. Qu'on se le dise!... Vient le catalogue numéroté des tableaux, et à la suite de chaque tableau une notice rédigée par M. K..., expert, un très habile homme, qui a reçu mission de reconnaître d'un coup d'œil de quel pinceau sort cette toile-ci, à quelle école appartient cette toile-là. M. K... est, par état, le parrain de toutes les peintures grandes ou petites, paysage ou marine, tableau de genre ou tableau d'histoire, caricature ou portrait, qui n'ont pas de nom et qui ne pourraient se présenter décemment dans le monde sous le voile équivoque de l'anonyme.

En même temps que le livret et les notices, apparaît dans les feuilles publiques une annonce pompeuse! En même temps que l'annonce, une affiche monstre, placardée sur les murs extérieurs et intérieurs de l'hôtel et qui d'ordinaire est ainsi rédigée :

« EXPOSITION ET VENTE DE TABLEAUX ANCIENS ET MODERNES PAR... »

Le PAR est d'une typographie gigantesque, colossale, grande comme un Burgrave.

« Et d'*après*. »

Le d'*après* est microscopique, imperceptible; c'est un ciron qu'on ne distingue qu'à la loupe.

Nous disons donc : « PAR et d'APRÈS : Ruisdaël, Coypel, Obbéma, « Vander Meulen, Rubens, Greuse, Boucher, Breughel, Bourguignon, Salvator Rosa, Girodet, Léopold Robert, etc., etc., « etc., etc. »

Remarquez ces quatre et cætera. Il cachent cinquante ou soixante mystères qui ne seront dévoilés qu'au grand jour de la vente.

— « Diable! voilà une belle collection! excellente occasion pour un amateur! »

La réflexion est faite à haute voix par un Monsieur qui s'est arrêté comme vous devant l'affiche apposée sur les murs de l'hôtel des commissaires-priseurs. Vous approuvez le Monsieur du geste et vous ajoutez machinalement : Ça se vendra cher.

— Bah ! ce n'est pas sûr, reprend l'autre ; il doit y avoir dans tout cela beaucoup de croûtes.

— Mais les tableaux de maîtres?

— Il faut voir ! réplique le Monsieur en souriant, on peut faire de bons marchés, je ne le nie pas ; mais on peut en faire aussi de détestables... Tiens! c'est précisément aujourd'hui que commence la vente!

Sans rien ajouter de plus, le Monsieur vous quitte. C'est à la salle n° 2 qu'ont lieu les enchères. L'idée vous prend d'y monter ; vous trouvez la lutte engagée, et les parties aux prises. La salle offre un aspect des plus pittoresques ; au fond s'élève une estrade

où siégent le commissaire-priseur et son commis ; sur le même rang qu'eux, mais plus bas, se tient l'expert, le fameux M. K... qui continue son rôle de parrain des toiles sans nom. Derrière l'estrade et debout, une demi-douzaine d'individus dont nous aurons à nous occuper tout à l'heure. En avant de l'estrade, dont elle est séparée par un espace de quelques pieds, une table en fer à cheval autour de laquelle se pressent une foule de spectateurs, les uns assis, les autres debout, et tellement serrés, que vous, dernier venu, vous ne pouvez distinguer un seul des objets en vente ; vous avez beau vous lever sur la pointe des pieds! Mais voici le Monsieur aux réflexions qui, mieux avisé que vous, dérange l'un, écarte l'autre, se fait faire place et pénètre enfin jusqu'à la ligne de chaises. Vous le suivez; mais impossible d'aller au-delà: cette ligne est infranchissable : on ne la prendrait qu'avec du canon. Vous pouvez rester là cinq heures de suite, pas un des gens assis ne se levera ; ce n'est pas étonnant, cette ceinture vivante est formée presque en entier des ex-piqueurs du 113, de cette cohorte désorientée dont nous parlions au début de cet article; habitués inamovibles, ils sont désignés par les garçons de peine de l'établissement sous le soubriquet trivial de *loupeurs*.

Loupeur, dans le langage d'une certaine classe, signifie paresseux, oisif, amateur du *far niente*. Ce terme convient parfaitement, comme on voit, aux ex-pensionnaires de M. Bénazet. A côté des loupeurs, et jouissant comme eux du privilége d'être assis, on remarque quelques amateurs tenaces, mais besogneux, qui attendent des mois, des années, une occasion d'acheter à vil prix quelques tableaux d'élite. Toutefois ce personnage qui est là, tout près de vous, décoré de la Légion-d'Honneur, dont la tête blanche fait mouche au milieu des autres têtes, c'est une exception de cette dernière catégorie. Bien qu'il ait dans toutes les ventes d'objets de curiosité ou de tableaux, sa place marquée, sa chaise retenue, cela ne l'empêche pas d'acheter souvent, d'acheter beaucoup, d'acheter trop. S'il le voulait, il pourrait tout aussi bien que feu Aguado, faire parade de sa galerie ; car elle est aussi nombreuse, pour le moins, que celle du banquier espagnol, et elle l'emporte de beaucoup par le chiffre des croûtes; mais il fait de ces tableaux ce qu'un avare fait de ses trésors : il les cache, il les met sous clef; il veut être seul à les contempler : il lui semble que l'œil d'autrui les userait; il est convaincu qu'il a un million d'enfoui dans ses armoires, et il n'a peut-être pas tort, car ces tableaux lui ont coûté depuis vingt ans bien près de cette somme.

Cependant, grâce à l'audacieux Monsieur qui vous a servi d'introducteur, vous voici placé de manière, sinon à voir, du moins à entrevoir les tableaux que le crieur fait successivemet passer sous les yeux des loupeurs qui regardent, jugent, font des mines absolument comme s'ils s'y connaissaient et comme s'ils avaient envie d'enchérir. Le garçon de salle vient d'emporter un objet vendu ; le crieur en reçoit un autre des mains de l'expert, le commissaire-priseur le met aux enchères : écoutez le crieur, écoutez l'expert, écoutez le commissaire-priseur, écoutez les enchérisseurs.

Le Commissaire-priseur. Messieurs, nous allons mettre en vente maintenant le numéro 22. C'est un tableau d'après Greuse.... un maître fort estimé! par M. ***.

Ici un nom profondément inconnu.

— Nous allons le mettre à 100 francs pour commencer ; voyons, Messieurs, à 100 francs ! — Personne ne dit mot?

— *Le Crieur*. 100 francs, Messieurs. Y a-t-il marchand à 100 francs? — Même silence.

— *L'Expert*. Allons donc, Messieurs, c'est un des plus jolis tableaux de Greuze.

— *Une voix*. Ce n'est pas de Greuze.

— *Le Crieur*. C'est d'après Greuze ; c'est une des meilleures copies de M. ***.

Décidément, vous n'avez jamais entendu parler de ce copiste.

— *Le Crieur*, continuant : Au reste, examinez, Messieurs, on ne vous vend pas chat en poche, vous vous y connaissez assez pour juger du mérite de l'œuvre.

— *Une Voix*. Je mets 10 fr.

— *Le Commissaire-priseur*. Il y a marchand à 10 fr. Commençons par 10 fr., je le veux bien.

— *Plusieurs Voix*, l'une après l'autre. 10 fr. — 12 fr. — 13 fr. — 15 fr.

Les enchères montent en quelques minutes jusqu'à 120 fr., puis elles se ralentissent. Le crieur s'égosille à répéter 120 fr.

L'Expert. Allons, Messieurs, ça vaut mieux que ça ; vous n'y pensez pas! c'est tout au plus si, à ce prix, le cadre est payé!

L'argument tiré de la valeur intrinsèque du cadre est un argument éternellement invoqué par l'expert.

— *Une Voix*. 121.

— *Le Crieur*, après avoir échangé un signe avec le commissaire priseur, et presque coup sur coup : 122, 123, 124, 125, 126! Allons, Messieurs, à 126!

Le commissaire-priseur s'est résigné, comme on voit, à pousser lui-même et à son corps défendant. Pourquoi? Pour chauffer la vente. Dévouement très louable! mais dont il peut être la victime; car si personne n'enchérit sur lui, la toile lui restera, et il n'en a que faire. Il est vrai qu'il a la ressource de la remettre en vente un jour ou l'autre; mais est-il sûr de recouvrer ses déboursés? et en attendant qu'il les recouvre, ses fonds dorment et ne rapportent rien.

— 126! Allons, Messieurs, à 126; c'est un tableau fort bien fait et très touchant.

Cette réflexion est du crieur qui a fréquemment à la bouche une foule d'observations du même genre, et toutes aussi spirituelles que celle-là.

L'Expert au Crieur. Montrez donc le tableau à ces Messieurs là bas au fond! Remarquez, Messieurs, vous qui êtes connaisseurs (ô flatteur d'expert, présent le plus funeste!...) le coloris et la pureté de cette toile!

— *Une Voix*. 127.

— *Une autre Voix*. 128.

L'enchère reprend et va jusqu'à 129 fr.

— Allons, Messieurs, le mot! crie le commissaire-priseur.

Le *mot*, en terme de vente, signifie le compte rond, 130; mais personne ne disant le mot, le commissaire-priseur s'écrie : 129 fr.! c'est bien vu, bien entendu, à 129 fr., il n'y a pas de regrets! adjugé! — Et il frappe un coup du marteau d'ivoire, insigne de sa toute puissance.

L'homme à qui le tableau est adjugé et qui le prend d'assez mauvaise grâce, est le même qui n'a pas voulu commencer l'enchère à 100 fr. et qui l'avait réduite à 10 fr.

— Le papa Grimoud est enfoncé, dit un loupeur.

L'entourage répond à cette exclamation par un sourire approbateur que partage le Monsieur que nous connaissons. Vous, novice, vous ne comprenez pas; le Monsieur veut bien vous donner le mot de l'énigme : l'homme à qui la copie de Greuse a été adjugée est un marchand qui a poussé l'enchère uniquement parce qu'un amateur placé à côté de lui semblait tenir au tableau; il comptait *enfoncer le bourgeois* (pardon de l'expression, mais elle est technique) et lui faire payer la croûte fort au dessus de sa valeur. Il n'enchérissait que pour mieux enfoncer l'autre; malheureusement il a mal manœuvré, il est tombé lui-même dans le piége qu'il tendait au bourgeois. Le bourgeois qui n'est pas toujours aussi simple, aussi innocent qu'il en a l'air, a flairé le traquenard et ne s'y est pas laissé prendre. C'est le marchand qui paie les frais de la guerre; il a acheté 129 fr. une toile qu'il ne revendra pas 50, et qui n'eût pas été cotée au delà de 40, si l'enchère ne se fût débattuè qu'entre marchands, car ces messieurs ont pour habitude de ne jamais se faire concurrence. Il y a entre eux une association, une sorte de bande noire!

— A ce compte là, dites-vous au Monsieur, un amateur est toujours sûr de payer un tableau trois ou quatre fois sa valeur. — Erreur, reprend le Monsieur en souriant, il ne s'agit que de savoir se conduire et saisir l'à-propros. Les marchands ne peuvent pas tout acheter, il faut bien qu'ils s'arrêtent, et puis ce ne sont pas les bons tableaux qu'ils poussent avec le plus d'acharnement, ce sont les médiocres, parce que les médiocres sont généralement de *défaite* plus facile. Vous venez de voir, au reste, qu'il y a parfois danger pour eux à se frotter à des amateurs. Tenez, ajoute l'officieux personnage en nous montrant le vieillard à cheveux blancs, voilà un connaisseur! il ne se passe pas de semaine qu'il n'achète un tableau et qu'il ne fasse un admirable marché; c'est le célèbre M. de M., il est connu dans les arts comme M. Dusommerard. Quand M. de M. dit un prix, vous pouvez enchérir sans crainte.

La célébrité de M. de M. n'est pas parvenue jusqu'à vous; mais ce n'est pas une raison pour la mettre en doute.

Pendant votre dialogue avec le Monsieur, on a vendu successivement trois ou quatre tableaux D'APRÈS des peintres très connus par des barbouilleurs qui ne le seront jamais. C'est par les quatre *et cætera* que ces derniers étaient désignés dans l'affiche. Fiez-vous donc aux *et cætera!*

Cependant les enchères sont poussées mollement; le commissaire-priseur a beau prendre ses inflexions de voix les plus engageantes, l'expert faire de fréquents appels au sentiment artistique de l'assemblée, le crieur répéter spirituellement : Mais voyez donc, Messieurs, ce cheval est superbe; quelle magnifique bête! un cheval comme ça vaut plus de 15 francs!

— 16! dit une *voix*, — puis plus rien.

Le cheval est adjugé, avec son cadre, son cavalier, son paysage et ses montagnes, à la modique somme de 16 francs.

Vous êtes émerveillé qu'une copie de maître, de dimension raisonnable, et surtout encadrée superbement, ne soit, si mauvaise qu'elle puisse être, vendue que 16 francs; en bonne conscience, ce n'est pas payé. — C'est au *propriétaire* qu'elle a été adjugée, vous glisse le Monsieur à l'oreille; il n'a pas voulu la laisser partir à si bas prix; il a eu raison. Cette copie là vaut mieux que celle qu'on a vendue tout à l'heure 129 francs.

— Au *propriétaire?* ce n'est pas possible, puisqu'il est mort!

Le Monsieur sourit, mais ne répond pas.

On appelle maintenant un tableau *attribué* à Coypel. — Un charmant tableau de Coypel à 200 francs, dit le commissaire. Y a-t-il marchand à 200 francs? Faites passer le tableau à ces Messieurs.

— *L'Expert*. Examinez, Messieurs; c'est bien un Coypel; c'est tout à fait dans sa manière : d'ailleurs la gravure existe. — Allons, Monsieur, reprend le commissaire-priseur en s'adressant du regard au vieillard à tête blanche, cela vous convient! Passez le tableau à Monsieur. — Le vieillard mouille son doigt, frotte légèrement certaines parties, prend sa loupe et examine. — Le bonhomme s'y connaît, murmure le cicérone.

L'enchère est déjà arrivée à 250 francs. Un individu qui vous fait l'effet d'un garçon de salle, fait un signe au crieur, qui dit alors : — 251! — Quel est cet homme? — C'est, répond le Monsieur, un employé de la maison qui est brocanteur et tient boutique.

Le vieillard à tête blanche a poussé successivement le Coypel jusqu'à 440 francs : il reste adjudicataire.

— Ce n'est pas un mauvais marché que vous avez fait là, lui dit l'expert; ce tableau vaut plus de 1,000 francs. — Je le sais bien, murmure l'acquéreur avec un sourire triomphant.

Voici un petit tableau D'APRÈS Boucher, par un inconnu. Ce tableau vous plaît.

— Je pourrais bien l'acheter, s'il n'était pas trop cher, dites-vous au cicérone.

— Voyez-le d'abord de près, répond celui-ci. — On vous passe le tableau. — C'est décidément une excellente copie, ajoute le Monsieur au bout de quelques instants; vous pouvez enchérir, mais pas d'imprudence! — On pousse, vous poussez; on pousse encore;

vous poussez toujours. — Vous l'aurez, tenez bon, vous souffle le Monsieur bien bas; les marchands ne donnent pas.

Cette assurance raffermit votre courage; vous vous échauffez, vous y mettez de la passion. En définitive, le tableau vous reste, mais il vous coûte 260 francs.

Le cicérone vous félicite, et trouve l'affaire excellente.

— Excellente pour vous et vos patrons, dit un petit bossu d'un air goguenard; mais pour Monsieur, c'est différent: il est *enfoncé !*

Vous rougissez, vous allez demander une explication au Monsieur; mais le Monsieur n'est plus à vos côtés: il s'est glissé quelques pas plus loin. Le petit bossu se met à rire, tous les loupeurs rient aux alentours; le sang commence à vous monter à la tête. Le petit bossu veut bien alors vous expliquer comme quoi votre Monsieur était un *allumeur*, et comme quoi vous avez été sa dupe. Il vous a fait payer 260 francs une croûte ignoble, un vrai devant de cheminée.

— Quand on veut acheter, il faut connaître d'avance la valeur de ce qu'on achète! — La réflexion du bossu vous paraît fort sensée; mais vous êtes devenu méfiant. Ce bossu-là est peut-être un marchand, un envieux ou un rival de l'allumeur. Ni l'un, ni l'autre. Le bossu est un amateur qui connaît les rubriques de l'endroit; le bossu hante toutes les ventes d'un peu d'importance, tant à l'hôtel et à la succursale qu'à domicile; il est assidu aux expositions; il achète quelquefois, mais rarement, et toujours à bon compte. Il fait d'avance son choix, pointe sur son catalogue l'objet qu'il convoite, projette d'aller jusqu'à telle somme, et ne la dépasse jamais d'un centime; c'est un amateur véritable, éclairé, intelligent, qui ne juge que par lui-même, et ne se laisse jamais aller à l'entraînement de l'enchère. C'est, en un mot, l'opposé du vieillard à tête blanche, qui vient d'augmenter sa collection d'un Coypel copié par un rapin, acheté 3 fr. par un brocanteur, verni au triple, placé dans un cadre d'occasion, et vendu 460 fr. O stupide vieillard!

Vous venez d'apprendre, à vos dépens, qu'il ne faut pas se hasarder à l'hôtel des ventes mobilières quand on n'a pas l'expérience de certaines ruses. Votre première leçon vous a coûté 260 fr.: c'est un peu cher; mais que serait-ce, grand Dieu! s'il vous fallait payer le même prix chacune des leçons qui vous restent à recevoir? Que de choses encore à connaître! Et d'abord vous êtes persuadé, je gage, que la croûte que vous venez d'acheter sort de la galerie du fameux M. X.? Innocent! la galerie de M. X. est un mythe, une déception, une mystification. M. X. est un pauvre diable qui, en mourant, a précisément eu le tort de ne laisser à ses héritiers aucune espèce de galerie; tout ce qu'il possédait de son vivant, en fait de tableaux, se réduit à quatre ou cinq mauvaises toiles. Or, on vient d'en vendre une soixantaine; et il en reste plus du double encore à vendre. Qu'est-ce que cela signifie? Cela signifie que le nom et les vieilles toiles de M. X. ont servi de chaperon et de passeport à une demi-douzaine de brocanteurs qui ont profité de l'occasion pour mettre aux enchères des fonds de boutique dont ils ne trouvaient pas à se défaire. Ainsi, il y a telle toile qui s'est déjà vendue quinze ou vingt fois; quand je dis vendue, le terme est impropre, c'est adjugée qu'il faut dire; adjugée, non pas à un acheteur réel, mais au vendeur lui-même, qui, ne se souciant pas de laisser enlever le tableau à vil prix, a fait un signe au commissaire-priseur, lequel a donné son inexorable coup de marteau sur une enchère fictive. Le marchand remportera son tableau, après avoir payé les cinq pour cent de droits, et le remettra à l'encan dans quelques jours, sauf à le reprendre de nouveau, jusqu'à ce qu'il en ait trouvé un placement avantageux. Ces marchands là sont de véritables fléaux. Ce sont eux que vous avez vu groupés derrière l'estrade du commissaire-priseur, chuchotant, allant, venant, échangeant de temps à autre des regards d'intelligence avec trois ou quatre allumeurs mêlés dans la foule, et dont votre Monsieur faisait partie.

Toutes les ventes de tableaux faites à l'hôtel des ventes mobilières ressemblent, à peu de choses près, à celle dont nous venons de tracer une rapide esquisse.

Le personnel qui les compose se divise à peu près invariablement en six catégories : le *brocanteur* ou marchand, l'*allumeur*, le *loupeur*,

le *connaisseur*, le *pigeon* ou dupe, et le *badaud*. S'il s'agit d'une vente d'objets de curiosité, ou d'une vente de meubles et d'ustensiles de ménage, ou d'une vente d'effets de garde-robe, les catégories sont plus variées : elles s'augmentent du *revideur*, de l'*étaleur*, du *rapiéceur*, de la *revendeuse à la toilette*, du *marchand de galons*, et de la *femme de ménage*, c'est-à-dire de jouteurs qui ne se laissent pas prendre aux grossières ficelles de l'allumeur, qui ont l'expérience du terrain sur lequel ils vont combattre, et font leurs dispositions en conséquence.

Aux ventes d'objets de curiosité, le loupeur a, comme aux ventes de tableaux, droit acquis de bourgeoisie ; mais il ne s'aviserait pas de se fourvoyer dans les ventes de meubles, ustensiles de ménage et autres. Autant vaudrait pour lui, ami du repos, du calme, du bien-être et de l'oisiveté, s'embarquer sur l'Océan quand le vent souffle, quand gronde la tempête : il n'aurait pas une seconde de tranquillité ; il serait heurté, poussé, maltraité, meurtri. Aussi, ne le voit-on presque jamais dans les salles d'en-bas, exclusivement réservées aux objets dits utiles ; mais avant de parler des ventes tumultueuses du bas, un mot sur le rôle respectif des individus que nous avons désignés sous les sobriquets barbares de *brocanteur*, de *revideur*, d'*étaleur* et de *rapiéceur*.

On sait que le brocanteur est un marchand qui tient boutique de toute espèce d'objets achetés d'occasion, au meilleur marché possible, et qu'il revend le plus cher qu'il peut. Eh bien ! dans la nomenclature des industriels qui hantent assiduement l'hôtel des ventes, le brocanteur est un genre ; le revideur et l'étaleur ne sont que des espèces. Le brocanteur récolte, le revideur grappille sur le brocanteur, l'étaleur grappille sur le revideur. Le brocanteur fait choix des meilleurs lots, le revideur borne son ambition aux lots infimes, l'étaleur se contente de ce que dédaigne le revideur. Le revideur et l'étaleur sont les deux termes d'une même proportion ; l'un est à l'autre comme X est à Z. Je suppose que le revideur se soit rendu adjudicataire, au modeste prix de deux francs, d'un lot ainsi composé : deux assiettes dépareillées, une pipe sans tuyau, un berger en porcelaine, un bouchon de carafe, un couvercle de sucrier. Quel parti tirera-t-il de pareilles misères ? Un parti excellent ! N'est-il pas revideur ? Eh bien ! il *revidera*, autrement, pour le français, il cédera, séance tenante, son marché à trois ou quatre étaleurs, en se réservant de garder comme prime, en dehors de ses déboursés, un des cinq objets du lot ci-dessus ; le berger de porcelaine par exemple. Quant aux autres pièces, les étaleurs se les distribueront entre eux à prix débattu : l'un prendra le bouchon, l'autre la pipe, celui-ci les assiettes, celui-là le couvercle; puis chacun ira étaler à deux pas de là, en plein air, sur le trottoir, cette hypothétique marchandise. Les étaleurs sont, comme on voit, les cliens du revideur; le revideur est leur commanditaire, leur courtier. Le rapiéceur, lui, n'a rien de commun ni avec le revideur ni avec les étaleurs : sa spécialité dédaigne le concours des tiers; il marche dans sa force et dans son indépendance. Le rapiéceur ne fait cas que de ce qui est démanché, démantibulé, ébréché, fêlé, brisé; les chaises boiteuses, les vieux pots privés d'anses, les lunettes sans verre, les soufflets sans âme, les trépieds à deux pieds, les tables veuves de tiroirs, les tiroirs veufs de liteaux, voilà ce qu'il aime, ce qu'il recherche, ce qu'il achète avant tout. C'est que, dans huit jours, grâce à son industrieuse activité, il aura mis tous ces objets en bon état de service. On pourra s'asseoir sur les chaises, porter les pots, voir avec les lunettes. Le rapiéceur sait tout faire; il est tout ce qu'on veut, serrurier, menuisier, tapissier, horloger, opticien, peintre, mécanicien, vitrier; au besoin, il mettrait des morceaux aux tragédies qui manquent de fond, et des césures aux vers de M. Hugo. Le rapiéceur revend pour du neuf toutes les vieilleries qu'il a eu le talent de restaurer; s'il n'était rapiéceur, il fût, à coup sûr, devenu homme de lettres! Du reste, il n'est pas rare qu'il soit éligible ; et pour peu qu'il voulût se rapiécer lui-même comme il rapièce sa marchandise, il ferait à la Chambre aussi bonne figure que maint élu de notre connaissance.

Arrivons au marchand de galons, à la revendeuse à la toilette et à la femme de ménage. La physiologie de ces individus ayant été esquissée dans ce livre par une plume plus habile que la nôtre, nous ne nous occuperons d'eux que sous le rapport du rôle qu'ils jouent à l'hôtel des ventes mobilières. C'est aux ventes de blanc, de lingerie, de literie, et d'effets d'habillement qu'il faut les voir et les étudier. Ce n'est pas à eux qu'un allumeur en ferait accroire. Ils savent mieux que le commissaire lui-même la valeur des marchandises criées. Quand un bon lot se présente, il est curieux de contempler la revendeuse aux prises avec la ménagère; c'est un assaut dans toutes les règles : même vigueur, même acharnement de part et d'autre. Emportées par leur ardeur, ces amazones de l'encan envahissent l'enceinte réservée, elles se hissent sur l'estrade du commissaire-priseur, qu'elles assourdissent du feu roulant de leurs enchères. Le plus souvent, et malgré ses valeureux efforts, c'est la ménagère qui succombe ; mais sa défaite est plus honorable qu'une victoire : la ménagère n'est pas vaincue ; elle tombe victime d'une coalition, ce qui est bien différent. Ses adversaires se sont liguées contre elle pour l'empêcher de profiter d'un bon marché ; elles n'ont pas eu honte de se soumettre en commun aux sacrifices d'un mauvais. On comprend que cet état de choses fasse de la ménagère et de la revendeuse deux ennemies intimes. Quand vous les avisez l'une et l'autre dans une vente, vous pouvez affirmer d'avance que l'affaire sera chaude et que l'enchère ne chomera pas.

Si nous nous sommes étendus trop longuement peut-être sur les adjudications qui ont lieu à l'hôtel de la place de la Bourse, c'est que nous étions là au cœur de notre sujet ; la succursale de la rue des Jeûneurs ne pouvait être dans notre cadre qu'un accessoire ; mais cet accessoire est trop important pour que nous le passions complètement sous silence : la succursale en question a un cachet d'aristocratie spécial et marqué. Tout y est plus beau, plus riche, plus vaste qu'à l'hôtel commun. C'est à cette succursale qu'affluent les tableaux précieux, les meubles élégants, les marchandises choisies. La raison en est toute simple. Les salles ont été construites et disposées en vue de contenir et de mettre en relief les objets d'élite. Amateurs, marchands, spectateurs y circulent à l'aise. Vous n'êtes plus dans un hôtel de ventes à l'encan, vous êtes dans un bazar, presque dans un musée ; le tarif de location étant proportionné au confortable de l'établissement, il en résulte que les marchandises communes ou de mince valeur ne font que de très rares apparitions dans la rue des Jeûneurs. En revanche, la physionomie de l'enchère est moins animée, moins pittoresque, moins amusante à la succursale qu'à l'hôtel commun.

Parlerons-nous maintenant des ventes à domicile ? A quoi bon ? N'est-ce pas la répétition, à peu de chose près, de ce que nous avons vu déjà ? L'espace nous manque d'ailleurs, et c'est à peine s'il nous reste assez de place pour rendre, en terminant, à la compagnie des commissaires-priseurs la justice qu'elle mérite. Le noble et permanent souci que cette compagnie prend de sa bonne renommée, la surveillance attentive et sévère qu'elle exerce sur les actes de chacun de ses membres, l'a préservée des désastres qui ont affligé mainte fois d'autres compagnies plus élevées qu'elle dans l'ordre hiérarchique. Le fait est assez honorable, et surtout assez rare, pour servir de péroraison à la physiologie de *l'hôtel des commissaires-priseurs*.

CHARLES BALLARD.

UNE ACTRICE DE SOCIÉTÉ.

Chronique de l'hôtel Castellane.

I

LE PENSIONNAT.

C'était fête dans le riche et grand pensionnat de demoiselles dirigé par mesdames Monnet, dans la rue de Clichy; on était au milieu du mois d'août, et le jour de la distribution des prix était arrivé.

La maison des dames Monnet avait une réputation bien établie dans les familles opulentes; pour une jeune personne, à son entrée dans le monde, c'était un titre que de sortir de cette institution. Ces dames, dont l'âge inspirait une entière confiance, étaient nées à un an de distance l'une de l'autre, elles touchaient à la cinquantaine, avaient des dehors dont tout le monde admirait l'austère décence, la noble retenue et la discrétion polie; elles n'avaient jamais été mariées : ces deux sœurs appartenaient à la famille de ces êtres qui n'ont point de jeunesse et dont on pourrait dire que pour eux la vie n'a jamais fleuri; ils ressemblent à ces plantes froides et pâles qui croissent dans une terre humide, à l'ombre, loin de toute chaleur et de toute lumière. Au sortir d'une enfance maussade, boudeuses et sans grâces, on les voit grandir les uns sous un habit noir toujours râpé, les autres sous une robe brune, grasse et ternie; ils servent à ces emplois de valetaille lettrée qu'on appelle précepteurs ou institutrices, sous-maîtresses ou maîtres de quartier, secrétaires ou gouvernantes; ils naissent, croissent, vivent et meurent sous le poids d'une contrainte perpétuelle; leurs meilleures qualités sont le pédantisme et la dévotion; leurs vices sont hideux, leurs vertus sont laides; n'a-t-on pas donné à cette engeance le nom de cuistres, et il y a des cuistres des deux sexes.

Sorties d'un couvent, mesdames Monnet étaient entrées de bonne heure dans une des maisons que Napoléon avait fondées pour l'éducation des filles de la Légion-d'Honneur; elles avaient été placées dans celui de ces établissements que dirigeait madame Campan, et celle-ci, en femme formée par l'expérience du monde, avait compris tout le parti qu'elle pouvait tirer de ces personnes qui apportaient chez elle ces apparences d'éducation religieuse auxquelles les familles les plus illustres affectaient de revenir.

Dans l'exercice des fonctions subalternes qui leur étaient confiées, les dames Monnet montrèrent toujours la docilité la plus grande et une modestie qui allait jusqu'à l'humilité; mais, sans chercher à deviner ce que leur réservait l'avenir, elles avaient mis beaucoup d'empressement et d'intelligence à se concilier les bonnes grâces de leurs élèves. Ce fut ainsi qu'elles passèrent trente années dans la maison qui les avait reçues dès l'âge de quatorze ans, et les avait vues parcourir toute l'échelle des classes, depuis le dortoir des plus petites filles jusqu'aux salons des demoiselles qui se préparaient aux liens les plus sérieux. Lorsqu'au sortir de la maison de la Légion-d'Honneur, qu'elles avaient quittée après avoir accompli le temps de service qui leur assurait une pension, les dames Monnet ouvrirent une institution de demoiselles; elles se trouvèrent tout naturellement connues et recommandées dans le monde peuplé de femmes formées par leurs leçons.

La vogue de leur pensionnat fut donc rapide.

Il est vrai qu'on ne négligeait rien de ce qui devait l'entourer de cet éclat si cher à la vanité des familles. Les nobles maisons, celles qui ne pouvaient se séparer de leurs sympathies aristocratiques, trouvaient chez les dames Monnet des habitudes de haute éducation, qui flattaient leurs idées; les familles bourgeoises croyaient donner à leurs enfants une éducation distinguée, par le seul contact des nobles rejetons; cette camaraderie flattait leur petit orgueil: la fille du gros marchand ne se sentait pas d'aise à la seule pensée de tutoyer la fille d'une duchesse, et ses parents se gonflaient de satisfaction.

Au fond de tout cela, et malgré la splendeur de ses dehors, le pensionnat de mesdames Monnet n'avait qu'un mérite fort mince. Ce qui lui faisait le plus d'honneur dans le monde, c'était l'élévation du prix de la pension: une éducation payée si chère pouvait-elle être mauvaise, et ne suffisait-il pas qu'elle ne fût point à la portée de tout le monde pour être excellente. On se gardait bien, en outre, de tout ce qui pouvait abaisser l'enseignement; ainsi, on ne parlait d'économie domestique et des détails de couture, de lingerie et de soins intérieurs, que comme ceux qui croient faire de l'agriculture en cultivant quelques fleurs; les connaisances positives, l'orthographe, la grammaire, le calcul, l'histoire et la géographie n'obtenaient que peu d'attention, mais on étudiait avec ardeur la musique vocale et instrumentale, la base fondamentale; le dessin et la peinture, la danse, la broderie et la tapisserie; toutes les langues excepté le français; l'histoire naturelle, la physique et la chimie. Il y avait une salle d'escrime, un gymnase dont les appareils se voyaient au loin; on allait au manége et à l'école de natation. La rhétorique surtout était l'objet des plus vives prédilections; la narration, le style épistolaire, la poésie, la romance et le roman, telles étaient les principales divisions des études littéraires des grandes classes. Le dimanche, il y avait des exercices de chant, de récit et de déclamation; les parents y étaient admis une fois par mois. Une chapelle particulière et des sermons prêchés par de jeunes prêtres jetaient sur tout cela le voile de la piété; on cultivait beaucoup la piété, chez mesdames Monnet, mais une piété douce et séduisante, sous la figure ordinaire d'un jeune abbé, bouclé, frisé, musqué, plein de galanterie et de beau langage.

Du reste, la maison de mesdames Monnet présentait le riant et charmant aspect d'une magnifique villa. Le logis était de belle apparence: il était vaste, bien aéré, élégant dans sa construction, et l'intérieur répondait à ces attraits par ses dispositions; le pensionnat était situé entre cour et jardin, partout régnait une propreté irréprochable ; en quelques endroits, il y avait un luxe de bon goût; dans cette physionomie, tout séduisait. Les deux institutrices avaient un talent merveilleux pour se concilier la faveur des parents; elles s'adressaient d'abord à leur tendresse, puis elles parlaient à leur amour-propre: ces deux moyens ne manquaient jamais leur effet.

Dans l'intérêt de la réputation de l'institution, la solennité suprême, celle qui terminait l'année, la distribution des prix devait déployer un faste extraordinaire. Pour cette imposante cérémonie, on construisait une tente drapée de velours et de soie, ornée de guirlandes de fleurs et de feuillages qui se mêlaient aux rosaces et aux franges d'or. Toute la société d'élite était conviée à cette fête; la présidence était quelquefois dévolue à un prélat; un haut fonctionnaire de l'université y était souvent appelé; mais le comble de la félicité pour mesdames Monnet, s'était de voir s'asseoir au fauteuil quelque écrivain illustre entre tous par la douceur de ses écrits, des poésies suaves et de touchantes narrations, alors on comptait sur un discours rempli d'émotions et tout humide de pleurs et de vertus.

La fashion accourait, absolument, comme s'il s'agissait d'un raout ou d'une soirée, ou d'un bal; les lions y venaient en foule et lorgnaient les jeunes pensionnaires, comme s'ils étaient aux avant-scènes de l'Opéra. On commençait toujours par un concert, suivi de lectures, de *récitations* et d'un intermède dialogué et chanté. En avant de la tente et dans une espèce de vestibule tendu en coutil, on établissait un petit musée : cette exposition intime se composait de dessins, de tableaux, de pages d'écriture et même d'ouvrages de tapisserie ou de broderie, et d'autres branches de l'industrie féminine; tous ces chefs-d'œuvre étaient sortis de la main des élèves, et l'on se gardait bien de dire la part qu'y avaient prise les maîtres, les maîtresses et d'autres aides. L'orchestre était formé par les soins du maître de piano; il était nombreux, et il exécutait avec zèle les quadrilles de Musard.

Les prix étaient composés de livres presque tous empruntés aux Œuvres de madame de Genlis, des deux dames Gay, de Legouvé, de M. Bouilly, et de quelques poésies du Parnasse des Dames; pour les classes supérieures, il y avait quelques volumes de madame de Staël, et un roman de George Sand, pour prix d'honneur. Les couronnes étaient tressées de marguerites blanches; une fleur de dahlia distinguait les premiers prix. Nous ne dépeindrons pas les émotions maternelles et filiales : toutes les entrailles palpitaient.

Il y eût des prix pour tout le monde, excepté pour quelques pauvres délaissées dont les parents avaient laissé en retard les derniers quartiers de la pension. Mesdames Monnet, vêtues, ce jour-là, comme l'était madame de Maintenon lorsqu'elle présidait à l'éducation des enfants de madame de Montespan, faisaient les honneurs de leurs élèves; elles souriaient à chaque nom de haut parage, et, pour rehausser les noms bourgeois, elles disaient tout haut le chiffre de la dot de celle qu'on appelait.

Les récompensées allaient chercher tous les mérites : il y avait des prix de modestie, et aussi des prix de gymnastique; l'un était accordé à celle dont le maintien était le plus calme, l'autre allait chercher et honorer les allures les plus turbulentes et les plus vives. Enfin une jolie petite fille de quatre ans, que sa mère, actrice renommée, avait mise en pension pour se délivrer tout de suite des devoirs embarrassants de la maternité, eut un prix d'espérance : c'était un cornet de bonbons noué avec des rubans verts; il est vrai que la veille mesdames Monnet avaient reçu de la mère de cette belle enfant, deux berthes de guipure qu'elles portaient avec beaucoup de dignité.

Les honneurs des exercices appartinrent cette année à une jeune

personne de seize ans et d'une beauté exquise; elle obtint surtout dans la comédie un immense succès. Les hommes charmés répétaient tout haut tous les compliments qu'on avait jadis adressés à Léontine Fay : on criait aussi : « Ravissante créature! c'est Mars regardée avec la lorgnette retournée ! »

Ce fut un triomphe dont mesdames Monnet savouraient modestement les délices.

On convint unanimement que cette admirable enfant, dont tous bas on disait qu'elle n'était pas riche, devait se destiner au théâtre; c'était une vocation providentielle. Ce phénix s'appelait Anna.

Les scènes que nous venons de décrire se renouvelaient à peu près tous les ans, chez les dames Monnet, leur maison était la plus féconde des pépinières de lionnes et de bas-bleus.

On était en 1837.

II

LES RÊVES DE JEUNESSE. — LA COMÉDIE DE SOCIÉTÉ.

Anna, celle qu'avaient exaltée tant de louanges et de si enivrantes félicitations, revint au sein de sa famille et ne devait plus retourner au pensionnat. Fille d'un ancien militaire, qui n'avait rapporté des champs de bataille que des blessures graves et une pension modique, elle n'avait pu être admise dans une des maisons de la Légion-d'Honneur, parce que son père n'avait pas vu confirmer la décoration qu'il avait reçue des mains mêmes de l'Empereur, à Waterloo. Les frais de l'éducation de la jeune fille avaient été faits par sa marraine, la veuve d'un sénateur mort sans enfants, et laissant une fortune considérable. Madame la comtesse de Minbourg était la protectrice de la famille d'Anna; pour elle et pour ses parents c'était une fée bienfaisante. La jeune pensionnaire, malgré la joie qu'elle éprouvait à secouer le joug des classes, ne pouvait cependant échapper à un sentiment de tristesse et presque d'humiliation en rentrant sous le toit paternel. Le vieux soldat et la compagne qu'il avait épousée étant caporal, ne se faisaient pas remarquer par la délicatesse de leur éducation et l'urbanité de leurs manières : lorsqu'ils avaient aimé leur enfant de toutes leurs forces, ils croyaient avoir assez fait. La marraine d'Anna était à la campagne, et sa filleule éprouvait un véritable sujet de chagrin en se rappelant qu'elle n'avait pas pu assister à ses triomphes; la jeune fille en pleurait de dépit. Anna ne put résister long-temps au désir de faire connaître à sa bienfaitrice combien elle avait su profiter de ce que l'on avait dépensé pour elle, et, dans une lettre dont elle soigna le style, comme s'il s'agissait d'un devoir de rhétorique, elle lui raconta les détails de la distribution des prix et les honneurs qu'elle avait remportés; elle insista avec complaisance sur les succès que lui avait valu son talent de comédie.

Les parents étaient ravis de tout ce qui rendait leur enfant si fière et si heureuse.

Qu'on juge de la joie d'Anna, lorsqu'elle reçut de madame la comtesse de Minbourg une lettre contenant la prière de se rendre en toute hâte à son château, sans s'inquiéter de préparatifs. Un domestique de confiance se tenait prêt à la conduire dans une voiture envoyée tout exprès pour ce voyage ; on avait pensé à ses besoins de garde-robe : elle trouverait au château tout ce qui lui était nécessaire. A cette nouvelle, il y eut bien quelques pleurs versées dans la pauvre demeure des deux vieillards qui s'étaient promis tant de plaisir du séjour de leur fille ; mais il s'agissait peut-être de la fortune d'Anna, et puis d'ailleurs on ne pouvait rien refuser à madame la comtesse : le départ eut lieu le lendemain même.

Le château de madame de Minbourg était situé sur cette fraîche et riante colline de Pontchartain qui, à l'ouest de Versailles, s'avance vers les coteaux de la Normandie. Jadis manoir de nobles seigneurs, il avait vu s'éteindre les races de patriciens qui l'avaient possédé, et dans le XVIIIe siècle il était tombé aux mains d'un riche financier qui en avait fait son palais des champs. Tout, dans cette habitation, était disposé pour une vie de dissipation et de plaisirs; il y avait surtout un théâtre de société construit avec beaucoup de luxe et un goût parfait.

La comédie de société a toujours tenu une grande place dans les distractions de la société française.

Sans remonter au delà du XVIIe siècle, nous la trouvons dans les prodigalités dont l'orgueil du cardinal de Richelieu entourait sa tragédie de *Mirame*, jouée sur le théâtre de son Palais-Cardinal. A Versailles, Louis XIV lui donna, par les ballets et les intermèdes mythologiques des divertissements de la cour, une pompe sans

pareille; madame de Maintenon la naturalisa à Saint-Cyr; plus tard elle prit possession de tous les logis qui se piquaient de goût, de faste et d'esprit. En 1762, le duc d'Orléans, petit-fils du régent, lui faisait en personne les honneurs du Palais-Royal; le prince de Condé et madame la duchesse de Bourbon la reçurent à Chantilly, et la présentèrent eux-mêmes à leur petite cour; nous la retrouvons encore à Sainte-Assise et à Bagnolet, chez un prince du sang, et enfin à Trianon : la reine et le comte d'Artois voulurent avoir les prémices de la pièce du *Barbier de Séville*. Napoléon critiqua tout haut l'impératrice Joséphine jouant sur le théâtre de Saint-Cloud ; quelques années auparavant Louis XVI avait sifflé Marie-Antoinette.

Ce sont là, pour le théâtre de société, des titres augustes et glorieux.

De ces sommets, si nous descendons dans les régions de la noblesse, nous rencontrons ces amusements partout où s'établissaient les beaux loisirs.

Le maréchal de Richelieu eut dans son hôtel la faveur de la première soirée d'*Annette et Lubin ;* l'*Honnête criminel*, ce père de tous les mélodrames vertueux, trouva chez la duchesse de Villeroi l'asile que lui refusait encore le théâtre ; chez le baron d'Esclapon, qui avait fait bâtir une salle de spectacle au faubourg Saint-Germain, Molé, qui était malade, obtint une représentation à bénéfice. La Folie-Titon, l'hôtel Mazarin, le château de Chevrette, Chenonceau, Passy chez la duchesse de Valentinois et à l'hôtel Bertin, et dans des temps plus rapprochés, l'hôtel du prince archichancelier, et le château du Val possédé par Regnault de Saint-Jean d'Angély eurent des soirées célèbres, dont quelques événements se rattachaient aux meilleurs souvenirs de la scène. Ailleurs, chez le comte François de Nantes, chez M. Foriée, dont Brazier, le premier analyste de ces chroniques, cite le nom avec reconnaissance : il y avait aussi des fêtes du théâtre.

La noblesse et l'opulence n'avaient pas seules le privilége de ces joies intellectuelles, mademoiselle Guimard possédait deux théâtres, l'un à Paris, l'autre à Pantin ; deux courtisanes fameuses, les demoiselles de Verrières, eurent aussi deux salles de spectacle pour lesquelles Colardeau et La Harpe composèrent des ouvrages. Les auteurs, les artistes et les grands seigneurs se mêlaient dans ces représentations.

Sous la restauration, ce goût du théâtre se continua dans la haute société : M. le duc de Maillé ouvrit son château de Lormois au grand répertoire ; madame de la Briche, en son château des Marais, le traita avec la plus grande affabilité ; l'hôtel d'Uzès eut des représentations qui firent quelque bruit ; chez madame la baronne de

La Bouillerie, le vaudeville florissait ; à Royaumont, chez M. le marquis de Bellissen, on chantait l'opéra italien.

La liste des théâtres qui touchaient de si près aux salons serait longue ; plus longue serait encore celle des scènes que la manie de la comédie bourgeoise établie dans les classes moyennes, et jusque dans les plus bas fonds de la société. Après la tourmente révolutionnaire, de 1798 à 1806, il y eut à Paris deux cents théâtres bourgeois.

Le plus fameux est celui de Doyen, qui a laissé des souvenirs à la fois si plaisants et si instructifs, si burlesques et si frappants de vérité ; ce sont des annales qu'il faudrait coudre comme appendice aux pages des *Romans comiques* de Scarron.

Une chose est digne de remarque, c'est que parmi ces théâtres, ceux qui comptaient dans leurs troupes des personnages séparés de la foule par leurs talents et par leur naissance n'ont légué à la scène qu'un très petit nombre de sujets d'élite, tandis que des rangs inférieurs sont sortis beaucoup de comédiens célèbres.

C'est peut-être parce que chez les grands autour desquels se groupaient les artistes, les écrivains, on ne considérait la comédie de société que comme un moyen d'échapper à l'ennui, tandis que chez les petits l'amour de l'art soutenait les efforts et portait dans ces loisirs mêmes la volonté de réussir.

C'est donc à travers ce mouvement qui agitait tous les rangs de la société, de la base au sommet, que la comédie de salon était venue jusqu'à l'époque où madame de Minbourg la recueillit et l'abrita dans son château, près de Ponchartrain.

Depuis deux ans M. le comte de Castellane s'était efforcé de remettre en honneur les mœurs et les habitudes du théâtre de salon : il marchait à la tête de cette renaissance, et toute la noble comédie éparpillée dans les proverbes, les charades en action, les charges, les travestissements et les scènes de paravent, se rendait à cet appel. La troupe du château de madame de Minbourg s'était recrutée parmi les plus ardents ; mais les jeunes femmes, et surtout les demoiselles, ne s'étaient pas encore familiarisées avec l'idée de jouer la comédie ; on redoutait dans les études et dans les représentations une certaine liberté de propos et de manières, et des franchises qui paraissaient mal s'accorder avec le respect dû aux convenances. Les salons, à très peu d'exceptions près, étaient donc obligés de chercher leurs jeunes comédiennes parmi les sujets qui se destinaient à la scène. On comprend avec quel ravissement la comtesse de Minbourg apprit les succès d'Anna, et reçut le trésor de grâces, de fraîcheur, de jeunesse et de talent que le ciel mettait à sa disposition.

Anna fut accueillie avec des transports d'allégresse ; à son arrivée et sans lui donner le temps de se reposer, il fallut qu'elle se mît à l'étude ; les répétitions commencèrent dès le lendemain et la représentation fut fixée pour un des jours suivants ! jamais théâtre aux abois ne déploya plus d'activité que l'on en montrait chez la comtesse.

On avait choisi pour composer un spectacle d'apparat, *la Fille d'honneur*, pièce d'Alexandre Duval ; le rôle principal, celui qui donnait son nom à l'ouvrage, fut naturellement assigné à Anna, madame de Mainbourg, malgré son âge, s'étant réservée pour jouer à une représentation suivante le personnage d'Hortense de l'*École des Vieillards*.

L'embarras d'Anna était grand, c'était la première fois qu'elle se trouvait aux prises avec une épreuve aussi redoutable que celle qui lui était imposée : les rôles qu'elle avait joués dans les solennités de la pension étaient bien loin de celui qu'il fallait maintenant aborder ; elle recula d'épouvante. Des conseils affectueux et des encouragements l'entourèrent de toutes parts, et chacun s'empressa de lui offrir le concours de ses propres lumières. Anna crut que, dirigée par l'expérience de personnes accoutumées à se prononcer sur le mérite des acteurs et des pièces de théâtre de Paris, elle pourrait surmonter les difficultés qui l'effrayait ; ainsi soutenue et fortifiée, elle parvint à faire taire sa timidité et se sentit presque téméraire. Mais dès les premiers avis qui lui furent donnés, elle s'aperçut tout de suite que ceux qui prétendaient affermir et conduire ses pas n'étaient pas plus habiles qu'elle-même à marcher dans la voie dramatique : la faiblesse de ses prétendus appuis lui rendit toute sa confiance : elle joua naturellement et joua bien.

Chaque représentation était pour elle une nouvelle occasion de succès ; elle excella dans tous les genres. Le vaudeville parut aussi satisfait de ses efforts que l'étaient le drame et la comédie.

Anna fut bientôt la petite reine du château ; la comtesse de Minbourg, sa protectrice, écrivit elle-même aux parents de la jeune fille, et d'un commun accord il fut décidé qu'elle serait présentée aux débuts de l'hôtel de Castellane : c'était le Théâtre-Français de la comédie de société.

III

L'HOTEL CASTELLANE.

Dans le faubourg Saint-Honoré, qui fut le faubourg Saint-Germain de l'Empire, au fond d'une vaste cour, s'élève un hôtel remarquable entre les plus beaux ; au dehors tout annonce une de ces demeures qu'habite l'opulence. Souvent, vers le milieu de la journée, deux gardes minicipaux à cheval, placés de chaque côté de la porte principale, sont l'indice certain d'une réunion nombreuse. La foule étonnée de l'affluence des carrosses et de l'empressement des piétons, s'informe des causes de ce concours de gens, et sa surprise redouble en apprenant qu'en cet endroit on joue la comédie en plein jour.

C'est l'hôtel Castellane.

Les personnes admises à ces fêtes, après avoir traversé au rez-de-chaussée un vestibule et une antichambre, entrent dans un premier salon, pièce de dimensions spacieuses et ornée de deux grandes colonnes ; d'autres appartements s'étendent vers la droite ; en tournant à gauche, on aperçoit une longue galerie ; elle renferme des antiquités précieuses, des sarcophages et des momies arrachées aux pyramides, de beaux vestiges de l'art et de la civilisation antique. A l'extrémité de cette galerie, une rotonde nouvellement construite présente son amphithéâtre, sa galerie élevée, un orchestre et un théâtre : c'est la salle de spectacle.

Lorsque M. le comte Jules de Castellane, si fervent pour le culte des arts, entreprit de faire renaître la comédie de société, son théâtre était établi dans le premier salon : les deux colonnes marquaient les limites de la scène. Malgré la magnificence de cet endroit, cela ne suffisait pas à ses desseins : il fit édifier une salle de spectacle, ainsi que l'avait fait autrefois le cardinal de Richelieu dans son palais, et il voulut que rien ne manquât à cette scène dont il avait enrichi son hôtel ; tout fut exécuté au gré de ses vœux.

La salle de spectacle de l'hôtel de Castellane a une incontestable supériorité sur toutes celles qui ont été bâties même dans les palais des princes : elle est complète et équipée avec une intelligence et une adresse qui ont tout prévu. Les soirées dramatiques y brillent d'un éclat qui pourrait rendre jaloux plus d'un théâtre public ; les grands salons, radieux des lumières que des candélabres gigantesques versent avec profusion, ne sont plus que les foyers dans lesquels la société trouve pour les entr'actes un magnifique parloir. Les proportions de la salle ont été réglées sur une échelle plus étendue que toutes celles des constructions de ce genre ; on évalue à quatre cents le nombre des spectateurs qu'elle peut contenir. Des ornements composés de peintures, de dorures, de médaillons et d'arabesques en forment les embellissements ; un lustre et des touffes de bougie l'éclairent, et rien n'est plus charmant que ce coup d'œil, lorsque l'orchestre, le parterre et la galerie sont remplies de femmes parées autour desquelles se presse une couronne de cavaliers en toilette de bal.

Nous ne saurions dire jusqu'à quel point ont été poussés le scrupule et l'exactitude des arrangements ; tout ce que l'on exigeait ailleurs a été traité ici avec une infatigable et libérale sollicitude. Cicéri, chargé des décorations, a fait du théâtre une bonbonnière qui n'a plus recours aux vieilles mesquineries et aux chétifs mensonges des anciennes scènes de salon ; c'est un théâtre en miniature auquel ne manque aucun des accessoires obligés ; les costumes et le mobilier de la scène ont été l'objet des mêmes soins, de sorte qu'on a peine à concevoir comment on a si bien prévu et si heureusement préparé tous les besoins de la représentation.

Ces réunions de l'hôtel de Castellane, soirées ou matinées, ont un attrait piquant et qui leur est propre; elles appartiennent au théâtre sans être séparées du monde; c'est une alliance complète entre l'art sérieusement encouragé et les franchises d'un aimable et facile délassement; l'étiquette des salons en est bannie, mais rien n'y compromet la stricte et courtoise observation des convenances.

Aux coulisses, derrière le rideau, avant la représentation, se trouve groupée cette famille des gens du monde que leurs penchants rapprochent de l'art; nous retrouverons là des acteurs bé-

névoles dont la scène pourrait s'honorer si elle les possédait. Vous les avez vus dans tous les théâtres de société; c'est une de leur colonie qui a fondé la salle de la rue Chaptal; quelquefois ils ne dédaignent pas la salle de la rue de la Victoire : c'est le Conservatoire des grisettes et le Gymnase dramatique des lorettes. C'est de là qu'est sortie cette noble troupe qui vint donner au théâtre de la Renaissance une *serata*, au profit des Polonais. On n'a pas oublié cette soirée dans laquelle on voyait les chanteurs des chœurs lorgner les spectateurs et faire reculer les lorgnettes de la salle devant les lorgnons de la scène : il nous serait facile de vous montrer parmi eux des noms chers aux lettres et à l'art dramatique.

Cette dame, qui remplace avec tant de goût les charmes que l'âge lui a enlevés par les séductions de l'esprit, c'est une de celles dont les tableaux nous ont transmis avec le plus de vérité l'urbanité et l'élégance d'un monde qui n'est plus à l'époque dont nous parlons. Nous pourrions encore appeler vos regards sur cette grande dame de la cour impériale qui, tombée de sa grandeur, se releva si haut par son talent d'écrivain. Ces deux femmes sont des chefs de troupe : comme Molière, elles composent souvent les pièces qu'elles font jouer. Voici un de nos littérateurs les plus polis : toutes ses œuvres sont marquées au coin du tact le plus délicat; c'est le poète de l'endroit; cet homme dont la corpulence frappe d'abord la vue, c'est un des plus aimables acteurs de la comédie française : son embonpoint l'a éloigné de la scène sur laquelle son talent l'eût retenu long-temps; c'est l'instructeur de la troupe; c'est lui qui enseigne, forme et discipline les comédiens inexpérimentés. Voyez avec quelle application il donne à cette jeune fille les conseils qui doivent assurer son débit et son geste, toute son attitude de scène; à sa propre expérience déjà si recommandable, il a joint des études profondes. Un peu plus loin, portez les yeux vers ce personnage de petite taille, à tête chauve, et déjà costumé pour jouer un rôle comique. Quelle adorable bonhomie! quelle délicieuse et loyale naïveté! L'actrice avec laquelle il cause si intimement, c'est sa femme; tous deux vont jouer dans une pièce qu'il a pris plaisir à composer. Ici, au coin de cette coulisse, ce sont les matadors de la troupe : il y a parmi eux d'excellents gentilshommes; mais ne dédaignez pas cet homme au visage maigre, sec et bruni, dans les traits duquel il y a comme un mélange du type espagnol et du caractère africain; il a pour les arts une aptitude miraculeuse; les genres les plus différents lui sont également familiers. Après le drame, il jouera la comédie et la farce, il chantera une cavatine et dansera *la cachucha*, sans être jamais déplacé. Ce n'est pourtant pas un artiste de profession, c'est un employé au ministère de la guerre.

Je ne vous parle pas des dames : pour les unes il n'est plus d'espoir de progrès, et l'on ne peut que les féliciter de leur complaisance; pour les autres il y a une timidité et une réserve qui doivent demeurer inviolables.

Anna, que tant de louanges avaient précédée, et qu'accompagnait une de ces réputations que le monde s'entend si bien à édifier, était l'objet de toutes les prévenances : elle sentait en elle une douce témérité.

Madame la comtesse de Minbourg avait mis beaucoup d'orgueil à produire sa filleule : depuis six semaines qu'on était de retour à Paris, elle n'avait pas voulu qu'Anna eût d'autre logement que son hôtel; elle lui avait permis de voir souvent ses parents, mais elle n'avait pas souffert qu'elle s'éloignât d'elle. Tous les travaux d'Anna et toutes ses pensées avaient été dirigés vers les études dramatiques; on voyait en elle, et on le lui répétait sans cesse, un phénomène à qui rien ne pouvait être comparé.

Ce fut au milieu de ce concert d'adulations, dont madame de Minbourg donnait toujours le signal et que toutes les voix répétaient après elle, qu'Anna débuta sur le théâtre de l'hôtel Castellane. Placée sous la protection de l'élite de la société, son succès était certain, mais il dépassa toutes les espérances; pour elle, l'enthousiasme et l'admiration allaient jusqu'à la frénésie.

Cela dura pendant deux hivers. Anna était l'objet d'hommages qui ressemblaient à de l'adoration; pour célébrer ses succès toutes les muses chantaient : il y avait des vers pour précéder chacune de ses apparitions, des vers la saluaient encore lorsqu'elle quittait la scène, c'était un perpétuel concert de louanges et de félicitations.

Lorsqu'Anna jouait, M. le comte de Castellane redoublait de bienveillance dans son hospitalité. Ce seigneur du logis qu'on voyait empressé à servir ses hôtes avec une vigilance que rien ne lassait, lui qui oubliait en quelque sorte de prendre sa part des plaisirs qu'il offrait avec tant de grâce, quand venaient les représentations d'Anna, il sentait augmenter ses forces et son ardeur de bonne réception ; sa politesse, son intimité, si loin, hélas! de nos mœurs actuelles, son désir de placer tout le monde et de pourvoir à tout, éclataient ces jours-là par de nouvelles démonstrations. M. le comte de Castellane s'est toujours immolé tout entier au bien-être des personnes qu'il reçoit chez lui.

Anna était son actrice d'adoption.

Souvent il arrivait que le monde, dans l'exaltation de ses espérances, croyait avoir trouvé enfin quelque chose de plus précieux que tout ce que pouvait offrir le théâtre; alors les élans admiratifs ne connaissaient plus de bornes.

De même qu'après les succès du château de madame la comtesse de Minbourg, il avait été décidé qu'Anna débuterait à l'hôtel de Castellane, de même après ses triomphes plus récents, il fut décidé qu'elle débuterait au Théâtre-Français.

Cette jeune réputation avait tant de retentissement que la Comédie s'en émut; tout ce que la société compte de plus considérable intéressait à cette destinée dramatique; on avait préparé les secours les plus puissants dans le cas où le Théâtre-Français opposerait quelque résistance aux vœux des salons; c'était presque une question d'État.

Le Théâtre-Français se montra prompt à tout accorder; il se prêta à tous les désirs, et fixa lui-même le jour de ces débuts rendus si solennels; il laissa à l'actrice le soin des rôles dans lesquels elle paraîtrait. Alors, il y eut à la salle de spectacle de l'hôtel Castellane une représentation suprême, celle des adieux.

Anna y parut belle et touchante d'émotion; à son apparition sur la scène, elle fut reçue par un tonnerre d'applaudissements qui ne se lassaient pas de lui témoigner toute la tendresse de cette noble compagnie qu'elle allait quitter; il y eut des larmes et des cris de désespoir, et lorsque le calme eut enfin permis de commencer le spectacle, les applaudissements se renouvelaient sans cesse comme des embrassements qui voulaient retenir celle qu'on leur arrachait.

A la fin, toute la troupe parut entourant Anna qui se pliait tout en larmes sous une pluie de bouquets, de couronnes et de compliments poétiques. Ce furent de longs et touchants adieux; alors le poète prit sa lyre, et fit entendre la mélodie de ses lamentations.

Dans quelques strophes il peignit rapidement les affections qu'avaient fait naître dans tous les cœurs les qualités éminentes qui distinguaient l'actrice bien aimée, il lui dit ensuite la douleur que l'on éprouvait à la livrer aux orages d'une scène si redoutable; c'étaient comme les craintes qu'on éprouve en voyant un objet chéri affronter les hasards des flots; enfin, il l'assura que ces sympathies si vives l'accompagneraient aux jours des épreuves, et que notre dévouement deviendrait son plus ferme appui.

Anna se retira silencieuse, mais chancelante et troublée.

IV

LE DÉBUT.

En tout ceci, il y avait une haute imprudence.

La comédie de société n'a presque rien de commun avec la comédie du théâtre; ceux qui confondent ces choses ressemblent assez bien aux marins d'eau douce qui croient affronter sur la rivière des périls égaux à ceux de l'Océan. Les différences des deux scènes sont nombreuses et formidables : le geste, la voix, les poses, toute l'économie du jeu dramatique doivent subir des modifications imposantes en passant du théâtre de société au théâtre public.

Les faits vont parler plus haut que ne pourraient le faire nos opinions. Anna se prépara à ses débuts avec une religieuse terreur : elle parut comprendre que jusqu'alors elle ne s'était pas encore approchée du sanctuaire, et qu'elle n'avait pas encore contemplé face à face la divinité; mais le temps qui la séparait du moment de ses débuts était trop court pour qu'elle pût donner à ses études la lenteur qui seule amène de bons et graves enseignements; elle sentit cette première faute de l'imprudence de ses amis : cependant, elle voyait autour d'elle tant de sécurité qu'elle ne se laissa point abattre.

Pour cette soirée, toute la société occupa le théâtre; c'était encore une représentation de l'hôtel Castellane; on se saluait d'une loge à une autre, on échangeait tout haut les vœux et les espérances, on se livrait aux plus séduisantes illusions. Quelques personnes se détachèrent de la salle pour aller au théâtre réconforter une timidité dont on craignait les effets.

La toile se leva enfin ; le rôle choisi par Anna, pour son premier début, était précisément celui qui lui avait fait tant d'honneur chez la comtesse, et qui avait commencé la série de ses triomphes à l'hôtel de Castellane, le jeune personnage de *la Fille d'honneur*. Dès les premiers vers, Anna était visiblement troublée; elle prononçait à peine, et les paroles n'arrivaient pas jusqu'à l'oreille des spectateurs; les applaudissements mêmes qui avaient voulu la rassurer à son entrée en scène l'avaient étourdie; les lueurs de la rampe l'éblouissaient, lorsqu'elle entendit les voix de l'orchestre lui crier rudement : « *Plus haut!* » elle perdit toute contenance : elle récita son rôle dans un désordre machinal qui ne permettait aucune marque d'approbation; les loges restèrent muettes et consternées; le parterre et les stalles eurent sans doute pitié de la souffrance de l'actrice, car elles ne donnèrent aucun signe de mécontentement. Vainement, Anna, dans le cours de la soirée essaya-t-elle de retrouver son énergie et ses moyens : elle était écrasée par tout ce qui l'entourait. Accoutumée à une scène peu rigide, à certaines négligences de réplique ou à un laisser-aller peu soucieux de l'étiquette du théâtre, elle ne comprenait rien à la sérieuse application de ses nouveaux camarades; elle n'avait aucune expérience des traditions indispensables, et sur la scène tout lui était embarras. Elle implorait dans le fond de son cœur cette bienveillance universelle qu'on lui avait promise, et qu'elle ne voyait pas venir; alors elle se voyait délaissée et abandonnée; son découragement allait jusqu'au désespoir. Elle cherchait du regard ce public aussi dont la faveur l'avait soutenue et qu'elle voyait maintenant froid, sévère, glacé et bien plus près du blâme que de l'éloge. Elle croyait même avoir entendu des bruits aigus; et ces funestes sons avaient mortellement retenti dans son cœur; tout son être pâlissait, elle sentait ses forces diminuer; souvent elle fut sur le point de tomber, tant ses membres pliaient sous un fardeau qu'ils ne pouvaient plus soutenir.

Pour le public, c'était un lamentable spectacle.

Pour l'actrice, c'était une abominable souffrance.

Trois fois cependant Anna fut soumise à cette douloureuse tentative; trois fois elle subit la même torture.

La critique fut pour elle impitoyable; on la renvoya sans ménagement à des études qu'elle n'aurait jamais dû interrompre, et l'on s'indigna contre le monde dont l'engouement avait exposé un enfant à tant de peines et à un si cruel retour sur soi-même.

Le Théâtre-Français n'eut pas même la peine d'un refus, on ne lui adressa aucune proposition.

Anna qui avait passé dans sa famille le temps de ses débuts voulut revenir auprès de sa bienfaitrice, la comtesse de Minbourg; elle espérait que les succès des salons la consoleraient volontiers du rude échec qu'elle venait d'éprouver au théâtre; mais elle ignorait, la pauvre enfant, que le monde n'aime à se parer que de ce qui peut le glorifier : elle ignorait que ce que le monde fuit le plus, c'est le contact de la disgrâce et de la défaite.

La comtesse évita la présence d'Anna, et lui fit connaître par des témoignages non équivoques ses intentions, c'est-à-dire, la volonté de ne plus la voir.

Ce dernier coup fut le plus sensible au cœur de la jeune fille : il lui enlevait son dernier espoir, il l'isolait de tout ce qu'elle avait aimé, il la rejetait seule et désolée. A l'hôtel de Castellane elle eût sans doute trouvé encore un accueil bon et hospitalier, elle ne se sentit pas la force de l'implorer.

Pendant une année tout entière Anna fut en proie à des regrets qu'on ne pouvait adoucir; les caresses de ses parents lui rendirent peu à peu la sérénité. Aujourd'hui, mariée à un honnête bonnetier que sa beauté et ses qualités ont charmé, elle élève de gros enfants, et revenue des vanités du théâtre elle vend des bas, des chaussettes, et quelquefois même des bonnets de coton.

Nous ne savons si ce récit est véridique; nous l'avons entendu faire cet hiver, pendant l'entr'acte d'une soirée de vaudevilles chez un riche banquier dont le nouveau palais est l'orgueil du faubourg Saint-Germain; mais nous pouvons affirmer que tel est le sort probable de presque toutes les têtes folles qu'égarent les illusions du théâtre. Heureuses encore, si, au sortir de la scène qui les repousse, elles trouvent une boutique pour les recevoir.

Beaucoup roulent plus bas, et tombent au fond de l'abîme.

EUGÈNE BRIFFAULT.

FILLES

LORETTES ET COURTISANES.

Par Alexandre Dumas.

Voici, à ce que m'assure l'éditeur du présent livre, un coin du grand panorama parisien que personne n'a osé peindre, une page du grand livre de la civilisation moderne, au bas de laquelle personne n'a osé mettre son nom.

Il y a dans mon esprit une tendance toute particulière à entreprendre les choses que personne n'ose accomplir; aussi ai-je du premier coup accepté la tâche proposée, si difficile et surtout si scabreuse qu'elle fût.

Il est vrai que presque aussitôt cette promesse faite, je me suis, en songeant aux pudibondes susceptibilités de l'époque, senti quelque repentir de m'être avancé ainsi; mais ma parole était engagée, et je suis avant tout esclave de ma parole.

Je vais donc essayer de l'acquitter.

Seulement, pour mettre un certain ordre dans mon travail, je diviserai la matière que je traite en trois classes distinctes, en trois catégories progressives, en trois échelons ascendants, qui conduiront successivement le lecteur du coin de la borne où la prostituée des rues guette le nocturne passant, jusqu'au boudoir princier où l'élégante courtisane, qu'on a envoyé chercher dans une voiture sans armoirie, est introduite par un valet sans livrée.

Maintenant je préviens ceux qui voudront bien perdre leur temps à lire les pages suivantes, qu'elles ne sont point écrites pour les demoiselles qui sortent du couvent.

La Fille.

FILLES [1]

Il est inutile de faire ici la physiologie de la fille publique; c'est cet être dégradé que vous rencontrez le soir, particulièrement sur la place de la Bourse, au coin de la rue de Richelieu et de la rue d'Amboise, sur le trottoir de la rue Laffitte et sur l'asphalte du boulevart de Gand.

Nous voudrions que le cadre de cet article nous permît de prendre la fille à la formation de notre société et de la suivre à travers notre civilisation croissante, poursuivie par les lois somptuaires de Philippe-le-Bel, les réglements du chancelier de l'Hôpital et les décrets de la législative: cela donnerait à notre travail un cachet de gravité et un reflet de science historique, qui nous ferait pardonner peut-être son excentricité; malheureusement nous sommes enfermés dans des limites infranchissables. Hâtons-nous donc d'arriver au cœur de notre sujet.

Sous François Ier, les filles habitaient déjà les environs de la rue Saint-Honoré, dont elles se sont peu éloignées depuis. Ce fut dans une maison de la rue du Pélican que l'avocat Féron vint chercher l'étrange vengeance qu'il réservait au royal amant de sa femme.

(1) Une portion des matériaux qui m'ont servi à faire cet article est puisée dans le précieux ouvrage de Parent Duchâtelet; puis pour les choses que Parent Duchâtelet a oubliées, j'en ai appelé aux lumières de quelques uns de mes amis, forts savants sur la matière, et dont je citerais les noms avec reconnaissance, si je ne craignais pas de blesser leur modestie en mettant tout à coup leur science en lumière.

L'élévation du palais Cardinal sous Louis XIII fit refluer vers le marché des Innocents et vers la rue de la Féronnerie, le troupeau de prostituées, qui auparavant s'ébattait joyeusement à la butte Saint-Roch, dans la rue Froidmantel et dans la rue Saint-Honoré ; mais bientôt, comme des oiseaux qu'un bruit momentané a éloignés de leur rendez-vous ordinaire, la volée des vierges folles revint s'abattre aux environs du nid primitif et se répandre dans la rue de Richelieu, la rue des Bons-Enfants et la rue Traversière ; car ce fut toujours un privilége des palais d'attirer à eux ce qu'il y a de plus haut et de plus bas dans la société.

Mais ce ne fut qu'en 1789, je crois, que l'entrée du jardin et des galeries du Palais-Royal fut permise à la fille publique ; de ce moment elle s'en empara, elle en fit sa chose, et comme la lice de la fable, elle parut y avoir établi son domicile pour toujours.

Nous avons encore vu le temps où le Palais-Royal appartenait exclusivement à la fille publique ; c'était la prostituée qui en faisait les honneurs : elle y avait son salon de réception et son parc. L'hiver, à la fumeuse chaleur des lampes, elle recevait dans les galeries de bois ; l'été, à la douce lumière de la lune, elle glissait sous les tilleuls ou folâtrait autour du bassin, pareille à ces nymphes dont parle Virgile, qui se cachent, mais avec le désir d'être vues, qui fuient, mais dans l'espérance d'être atteintes.

Alors le Palais-Royal présentait un singulier aspect dont rien ne peut donner une idée : entre deux rangées de chétives barraques, quelquefois assez splendidement décorées au dedans, mais toujours pauvres et mesquines au dehors ; circulaient une centaine de créatures, dernière tradition des costumes du sacre, dernier échantillon des toilettes de l'empire ; coiffées de fleurs, de plumes et de faux diamans, décolletées jusqu'à la ceinture ; vêtues de satin, de velours et de soie, avec les joues enluminées, les sourcils peints, les lèvres rougies ; marchant d'un pas de reine de théâtre, se faisant faire place dans la foule, comme Jean-Bart se faisait faire place parmi les courtisans ; apostrophant de temps en temps d'une voix avinée, une connaissance qui passe ou une amie qui coudoie ; agaçant par une parole libertine le provincial nouvellement débarqué ; provoquant par un geste lascif l'employé trop inconnu pour aller dans le monde et trop paresseux pour rester à travailler chez lui ; jetant une promesse de luxure au commis-voyageur dont la journée est finie, et qui se promène comme un sultan dans ce bazar de chair humaine en faisant résonner les éperons de ses bottes et sonner l'argent de son gousset ; puis, de temps en temps, débordant dans l'une ou dans l'autre des galeries de pierres pour s'assurer si quelque amateur n'a pas mordu à l'hameçon de leurs séductions frelatées — si oui — s'éloignant rapide et tournant de temps en temps la tête pour s'assurer sa proie par la fascination du regard, puis disparaissant avec elle dans quelque allée obscure, au fond de laquelle rampe un escalier humide et tortueux — si non — se rejetant empressée dans toute cette lumière, dans toute cette foule, dans tout ce bruit, pour voir si elles ne seront pas plus adroites ou plus heureuses à la seconde fois qu'à la première.

Puis minuit venu, tous ces démons de la luxure s'évanouissaient comme si la baguette de quelque enchanteur les eût anéantis ; en un instant tous avaient fui par les portes étroites, par les allées bâtardes, par les rues obscures ; avec eux disparaissait toute la foule qui venait là pour eux. Puis peu à peu les boutiques se fermaient, le bruit allait diminuant, les ténèbres reprenaient leur empire. Alors devant certaines maisons s'allumaient des numéros de feu ; enseignes infernales, à la lueur desquelles on voyait entrer et sortir des hommes au visage pâle, aux joues caves, aux regards fiévreux. Ces hommes, c'étaient des joueurs ; ces maisons, c'étaient des tripots.

Le lendemain le Palais-Royal reprenait l'aspect général des autres monuments et se repeuplait d'une population à peu près pareille au reste de la population parisienne. Cependant ce n'était pas sans un certain effroi que les femmes honnêtes et les mères de famille se hasardaient dans cette Gomorrhe ; on les voyait traverser le jardin d'un pas rapide et inquiet, regardant devant elles, autour d'elles, derrière elles, et ne ralentissait le pas que lorsqu'elles avaient gagné d'un côté la rue Vivienne, ou de l'autre la place du Palais-Royal. Puis le soir venu, à la première lumière des bougies, des lampes et des quinquets, tout ce monde fantastique, qui s'était évanoui la veille, reparaissait de nouveau, et sortant de dessous terre, comme les nonnes impudiques de Robert-le-Diable, venait joyeusement, en apparence du moins, reprendre sa tâche de perdition.

A cette époque il y avait des hommes qui habitaient le Palais-

Royal, qui ne quittaient jamais le Palais-Royal, pour qui Paris tout entier était dans le Palais-Royal. Ils y logeaient, ils y mangeaient, ils y jouaient, ils y aimaient, ils s'y habillaient. Là ils trouvaient toute chose sous leurs mains : logements garnis, restaurateurs, tripots, maîtresses, tailleurs, cabinets littéraires, promenades. Nous connaissons un de ces hommes, homme de naissance, homme d'esprit, homme de distinction, qui quitta le Palais-Royal le jour où les filles en furent chassées; il y avait sept ans qu'il n'en était sorti.

Qui amena cette expulsion, après une si longue jouissance que la concession semblait être devenue un droit: c'est là un de ces profonds mystères de police, invisible à l'œil du profane et sur lequel on a beaucoup discuté, sans que la discussion ait fait jaillir aucune lumière; peut-être eût-il été plus logique de faire honneur de cette mesure à quelque noble et puissante susceptibilité maternelle, mais personne ne songea à ce motif, sans doute parce qu'il était le plus simple et le plus vraisemblable.

Tant il y a que les filles disparurent du Palais-Royal.

Mais chose bizarre, il sembla que la proscription avait frappé non seulement une population, mais une race. Refoulée dans la rue Vivienne, sur la place de la Bourse, dans la rue de Richelieu, dans la rue Laffitte et sur le boulevart de Gand, la prostituée reparut sous une autre forme, avec un autre costume, et, si on peut le dire, avec une autre tournure.

Cela tenait à cette bienheureuse boue de Paris qu'il fallait affronter, et dans laquelle il devenait bien difficile de traîner les robes de velours cerise, les robes de satin rose et les robes de pou-de-soie blanc, qui faisaient les honneurs des galeries de bois.

De plus, la fille publique, qui jusque là avait eu le libre usage de ses deux mains, était forcée d'en employer une a relever sa robe et l'autre à retenir son châle. Il est vrai qu'elle ne perdait pas tout; elle ne montrait plus sa gorge, mais elle faisait voir sa jambe.

Cela lui donnait un faux air de femme honnête, auquel il était instant de remédier.

La police défendit alors à la fille de se promener avec une autre fille, attendu qu'alors elles pouvaient avoir l'air de deux femmes.

En effet, si ce n'était ce coup d'œil provocateur, ces certains mouvements de hanches et cette inquiétude continuelle qui la fait regarder en arrière bien plus souvent que devant elle, la prostituée, grâce à son nouveau costume, pourrait encore tromper quelque provincial nouvellement arrivé, qui la prendrait pour une comtesse égarée, ou quelque bourgeoise qui la laisserait coudoyer par sa fille.

Mais il ne faut pas que pareille chose arrive, car les lois et la morale ont mis la fille publique au ban de la société. La fille publique est le Paria de la civilisation; c'est la pestiférée, sans le Lazareth.

Pénétrons dans l'intérieur de cette vie exceptionnelle, de cette existence excentrique, que sa position honteuse a forcé la fille d'adopter. Grâce aux recherches que nous avons faites près des gens les mieux renseignés à cet endroit, peut-être parviendrons-nous même, après Parent Duchâtelet, à en dire quelque chose de nouveau et d'inconnu.

Procédons par ordre : examinons d'abord les causes qui peuvent déterminer une créature humaine, faite à l'image de Dieu, nous dit la Bible, à embrasser ce honteux métier et à détourner sa face non seulement du Seigneur, mais encore de tout ce qui est honnête en ce monde.

Ce métier une fois adopté, voyons l'emploi de sa journée, ses joies, ses plaisirs, ses douleurs, pendant tout le temps qu'elle disparaît à nos yeux.

Puis enfin nous essaierons d'expliquer comment, à un jour venu, à une époque dite, à un âge presque uniforme, la fille publique disparaît dans les profondeurs de la société, comme les démons qui s'abîment dans le second dessous d'un théâtre.

Disons aussi que, par une rare exception, quelques unes échappent à la proscription générale, et pour nous servir de la même comparaison, s'élèvent au ceintre, resplendissantes d'or et de diamants, dans une gloire pleine de lumineuses clartés.

Il y a deux causes premières qui déterminent une fille honnête à se faire prostituée. Puis une troisième cause, cause étrange, exceptionnelle, inouïe, et qui viendra à son tour pour clore cette série.

La première de ces causes est la séduction.

La seconde, la misère.

La troisième, *le dévouement*.

Décalquons un des tableaux de l'ouvrage de Parent Duchâtelet, et nous aurons, sur une moyenne de 5,183 prostituées, la proportion suivante :

Domestiques séduites par leurs maîtres et renvoyées par eux.	289	
Jeunes filles enceintes venues de province pour se cacher à Paris, et n'ayant point trouvé les ressources qu'elles espéraient.	280	973
Jeunes filles amenées à Paris et abandonnées par des militaires, des commis-voyageurs et des étudiants.	404	

Voilà pour la séduction.

Perte des père et mère, expulsion de la maison paternelle, abandon complet.	1,255	
Concubines ayant perdu leurs amants et étant restées sans aucune ressource.	1,425	4,121
Excès de détresse, dénuement absolu.	1,441	

Voilà pour la misère.

Pour soutenir des parents vieux et infirmes.	37	
Aînées de famille, n'ayant ni père ni mère, se livrant à la prostitution pour élever leurs frères et leurs sœurs, leurs neveux ou leurs nièces.	29	89
Mères veuves et abandonnées pour élever leur famille.	23	

Voilà pour le dévouement

TOTAL.	5,183

Ainsi Dieu a voulu, sans doute, afin qu'on ne pût pas dire qu'il y avait un lieu de la terre où son regard ne pénétrât point, qu'une lueur de vertu brillât sur ce cloaque immonde, comme un feu follet voltige, étincelant et solitaire, sur un marais infect ou sur un étang fangeux.

Maintenant que nous avons indiqué les sources premières qui alimentent la prostitution, passons du détail à la masse, et suivons l'armée de prostituées qui tient garnison à Paris, dans la tente où elle se renferme le jour, sur le champ de bataille où elle exerce le soir, et dans le taudis où elle vient s'ébattre la nuit.

Il en est des filles comme des nouvelles recrues qui rejoignent les drapeaux : pendant quelque temps, à leur allure naïve, à leurs gestes gauches, à leur accent provincial, on peut reconnaître en-

core les traces de l'éducation primitive du conscrit ; puis peu à peu, sous la canne du sergent, sous l'influence de la salle de police, sous l'exemple des camarades, tout cela se plie, se discipline, s'harmonise, et le plus maladroit réquisitionnaire finit par partir du pied gauche et marcher au pas comme ses camarades.

Ainsi, que ce soit la séduction, la misère ou le dévouement qui ait conduit la malheureuse créature à l'état de dépravation où elle est arrivée, au bout d'un certain temps les caractères distinctifs des causes premières disparaissent, et l'observateur le plus judicieux et le plus profond aurait grand'peine à reconnaître des différences notables entre la fille et la fille, la prostituée et la prostituée.

Maintenant divisons la fille publique en trois classes :

La fille de la Cité,

La fille du boulevart,

La fille en maison.

Nous allons reconnaître à chacune de ces trois classes des caractères distincts. Bien entendu que nous embrassons toujours des généralités, l'espace nous manquant pour nous occuper des détails et pour suivre les exceptions.

La fille de la Cité appartient à la dernière classe des prostituées ; c'est l'associée des voleurs dont regorgent les environs de la rue de Jérusalem. C'est la maîtresse et la complice née du galérien futur, ou du forçat libéré. Elle vit de sa vie, parle son argot, et le suit souvent jusque sur les bancs de la Cour d'assises.

Les noms qu'elles se donnent entre elles se ressentent de l'état qu'elles exercent et de la société qu'elles fréquentent. C'est la Chouette, la Calorgne, la Bancale, la Bourdonneuse, la Trimarde, et autres appellations tirées de leurs défauts physiques, et plus souvent encore de leurs inclinations, de leurs vices ou de leurs crimes.

Nous ne les mentionnons ici que pour mémoire. Le courage nous a manqué pour descendre même en pensée dans les égoûts où elles exercent, et pour monter même par procurateur jusqu'aux chenils qu'elles habitent.

La fille du boulevart doit être rangée dans la seconde classe des prostituées.

C'est en général la fille libre et n'appartenant qu'à elle-même, logeant dans les garnis ou dans ses meubles, et ne rendant compte de sa conduite qu'à l'autorité administrative et à l'administration sanitaire.

Nous parlerons tout à l'heure de son véritable maître.

On la désigne sous le nom de fille en carte, nom qui lui vient de la carte de visite sanitaire qu'elle va chercher deux fois par mois au dispensaire, qui porte le nom sous lequel elle s'est fait inscrire et la date du jour où elle a été visitée; à toute réquisition elle est forcée de justifier de cette carte.

Quant à l'état qu'elle exerce dans le cours de ses promenades crépusculaires et nocturnes, il s'appelle *faire le vague*.

Cette classe est la bourgeoisie de la prostitution. Elle n'a pas de langage spécial, mais seulement quelques mots particuliers qui lui servent à distinguer certains personnages plutôt encore que certains objets.

Ainsi la police, c'est *la Rousse*, les inspecteurs sont *les Roussards*.

Son amant, est *son amant*, mais elle est sa *menessè*.

La fille au dessus d'elle est la fille *bonton*, la fille au dessous d'elle est la *pierreuse*.

Là se borne à peu près tout son argot.

Les noms qu'elles se donnent entre elles s'élèvent déjà au dessus des noms des filles de la Cité.

C'est :				
	ROUSSELETTE,	ROULOTTE,	PELOTON,	BOUQUET,
	MONT SAINT-JEAN,	RATON,	ROSIER,	COCARDE,
	PARFAITE,	BEIGNET,	MIGNARDE,	CHARDONNERET,
	MOURETTE,	CRUCIFIX,	COCOTE,	LOUCHON.

Au crépuscule, elle sort, comme ces phalènes qui viennent tournoyer aux lumières. A onze heures et demie, elle commence à rentrer; à minuit elle a disparu.

Qu'a-t-elle fait depuis le matin, et que va-t-elle faire la nuit : c'est ce que nous allons voir.

Toute fille *faisant le vague* a un amant de cœur, qu'en termes de police on nomme *souteneur*, et qu'en termes de dames de la halle on appelle d'un nom plus expressif encore.

Un amant de cœur, c'est étrange, n'est-ce pas, et cependant cela est ainsi. Le premier mouvement est de se demander : est-ce que ces filles-là ont un cœur?

Hélas oui, mesdames; il faut bien, les malheureuses, qu'elles tiennent au monde par quelque chose, ne fût-ce que pour épuiser, avec toutes les humiliations de la société, toutes les souffrances de la terre.

Voici les deux causes qui déterminent la prostituée à prendre un amant, c'est-à-dire, à se donner ce maître dont nous parlions tout à l'heure.

La première, la plus commune, la plus déterminante, c'est de se rattacher à quelque chose d'humain dans l'état de dégradation sociale où la fille est tombée, à ses propres yeux. C'est d'avoir quelqu'un qui, dans l'indifférence générale dont elle est entourée, lui prouve qu'il s'intéresse à elle, même en la battant.

La seconde cause est que la corporation des souteneurs ne permettrait pas qu'une fille restât sans amant.

Dans le premier cas, c'est le choix libre et indépendant de la fille qui détermine son affection; dans le second cas, c'est la nécessité.

Occupons-nous de cette classe curieuse d'individus qui fait, en échappant à son pouvoir, le désespoir de la police.

Auprès de toute industrie, il y a une autre industrie plus basse, qui la cotoie et qui vit d'elle.

Ainsi, la fille publique a près de son industrie qui l'enrichirait peut-être, l'industrie de *l'homme entretenu* qui la ruine certainement.

Car le véritable titre à donner à l'amant de cœur de la prostituée, n'est ni le titre que les dames de la halle lui ont donné, ni celui que les agents de police lui donnent, mais bien celui que nous lui donnons.

Le Ruffiano, comme on dit en Italie, existe peu aujourd'hui en France; ce sont en général les femmes qui ont usurpé leurs honorables fonctions. D'un autre côté, le souteneur de Gilblas, de Gusman d'Alfarache et de Lazarille de Tormes, qui se cache sous le lit, qui se blottit dans un coffre, qui s'enferme dans une armoire, pour dévaliser l'imprudent visiteur, n'existe plus. On peut, à l'heure qu'il est, si l'on monte chez une fille en carte, poser sa bourse sur la cheminée, poser sa montre sur la table de nuit, et on les retrouvera où on les a mises.

Nous en revenons donc au titre d'*homme entretenu* que nous avons donné à l'amant de cœur de la prostituée *faisant le vague;* nous verrons plus tard la différence qu'il y a sur ce point entre celle-ci et la *fille de maison*.

Les hommes entretenus forment une corporation, comme autrefois celle des bouchers, des boulangers et des tailleurs : seulement, comme toutes les lois de cette corporation sont verbales, comme tous les réglements sont traditionnels, comme rien ne prouve l'association, les tribunaux sont impuissants pour la dissoudre, et la police se borne à la surveiller.

Nous avons dit où se recrutait la prostitution; disons où se recrute la corporation des *hommes entretenus*.

Le Wauxhall autrefois, le Prado depuis, et le bal Montesquieu maintenant, sont les pépinières où les filles vont en général chercher leurs amants de cœur.

Là, elles rencontrent quelque petit ouvrier menuisier, ébéniste, peintre en bâtiments, qui vient dépenser, au profit du plaisir, l'économie de son travail de toute la semaine : la fille l'agace, l'embauche, et l'emmène chez elle.

Le lendemain, l'ouvrier qui a l'habitude de se lever à cinq heures du matin se réveille à huit : il est trop tard pour se présenter chez son maître, et commencer sa journée.

D'ailleurs la fille le retient.

— Mais, dit l'ouvrier, il faut cependant que je gagne mes trois francs.

— En voilà cinq, dit la fille.

Si l'ouvrier accepte, il est perdu : car il verra qu'il peut gagner deux francs de plus par jour à ne rien faire, qu'à travailler douze heures.

Mais ce n'est pas le tout qu'un ouvrier soit choisi par une fille pour entrer dans la corporation des amants de cœur : il faut encore qu'il soit reçu par l'association qui ne veut admettre que des individus dignes du corps.

Vous savez ce qu'on appelait autrefois tâter un soldat : quand ce soldat arrivait au quartier, le spadassin de la compagnie allait lui chercher querelle, et si le nouveau venu reculait, tout était dit, chacun le souffletait ou lui crachait au visage jusqu'à ce qu'il eût quitté le régiment.

Il en est ainsi de l'*homme entretenu :* à peine une fille en carte a-t-elle fait un choix nouveau, et s'est-elle donnée à un homme inconnu à la corporation, que le bruit de cet événement se répand dans la corporation, et un des *terribles* saisit la première occasion de lui chercher querelle.

Il va sans dire que si l'occasion ne se présente pas, le provocateur s'en passe en en créant une.

L'intrus, une fois insulté, de deux choses l'une : ou il refuse le combat, et alors il est hué, honni, conspué, chassé, et cela par sa maîtresse, la première ; il fait donc abnégation de ses prétentions, s'éloigne, rentre dans les rangs de la société qu'il a abandonnés, y reprend la place qu'il avait quittée, et renonce à tout jamais à l'espoir qui lui avait souri un instant ; ou il accepte la lutte, et alors on convient des conditions du combat, et du lieu et de l'heure où il sera livré.

L'heure est ordinairement au crépuscule, le lieu une de ces petites rues qui avoisinent les corps-de-garde; le mode du combat, la savate.

Puisque nous avons prononcé ce mot, arrêtons-nous un instant sur lui, il en vaut bien la peine.

La savate est aujourd'hui un art, comme le cancan est une danse; les gens du monde les ont élevés tous deux à une hauteur, qu'on ne les croyait ni l'un ni l'autre destinés à atteindre.

Tant que la savate est restée une lutte populaire, un duel de Titi à Titi, la savate n'a pas fait de grands progrès, car elle se conservait pure et traditionnelle; mais la fusion des rangs a amené la rencontre des grands et des petits, de l'homme du monde et du crocheteur: l'absence du respect qu'on portait aux habits de velours et de soie, a fait naître le mépris et la haine des habits de drap; autrefois, pour l'homme du peuple, le grand seigneur était un protecteur qui le faisait vivre; aujourd'hui, pour le dernier manant, l'homme comme il faut est un usurpateur qui lui prend sa part des biens de ce monde.

Tous les matins, il y a des journaux qui, ne sachant pas ce que c'était que la loi agraire chez les Romains, prêchent la loi agraire. Tous les jours il y a des économistes qui, sous le nom de Saint-Simoniens, de Communistes et de Phalanstériens, préconisent le partage des fortunes et l'abolition de l'hérédité; tous les soirs il y a des filous qui mettent la théorie en pratique.

Pour tout homme pauvre, comme nous l'avons dit, l'homme riche est donc aujourd'hui un ennemi; car il retient son bien, lui enlève sa part de bonheur, et lui impose le travail à l'aide duquel seulement il peut se procurer son pain de chaque jour.

D'ailleurs, si pauvre qu'il soit, et cela est juste, l'homme du peuple est, devant la loi, l'égal de l'homme du monde: il jouit des mêmes droits, et peut réclamer de tout agent de l'autorité une égale protection.

D'un autre côté, comme en même temps qu'il prenait à l'homme du peuple le désir de monter, il prenait à l'homme du monde le caprice de descendre. Il résulta, de ce double déplacement, un terrain neutre sur lequel le goujat et l'homme comme il faut se rencontrèrent. Ces terrains neutres furent successivement la descente de la Courtille, les bals masqués de Franconi, de la porte Saint-Martin, des Variétés, de l'Odéon, de la Renaissance, de Musard, et aujourd'hui de l'Opéra.

Nous désignons, comme on le voit ici, les localités principales abandonnant les localités secondaires.

Cette réunion de l'homme du peuple presque toujours envieux avec l'homme du monde quelquefois insolent, amena des rixes; il n'y avait pas moyen d'élever l'homme du peuple jusqu'au duel à l'épée et au pistolet, force fut à l'homme du monde de descendre jusqu'à la lutte à coups de pied, et le combat à coups de poing.

Presque toujours, grâce à l'habitude de cette sorte de combat et à l'étude qu'en avait faite son adversaire, l'homme du monde fut vaincu.

Toute intelligence veut réagir contre ce qui l'opprime, que l'oppression vienne de la force ou de l'habileté; l'homme du monde décida donc qu'il rétablirait l'égalité par l'étude.

Dès lors, le besoin du maître de savate se fit sentir dans la société, et le maître de savate fut.

Il y avait bien déjà le maître de bâton; mais avec le bâton on assomme, et la moralité du gouvernement constitutionnel ne permet point qu'on en arrive jusque là; d'ailleurs on ne peut pas toujours sortir avec un bâton de longueur, comme un compagnon du tour de France, et depuis Germanicus on est, comme chacun le sait, forcé de laisser sa canne à la porte des théâtres.

La savate devint donc, à partir de ce moment, une portion non pas essentielle de l'éducation de l'homme du monde, mais une partie complémentaire de ses arts d'agrément.

Les trois quarts de nos jeunes gens comme il faut, de ce qu'on appelait autrefois nos dandys, et de ce qu'on appelle aujourd'hui nos lions, sont les premiers *savatiers* du monde.

Mais l'art de la savate se traîna d'abord dans les errements connus, le professeur s'en tint aux traditions vulgaires, et l'homme du monde, après une étude plus ou moins longue de cet art, se trouva tout bonnement, sous ce rapport, l'égal de l'homme du peuple.

C'était déjà beaucoup pour lui qui avait été long-temps son inférieur, mais ce n'était pas assez, ce n'était pas le tout de pocher un œil, d'écraser un nez ou de déchirer une jambe, il fallait rentrer chez soi avec les tibias intacts, le nez préservé, et les yeux sains et saufs.

Or, pour parvenir à ce résultat, ce n'était point assez d'arriver à être l'égal de l'homme du peuple, il fallait l'écraser par une puissante supériorité.

Les individus naissent en harmonie avec leur temps. Si les grandes époques manquent parfois aux hommes, il est bien rare que les hommes manquent jamais aux grandes époques : un homme de génie apparut. — Cet homme, c'est Charles Lacour.

Charles Lacour commença par étudier la savate, et arrivé à une force supérieure, d'écolier il se fit maître tout en convenant cependant, ce qui est rare chez les professeurs, que la savate, même comme il l'enseignait, était un art incomplet.

Il rêvait donc nuit et jour aux moyens de perfectionner cet art.

Comme il était plongé au plus profond de ses calculs théoriques, il entendit parler de *la boxe*.

Quand je faisais partie de la garde nationale, et que mon sergent, avec grand'peine, m'avait fait faire demi-tour à droite, il s'arrêtait, haletant, s'essuyait le front avec son mouchoir, puis me disait, d'une voix lente, accentuée et solennelle, afin de rendre la démonstration plus lucide :

« Maintenant, monsieur Dumasse, demi-tour à gauche est exactement la même chose que demi-tour à droite, excepté que c'est tout le contraire. — Allez. »

Eh bien! pour me servir de la démonstration de mon sergent qui m'a toujours paru la figure la plus claire de l'école de peloton, — Je redirai après lui :

« La boxe est exactement la même chose que la savate, excepté que c'est tout le contraire. — Allez! »

En effet, écoutez bien ceci : et vous en tirerez encore cette conséquence politique qu'il y a, outre la haine nationale, une antipathie naturelle entre l'Anglais et le Français; n'en déplaise aux proneurs de l'alliance anglaise.

En effet l'Anglais dans la boxe, — la boxe est la savate de l'Angleterre, — a perfectionné l'usage des bras et des poings, tandis qu'il n'a considéré les jambes et les pieds que comme des ressorts destinés à rapprocher où à éloigner le boxeur de son adversaire.

Tout au contraire, dans la savate, qui est la boxe de la France, le Parisien avait fait de la jambe et du pied les agents principaux, ne considérant les mains que comme armes défensives.

Il en résulte que l'Anglais perd toute la ressource qu'il peut tirer des pieds, tandis que le Français perdait toute l'aide qu'il pouvait espérer des mains.

Charles Lacour rêva cette grande entreprise, cette splendide utopie, ce suprême perfectionnement de fondre ensemble la boxe et la savate.

Il partit pour l'Angleterre, et sans leur dire qui il était, il prit, comme un écolier ordinaire, des leçons de Swift et Adams, les deux premiers boxeurs de Londres.

Puis lorsque l'écolier se sentit maître, il revint à Paris, et mit sa théorie en pratique.

De cette combinaison est née la savate contemporaine; cet art terrible qui met l'homme qui le possède en état de lutter, non seulement avec un homme plus fort que lui, mais avec quatre hommes d'une puissance supérieure à la sienne.

A partir de ce moment, et grâce à la réunion des pieds et des poings, qui fait des quatre membres, dont Dieu, dans sa prévoyance, a doué l'homme, des armes tour à tour défensives et offensives. La victoire de l'homme du monde sur l'homme du peuple ne fut plus douteuse, et la supériorité se trouva établie en faveur de l'aristocratie.

Nous disions donc avec raison que la savate était un art.

Maintenant que nous l'avons prouvé, revenons à notre sujet, dont cette digression nous a écarté, sans cependant nous en faire sortir.

Si donc, comme nous l'avons dit, le néophite accepte le défi, les deux champions, accompagnés de leurs témoins, se rendent au lieu désigné, et là le combat s'engage.

C'est une chose non moins curieuse à voir qu'un duel, je vous jure.

D'abord, comme dans un duel, où les adversaires se tâtent l'un l'autre par des dégagements et des feintes, chaque *savatier* commence par ce qu'on appelle les coups de principes. Attaquant par les coups de pied bas, qui ont pour but de mettre à nu les os des jambes, ripostant par les coups de pied d'arrêt, qui ont pour résultat de couper le diaphragme. Au bout d'un instant de cette lutte préparatoire, comme ils ne connaissent pas encore la boxe-savate et qu'ils s'en tiennent à l'art primitif, c'est-à-dire qu'ils ne se servent que des pieds, ils essaient de se passer la jambe. Enfin, si habile qu'ils soient tous deux, l'un d'eux finit toujours par tomber ; alors, et le plus souvent, une fois à terre il s'avoue vaincu, non pas en demandant franchement grâce et merci, comme faisaient nos anciens chevaliers, — peste, le Français moderne est trop fier pour cela, — mais en disant, — *J'en ai assez*, — distinction subtile qui tend à faire croire que le vaincu se retire, non pas parce qu'il reconnaît un vainqueur, mais parce que le jeu qu'il joue commence à l'ennuyer.

Si le.... nous cherchons un mot pour ne pas dire vaincu, si le.... terrassé prononce la phrase sacramentelle, son adversaire cesse de frapper à l'instant même, quelle que soit la haine qui l'enflamme, quel que soit le nombre de coups de pied qu'il ait reçu, quel que soit enfin son désir de les rendre. — Le *J'en ai assez*, — est un talisman suprême, un appel toujours entendu. Un savatier, qui, après ce mot prononcé, toucherait un autre savatier autrement que pour l'aider à se relever, serait un homme aussi profondément déshonoré qu'un duelliste qui, après avoir désarmé son adversaire, lui passerait son épée au travers du corps.

Mais si, en tombant, le champion ne dit rien, si, malgré la position fâcheuse où il se trouve, il continue à se défendre, alors c'est autre chose, et il n'y a plus ni grâce ni merci. Celui qui est resté debout tourne autour de celui qui est couché, et essaie de le frapper à la tête; et il frappe jusqu'à ce qu'il soit parvenu à lui laisser sur le visage une de ces empreintes visibles et honteuses, qu'en terme d'art on appelle expressivement *le cachet*.

Une fois qu'il a passé par une pareille épreuve, fût-il vaincu, ce qui lui arrive presque toujours, l'amant de cœur est reçu dans la corporation. . . . . .

Mais aussi s'il est vainqueur, ...

Sa position est faite à l'instant même, les filles se le disputeront ; il peut se mettre au prix qu'il voudra, et si une fille n'est pas assez riche pour l'entretenir, elles se mettront deux, trois, quatre s'il le faut, pour le payer à son prix.

Il y a un de ces messieurs qu'on rencontre le soir sur le boulevart, avec des gants blancs, un habit bleu ou marron à boutons ciselés, un pantalon de couleur tendre qui dessine ses formes, et dont rien ne trahit la position sociale qu'un chapeau légèrement incliné sur l'oreille, et le mouchoir de coton que, de temps en temps, il tire fastueusement de sa poche pour faire semblant de se moucher.

Il est entretenu par cinq femmes qui lui donnent chacune dix francs par jour, ce qui lui fait un revenu annuel de dix-huit mille francs.

Aussi, quand il passe sur le même boulevart que ses maîtresses, comme celles-ci en sont fières et comme les autres en sont jalouses!

Et cependant le triomphe de ces pauvres filles qui se ruinent pour lui est incomplet ; elles ne seront contentes, disent-elles elles-mêmes, que lorsque M. T***** aura un tilbury.

Vous me direz qu'avec 18,000 fr., c'est-à-dire avec la moitié de ce qu'a de nos jours un fils de France, M. T***** pourrait bien prendre l'élégante locomotive qu'ambitionnent pour lui ses maîtresses.

Oui, sans doute, mais M. T***** est un garçon économe et qui songe à l'avenir : il n'aura pas toujours trente-sept ans, un poignet d'Alcide et un tempérament de fer. Il lui faut une ressource qui lui ménage une vieillesse honorable et honorée, et M. T*****, comme la plupart de ses confrères, loue des garnis, *au jour*.

Un mot de cette industrie, inconnue très certainement à la plupart de nos lecteurs.

La somme que reçoit dans les beaux quartiers de Paris un homme entretenu par une fille, est celle de dix francs par jour, c'est-à-dire les appointements d'un chef de bureau à la préfecture de la Seine, à la liste civile ou au ministère de l'intérieur.

En général, il en dépense cinq avec une autre fille. Nous reviendrons à ce point tout à l'heure, et met les cinq autres de côté.

Puis, quand il a une somme suffisante, il prend des garnis au mois, qu'il sous-loue au jour.

Tous les soirs il va faire sa recette. Si on ne lui paie pas son loyer, il s'en indemnise lui-même en s'adjugeant un fragment de la parure de sa pensionnaire, ou un châle, ou un chapeau, ou un bijou. Le lendemain ou le surlendemain, si on lui paie l'arriéré, il rend l'objet. Le troisième jour, l'objet est vendu, et il n'y a plus rien à réclamer, le produit de la vente eût-il dépassé de beaucoup le total de la dette.

M. T***** a une douzaine de chambres garnies qu'il loue ainsi au jour, et dont il va en personne recevoir le loyer chaque soir.

On conçoit surtout combien, pour cette recette quotidienne, un tilbury lui serait utile.

Au reste, les hommes entretenus ont les mêmes inclinations, les mêmes défauts et les mêmes vices que les femmes auxquelles nous empruntons l'épithète sous laquelle nous les désignons. Ils trompent la femme qui les paient, dépensent avec des maîtresses l'argent qu'elles leur donnent, leur font des scènes de jalousie, et les battent le soir quand elles n'ont pas fait une recette convenable.

Aussi, chaque amant de cœur surveille-t-il sa maîtresse, non pas pour s'assurer qu'elle lui est fidèle, tout au contraire, mais pour ne pas lui laisser de possibilité de le tromper sur le résultat de ses disparitions : il la suit de l'autre côté du boulevart, ou l'épie embusqué au coin d'une borne.

Cela s'appelle *filer sa ménesse*.

Il ne lui passe aucune faiblesse, excepté celles que de temps en temps elle est forcée d'avoir pour les *roussards*. On sait que les *roussards* sont les agents de la surveillance sanitaire.

A onze heures et demie, chacun *ramasse sa ménesse*, c'est-à-dire rentre avec sa femme. On fait les comptes, et l'amant de cœur reçoit son dû, dont il va presque toujours, malgré les pleurs de sa maîtresse, manger une partie avec une autre femme.

S'il reste, c'est pour être nourri par elle le lendemain.

Quant à l'emploi du temps des filles en carte chez elles, il se divise, comme on le comprend bien, selon les goûts ou les tempéraments. Le plus grand nombre reste couché fort tard. Celles qui savent lire, lisent les romans de Florian ou d'Anne Radcliffe, cherchant dans cette lecture des émotions douces ou terribles, des amours pastorales ou des passions sanglantes : tout ce qui est en opposition enfin avec leur vie habituelle et leurs émotions de tous les jours. Quant aux livres licencieux, si appréciés dans les collèges et si recherchés dans les couvents, ils n'entrent jamais chez une prostituée. Qu'auraient-ils d'intéressant pour elle qui sait toutes les choses infâmes, et qui, sous ce rapport, n'a plus rien à apprendre. C'est elle qui est le livre.

Il y en a d'autres qui cousent, qui brodent, qui font de la tapisserie, mais la chose est rare. La paresse est le défaut capital de la fille publique.

Le soir venu, et en général elles voient venir le soir avec une grande tristesse, elles s'habillent, descendent, et recommencent le métier qu'elles ont fait la veille.

Cette vie si uniforme, si monotone, si pareille, a cependant ses jours tragiques qui se représentent deux fois par mois : ce sont les jours *du dispensaire*.

Le dispensaire est le lieu où les filles en carte subissent la visite, et son établissement date de l'année 1802.

Chaque fille, comme nous l'avons dit, reçoit au commencement de l'année une carte sur laquelle est relaté le nom sous lequel elle s'est fait inscrire, et qui présente en outre un timbre sec, et plusieurs petites cases dans lesquelles sont inscrites les dates des visites.

Toute fille en carte qui ne se présente pas au jour voulu, ce qui est facile à vérifier par la date de la première visite, est punie fort sévèrement. Il en résulte que si terrible que soit cette inspection pour elles, elles préfèrent encore la visite à la punition.

Le dispensaire est situé au coin de la rue de Jérusalem, près de l'arcade Jean-Goujon. Les filles en carte s'y rendent avec leurs amans de cœur qui les attendent à la porte : elles entrent alors dans une grand salle où elles attendent leur tour, confondues les unes avec les autres, sans distinction de hiérarchie, soie, bure, velours et haillons pêle-mêle. Puis leur numéro d'ordre arrive, on les appelle, et elles passent dans la chambre d'examen.

Dans la prison et à l'hôpital, l'inspection se fait sur une espèce de table pareille à celle dont on se sert pour les grandes opérations chirurgicales. La fille se couche sur cette table, et le médecin procède à la visite qui se fait surtout à l'aide du spéculum.

Mais quels que soient les avantages qu'offraient cette table, on a dû y renoncer au dispensaire. Pourquoi cela? le voici. Écoutez-bien, la raison est étrange :

Les élégantes viennent avec leurs chapeaux; en se couchant sur cette table elles froissaient leurs chapeaux, qu'il eût été trop long de défaire et de remettre, chaque médecin devant visiter vingt-cinq femmes, et faire ce qu'on appelle leur folio par heure. Or, comme pour la plupart du temps elles n'avaient que cet unique chapeau, cette circonstance de la détérioration d'une partie si importante de leur toilette, multipliait le nombre des récalcitrantes et des insoumises, à un tel point qu'il fallut renoncer à la table, quelque avantage qu'elle présentât.

Il fallut donc se contenter d'un fauteuil.

Ce fauteuil, à dos renversé, que dépassent le cou et la tête, est élevé sur une espèce d'estrade où la patiente monte à l'aide d'un escabeau. Puis la visite faite, si elle est reconnue saine, on lui vise sa carte, on lui remplit son folio, et on la renvoie.

Alors ce sont des cris de joie, des transports de bonheur entre l'amant et elle : on a quinze jours de tranquillité devant soi, quinze jours d'abondance, quinze jours de liberté.

Mais si, au contraire, la fille est malade, sur un signe du médecin elle est saisie, enlevée, et conduite au dépôt, malgré ses cris, ses pleurs, ses gémissements, et cela à l'instant même, à la minute, à la seconde.

Là, elle reste avec une centaine d'autres pestiférées comme elle, jusqu'à ce que la visite soit finie; puis on les entasse six par six dans des fiacres, et la garde municipale les conduit à Saint-Lazare.

Le trajet est chose curieuse, car les amants suivent aux portières, échangeant avec ces malheureuses des signes, des paroles, des protestations. Un instant, les pauvres créatures pourraient se croire aimées de leurs amants. Hélas, il n'en est rien, les malheureux pleurent leur industrie détruite, leur spéculation ruinée, leur prospérité interrompue.

Puis une fois guérie, la recluse sort de Saint-Lazare, et retrouve son amant infidèle et rançonnant quelque autre de ses camarades.

Elle refait un autre amant qui l'espionne, la ruine et la bat comme le premier, et la même vie recommence.

Maintenant que nous en avons fini avec les filles en carte, passons aux filles en maisons.

Les filles en maisons se divisent en deux classes :

Les filles d'amour,

Les pensionnaires.

Ces deux classes sont réunies sous la seule dénomination de filles à numéro.

Ce nom de filles à numéro leur vient de ce qu'au lieu d'avoir une carte comme les filles qui exercent pour leur propre compte, elles n'ont qu'un simple numéro d'ordre.

La fille d'amour livre son corps pour la nourriture et le vêtement; on lui laisse un jour par semaine pendant lequel elle exerce pour son propre compte.

La pensionnaire travaille de compte à demi, c'est-à-dire qu'elle partage sa recette avec la dame de maison ; et, sur ce qui lui reste, s'habille et paie trois, quatre ou cinq francs de nourriture, selon l'élégance de l'établissement où elle se trouve.

L'intérêt de la dame de maison est d'endetter ses filles, afin qu'elles ne passent pas dans un autre établissement.

Quelques unes cependant font malgré tout cela des économies assez considérables. Il y a certaines de ces filles qui ont jusqu'à vingt-cinq ou trente mille francs placés sur le grand-livre.

Les filles qui habitent les grands établissements manifestent un profond mépris pour les filles en carte, qui leur rendent ce mépris en haine ; c'est l'aristocratie de la prostitution.

Aussi leurs noms se ressentent-ils de leur prétention à une supériorité sociale.

Elles s'appellent

ARMIDE,	AZÉLINA,	OCTAVIE,	ANTONIA,
NATHALIE,	PALMIRE,	FLORA,	FANNY,
OLYMPE,	FLAVIE,	ISMÉNIE,	LUCRÈCE,
ZULMA,	SYDONIE,	BALZAMINE,	ROSA,
ARMANDE,	ARTHÉMISE,	ASPASIE,	LÉOCADIE.

Les filles à numéro ne sortent pas, ou sortent très peu ; elles se contentent de recevoir des visites.

Les chambres où elles reçoivent ces visites ont un aspect tout particulier, une physiologie tout individuelle, qui tient de l'hôtel garni et de la maison bourgeoise.

Le mobilier se compose en général de rideaux blancs, de canapés rouges, de tableaux représentant Napoléon, l'impératrice Joséphine, le prince Eugène et les Adieux de Poniatowski à sa famille : d'une pendule flanquées de deux vases de porcelaine sous des globes, d'un feu qui ne brûle jamais et d'une psyché, que les filles appellent généralement une apschiché.

Tout objet d'ameublement qui se peut mettre dans la poche est généralement supprimé.

La vie de la fille en numéro est encore moins accidentée, comme on le comprend bien, que celle de la fille en carte; l'une cherche, l'autre attend; et si monotone qu'elle soit, c'est toujours une distraction que de *faire le vague*.

Puis celles-ci n'ont point la ressource quotidienne de l'amant de cœur, elles sont forcées de s'en tenir à l'amant hebdomadaire.

Aussi, n'ayant qu'un jour sur sept, mettent-elles toujours pour condition que ce jour sera le dimanche. Or le dimanche est le grand jour des commis et des étudiants; cela tombe à merveille.

Les dames en numéro ne paient pas leurs amants; elles se font en général passer à leurs yeux pour des femmes entretenues par des Anglais, des banquiers et des agents de change. Comme elles sont en général assez élégamment mises, ceux qu'elles veulent tromper se laissent prendre à leur mensonge. Mensonge qu'ils ne peuvent pas démasquer, le prix d'entrée de l'établissement qu'habitent ces dames, étant, en général, fort au dessus de leurs moyens pécuniaires.

Aussi, le lundi matin, commis et étudiants rentrent-ils, d'un petit air fat, dans leurs magasins et dans leurs hôtels garnis, en parlant tout haut de leurs bonnes fortunes, avec de grandes dames, dont ils montrent les cheveux roulés dans un médaillon, et dont ils gravent discrètement, sur les vitres de leurs chambres, les simples initiales, de peur de compromettre leurs nobles conquêtes.

Ce sont là les baronnes, les comtesses et les marquises qui rendent la vie si malheureuse aux pauvres grisettes.

Aussi pour les filles en numéro, filles d'amour ou pensionnaires, le dimanche est-il le jour heureux, le jour désiré pendant six jours, le jour attendu toute la semaine, le jour dont le reflet se répand sur tous les autres jours.

Maintenant, à part l'exercice de leur métier, à quoi se passent les autres jours.

D'abord la fille est surtout paresseuse, elle se lève le plus tard qu'elle peut. Deux fois par semaine, la marcheuse la conduit au bain, et l'accompagne, de crainte qu'elle n'aille ailleurs. Puis elle rentre déjeûner dans sa chambre, passe de sa chambre dans la chambre commune, où se trouvent ses compagnes, et joue aux cartes ou au loto; au loto surtout, le loto est le jeu de prédilection de la fille à numéro. J'espère qu'on ne me fera pas l'humiliation de croire que j'ai risqué un calembourg.

Si des visites se présentent, on appelle ces demoiselles selon leur tour de rôle. Il arrive aussi parfois que les visiteurs les font demander par leurs noms; ce sont les tours de faveur.

A quatre heures, on dîne en communauté : chacune a sa place habituelle, comme dans une table d'hôte; la dame de la maison tient le milieu et veille à ce que tout se passe dans les convenances. Chez quelques dames de maisons, il y a une amende pour toute fille qui jure ou tient un propos licencieux.

Le dîner est copieux : il se compose de la soupe, du bœuf, d'un bon rôti et d'une salade gigantesque, servie dans un saladier monstre. Ce saladier est traditionnel, c'est le palladium de l'établissement ; on peut juger de la valeur que la superstition lupanarienne y met en voyant les attaches qui consolident ces nombreuses fêlures.

Les filles à numéro sont visitées une fois par semaine et à domicile. Le jour et l'heure de la visite sont toujours fixés d'avance, afin que le médecin ne les trouve pas absentes ou occupées. Si une fille est reconnue atteinte d'une maladie contagieuse, elle est signalée à la dame de maison qui, à l'instant même et sous peine d'amende considérable, est sommée de la retirer de la circulation. En conséquence, la fille signalée est, à l'instant même, consignée dans sa chambre, et le lendemain elle doit se présenter au dispensaire, où elle subit une seconde visite. Si cette seconde visite confirme le jugement porté sur elle à la première, elle est, immédiatement, conduite au dépôt, et de là transférée à l'hôpital.

Le lendemain, le commis ou l'étudiant reçoit une lettre qui lui apprend que sa baronne, sa comtesse ou sa marquise est partie pour les eaux.

Maintenant quelques mots sur la façon dont disparaissent, arrivées à un certain âge, ces trente ou trente-cinq mille filles publiques qui forment la moyenne des prostituées de Paris.

Dans les différents tableaux, établis par le relevé des inscriptions faites au bureau des mœurs, on peut voir que la prostitution peut comprendre cinquante ans de la vie d'une femme.

Ainsi, par exemple, sur une moyenne de 3,500 filles qui se livrent à la débauche, il est démontré que 2 ont commencé à dix ans et que 1 a fini à soixante-deux; mais de vingt-huit à trente ans le nombre diminue de moitié; mais passé trente-neuf ans toute fille qui exerce n'est plus qu'une exception; il résulte donc que sur 30 ou 35,000 prostituées qui, ainsi que nous l'avons dit, forment la moyenne annuelle, un dixième doit disparaître chaque année.

Où passe ce dixième, que devient cet amortissement, par quelle soupape sociale s'évaporent ces 3,000 créatures humaines.

Le plus grand nombre prend un état.

D'autres entrent comme domestiques dans différentes maisons, et souvent dans les établissements mêmes où elles ont exercé.

D'autres retournent dans leur pays;

D'autres restent en prison;

D'autres entrent dans des dépôts;

Enfin d'autres meurent.

Veut-on savoir comment a disparu des contrôles de la prostitution un chiffre de 5,081 filles; en voici le tableau :

972 Ont pris divers états :

- 392 Se sont faites couturières, brodeuses, giletières, bretellières, gantières, frangières, dentellières, passementières, etc., etc.
- 108 Sont devenues dames de maison.
- 86 Blanchisseuses.
- 83 Marchandes des rues.
- 48 Chiffonnières.
- 47 Modistes et fleuristes.
- 47 Ecaillères.
- 35 Marchandes à la toilette.
- 28 Chapelières et cordonnières.
- 19 Polisseuses de métaux.
- 17 Cardeuses de matelas.
- 17 Actrices ou figurantes sur les théâtres de Paris et de la province
- 14 Brocheuses et relieuses.
- 13 Sages-femmes, dont plusieurs reçues à la maternité.
- 11 Infirmières dans les hôpitaux.
- 8 Portières.
- 1 Maîtresse de musique dans un grand pensionnat.

247 Ont formé les établissements suivants :

53 Des boutiques de mercerie et de parfumerie.
37 Des boutiques de fruitières.
37 Des magasins de nouveautés.
33 Des cafés et des estaminets.
27 Des magasins de modes.
14 Des maisons garnies.
14 De petites boutiques de quincailleries.
12 Des restaurants.
5 Des pensions bourgeoises.
3 Des cabinets littéraires.
1 Un débit de papier timbré.
1 Un débit de tabac.

461 Sont entrées comme domestiques :

69 Chez des restaurateurs, limonadiers, marchands de vins, rogomistes, etc., etc.
49 Chez des tourneurs, des ébénistes, des menuisiers, des serruriers.
47 Chez des épiciers, fruitiers, boulangers.
33 Chez des employés et des rentiers.
28 Chez des gens riches, chez des femmes titrées, en qualité de bonnes d'enfants ou de femmes de chambre.
19 Chez des magistrats, des avocats, des médecins et des artistes.
19 Chez des négociants et fabricants en boutique.
16 Chez d'anciens militaires retraités.
14 Chez des vieillards et des infirmes, en qualité de garde-malades.
9 Chez de gros négociants, en qualité de demoiselles de boutique et de comptoir.
5 Dans des pensionnats.
153 Dans des maisons restées sans désignation.

Enfin :

239 Ont été rayées par suite de leur renvoi dans leur pays, par les bons offices des dames de charité ou d'autres personnes.
1,206 Ont pris des passeports pour s'établir d'une manière définitive en différents pays.
319 Ont été placées dans des maisons de repentir et de retraite.
254 Ont été reprises par leurs parents qui en ont répondu.
185 Ont disparu par suite de condamnations judiciaires.
177 Par suite d'infirmités graves, les empêchant de continuer leur métier.
158 Ont été emmenées par la gendarmerie.
114 Se sont retirées en prouvant qu'elles avaient des rentes sur l'état ou des moyens positifs d'existence.
101 Ont été réclamées par des gens riches qui vivaient avec elles maritalement.
11 Ont été acheminées sur le dépôt de Saint-Denis.
28 Ont été reprises par leurs maris qui les avaient abandonnées
428 Sont mortes.

Enfin, si l'on veut pousser l'investigation jusqu'au bout, et savoir comment sont mortes ces 428 malheureuses; on trouvera que

48 Ont succombé à domicile, à la suite de maladies.
108 Dans les infirmeries de la prison.
264 Dans les différents hôpitaux de Paris.
2 Ont été assassinées.
4 Se sont noyées.
2 Se sont pendues (1).

(1) Parent Duchâtelet.

La Lorette

LORETTES.

Quand le grand-duc Ferdinand rentra, en 1814, à Florence, d'où il était exilé depuis dix ans, et qu'il vit les changements que nous avions faits dans le chef-lieu de la préfecture de l'Arno, il s'écria plein d'admiration pour nous :

« Mon Dieu, quel malheur que ces diables de Français ne soient pas restés dix ans de plus dans ma capitale ! »

En effet, en moins de dix ans, Florence avait subi une transformation complète. Il en est de même de Paris : un Parisien qui l'aurait quitté il y a vingt ans et qui y rentrerait aujourd'hui, ne reconnaîtrait plus sa ville natale.

Or, parmi tous ces quartiers qui se sont élevés à l'envi l'un de l'autre, il y a un quartier qui semble bâti par la baguette d'une fée.

C'est le quartier Notre-Dame de Lorette.

Il est vrai que la forme des bâtisses ajoute encore au fantastique de la chose. Comme pour répondre au défi de Victor Hugo, les architectes se sont mis à l'œuvre, et chacun a été trouver son entrepreneur, avec des plans de maisons italiennes, espagnoles, grecques ; on eût dit qu'on avait tout à coup retrouvé et rouvert les cartons de Jean Goujon, de Raphaël et de Palladio. Les entrepreneurs, émerveillés de tous ces dessins qui ne pouvaient manquer de séduire la fashionable badauderie des Parisiens, se sont mis à l'œuvre, et les maisons sont sorties de terre à vue comme les décorations de l'Opéra qui les regardait étonné de se voir surpassé en vitesse. En effet, ce quartier improvisé se peupla avec cette miraculeuse rapidité qui restera toujours un problème, non pas de grands seigneurs, de riches capitalistes, ou de grands propriétaires comme l'avaient pensé les entrepreneurs; mais d'artistes, de gens de lettres, de peintres, de statuaires, de chanteurs, de comédiens, de danseurs, de danseuses, et surtout d'une nouvelle race toute fraîche éclose au milieu de la population parisienne, et qui resta quelque temps sans nom.

Cette race appartenait entièrement au sexe féminin : elle se composait de charmants petits êtres propres, élégants, coquets, qu'on ne pouvait classer dans aucun des genres connus : ce n'était ni le genre fille, ni le genre grisette, ni le genre courtisane.

Ce n'était pas non plus le genre bourgeois.

C'était encore moins le genre femme honnête.

Bref, ces jolis petits êtres, sylphes lutins ou démons, bourdonnaient donc, depuis deux ou trois ans déjà, autour de cette mondaine église qu'on venait d'élever plutôt comme un boudoir à Notre-Seigneur, que comme un temple à Dieu, pareils à des papillons voltigeant autour d'une lumière, à des abeilles autour d'une ruche, à des colibris autour d'une cage, sans qu'aucun savant, sans qu'aucun académicien, sans qu'aucun philosophe, sans que Cuvier, sans que Humboldt, sans que Geoffroy Saint-Hilaire, fussent encore parvenus à les classer, ou à leur trouver un nom en harmonie avec leur tournure; un de ces noms qui vont à la chose qu'ils désignent, comme l'hermine va à la blanche genette de Bretagne, comme l'oiseau de paradis va au roi emplumé de l'air, comme la luciole va à la mouche volante, qui à chaque mouvement de son aile fait jaillir une étincelle au milieu des nuits embaumées de Nice, et des transparentes ténèbres de Naples et de Palerme.

Mais voilà qu'un de nos hommes d'esprit, un de nos hommes élégants, un de nos hommes de lettres, habitué à étudier sous toutes ses faces le sujet qui préoccupait alors la société, M. Nestor Roqueplan enfin, fit ce que n'avaient pu faire ni Geoffroy Saint-Hilaire, ni Humboldt, ni Cuvier, ni les philosophes, ni les académiciens, ni les savants, et dans le numéro des *Nouvelles à la Main*, du 20 janvier 1841, reconnut que c'était un genre absolument nouveau, une variété de l'espèce femme, un produit de la civilisation contemporaine n'ayant aucun précédent parmi les sociétés passées, et qui devait prendre sa place dans une des cases de la population parisienne sous le nom de LORETTES.

Le nom était joli, et c'est beaucoup en France qu'un joli nom; puis il avait le mérite de peindre parfaitement l'objet qu'il représentait, aussi fut-il adopté à l'instant même. Mais ce qui le répandit surtout, ce fut le ravage que celles qui le portaient firent bientôt dans la société. Rien ne popularise comme le mal : y a-t-il un homme, si ignorant qu'il soit, qui ne sache ce que c'est que la peste ou le choléra, que Tibère et que Néron?

En effet, art et finance, bourgeoisie parvenue et aristocratie ruinée, fils de banquiers, fils de famille, fils de prince, fils de roi, tout se jeta dans la Lorette. De tout côté on entendait un concert de plaintes et de récriminations, plaintes d'oncles, plaintes de pères, plaintes de mères; récriminations de fiancées à qui on avait enlevé leurs fiancés, de femmes à qui on avait enlevé leurs maris, de maîtresses à qui on avait enlevé leurs amants : enfin, la Lorette qui n'avait été jusque là qu'un objet de curiosité devint presque un objet de terreur.

Dès lors on examina la Lorette sous ses rapports sociaux, politiques et intellectuels : on voulut la connaître pour la combattre, l'étudier pour se défendre. On se livra à son endroit à des études physiologiques profondes, et voilà ce que l'on reconnut.

La Lorette a une origine fantastique : si on l'interroge sur ses parents, c'est la fille de quelque colonel de l'Empire, de quelque capitaliste ruiné, de quelque émigré mort sans avoir touché son indemnité; elle porte des noms analogues à son origine, s'appelle Marie de Latour, et alors elle descend de la famille de Virginie; elle s'appelle Rose Duplessis, et alors elle est parente des Mornay; elle s'appelle Élisa de *Mé*morency, et alors elle est alliée aux premiers barons chrétiens.

Puis si l'on ne se contente pas de cette généalogie quelque peu superficielle, et en général on s'en contente si la Lorette est jolie, et que par curiosité, par entêtement ou par amour de la science, on remonte de l'appartement à la chambre garnie, de la chambre garnie au cabinet meublé, on découvrira que la Lorette sort presque toujours de quelque loge de portier, et que son père, comme le savetier du Jules-César de Shakspeare, est chirurgien en vieille chaussure.

Quant à cela, qu'importe; Trilby, le charmant lutin de Nodier, avec sa petite voix si douce, son corps si transparent, ses ailes si légères et si diaprées, Trilby lui-même n'est-il pas sorti de l'âtre d'un pauvre paysan écossais?

Cette origine poétisée, autant qu'il a été en nous de le faire, disons donc qu'à quelques exceptions près, c'est de la loge du portier que sortent nos Trilbys parisiens.

Comment de pareils êtres, me dira-t-on en voyant le père et la mère, ont-ils pu produire une si souple, une si gracieuse, une si séduisante créature?

Dame! la portière n'a pas toujours été vieille, ridée, impotente : elle a été vive, pimpante et jeune; alors elle montait lestement ses quatre étages, elle avait quinze francs par mois pour faire le ménage du locataire du troisième, dix francs pour celui du quatrième, cinq francs pour celui de la mansarde.

Au troisième était un jeune officier de la garde royale appartenant à quelque vieille famille de cette belle aristocratie qui s'en va; au quatrième, un jeune avocat appartenant à cette pauvre bourgeoisie qui commence; au cinquième, un jeune peintre qui n'appartenant à rien du tout, qui n'ayant jamais dans les registres du passé pu parvenir à savoir comment il s'appelait, avait résolu dans les archives de l'avenir de s'appeler Raphaël. La jeune, pimpante et vive portière entrait donc à toute heure dans l'appartement, dans le salon, et même dans la chambre à coucher de ses clients; ses clients faisaient de beaux rêves, dans lesquels ils étendaient les bras vers quelque femme : elle les réveillait au milieu de ces rêves, et quand on n'est pas encore bien réveillé, j'en demande pardon à nos Èves de velours, de satin et de soie, une portière vive, pimpante et jeune, ressemble, à s'y tromper, à une femme.

De là à la Lorette, peut-être. Mais comme on le comprend bien, ce n'est qu'une supposition, une théorie, un système. Je ne voudrais pas avancer un fait si grave sans preuves, et j'avoue que j'en manque entièrement.

Bref, la Lorette est... Ne cherchons pas son origine, si son origine est destinée à rester plongée dans les ténèbres du doute ou dans les mystères de l'inconnu. Et tout en admirant la féconde prodigalité du Seigneur qui, lorsque nous avions déjà les fleurs, les papillons, les colibris, les sylphes, les lutins, les grisettes, les élèves du Conservatoire, les demoiselles des Variétés et les filles de l'Opéra, nous donne encore les Lorettes, disons dans notre reconnaissance :

La Lorette EST, parce qu'elle EST.

Maintenant, quelle est l'éducation qu'a reçue la Lorette?

Oh, quant à cela, nous sommes forcés de l'avouer, la Lorette n'a reçu aucune éducation.

Cependant ses parents lui ont fait apprendre à lire; mais elle a appris à écrire elle-même, et cela se voit facilement.

Comment et pourquoi la Lorette a-t-elle appris à écrire?

Par nécessité : il fallait écrire à sa couturière, à sa modiste, à son tapissier; il fallait surtout répondre à ses Arthurs.

C'est encore à M. Nestor Roqueplan que nous devons cette heureuse classification d'une nouvelle espèce destinée à faire le pendant de la Lorette.

Toute race animale a, dans ce monde, son masculin et son féminin.

L'amour étant une loi de la création, la reproduction une nécessité de la nature.

L'Arthur est donc l'amant de la Lorette.

Mais, me dira-t-on, qu'est-ce que l'Arthur?

Pour être juste, et pour rendre à César ce qui appartient à César, je devrais renvoyer mes lecteurs à ce même numéro du 20 janvier 1841, que j'ai déjà cité ; mais comme ce serait un retard pour mes lecteurs, et que je suis trop adroit et trop dramatique surtout pour suspendre l'intérêt à cet endroit important du récit où je suis arrivé, — je dirai moi-même ce que c'est que l'Arthur.

L'Arthur est de l'espèce bipède, ce que Diogène appelait un animal à deux pieds et sans plumes — *Genus homo.*

Seulement l'Arthur ne s'appelle Arthur que de dix-huit à trente ans. Jusqu'à dix-huit ans, il s'appelle de son nom de baptême Pierre, Paul, François, Philippe, Emmanuel, Justin, Adolphe, Horace ou Félicien.

Passé trente ans, il s'appelle de son nom de famille : M. Durand, M. Berton, M. Legrand, M. Lenoir, M. de Preuilly, M. Delaguerche, M. de Barou ou M. de Chemillé.

Mais pendant douze ans, il s'appelle invariablement Arthur.

L'Arthur est multiple : il se présente sous toutes les formes ; il est artiste ; il est homme de lettres ; il est spéculateur ; il est fils de famille ; il a depuis 100,000 francs de dettes jusqu'à 25,000 francs de rentes.

Seulement il est fort rare qu'il passe de 100,000 francs de dettes à 25,000 francs de rentes, tandis qu'il est fort commun qu'il passe de 25,000 francs de rentes à 100,000 fr. de dettes et même plus.

L'Arthur n'est donc pas assez riche dans notre époque de misère constitutionnelle pour entretenir à lui seul une Lorette à la mode ; mais comme les malheureuses filles du boulevart se mettent à deux, à quatre et même à six pour entretenir un amant, les Arthurs se mettent à six, à huit, à dix et même à douze pour entretenir une Lorette. L'un fournit les gants, l'autre les chapeaux, celui-ci les étoffes, celui-ci les façons. Un Arthur meuble la salle à manger, un autre Arthur le salon, un autre le boudoir, un autre la chambre à coucher; le dernier venu parsème les tables, les cheminées et les étagères de vieux Sèvres et chinoiseries de chez Gansberg, et la Lorette est ce qu'on appelle — chez elle.

Cette multiplication des Arthurs est une grande sécurité pour la Lorette. On ne se brouille pas d'un seul coup avec douze amants, comme on se brouille avec un seul : on se brouille avec un, avec deux ou avec trois même ; — mais cela ne fait qu'une baisse dans la recette, voilà tout ; — une gêne, — et non pas une ruine.

D'ailleurs la Lorette n'a pas assez d'amour dans le cœur pour un seul amant, — tandis que pour douze, elle en a tout ce qu'il en faut, — elle en a même de reste.

Or maintenant qu'on sait ce que c'est que l'Arthur, revenons au point où nous avons laissé la Lorette, c'est-à-dire à son talent calligraphique, plus ou moins développé.

La Lorette possède ou le Dictionnaire de l'Académie, ou le Dictionnaire de Boiste, ou le Dictionnaire de Napoléon Landais ; elle cherche à peu près chaque mot qu'elle écrit, ce qui fait qu'elle met deux heures pour écrire une épître de quatre lignes, encore les dernières lettres de ses pluriels sont-elles presque toujours illisibles, et y a-t-il en général un pâté plus ou moins gros sur chacun de ses participes.

Quant aux noms de baptême, elle les prend dans l'almanach, attendu qu'ils ne se trouvent pas dans les dictionnaires. L'absence de ce dernier guide expose souvent la Lorette à faire des fautes d'orthographe dans son propre nom. Un de mes amis a reçu le lendemain d'une rencontre au bal de l'Opéra, une lettre émanée d'un domino qui l'avait intrigué la veille avec un esprit remarquable. — Cette lettre était signée Sophie ; — seulement il n'y avait pas dans le nom baptismal qui servait de seing à l'épître, une seule des lettres qui auraient dû le composer.

En l'absence de l'almanach renseignateur, la jolie et spirituelle auteur de l'épître avait signé *Çaufy*.

Nous avons parlé de la Lorette élégante, de la Lorette dans le bonheur, de la Lorette *chez elle* enfin ; mais il y a Lorette et Lorette comme il a fagot et fagot.

Non seulement la Lorette n'est pas toujours fortunée ; mais même la Lorette la plus fortunée a des hauts et des bas : — examinons-la dans les variations de sa fortune.

La Lorette a ses marchands attitrés, ses fournisseurs spéciaux, ses ouvriers excentriques.

Ce sont eux qui lui confectionnent ses chapeaux à la lionne, si relevés par derrière, si inclinés par devant, qui laissent voir le chignon, et desquels s'échappe ce joli nœud de rubans qui flotte coquettement jusqu'au bas de son dos.

Ce sont eux qui lui fournissent ses crispins de velours ou de satin, qui tombent si carrément jusqu'aux genoux, et qui sont si coquettement garnis de franges.

Enfin ce sont eux qui lui livrent les manchons qui imitent si admirablement l'hermine, la martre et le renard bleu, qu'il faut l'œil d'une femme jalouse pour reconnaître la contrefaçon.

Mais il vient de ces moments terribles où le crédit s'épuise : — une baisse dans les Arthurs amène une suspension dans la confiance ; il arrive alors parfois que la marchande de mode, la couturière et le fourreur refusent à la fois, les uns les chapeaux, les autres les crispins, les autres les manchons.

Alors il reste une ressource à la Lorette.

Cette ressource, c'est le coiffeur.

Le coiffeur est le banquier de la Lorette.

Le coiffeur fournit à la Lorette des chapeaux, des crispins et des manchons à crédit.

Il est vrai qu'il les lui fait payer le double de ce que les lui font payer les fournisseurs ordinaires, qui les lui font payer déjà le double de ce qu'ils valent.

Quant à l'argent dont elle a besoin pour les dépenses de poche, il le lui prête sur gages.

Rien de mieux coiffé que les Lorettes qui doivent 1,000 écus à leur coiffeur, si ce n'est les Lorettes qui lui doivent 4,000 francs.

On le comprend : l'honnête industriel travaille comme pour lui, et tient à rentrer le plus tôt possible dans ses fonds.

Il y a deux ou trois coiffeurs dans le quartier de Notre-Dame de Lorette : dans dix ans ils se retireront chacun avec 50,000 fr. de rentes.

Aussi, en général, les dames, qui se servent des mêmes artistes, savent-elles tous les petits secrets les unes des autres.

Un de mes amis, placé à une avant-scène de droite, avait remarqué de l'autre côté de la salle, c'est-à-dire à une avant-scène de gauche, une Lorette qui paraissait avoir d'admirables cheveux.

— Quelle est cette dame, demanda mon ami, en se baissant à l'oreille d'une autre Lorette, qui était dans la même loge que lui et qui l'honorait de ses bontés.

— Ce sont de fausses touffes, répondit celle-ci avec un laconisme tout lacédémonien.

Il est évident que ces deux dames avaient le même coiffeur.

Mais l'existence de la Lorette n'est pas tout entière dans son manchon, dans son crispin et dans son chapeau : elle a des besoins plus matériels ; elle a des nécessités moins poétiques.

Il faut qu'elle mange.

Dieu qui donne la pâture aux petits des oiseaux, ne donne rien du tout à la Lorette.

Or, nous le répétons, il faut que la Lorette mange, c'est un besoin de son organisation. La Lorette en général mange même beaucoup ; — la Lorette, disons plus, est essentiellement gourmande.

Quand la Lorette est dans le bonheur, il n'y a rien d'assez bon, d'assez fin, d'assez cher pour elle ; d'ailleurs, en général, ce sont les Arthurs qui vérifient l'addition.

Mais quand la Lorette est à la baisse, elle a les vertus de ses revers, c'est-à-dire que la Lorette se restreint à un point qui ne lui laisse pour comparaison de sobriété que l'estimable animal qu'un de nos grands poëtes a surnommé *le navire du désert.*

D'abord la Lorette se restreint à la table d'hôte.

Il y a, rue de Breda, chez mademoiselle Estelle, une table d'hôte consacrée exclusivement aux Lorettes.

On paie 3 francs.

On y prend un petit verre au choix, avant le dîner; et l'on y joue au loto après.

Quand la Lorette ne peut plus même payer la table d'hôte, la Lorette se restreint au pâté de viande.

Il y a, dans la rue Laffitte, un pâtissier qui fait sa fortune en vendant des pâtés de vingt sous aux Lorettes qui n'ont pas trouvé à dîner.

Enfin, quand la Lorette n'a pas même vingt sous pour acheter son pâté, ce qui arrive quelquefois, elle envoie la femme de chambre chercher, comme pour elle, quatre œufs chez sa fruitière.

Il est rare que cette ressource lui manque, et cependant elle lui manque quelquefois.

Alors la Lorette en vient aux expédients ni plus ni moins qu'un étudiant à qui son père a coupé les vivres.

Voici ce qui est arrivé dernièrement à un restaurateur de la rue de Breda :

Deux Lorettes, descendues de la maison dorée à la table d'hôte, de la table d'hôte au petit pâté à vingt sous de la rue Laffitte, et du petit pâté à vingt sous de la rue Laffitte aux quatre œufs de la fruitière, éprouvaient le besoin d'un dîner plus succulent.

Elles se présentent chez le restaurateur, et font une carte montant à 22 francs.

— Vous savez, dit le restaurateur, que je ne livre qu'au comptant.

— C'est bien, dirent les Lorettes, faites monter cela rue Navarin, n. 12, et l'on paiera au garçon.

Les deux Lorettes sortent majestueusement, et le restaurateur fait descendre la carte au chef.

Une demi-heure après, le garçon se présente, dépose les plats sur la table et demande son dû.

— Et l'omelette au rhum? dit une des Lorettes.

— Ah oui! et l'omelette au rhum? dit l'autre.

— Comment l'omelette au rhum? dit le garçon.

— Sans doute, l'omelette au rhum. Savez-vous lire?

— Non.

— Eh bien, voyez; il y a là omelette au rhum pour deux.

— Ah! dit le garçon, le chef l'aura oubliée.

— Allez la chercher alors; il y aura vingt sous pour la peine.

Le garçon, pour aller plus vite, laisse le dîner, descend les escaliers quatre à quatre, et rentre tout essoufflé chez son maître.

— Et l'omelette au rhum? dit-il.

— Et les 22 francs? répond le maître.

— Elles vont me les donner, quand je leur reporterai l'omelette au rhum.

— Misérable! s'écrie le restaurateur.

Et il s'élance lui-même à la recherche de son dîner.

Mais comme l'île Julia, de volcanique mémoire, le dîner avait déjà disparu.

Le restaurateur chassa le garçon et assigna les Lorettes chez le juge de paix.

Sur dix causes qui se présentent devant le magistat irréprochable chargé, comme l'indique son nom, de maintenir la paix dans le quartier Breda, il y en a toujours huit où les Lorettes sont défenderesses.

Mais il faut le dire, à la louange de M. Lerat de Magnitot, tout en tenant d'une main ferme, et surtout égale, la balance de la justice, il assure les droits des créanciers, sans trop grever l'existence des débitrices. En général, la Lorette est condamnée à rembourser cinq francs par mois, ce qui, comme on le voit, lui donne de grandes facilités, mais cependant, vu le nombre des remboursements, ne laisse pas que de grever sa pauvre petite existence.

Ce fut sans doute à ce chiffre que furent condamnées les deux jolies gourmandes dont nous avons raconté l'histoire.

Le nom de la Lorette est déjà répandu en province, quoique l'individu y soit encore inconnu : espérons que, grâce aux bateaux à vapeur, aux chemins de fer, à la civilisation toujours grandissante, la province jouira bientôt des mêmes avantages que la capitale.

Or, un provincial, arrivé de la veille et qui avait fort entendu parler dans son endroit de ce petit animal nommé Lorette, demanda pour premier service à l'un de ses amis de le mettre en rapport avec l'espèce.

La chose était d'autant plus facile, que l'ami était un Arthur.

L'Arthur lui répondit que la chose était parfaitement faisable, et qu'il le conduirait le lendemain à la table d'hôte de la rue de Breda.

Mais le nouveau venu était si pressé qu'il insista pour jouir de ce bonheur le jour même.

Malheureusement l'Arthur dînait en ville ce jour-là, dîner de grands parents, dîner auquel il lui était parfaitement impossible de ne pas assister.

Mais comme il était un des habitués les plus assidus de la table d'hôte de la rue de Breda, il remplaça la présentation verbale par une recommandation écrite : il donna à son ami une lettre pour mademoiselle Estelle, priant mademoiselle Estelle de regarder son recommandé comme un autre lui-même.

Mademoiselle Estelle plaça l'ami de son ami près de la plus jolie habituée de son établissement.

L'ami regarda fort sa voisine pendant la première partie du dîner, s'occupa beaucoup d'elle pendant la seconde, enfin, pendant la troisième, passa à la galanterie la plus extrême, racontant comment, à son avis, l'établissement de mademoiselle Estelle était une des plus charmantes choses qu'il eût vue depuis son arrivée, quoiqu'il eût vu le Musée, le cabinet d'Histoire naturelle et le Palais des singes.

Cependant au milieu de toutes ces merveilles du passé sacrifiées aux merveilles du présent, la jolie voisine du provincial remarqua que la chose qui l'avait le plus impressionné étaient les espiègleries et les gentillesses de la gent simiane.

— Monsieur aime donc les singes? demanda la Lorette.

— Je les adore, répondit le provincial; c'est le seul animal auquel la civilisation laisse un peu d'inattendu.

— Oh! comme cela tombe, s'écria la Lorette; j'ai justement à cette heure mis mon singe en loterie, et puisque monsieur paraît attacher quelque prix à la possession d'un animal de cette race...

— Eh! celui-là surtout, mademoiselle, aurait un double prix pour moi, puisqu'il vous aurait appartenu.

— En ce cas, monsieur, j'espère que vous voudrez bien me prendre quelques billets.

— Certainement, répondit le provincial, avec le plus grand plaisir; veuillez me dire à quel prix sont ces billets, et....

— Oh! monsieur, si vous connaissiez l'animal dont il est question, vous verriez que c'est pour rien. C'est un singe de l'espèce de ceux que M. de Buffon appelle Bonnet-Chinois, c'est-à-dire de l'espèce la plus intelligente; puis, outre ses dons naturels, il a des qualités acquises: il monte la garde comme un chasseur de la banlieue, fait des armes comme un élève de Grisier, joue du triangle, balaie la maison, reconnaît le plus amoureux de la société, et joue aux dominos.

— Vraiment, s'écria le provincial.

— L'année passée j'en ai refusé 500 francs à l'homme aux caniches.

— Et qui vous force donc à vous défaire d'un animal si intéressant?

— Ah voilà, il brise toutes mes chinoiseries; vous comprenez: cet animal, on ne peut pas lui faire comprendre le prix de ces choses-là; mais pour quelqu'un qui n'a pas de magots chez soi, c'est un trésor.

— Eh bien, mademoiselle, dit le provincial, je serais enchanté de devenir possesseur de ce trésor, et si vous voulez me dire à quel prix sont vos billets...

— Oh! monsieur, pour rien, à vingt francs; il m'en reste encore cinq, et je puis vous les offrir.

— Me sera-t-il permis, répondit le provincial en baissant la voix, d'aller m'informer si j'ai gagné?

— Comment donc, monsieur, je serais heureuse de vous recevoir.

— A quelle heure ?

— Mais toujours, surtout de midi à cinq heures ; je suis fort sédentaire.

— Et vous demeurez, mademoiselle?...

— Rue Bourdaloue, n° 7, au quatrième au dessus de l'entresol.

— S'il n'était pas trop indiscret de vous demander votre nom ?

— Caroline ; vous demanderez Caroline, cela suffira.

— Mademoiselle, voici vos cinq louis.

— Monsieur, voici vos cinq numéros.

Muni de l'adresse de la Lorette et de la permission de se présenter chez elle, notre provincial ne jugea pas à propos de pousser le premier jour la chose plus loin, et rentra à son hôtel fort satisfait de sa journée.

Le lendemain il courut chez son ami.

— Mon cher Victor, lui dit-il (pour son ami, Victor avait continué de s'appeler Victor), mon cher ami, lui dit-il, je te remercie bien réellement ; tu m'as procuré hier un dîner fort agréable, sans compter la chance que je te dois de devenir propriétaire d'un animal que j'ai toujours désiré de posséder.

— Et de quel animal ?

— D'un singe.

— Comment ! d'un singe ?

— Oui; tu sais que j'ai un faible pour les singes.

— Et tu en as acheté un ?

— Non pas tout-à-fait ; je n'ai pas encore le bonheur de l'avoir en ma possession, mais il y en avait un magnifique en loterie et j'ai pris cinq billets.

— A combien?

— A un louis le billet, à mademoiselle Caroline.

— Caroline, qui demeure?

— Rue Bourdaloue, n° 7.

— Tiens, je ne lui connaissais pas de singe.

— Et un singe un peu soigné.

— Es-tu sûr que ce n'est pas son amant qu'elle a mis en loterie?

— Allons donc!

— Au fait, c'est possible, murmura Victor.

— Sans compter qu'elle m'a donné son adresse, et qu'elle m'a permis d'aller m'informer, en personne, si j'avais gagné.

— Eh bien va, mon ami, va; elle est gentille, et si tu ne gagnes pas le singe, eh bien, mon ami, elle a mille moyens de te dédommager. C'est une fort bonne fille.

— J'irai, mon ami, j'irai.

Et notre provincial rentra chez lui enchanté.

A quatre heures il se présenta chez mademoiselle Caroline.

Mademoiselle Caroline était chez elle.

— Ah, mon Dieu! lui dit-elle, vous venez pour voir votre singe. Je dis votre singe, parce que les numéros que vous avez pris sont excellents, et qu'il ne peut manquer d'être à vous. Mais vous jouez de malheur : il est allé jouer avec un singe de ses amis qui demeure rue de Breda, et pour lequel il a une extrême affection. Je vous conseille, quand vous l'aurez, de l'y envoyer de temps en temps, pour qu'il s'en déshabitue petit à petit; c'est un animal fort attaché, et qui, si on le privait de ses habitudes, pourrait tomber dans la mélancolie.

Le visiteur fut enchanté d'apprendre que son futur singe, outre les dons de l'esprit et les merveilles de l'éducation qu'il lui connaissait déjà, avait encore les qualités du cœur; mais il assura mademoiselle Caroline que ce n'était pas pour le singe mais bien pour elle qu'il était venu.

Mademoiselle Caroline reçut ce compliment comme il méritait d'être reçu : elle fut charmante; mais quand sonna la demie :

— Pardon, monsieur, dit-elle, mais je dois dîner aujourd'hui avec le duc de C***, et il faut, avec votre permission, que je fasse quelque toilette.

Notre provincial avait la bouche ouverte pour dire à mademoiselle Caroline qu'elle pouvait faire sa toilette devant lui, et que cela ne le gênerait aucunement, mais il craignit de paraître trop à son aise pendant une première visite; il se leva donc, prit son chapeau, et demanda la permission de revenir.

— Comment donc, s'écria mademoiselle Caroline, quand vous voudrez.

— Alors demain, mademoiselle.

— Demain, monsieur.

Mademoiselle Caroline fit une charmante petite révérence, et le visiteur se retira.

Le même jour il dînait avec son ami.

— Eh bien? lui demanda celui-ci, en l'apercevant.

— Quoi?

— As-tu été faire une visite à Caroline.

— Oui.

— Et as-tu vu ton singe?

— Non : il était allé jouer avec un singe de ses amis, qui demeure rue de Breda.

Victor sourit imperceptiblement, et la conversation en resta là.

Le lendemain, notre provincial se présenta de nouveau chez mademoiselle Caroline, qui le reçut avec le même air charmant.

La conversation roula sur les spectacles, sur les Champs-Élysées et sur Franconi.

— A propos, dit le visiteur, et votre singe?

— Ah! vous pouvez dire notre singe.

— Eh bien, oui; notre singe s'est-il amusé hier?

— Si fort amusé, qu'il est tout souffrant aujourd'hui, et que la bonne vient de le conduire chez son médecin. Vous ne l'avez pas rencontré sur l'escalier?

— Non.

— Oh, c'est étonnant!...

— Mais l'indisposition n'a rien de sérieux?

— Je l'espère.

La conversation passa à un autre sujet.

Quatre heures et demie sonnèrent.

— Pardon, monsieur, dit mademoiselle Caroline, mais je dîne aujourd'hui avec M. le comte de B***, et il faut que je m'habille.

Le provincial lâcha le mot qu'il n'avait pas osé dire la veille. Mais mademoiselle Caroline prit un de ces airs de grande dame qu'elle savait si bien prendre, pinça ses lèvres de son sourire le plus dédaigneux, et fit une révérence si miraculeusement aristocratique, que le visiteur ne répondit que par un profond salut, et se retira.

Le lendemain il se présenta de nouveau; mademoiselle Caroline n'était pas visible.

Il revint le lendemain sans être plus heureux.

Le surlendemain, idem.

— Mon cher ami, dit-il au portier en descendant, je ne puis pas voir mademoiselle Caroline, c'est très bien; elle est maîtresse d'ouvrir ou de fermer sa porte, je n'en disconviens pas; mais je voudrais savoir si la loterie est tirée.

— Vous savez bien, monsieur, qu'il n'y a plus de loterie, dit le portier en haussant ses lunettes sur son front, et en regardant le questionneur en homme qui se prémunit d'avance contre une mystification.

— Comment, il n'y a plus de loterie?

— Non, que même je nourrissais un ambe, et ma pauvre défunte un terne, et que ce gueux de gouvernement a fermé la loterie comme nos numéros allaient sortir.

— Mon ami, je ne parle pas de la loterie royale, je parle de la loterie de mademoiselle Caroline.

— Mademoiselle Caroline a une loterie? demanda le portier.

— Et sans doute qu'elle a une loterie.

— Quelle loterie?

— Une loterie où l'on gagne son singe.

— Mademoiselle Caroline a un singe?

— Pardieu, un singe charmant, un singe qui monte la garde, qui fait des armes, qui bat du triangle, qui reconnaît le plus amoureux de la société et qui joue aux dominos.

— Monsieur se trompe certainement : je ne connais pas de singe à mademoiselle Caroline, à moins que monsieur ne veuille parler d'un petit peintre qui vient la voir quelquefois, et qui a une grande barbe.

— Mais non, mon ami, je vous parle d'un singe, d'un bonnet chinois.

— Ah! qui est dans la musique de la garde nationale; c'est le locataire du second, alors.

— Je vous parle d'un singe, d'un animal que mademoiselle Caroline a mis en loterie, parce qu'il cassait toutes ses chinoiseries.

— Je ne connais aucun singe à mademoiselle Caroline.

— Elle en a cependant un, et la preuve, c'est que voilà les cinq billets de loterie que je lui ai pris, et que j'ai pardieu bien payés 100 fr.

Le portier prit les cinq billets, sur chacun desquels il y avait :

Bon pour un singe âgé de quatre ans, répondant au nom de Jacques. Il les tourna et les retourna, puis il les rendit au provincial.

— Eh bien? demanda celui-ci.

— Eh bien! monsieur; il est possible que mademoiselle Caroline ait un singe; mais ce que je sais, c'est que, quant à moi, je n'ai pas l'honneur de le connaître.

Notre provincial se retira et courut chez son ami.

— Mon cher, lui dit-il, je crois que je suis volé.

— Comment cela, volé?

— A l'endroit de mon singe.

— Ma foi, mon cher, veux-tu que je te l'avoue; j'en ai peur.

— Ah! s'il en est ainsi, que mademoiselle Caroline y prenne garde!

— Mon cher ami, si j'ai un conseil à te donner, c'est de ne pas faire de bruit.

— Laisse donc, laisse donc; on se moquerait un peu trop de moi, par exemple.

— On s'en moquera bien davantage, si tu cries.

— Et, si je veux crier, moi.

— Crie; je ne t'en empêche pas; mais rappelle-toi ce que je te dis: tu en seras le mauvais marchand.

— Je sais ce que j'ai à faire.

— Fais, mon ami, fais.

Notre provincial se présenta une dernière fois, rue Bourdaloue, n. 7. Mademoiselle Caroline était toujours invisible.

Il eut l'idée de retourner dîner chez mademoiselle Estelle, où il fut fort bien reçu par la maîtresse de la maison; mais où il lui sembla que sa présence était accueillie par un malin sourire et par quelques coups d'œil significatifs qu'échangèrent entre elles les jolies convives.

Une jolie Lorette se pencha à l'oreille de mademoiselle Estelle, et lui demanda quel était ce monsieur dont la société saluait la présence par une expression d'hilarité si prononcée.

— C'est le jeune homme au singe, répondit mademoiselle Estelle, en ménageant si mal l'intonation de sa voix, que le convive le plus intéressé à ne pas entendre cette réponse n'en perdit pas un mot.

Le provincial se leva furieux. Il n'y avait pas de doute, il avait été joué.

Un Parisien, un homme du monde, un homme d'esprit, s'en serait tiré par un joli mot. Notre provincial n'était rien de tout cela : il résolut de faire une scène à mademoiselle Caroline.

Il alla s'embusquer au coin de l'église Notre-Dame de Lorette, et attendit que mademoiselle Caroline sortît seule.

Il attendit ainsi trois jours ; ce qui l'exaspéra au plus haut degré ; de sorte que, lorsque mademoiselle Caroline sortit, le quatrième, il était parfaitement hors de lui.

Ce qui fit qu'il ne mesura ni ses paroles ni ses gestes ; de sorte qu'il y eut à la fois injures et voies de fait.

— Mademoiselle Caroline assigna le coupable devant le tribunal compétent.

Le provincial fut condamné à trois mois de prison et à 500 fr. de dommages et intérêts.

Ce qui fit, avec les cinq louis de ses billets, 600 fr. de recette à mademoiselle Caroline.

Et tout cela pour un singe qu'elle n'avait jamais eu.

Revenons au fournisseur.

Si le fournisseur est dur, inexorable, avare, intraitable, juif, arabe envers la Lorette dans la peine, il devient, il est juste de le dire, pliant comme le roseau, souple comme l'osier, rampant comme le lézard envers la Lorette heureuse. A peine voit-il poindre à l'horizon de la rue Laffitte les crispins de velours, la pélerine d'hermine, et le Bibi excentrique, dans leur fraîcheur primitive, qu'il devine qu'il s'est fait un changement dans la position de sa cliente. Aussitôt il reparaît sur le carré, la figure souriante, sonne aussi modestement qu'il sonnait fort, et en échange du châle de mérinos, qu'il a souvent insolemment arraché de dessus ses épaules, il vient humblement lui offrir le cachemire de l'Inde. Alors la Lorette triomphe, elle pardonne, oublie et paie pour achever de rétablir son crédit.

Telle est la vie de la Lorette pendant neuf mois de l'année.

Puis il arrive un moment où, comme les chevreuils au mois de mai, la Lorette devient folle.

Ce changement se manifeste en général chez elle, au commencement du mois de décembre de chaque année. On devine qu'il est, pour la Lorette, question de l'approche du carnaval.

En effet, l'époque du carnaval, c'est le règne de la Lorette. Tous les calculs de l'année tendent, pour la Lorette, à se procurer un carnaval insensé, fiévreux, vitriolique. — La Lorette regrette le carnaval passé pendant cinq mois, elle attend le carnaval à venir pendant cinq autres mois; puis, pendant deux mois, elle n'attend plus rien, ne regrette plus rien, elle ne s'occupe que du présent : il n'y a pas eu de passé, il n'y aura pas d'avenir.

Détailler la vie de la Lorette pendant ces deux mois de cataclysme universel, serait chose parfaitement impossible : il n'y a plus de jour, il n'y a plus de nuit, la division ordinaire du temps a cessé d'exister; le sommeil est retranché de l'existence : on boit, on mange, on danse, voilà tout. On court du bal de l'Opéra au bal de l'Opéra-Comique, on bondit du bal de l'Opéra-Comique au bal des Variétés, on saute du bal des Variétés au bal Saint-Georges; on descend du cabriolet à gros numéro pour monter dans le cabriolet de régie, on passe du cabriolet de régie au cabriolet milord, on s'élance du cabriolet milord dans le wurch, du wurch dans la calèche, de la calèche dans le tandems, du tandems dans le tilbury, du tilbury dans le briska. Toute locomotive est bonne, seulement plus elle est rapide, plus elle est appréciée; on voudrait appliquer la vapeur à la chaise sur laquelle de temps en temps on s'assied; on regrette le tapis magique des Mille et une Nuits, le manteau voyageur du Diable boiteux, le cheval infernal de Faust et le balai fantastique des sorcières de Macbeth; on avalerait de l'air inflammable si l'on était sûr de partir comme un ballon. Il n'y a, dans ce mouvement universel, que le fiacre patriarchal, qui ait conservé le droit d'aller encore de temps en temps à l'heure et au pas.

Pourquoi la Lorette, qui ne respecte rien, a-t-elle respecté cette allure? C'est un des mystères gynésiaques de cette époque de folie.

Un mathématicien, que le mouvement perpétuel avait frappé comme nous, a calculé, en procédant du connu à l'inconnu, que la moyenne des danses et galops que pouvait danser une Lorette pendant ces deux mois de carnaval, devait se monter à 1222; ce qui, sur 1440 heures dont se composent ces deux mois, présente, en supposant que chaque galop ou contredanse dure une demi-heure, un total de 611 heures employées, comme le dit Gavarni, à désobliger le gouvernement.

Maintenant, comment un petit corps si souple, si coquet, si fragile en apparence, peut-il supporter une fatigue de 611 heures sur 1440, sans compter les fatigues qui précèdent les bals et surtout celles qui les suivent?

Voilà ce qu'aucun mathématicien ne peut résoudre.

Le bal de la Mi-Carême passé, la Lorette se calme et rentre peu à peu dans le cercle de sa vie ordinaire.

La Lorette s'occupe peu de politique : en général elle ne connait du gouvernement que les sergents de ville qui veillent aux portes de l'Opéra. Et la Lorette est si gentille, si grâcieuse, si peu offensive, que le sergent de ville prend sur lui de lui passer bien des petits mouvements, bien des gestes coquets, bien des paroles décolletées qui ne sont point dans l'ordonnance.

Seulement la Lorette a un thermomètre qui lui indique le mouvement gouvernemental. Ce thermomètre, c'est la maison de M. Thiers, située place Fontaine Saint-Georges : quand M. Thiers est au ministère, la maison est déserte, les fenêtres éteintes, et un gros chien jaune gronde et aboie de l'autre côté de la grille. La Lorette connaît parfaitement ce chien qu'elle caresse à travers les barreaux, de son côté le chien connaît parfaitement les Lorettes.

Mais quand la maison se repeuple, quand les fenêtres s'enflamment, quand le chien jaune disparaît, la Lorette secoue la tête et dit :

Allons, allons, il paraît que notre voisin aura encore fait quelque farce à Louis-Félippe, et que Louis-Félippe l'a renvoyé.

Là se borne l'oraison funèbre de M. Thiers.

Maintenant que nous avons saisi la Lorette à sa naissance, que nous l'avons suivie dans son éducation, examinée dans ses mœurs, comprise dans ses peines, dans ses plaisirs et dans ses opinions, nous voudrions pouvoir clore cet article en disant ce que devient la Lorette dans sa vieillesse; mais c'est là un de ces secrets qu'un avenir assez éloigné nous révèlera seul. La Lorette compte dix ans d'existence et trois ans de baptême. La Lorette est née d'hier. La Lorette est de l'âge des roses, de l'âge des papillons, de l'âge des hirondelles. La Lorette est jeune, vive, pimpante. La Lorette a encore la moitié de son printemps, tout son été et tout son automne à parcourir, à vivre, à épuiser, avant d'arriver à son hiver. Ne songeons donc pas pour elle à un hiver auquel elle ne songe pas elle-même. N'assombrissons pas son bel horizon doré, et remettons son sort aux mains du Temps, ce rude et inflexible créancier, qui viendra au jour lui réclamer sa dette, et contre lequel M. Lerat de Magnitot ne pourra plus lui accorder de délais.

En attendant elle use de sa divise :

« Facile à prendre, impossible à garder. »

La Courtisane (Directoire).

COURTISANES.

Tout au contraire de la lorette, qui date d'hier; la courtisane remonte à la plus haute antiquité.

L'Inde, cette aïeule des nations, avait ses courtisanes qui, loin comme les nôtres d'être dévouées à l'ignominie, sont presque toujours désignées, dans les anciens auteurs, sous le nom de servantes des dieux. Ces courtisanes étaient presque toutes des danseuses, qui, au contraire des autres femmes indoues, qui vivaient dans la plus profonde ignorance, apprenaient à lire, à écrire, à chanter et à jouer de plusieurs instruments; aussi étaient-elles de toutes les fêtes civiles et religieuses, ce qui les mettait en grand honneur parmi le peuple et fort à la mode parmi les seigneurs. On retrouve encore aujourd'hui quelque chose de ces courtisanes chez les bayadères.

L'Égypte, cette fille mystérieuse de l'Inde, eut aussi ses courtisanes; mais nous avons peu de détails sur elles. Une pyramide a cependant consacré le souvenir de la plus fameuse de ses prostituées; mais la montagne de granit qui recouvre ses ossements ne nous a rien raconté de positif sur la vie de celle qui l'éleva. Est-ce la fille du roi Chéops? est-ce la femme du Pharaon Amasis? J'aime mieux, pour mon compte, que ce soit la femme du Pharaon; la fable est plus gracieuse.

Un jour, Rhodope, la plus belle courtisane de Thèbes, se baignait dans le Nil, sur les rives duquel elle avait déposé ses vêtements.

Un aigle passe, s'abat sur sa pantoufle, l'enlève dans ses serres, et, en passant au dessus de Memphis, la laisse tomber aux pieds du Pharaon Amasis, qui rendait la justice au peuple assemblé. Le Pharaon adorait les petits pieds, et la pantoufle était si mignonne, qu'il remit à huitaine la cause commencée, et fit, à l'instant même, publier partout son royaume que la propriétaire de la miraculeuse pantoufle eût à se faire connaître. Le bruit de cette publication parvint jusqu'à Rhodope, qui, ayant reconnu sa pantoufle au signalement que le crieur en avait donné, partit pour Memphis, et se présenta devant le Pharaon un pied chaussé et l'autre nu. Si la pantoufle seule avait tourné la tête d'Amasis, ce fut bien autre chose quand il vit le pied; mais soit caprice, soit calcul, Rhodope, qui avait si souvent fait le bonheur des sujets, refusa de faire celui du souverain, si ce souverain ne la prenait point pour femme. Amasis, qui était amoureux, en passa par tout ce que voulut Rhodope, et la courtisane, devenue reine, consacra la fortune qu'elle avait acquise en exerçant son premier métier à élever une pyramide. Cette pyramide, dont chaque pierre est le prix d'une caresse, a sept cents pieds de largeur sur trois cent cinquante de haut.

Qui se serait douté que le conte de Cendrillon remontait à l'histoire du Pharaon Amasis.

Passons de l'Égypte à la Grèce, et de Thèbes et Memphis à Athènes et Corinthe : là les documents ne nous manqueront point.

La Grèce était et devait être le pays des courtisanes. Sa religion, qui n'était que la matière poétisée, était une religion toute de volupté : le plaisir était non seulement un besoin de l'organisation des grecs, c'était encore un des mobiles de leurs grandes actions, un des éléments de leurs meilleures lois.

Ce fut Solon qui, pour combattre un crime par un vice, établit à Athènes les courtisanes.

Il y avait à Abidos un temple à Vénus facile; Cottina, prêtresse de l'Amour, avait une statue à Sparte.

Un grand nombre de comédies antiques portaient pour titre des noms de courtisanes; il y avait la Corianno de Phérécrate, l'Antée de Philenéus, la Thaletta de Dioclès, la Clepsydre d'Eubule, la Nérée de Timoclès et la Thaïs de Méandre.

Thémistocle, Timothée, Demade, Aristophon et Bion étaient des fils de courtisanes.

Périclès répudia sa femme légitime pour épouser Aspasie, la belle courtisane de Mégare.

Alcibiade, à son retour d'Olympie, exposa un tableau où il était représenté assis sur les genoux de la courtisane Néméa.

Mais, sous ce rapport, la ville par excellence c'était Corinthe; Corinthe qui, craignant que les courtisanes ne lui manquassent, faisait acheter des jeunes filles dans toutes les îles de l'archipel et jusqu'en Sicile, pour les prostituer lorsqu'elles auraient atteint l'âge de quatorze ans; Corinthe qui se vantait que Vénus, sortant de la mer, avait adressé son premier salut à sa citadelle.

Mais aussi les courtisanes étaient reconnaissantes de si grands honneurs : celles de Corinthe demandèrent à Vénus le salut de leur patrie; celles d'Athènes suivirent Périclès au siége de Samos.

Les Grecs divisaient leurs courtisanes en quatre classes; nous irons de la plus basse à la plus élevée.

La première classe était celle des *autétrides*, ou joueuses de flûte. Celles-là, c'étaient les bayadères de l'Inde, les almées d'Égypte, les gitanes de Russie : on les appelait à la fin des repas; on les invitait aux fêtes. La courtisane Lamie, à laquelle Athènes et Thèbes élevèrent chacune un temple sous le nom de Vénus Lamia, avait été d'abord une joueuse de flûte.

La deuxième classe était celle des *familières* : c'étaient les femmes auxquelles un homme s'attachait pour un temps plus ou moins long. Elles correspondaient à nos femmes entretenues. C'étaient des femmes entretenues, qu'Herpillis, cette maîtresse d'Aristote dont il eut un fils nommé Nicomaque ; que cette Gnatène, qui avait placé dans son vestibule le code de ses lois en trois cent vingt vers ; que cette Abrotone, qui fut la mère de Thémistocle, et que cette blanche Mnesarète, à qui sa pâleur fit donner le nom de Phryné.

La troisième classe était celle des *favorites*, c'est-à-dire des maîtresses de rois, de princes, de généraux ou d'hommes célèbres. Milto, Thaïs, Demo et Damasandre étaient les duchesses d'Étampes, les Diane de Poitiers, les Montespan et les Dubarry du temps.

La quatrième classe était celle des *philosophes*, telles étaient Sapho, Aspasie, Leontium : nous n'avons d'équivalent à opposer à ces trois femmes célèbres, que Ninon de l'Enclos.

Il y avait encore les *dictériades*, ainsi appelées de dicterion, mot synonyme de lupanar ; seulement celles-là, ce n'étaient point, à proprement parler, des courtisanes, mais des filles publiques.

Disons quelques mots de ces dernières, peut-être est-il curieux, à mille cinq cents ans de distance, d'établir un parallèle entre la fille publique de Paris et la fille publique d'Athènes ; puis nous reviendrons aux autres, qui font spécialement le sujet de ce chapitre.

La plus grande partie des dictériades étaient esclaves ; elles appartenaient à des maîtres ou à des maîtresses, qui trafiquaient de leur beauté, et auxquels, en échange de la nourriture et du logement que ceux-ci leur donnaient, elles rendaient la rétribution qu'elles avaient reçue : le seul espoir de ces malheureuses était que, par caprice, quelque homme riche les affranchît et les élevât au rang de familières ; il en fut ainsi de Phila, que l'orateur Hypéripe acheta quatre talents, et à laquelle il confia le soin de sa maison d'Éleusis.

Les dictériades étaient soumises à des lois de police, à peu près pareilles à celles qui régissent nos filles à carte et nos filles à numéros ; elles devaient être vêtues d'une gaze assez claire pour que leurs robes ne cachassent point leurs formes ; elles devaient porter leurs noms écrits sur leur front, ou tout ou moins au dessus de leurs portes ; enfin, un voile devait pendre devant leur seuil, chargé d'attributs qui indiquaient la profession exercée par celles qui soulevaient le voile.

A partir de sept heures du soir, elles se promenaient dans les avenues du Céramique; car il y avait deux Céramiques à Athènes, l'un destiné à la mémoire des guerriers, l'autre au commerce des courtisanes, et sous les arcades du Long-Portique qui donnait sur le Pyrée.

Dans le jour, plus heureuses que nos prostituées, les dictériades pouvaient demeurer à leurs fenêtres; elles tenaient alors une branche de myrte qu'elles agitaient entre leurs doigts, ou dont elles se caressaient les lèvres, action qui avait le double avantage de maintenir leurs lèvres roses et de montrer l'émail de leurs dents.

Quant aux lois sanitaires, elles n'existaient pas, les Grecs ayant le bonheur de ne point connaître l'Amérique.

Maintenant voulez-vous jeter avec moi un coup d'œil sur ces grandes et belles courtisanes qui ont eu tant d'influence sur l'art, sur la politique et sur la civilisation des Grecs, la reine de toutes les civilisations?

Suivons la progression que nous avons indiquée, et prenons dans chacune des quatre catégories susdites, ce qu'elles produisirent de plus célèbre.

Autétrides.

LAMIA.

Nous avons dit que Lamia était une joueuse de flûte; quelques mots sur Lamia.

Elle était fille de Cléonor d'Athènes; enlevée à sa première profession par Ptolémée, roi d'Égypte, elle devint sa maîtresse. Lorsque ce roi fut vaincu par Démétrius Poliorcète, elle tomba au pouvoir du vainqueur, et quoique âgée de près de quarante ans, elle devint sa favorite.

Lamia était habituée aux largesses royales, l'or fondait entre ses mains; son royal amant écrasait les villes de contributions pour satisfaire à ses caprices : on la surnommait l'Elepole, du nom d'une machine de guerre destinée à ruiner les places.

Ses repas étaient si splendides, qu'un historien, Lincée de Samos, ne dédaigna point de nous en transmettre le menu.

Les peuples, écrasés de contributions, disaient que Démétrius était possédé par une lamie.

Lamie, comme on le sait, veut dire larve, fantôme ou démon.

Lamia mourut lorsque Démétrius Poliorcète était au comble de ses prospérités ; aussi, comme nous l'avons dit, Athènes et Thèbes élevèrent-elles un temple à Vénus Lamia.

Cherchez dans Diogène Laërte, une lettre d'elle à Démétrius ; c'est un chef-d'œuvre d'amour et de rouerie.

Familières.

ABROTONE, HERPILLIS, GNATÈNE, PHRYNÉ.

Les plus célèbres parmi celles-ci, furent Abrotone, Herpillis, Gnatène et Phryné.

Abrotone était née en Thrace ; tout ce qu'on sait d'elle, c'est qu'elle fut la mère de Thémistocle : son fils l'illustra.

Aussi, soit reconnaissance, soit inclination, Thémistocle faisait-il sa société des courtisanes les plus célèbres de l'époque. Un jour, il parut sur un char au milieu de quatre courtisanes : Scyone, Lamie, Satira et Nannion ; les trois premières appartenaient à la classe des familières, la quatrième, qu'on nommait l'*Avant-scène*, attendu que les beautés visibles étaient chez elle un prospectus fort trompeur des beautés cachées, était joueuse de flûte.

Herpillis fut, comme nous l'avous dit, la maîtresse d'Aristote ; il en eut un fils nommé Nicomaque, et le testament du précepteur d'Alexandre, rapporté par Diogène Laërte, prouve le cas que le philosophe faisait de la courtisane à laquelle il laissait un talent d'argent, trois esclaves, et la facilité d'habiter, si elle voulait demeurer à Callis, le logement qui était contigu au jardin ; et, si elle préférait Stagira, la maison même qu'avaient habitée ses pères. En outre, les exécuteurs testamentaires étaient chargés de faire meubler celui des deux endroits qu'elle préférerait, et si elle se mariait, par hasard, de veiller à ce qu'elle n'épousât pas un homme au dessous de la condition du testateur, ce qui rendait l'établissement d'Herpillis assez difficile; aussi Herpillis, en apparence du moins, resta-t-elle fidèle à Aristote.

Gnatène, dont on ignore la naissance et la mort, mais dont il reste quelques mots spirituels, est la Sophie Arnoult de son époque.

C'était elle qui avait placé dans son antichambre ce code d'amour dont nous avons parlé.

Elle soupait chez Dexithée, son amie ; on apporta sur la table un très beau poisson dont Dexithée fit aussitôt emporter la meilleure partie.

— Que fais-tu donc? dit Gnatène.

— Je fais porter ce poisson chez ma mère, répondit Dexithée.

— Alors, dit Gnatène, allons souper chez ta mère.

Une autre fois, c'était à elle de traiter à son tour; le poète Dypile était un de ses convives, il savourait une coupe d'eau glacée.

— Par quel procédé, dit-il, as-tu donc un puits qui donne de l'eau si merveilleusement froide?

— J'y jette les prologues de tes pièces, répondit Gnatène.

Le mot était plus brutal que spirituel; mais, grâce à lui, nous savons au moins qu'il y avait un auteur dramatique nommé Dypile.

Phryné, la courtisane pâle, était de Thespie; comme Lamia, elle ruina une partie des amants qui la possédèrent; aussi outre ses deux noms de Mnesarète et de Phryné, les uns l'appelaient-ils encore la Cribleuse et les autres Carybde.

Phryné amassa d'immenses trésors. Alexandre venait de détruire Thèbes ; Phryné proposa de la rebâtir à ses frais, pourvu qu'une pierre des murailles portât cette inscription :

THÈBES FUT ABATTUE PAR ALEXANDRE
ET
RELEVÉE PAR PHRYNÉ.

La condition parut trop dure aux Thébains, et l'offre de la courtisane fut refusée.

Phryné affectait des apparences pudibondes : sa tunique montait jusqu'au cou et n'était point fendue sur les côtés; mais un jour, comme tout le peuple, célébrant les fêtes d'Éleusis, était rassemblé sur le rivage, elle s'avança jusqu'au bord de la mer, commença par dénouer ses beaux cheveux, qui descendaient jusqu'à ses genoux, puis laissant tomber l'un après l'autre jusqu'à son dernier vêtement elle s'avança lentement dans les flots, à cet endroit même où la tradition disait que Vénus avait abordé le jour de sa naissance; cette scène valut deux chefs-d'œuvre à la Grèce : Apelles et Praxitèle étaient là. Apelles fit sa Vénus sortant des ondes, Praxitèle sa Vénus de Gnide.

Praxitèle devint amoureux de son modèle.

— Prenez-moi pour amant, dit-il à Phryné, et je vous donne ma plus belle statue.

— Quelle est votre plus belle statue? demanda Phryné.

— Oh! ceci, c'est mon secret, répondit Praxitèle.

Trois jours après, Praxitèle était chez Phryné; un de ses esclaves entre tout effaré :

— Maître! dit-il, maître! accourez vite; le feu est à l'atelier.

— Sauvez la statue de l'Amour! s'écrie le statuaire.

— C'est bien, dit Phryné en donnant sa bourse à l'esclave, tu as joué ton rôle à merveille, et je te remercie; Praxitèle, je choisis la statue de l'Amour.

Praxitèle s'exécuta de bonne, grâce, et le lendemain le chef-d'œuvre du sculpteur était chez la courtisane, qui en fit don à Thespie, sa ville natale.

Corinthe fut moins fière que Thèbes : elle dut à Phryné une partie de ses plus beaux édifices.

Un crime, entraînant la peine capitale, amena Phryné devant le tribunal des héliastes. Qu'avait fait la belle Thespienne? Les uns disent qu'elle était accusée de ruiner et de corrompre les Grecs, les autres disent qu'elle avait profané les mystères d'Éleusis. L'orateur Hyperides, son amant, la défendait; mais toute son éloquence allait échouer devant la rigueur du tribunal, les juges ouvraient la bouche pour prononcer la sentence de mort; Hyperides arrache d'une main le voile de Phryné, et de l'autre sa tunique : son visage et son sein apparaissent à la fois aux yeux des juges, et Phryné est absoute à l'unanimité.

Ce ne fut pas le tout : une fois Phryné absoute, on lui vota une statue d'or; une fois la statue fondue, on la plaça dans le temple de Delphes, entre les images de deux rois : l'un de ces deux rois était Archidamas, roi de Lacédémone, l'autre était Philippe, fils d'Amynthas.

On écrivit sur la base, qui était de marbre penthétique :

PHRYNÉ DE THESPIE,
FILLE D'EPICLÈS.

Laïs était aussi une familière. Laïs, à qui la Vénus noire de Corinthe (Melanis) était apparue les mains pleines d'or, de perles et de diamants, comme pour lui dire que la fortune l'attendait dans cette ville.

Elle raconta son rêve; mais personne ne put l'expliquer. Laïs était Sicilienne, née à Hiccare, près d'Agrigente. Quelle probabilité que Laïs allât jamais à Corinthe?

Nicias se chargea d'accomplir la prédiction. Après avoir pris Agrigente, il prit Hiccare, réduisit tout le peuple en esclavage, emmena Laïs dans le Péloponèse, et la vendit à je ne sais quelle vieille femme qui en fit sa servante.

Un jour elle allait puiser de l'eau au bord d'une fontaine; Apelles, qui faisait une orgie avec quelques uns de ses amis, la vit passer, gracieuse et flexible, portant avec un geste plein de grâce une amphore sur son épaule.

Il sortit, prit la jeune esclave par la main et l'emmena dans la salle du festin.

— Qu'est-ce que cela, s'écrièrent les convives, une jeune fille timide, modeste, rougissante; tu es fou, Apelles: c'était une courtisane qu'il fallait nous amener.

— C'est bien, laissez-moi faire, dit Apelles; je la formerai, et je vous promets qu'elle ira loin.

Cette fois le peintre était prophète.

En effet, trois ans après, Laïs était la rivale de Phryné elle-même.

Lorsqu'elle allait au temple de Vénus, le peuple la suivait en disant que c'était la déesse elle-même qui était descendue sur la terre.

C'était l'époque de la division des écoles, et des disputes entre les sectes cynique, péripatétitienne, stoïque, épicurienne : les chefs de chacune de ces époques se réunissaient dans le boudoir de Laïs. On vantait un jour devant elle l'austérité des philosophes : — Je ne sais pas, dit-elle, si les philosophes sont plus austères que les autres hommes; mais ce que je sais, c'est qu'ils sont aussi souvent à ma porte que les autres Athéniens.

Mais Athènes la molle, reine de l'Ionie, n'était pas encore assez voluptueuse pour Laïs; ce fut Corinthe qu'elle choisit : ce fut dans cette ville qu'elle mit un tel prix à ses faveurs, que l'antiquité nous a gardé le proverbe auquel elle a donné naissance : *Ne va pas à Corinthe qui veut.*

Veut-on savoir quel était ce prix qui effraya Démosthènes? c'était quatre mille francs de notre monnaie.

— Je n'achète pas si cher un repentir, dit l'illustre orateur en se retirant.

Cela prouve que du temps de Laïs, comme du nôtre, les avocats n'étaient pas généreux. Quatre mille francs, c'est ce que donne le fils d'un agent de change à une fille de l'Opéra.

Mais hâtons-nous de le dire à la louange de Laïs; si elle faisait payer cher aux uns, elle donnait gratis aux autres. La belle Hiccarienne usait du droit que se sont arrogé les jolies femmes, d'avoir des caprices; malheureusement l'histoire qui nous a consacré son avarice à l'endroit de Démosthènes, a consacré sa libéralité en faveur de Diogène le cynique; et si Laïs n'entra point dans le tonneau de Diogène, Diogène entra du moins dans le boudoir de Laïs.

Cette condescendance encouragea le sculpteur Micon qui, à soixante-dix ans, était amoureux de la belle sicilienne. Il se présenta chez elle, mais Laïs l'éconduisit en le raillant sur son étrange prétention. Micon attibue sa mésaventure à ses cheveux et à sa barbe blanche, teint sa barbe et ses cheveux en noir, et se présente le lendemain chez Laïs.

— Mon ami, lui dit la courtisane en lui tournant le dos, vous êtes fou de venir solliciter une pareille chose.

— Et pourquoi cela? demande Micon.

— Parce que je l'ai déjà refusée hier à votre père.

Mais au milieu de cette foule d'adorateurs, un seul homme reste insensible; c'est le philosophe Xénocrate. Un soir, dans un souper,

Aristippe et Diogène raillaient Laïs sur le peu de pouvoir de ses charmes,

— Je parie triompher de sa froideur, dit Laïs.

Diogène et Aristippe, ses amants, tiennent tous deux le pari.

Laïs se lève de table, et s'en va toute courante et tout échevelée pousser la porte du philosophe ; elle pénètre dans les appartements, criant qu'elle est poursuivie par des assassins, parvient jusqu'à la chambre de Xénocrate, l'aperçoit dans son lit et va se réfugier dans sa ruelle.

Xénocrate devine l'intention de Laïs, sourit et se retourne de l'autre côté.

Tout ce que le regard a de promesses, tout ce que la parole a d'enivrement, tout ce que le sourire a de provocations fut mis en œuvre par la séduisante Circée ; mais sourires, paroles, regards, tout fut inutile ; la voluptueuse sirène, insinuante ou emportée, nymphe ou bacchante, ou serpent, ou lionne, épuisa ses enchantements, sans obtenir de Xénocrate le moindre retour, et pourtant deux heures s'écoulèrent, pendant lesquelles elle resta enlacée à ses bras, côte à côte, et dans le même lit que lui.

Au bout de deux heures Diogène et Aristippe entrèrent.

— Paie, Laïs, dirent-ils, tu as perdu.

— Vous vous trompez, dit la courtisane : Je ne vous dois rien, j'avais parié animer un homme et non pas une statue.

Comment mourut Laïs? Les auteurs anciens ne s'accordent point là-dessus : les uns la font mourir vieille et misérable, après avoir dédié son miroir à Vénus, ce miroir qui lui était devenu inutile, car elle ne voulait plus s'y voir telle qu'elle était, et elle ne pouvait plus s'y voir telle qu'elle avait été.

Les autres la font mourir jeune, et par un excès de plaisir.

D'autres prétendent enfin qu'emmenée en Thessalie par un amant pour lequel elle quitta Corinthe, elle fut assassinée dans un temple de Vénus par des femmes jalouses de sa beauté.

Tout cela prouve seulement qu'il y eut plusieurs Laïs comme il y eut plusieurs Hercules et plusieurs Orphées.

Favorites.

THAIS, PILHIONICE, BACCHIS, MITTO.

Thaïs était Athénienne ; elle suivit Alexandre dans son expédition des Indes : ce fut elle qui, à la suite d'une orgie, excita le vainqueur de Darius à brûler Persépolis.

A la mort d'Alexandre, elle tomba en partage à un de ses généraux. Ce général était Ptolémée. Ptolémée hérita de l'Égypte. Il aimait Thaïs et l'épousa. Thaïs se trouva donc reine.

Ptolémée en eut trois enfants, deux fils, Leontiscus et Lagus, et une fille nommée Irène, qui épousa Solon, le fortuné roi de Chypre.

Pilhionice était l'esclave de Bacchis, esclave elle-même de Synope, et joueuse de flûte. Synope était née à Égine, transporta d'Égine à Athènes le *Dicterion*, à la tête duquel elle était. Ce fut chez cette Synope qu'Harpalus vit Bacchis, en devint amoureux et l'acheta.

Cherchez dans Posidonius et dans Théopompe, et vous verrez toutes les folies que fit pour elle, tant qu'il vécut, son riche et généreux amant, et lorsqu'elle mourut, il employa deux cents talents à lui faire bâtir un monument.

Ce monument était sur le chemin d'Athènes à Eleusis, et situé juste à l'endroit d'où l'on pouvait découvrir les temples et la citadelle.

Mitto naquit en Phocide : sa mère mourut le jour même de la naissance de son enfant.

La jeune Mitto restée orpheline et pauvre, fut élevée par charité ; mais à peine l'enfant put-elle se connaître qu'elle comprit qu'elle était belle, et la beauté, en Grèce surtout, était une fortune.

Un accident manqua flétrir cette beauté. Elle avait neuf ans à peine lorsqu'une tumeur se déclare au menton et s'étend bientôt à une partie de la joue : pauvre et ne pouvant payer les soins d'un médecin, Mitto reste alors sans secours : le mal fait des progrès ; Mitto voit sa beauté menacée. Sa beauté, c'était sa seule espérance, son seul avenir. Pourquoi vivre si elle n'est plus belle? Mitto se décide à se laisser mourir de faim.

Pendant deux jours et une nuit la courageuse enfant essaie d'accomplir le projet qu'elle a résolu, lorsque tout à coup, au moment où étendue sur son lit, ses yeux se ferment de lassitude et de besoin, Vénus, sous la protection de laquelle tout enfant elle s'est mise, descend à son chevet et lui montre au pied de son autel des roses desséchées dont elle lui enseigne la propriété. Mitto se lève, court au temple de la déesse, ramasse les roses flétries qu'elle trouve au pied de sa statue, les applique sur son menton et sur sa joue ; trois jours après la tumeur avait disparu, et Mitto était restée la plus belle des jeunes filles de la Phocide.

Ce fut cette même Mitto qui, protégée par Vénus sans doute, devint la favorite de Cyrus ; après la mort de Cyrus, la maîtresse d'Artaxerce, et après la mort d'Artaxerce, prêtresse du soleil à Ecbatane.

Philosophes.

LEONTIUM. — SAPHO. — ASPASIE.

On ne sait presque rien de Leontium, si ce n'est qu'elle fut la maîtresse d'Épicure. Une lettre de cette courtisane indique qu'Épicure était déjà vieux lorsqu'il devint amoureux d'elle, et que sa jalousie était insupportable à la belle philosophe.

Tout le monde connaît Sapho la Lesbienne, *mascula Sapho*,

comme dit Horace. Les anciens appelaient la fièvre d'amour fièvre saphique. C'est de cette fièvre que le jeune Antiochus était atteint lorsqu'il fut guéri par Érasistrate.

Sapho a composé neuf livres de poésies lyriques; puis encore des élégies, des iambes, des épithalames et des monodies.

Deux pièces seulement sont parvenues jusqu'à nous, l'une conservée par Longin, l'autre par Denys d'Halicarnasse. Ce sont deux odes : Boileau a traduit l'une d'elle. Tout le monde sait par cœur cette traduction qui, même en passant par la plume de l'auteur de l'art poétique, a conservé une partie de sa fureur amoureuse.

Cette ode est adressée à une femme.

Sapho était la dixième muse de l'antiquité, et on lui rendit des honneurs royaux et presque divins. Exilée de Mitilène pour avoir pris parti avec le poète Alcée contre le tyran Pittacus, les Mitiléniens gravèrent son image sur leur monnaie.

Après son départ de la Sicile où elle était restée pendant son bannissement, les Siciliens lui élevèrent une statue.

Malgré ses instincts tout masculins, Sapho avait épousé un riche habitant de l'île d'Andros. L'histoire a conservé son nom : il s'appelait Cercala. Ce dut être un mari bien heureux.

L'histoire aussi a conservé le nom de ses maîtresses les plus aimées : c'étaient Andromède, Mégare, Cyrne, Mnaïs, Pyrrhine, Gongile, Anagore, Cydno, Eumia, Athis, Anactorie et Thélésille.

Malheureusement, comme le dirent les poètes, l'amour outragé devait se venger un jour ou l'autre.

L'amour poussa Phaon vers Lesbos.

Phaon était un beau pêcheur. Un jour qu'il s'apprêtait à passer de l'une à l'autre de ces charmantes îles de l'archipel qui s'élèvent au dessus des flots de la mer Ionienne comme des corbeilles de roses, une jeune fille voilée vint lui demander le passage. Phaon la fait asseoir, guide la barque, et aborde heureusement au but qu'il s'était promis. Alors la jeune fille se dévoile, Phaon ébloui tombe à genoux. La belle passagère était Vénus elle-même.

Alors, comme toute peine mérite salaire, Vénus donna à Phaon un vase rempli d'une essence divine. Cette essence avait la propriété de faire aimer celui qui s'en était servi une fois seulement.

Le beau Phaon se frotta d'essence, et pour faire l'essai de son pouvoir descendit à Lesbos.

Vénus était la déesse la plus puissante de l'antiquité. Les Lesbiennes aimèrent Phaon.

Et parmi les Lesbiennes, Sapho l'aima plus que tout autre.

On sait la mort de la pauvre muse, mort qui rachète sa vie.

Sapho est la Madeleine grecque.

Maintenant deux mots sur Aspasie, et nous aurons accompli le cercle des grandes courtisanes antiques.

Aspasie naquit à Milet, patrie des fables et des courtisanes.

Son père la voyant si belle, l'histoire ne dit pas à quelle secte philosophique le père d'Aspasie appartenait, son père la voyant si belle, comprit que les dieux n'avaient pas formé une telle merveille pour le bonheur d'un homme, mais pour les plaisirs de l'humanité.

Aspasie reçut en conséquence une éducation en harmonie avec la mission qu'elle devait accomplir.

Athènes, à cette époque, était le foyer de l'intelligence universelle. C'était l'époque de la gloire militaire et artistique d'Athènes. Aspasie vint à Athènes, et y ouvrit une école qui rendit bientôt déserte celle du vieux Socrate.

C'était une école d'amour ; les plus belles filles de la Grèce y recevaient des leçons sur l'art d'aimer et de se faire aimer.

Périclès et Alcibiade devinrent les auditeurs les plus assidus de ces cours merveilleux.

Périclès était le chef de la république; Périclès était amoureux d'Aspasie.

Vers ce temps, deux jeunes Mégariens enlevèrent de force deux courtisanes attachées à la belle Milésienne. Aspasie exigea que Périclès réclamât de Mégare les deux courtisanes enlevées, et comme Mégare ne voulut pas les rendre, Athènes fit la guerre à Mégare.

Périclès était devenu fou d'Aspasie; il ne pouvait plus quitter sa maîtresse. Il fallut faire la guerre à Samos. Aspasie et ses courtisanes s'embarquèrent avec Périclès, et allèrent faire avec lui le siége de Samos.

Un seul désir restait à Aspasie, c'était d'épouser Périclès; mais Périclès était marié. Périclès répudia sa femme, et épousa Aspasie.

Tout ceci faisait beaucoup rire la Grèce. Les sages attaquaient Périclès, les comédiens raillaient Périclès, les journaux du temps disaient pis que pendre de Périclès. Mais tout en attaquant sa conduite privée, ils perdaient de vue sa conduite publique. Tout doucement Périclès s'emparait de la république, comme Aspasie s'était emparée de Périclès.

Périclès mourut.

Aspasie qui avait su devenir la femme de Périclès, ne sut pas être sa veuve. Elle épousa un gros marchand de bestiaux, un Lisiclès, je crois, espèce de Turcaret qui s'était enrichi dans les guerres de Mégare et de Samos, en fournissant les vivres de l'expédition.

Et cependant telle était le crédit d'Aspasie, qu'elle éleva son nouvel époux jusqu'à une des plus hautes magistratures de la république.

Enfin, pour ajouter un dernier rayon à la gloire de la maîtresse d'Alcibiade, de la veuve de Périclès et de l'épouse de Lisiclès, Cyrus le jeune, voulant donner à sa maîtresse Mitto un nom qui rappelât toutes les perfections, changea son nom de Mitto en celui d'Aspasie.

Voilà ce qu'étaient les courtisanes chez les Grecs. Mêlées à la religion, à l'art, à la politique, elles font parler les dieux, elles inspirent Phidias et Praxitèle, elles conseillent Périclès.

D'où vient que cette influence se perd chez les Romains ?

Un court parallèle entre les deux peuples donnera l'explication de cette différence dans la position sociale des courtisanes à Athènes et à Rome. Bien entendu que nous nommons ces deux villes, l'une comme le centre de la civilisation grecque, l'autre comme le centre de la civilisation italienne.

Les Grecs, ces types les plus beaux de la plus belle race, c'est-à-dire de la race caucasique, aimaient le beau par dessus toute chose, doués qu'ils étaient par la nature, d'une organisation fine, élégante, supérieure, essentiellement apte à percevoir toutes les nuances de la beauté.

Aussi les Grecs avaient-ils en quelque sorte établi la beauté sur des règles mathématiques.

Voyez leur Jupiter Olympien, leur Junon, leur Vénus, c'étaient des types arrêtés, convenus, calculés entre les statuaires et les peintres. Vous reconnaissez leurs dieux à la première vue, impossible de confondre Apollon avec Bacchus, ou Castor avec Mercure.

C'est qu'ils avaient en quelque sorte établi une échelle de beauté qui montait de la terre au ciel, et redescendait du ciel à la terre.

Ainsi Télèphe était le type de l'enfant; Ganymède, le type de l'adolescent; Pâris, le type de l'homme; Castor et Pollux, les types du demi-dieu; Mercure, le type du dieu inférieur; Apollon, le type du dieu supérieur; Jupiter, le type du grand dieu.

Puis après être monté au ciel par les hommes et les dieux, cette échelle redescendait vers la terre par les déesses et les femmes.

Vénus était l'anneau qui scellait une des extrémités de cette chaîne au ciel. Hélène était l'anneau qui scellait l'autre extrémité de cette chaîne à la terre.

L'intervalle était rempli par Iris la messagère; par Nérée, la reine des flots bleus; par Calypso, la nymphe des forêts.

Il ne faut donc pas s'étonner de la toute puissance de la beauté chez un pareil peuple.

Mais les Romains étaient bien loin de ressembler aux Grecs; ils leur avaient pris, il est vrai, leur littérature, leurs lois, leur civilisation, mais ils n'avaient pu prendre le génie grec enchaîné avec Prométhée au sommet du mont Othrys. Les Romains, peuple de laboureurs, peuple grossier, sans imagination, n'ont jamais eu un véritable amour de l'art. Un beau matin le caprice du beau leur prit, il est vrai, mais alors comme ils commençaient à être riches, ils trouvèrent qu'il était bien plus simple d'envoyer chercher le beau à Athènes, à Corinthe et à Delphes, et de l'acheter tout fait, que de l'inventer eux-mêmes.

Il en fut de même des courtisanes. Quand les Romains, pour se mettre à la mode grecque, voulurent eux aussi avoir des courtisanes, ils en firent acheter. Aussi les Romains, maîtres en débauche, étaient-ils fort ignorants en voluptés.

Cherchons quelque grande courtisane romaine à opposer aux dix courtisanes grecques dont nous avons esquissé l'histoire; nous n'en trouverons pas.

Cynthie, Délie, Lesbie, Corinne, étaient des courtisanes, il est vrai; mais que savons-nous d'elles : leurs noms, consacrés par les plaintes de Properce, de Tibulle, de Catulle et d'Ovide. A quels grands événements se sont-elles mêlées, on l'ignore. Il y avait aussi une Lycisca; mais que sait-on d'elle, que Messaline prenait son nom et sa perruque blonde pour courir les lupanars et les corps-de-garde.

Non, la vraie courtisane chez les Romains, c'est la fille des empereurs, c'est la mère des empereurs, c'est la femme des empereurs.

La vraie courtisane, c'est Livie, qui, couchée au pied de la statue de Priape, se faisait heurter elle et son amant par les porteurs de la litière d'Auguste. La vraie courtisane, c'est Messaline, qui rapportait jusque sur l'oreiller de Claude l'odeur des lieux infâmes qu'elle venait de hanter. La vraie courtisane, c'est Agrippine, qui, prévoyant sa mort parricide, fit, au dire de Suétone, de si étranges et si publiques tentatives pour devenir la maîtresse de son fils.

Puis aux meurtres de Caligula, aux folies de Néron, aux débauches d'Elagabale succédèrent bientôt les ascétiques commencements d'une ère nouvelle. Le Christ, armé du fouet, avait chassé les vendeurs du temple; les apôtres, armés de sa parole, chassaient la débauche de la société.

Pendant plusieurs siècles la courtisane s'est réfugiée en Orient, où on la perd presque de vue, à Carthage, à Alexandrie, à Byzance; puis, chose bizarre, elle reparaît au moyen-âge; où cela? à la cour des papes. Voyez l'histoire d'Olympia.

Est-ce une courtisane que cette blonde Lucrèce qui, maîtresse de ses deux frères, complice de la mort de son troisième mari, s'en va toute sanglante présider la cour de Ferrare, et distribuer les couronnes de la poésie et les sourires de l'amour à l'Arioste et à Bembo.

Au reste, regardez du côté de l'orient, c'est de là que la courtisane va revenir avec les arts et la science. Chassés de Constantinople par Mahomet II, Florence se proclama l'Athènes moderne : Laurent de Médicis est le Platon de cette nouvelle académie; les peintures grecques reparaissent le long des murailles, dont elles chassent les peintures chrétiennes. Bianca Capello fuit nuitamment de Venise avec son amant Bonaventuri, et monte sur le trône de Toscane avec le fils de Cosme-le-Grand.

A la suite des idées grecques, la courtisane est rentrée dans la société chrétienne.

François Ier, le roi très chrétien, passe sa vie, tiraillé entre madame d'Étampes et Diane de Poitiers, après quoi il meurt d'une maladie que l'avocat Féron va chercher dans un lupanar de la rue du Pélican, léguant à Henri II, avec le trône de France, Diane de Poitiers, son ancienne maîtresse.

Puis, pour qu'aucun vice de l'ancienne Grèce ne soit étranger à la société moderne qui se corrompt, vient Henri III, entouré de ses favoris, et la race des Valois s'éteint dans des amours antiphysiques et dans des embrassements monstrueux.

C'est alors qu'apparaît Henri IV entre madame de Verneuil et Gabrielle d'Estrées, comme François Ier, entre Diane de Poitiers et madame d'Étampes.

C'est qu'une nouvelle société se forme, sur laquelle la femme va prendre une énorme influence; à la langue de Rabelais, langue inintelligible à force de science, succède la langue de Montaigne, dont Corneille et Molière feront la plus belle, tandis que Racine en fera la plus douce langue du monde. Les femmes rentrent donc par tous les points dans la société dont on les a exilées. La duchesse de Chevreuse et madame de Longueville mènent la Fronde; Marion de Lorme conspire avec Cinq-Mars contre le cardinal de Richelieu, ou plutôt encore sert d'espion au cardinal de Richelieu contre Cinq-Mars; mademoiselle Paulet et mademoiselle de Scudéri fondent l'hôtel de Rambouillet; madame de Sévigné écrit des lettres qui resteront des modèles.

Deux grandes figures de courtisanes nous apparaissent, l'une s'appuyant sur le XVIIe siècle, l'autre penchée sur le XVIIIe. Ces deux figures sont celles de Marion de Lorme et de Ninon de l'Enclos.

Que vous dirai-je de Marion de Lorme, dont la vie est si brillante et dont la naissance et dont la mort sont si obscures : est-elle née en Franche-Comté, comme disent les uns, vers la fin de l'année 1606? est-elle née à Châlons en Champagne, comme disent les autres, vers la fin de l'année 1612 ou 1615? est-elle morte en 1650, à l'âge de trente-cinq ans; est-elle morte en 1741, c'est-à-dire à cent trente-quatre ans? a-t-elle vu, célibataire, passer son convoi ; a-t-elle répété ces vers que l'on fit sur elle, lorsque le bruit de sa mort se répandit?

La pauvre Marion de Lorme
De si rare et plaisante forme,
A laissé sa vie au tombeau,
Son corps si plaisant et si beau.

Ou bien n'est-elle descendue dans ce tombeau, resté près de cent ans vide et béant pour l'attendre, qu'après avoir successivement épousé un lord, un chef de bandit et un procureur.

Cela, c'est ce que je ne sais point, c'est ce que les contemporains n'ont pas su, c'est ce que personne ne sait encore; mais ce que personne n'ignore, c'est qu'elle fut tour à tour la maîtresse de Cinq-Mars, de Richelieu, de Bassompierre, de Desbarreaux, de d'Émery, du chevalier de Grammont, du duc de Brissac et de Saint-Évremont.

Laïs n'avait pas fait mieux dans l'antiquité; passons à Aspasie.

Ninon de l'Enclos, moins la guerre de Mégare, est l'Aspasie moderne: philosophe comme Aspasie, elle fut élevée par un père philosophe; seulement le père et la fille appartenaient à deux sectes différentes; le père était épicurien, la fille était sceptique. Il y avait un étrange débat dans la famille: la mère, bonne et pieuse femme, voulait faire de Ninon une religieuse; le père, homme de plaisir, voulait en faire une courtisane. Ninon eut donc à peu près son libre arbitre; son tempérament l'emporta vers le plaisir à quinze ans. Ninon ouvrit à Paris une école à peu près pareille à celle, qu'au même âge, ouvrit Aspasie à Athènes. Le jeune Sévigné fut son Alcibiade, le grand Condé fut son Périclès, La Rochefoucault fut son Socrate; puis vous savez les noms de ses autres amants: Céligny, Villarceaux, d'Albret, d'Estrées, d'Effiat, Gersey, Clérembaut, Remnie, Gourville et le confiant La Châtre qui dormait tranquille sur son billet; puis, de ses amants, passons à ses amis: La Bruyère lut chez elle ses Caractères ; Molière, son Tartuffe ; Voltaire, ses premières poésies. Quand Christine, la reine philosophe, vint à Paris, elle voulut voir cette courtisane, que les plus grandes dames et les plus grands seigneurs de l'époque appelaient leur chère Ninon, et la reine Christine, en quittant Paris, déclara qu'elle n'avait rien vu de plus charmant qu'elle ; et cependant, à la fin de sa vie, cette Ninon si heureuse, si brillante, si vantée ; cette Ninon qui, à quatre-vingts ans, avait voulu avoir le dernier mot de l'amour avec le frais et galant abbé de Châteauneuf, à la fin de sa vie, cette Ninon disait : —Qui m'eût proposé une pareille existence, et je me serais pendue !

Mais Ninon s'aperçut trop tard du vide de cette existence en apparence si remplie ; elle ne se pendit pas et fit bien, car elle mourut de vieillesse à quatre-vingt-douze ans.

A la courtisane politique, Marion de Lorme ; à la courtisane couronnée, madame de Montespan, à la courtisane philosophe, Ninon de l'Enclos, succédèrent les Camargo, les Sophie Arnoult.

C'était déjà de la décadence ; il y avait peut-être plus d'esprit, il y avait de moins de hautes manières, l'aristocratie succédait à la grande seigneurie : le règne des filles d'opéra commençait.

A part son nom, il reste peu de souvenirs de la Camargo ; elle fut un instant à la mode, voilà tout ce qu'on en sait ; quant à Sophie Arnoult, elle a laissé la réputation d'une des femmes d'esprit de ce siècle, où l'esprit courait les rues. Tout le monde connaît ses adorables réparties ; malheureusement celles qui sont moins connues ne peuvent pas s'écrire.

Puis vint la révolution, époque pendant laquelle on s'occupa peu de plaisirs et d'amour ; non pas que nos septembriseurs et nos guillotineurs fussent ennemis des femmes : Danton les aimait fort, et Marat, tout hideux qu'il était, ne les méprisait point ; mais ces messieurs étaient de tristes amants. Comme ils avaient, en général, la prétention d'être incorruptibles, ils payaient assez mal les plaisirs qu'on leur laissait prendre plutôt par crainte que par sympathie. Mademoiselle C....., de la Comédie Française, avait le malheur de se trouver dans ce cas ; elle avait cédé à un terroriste fameux, qui avait oublié de reconnaître ses bontés autrement que par le don de sa propre personne, ce qui paraissait assez médiocre à l'actrice, que ses relations antérieures avec l'aristocratie déchue avaient habituée à de meilleures façons. Cependant, un jour que l'échafaud avait *donné*, sans doute, comme elle s'aperçut que le visage de son amant était un peu moins sombre que d'habitude, elle profita de cet éclairci facial pour risquer une demande : Citoyen, dit-elle, c'est demain le jour de ma fête, que me donneras-tu pour ma fête?

— Je te donnerai la vie, répondit le généreux tribun.

Mais après les Saint-Just, les Robespierre et les Marat, vinrent les Tallien, les Barras, les Sièyes ; après la terreur, le Directoire ; 93 avait voulu imiter Rome, 98 voulut imiter Athènes : la courtisane reparut.

Il faut même le dire, le Directoire fut l'âge d'or de la courtisane ; l'empire, tout brillant qu'il était, ne fut que son âge d'argent. Ouvrez les yeux et les oreilles, nous allons raconter des choses fabuleuses.

Nous avons tous entendu raconter par nos pères, n'est-ce pas, tandis que nos mères rougissaient, ces grandes orgies du Directoire; c'était une époque qui ne ressemblait à aucune autre, si ce n'est peut-être à celle de la régence : on était si heureux d'avoir échappé aux tueries du 10 août, aux massacres des 2 et 3 septembre, à la guillotine de 93 et de 94, que chacun semblait atteint de folie; on était pressé de vivre et surtout on éprouvait le besoin de se sentir vivre; l'argent si long-temps enfoui, converti en papier ou exilé, reparaissait à la surface du sol, comme si toute cette riche terre de France n'était qu'une mine d'or; les maisons de jeu, les restaurants, les coulisses des théâtres regorgeaient de gourmands, de joueurs et de libertins : pareils à ces matelots qui mettent pied à terre à Brest, à l'Orient ou au Havre, après des traversées de cinq ou six mois, et qui mangent en trois jours leur paie d'une année, il y avait des généraux qui venaient, pendant un congé d'une semaine, manger à Paris leur butin de tout une campagne, et qui profitaient, surtout, de ce besoin de plaisir et de cette recrudescence d'or : c'étaient les courtisanes.

Laissons parler notre ami Nestor Roqueplan, le célèbre archiviste de l'Opéra, à qui nous avons demandé des renseignements sur chaçun des trois sujets que nous venons de traiter, et qui a bien voulu nous communiquer la note suivante, fruit de ses longues et savantes investigations dans les coulisses du théâtre de la rue Le Pelletier.

— Or, en ce temps-là, je le répète, c'est Nestor Roqueplan qui parle, florissait la célèbre Clot....; c'était une danseuse grande, belle, au visage grave et voluptueux, à la taille aussi souple qu'une branche de saule; on disait alors que mademoiselle George était une belle statue, et Clot..... une belle créature; ses cheveux blonds et purs comme l'or, couronnaient un front mat au dessous duquel s'enchâssaient deux yeux de saphir. Sa tête se balançait comme une aigrette sur un cou long, élégant et fier. Les amateurs du temps parlent encore les larmes aux yeux, mais de ces larmes qui attestent le regret d'une belle sensation perdue, d'un certain

mouvement de hanche indescriptible qui donnait à tout le corps de Clot... un frémissement d'ineffable volupté. Quand elle levait les bras et se penchait pour commencer une pirouette, quand cette élévation des bras laissait voir librement tout le dessin du corsage, et que l'inclinaison du corps faisait saillir la hanche de cette délicieuse femme, il paraît que c'était un tableau à se brûler la cervelle. On ne dit pourtant pas que personne lui ait fait le sacrifice de sa vie, mais on cite plusieurs individus qui lui offrirent de plus utiles holocaustes et qui gaspillèrent des millions pour avoir le droit de l'aimer. Le plus brillant, le plus noble de ses adorateurs fut le prince Pignatelli, comte d'Egmont, Espagnol, porteur d'un grand nom, possesseur d'une immense fortune et doué des plus beaux instincts d'élégance. Ce fut lui qui fit venir de Londres la première berline à ressorts anglais. Cette voiture basse, commode et remarquable par sa coupe, fit, dans le temps, une grande impression : ce fut lui encore qui, au grand bal donné par les maréchaux, se présenta dans trois toilettes différentes dont la richesse défraya les conversations de toute une semaine. Dans le cours de ses galantes prodigalités, le prince Pignatelli devait remonter la belle et dépensière Clot.... Il lui créa un état de maison éblouissant ; lui fit un revenu annuel de 1,200,000 fr. ; lui donna les plus riches équipages pour Longchamps, dans un temps où Longchamps était quelque chose.

Mais Clot... avait le cœur si bon, l'âme si charitable, il lui arrivait si souvent, par paresse, par générosité, de donner à son cordonnier 1,000 fr. d'une paire de souliers pour n'avoir pas à changer un billet ; elle était si compatissante aux misères de la populace théâtrale, des comparses, des figurantes, des choristes, que les magnificences du prince Pignatelli ne suffisaient pas à tant de besoins honorables. L'amiral espagnol Mazaredo vint aider Clot... dans ses charités, et augmenta de 4 ou 500,000 fr. son modeste revenu. A ces nouvelles largesses de Mazaredo s'ajoutèrent bientôt les petites galanteries de M. Pu.... qui venait s'asseoir, seulement à côté d'elle, trois heures pendant son dîner. Cette espèce de commensalité inactive ne se payait pas moins de 100,000 francs par an. Total 16 ou 1,700,000 fr. Pauvres danseuses de 1836, lisez cette insolente addition et dites avec douleur : La danse est perdue.

On cite de Clot... des particularités de luxe vraiment surprenantes. Elle habitait, rue de Ménars, un appartement qu'avait occupé mademoiselle Bourgoin de la Comédie Française. A cette époque Paris était grec ; on décorait les maisons comme le palais d'Agamemnon. Les tentures à la grecque de l'appartement de Clot... étaient en drap de Sedan, à 70 fr. l'aune. Son lit bas et nécessairement aussi de forme grecque avait coûté 9,000 fr.; le couvre-pieds n'était autre chose qu'un cachemire noir de 15,000 fr. L'estrade de ce lit était recouverte d'un autre cachemire d'une valeur énorme; enfin le tapis perse de la chambre ne coûtait pas moins de 6,000 fr. Les bronzes, les statues volés à l'Italie, se heurtaient dans ce gynécée et composaient les menus accessoires d'un mobilier inestimable. Hélas! la pauvre Clot... n'en était pas moins crucifiée, au milieu de son luxe sardanapalien, par une étrange préoccupation. La nature qui s'était épuisée à réunir tant de perfections, avait laissé, dit-on, une tache dans ce bel ensemble. Clot... eût été une demi-déesse si elle avait posé immobile sur un piédestal d'agate ou de malaquite; mais il fallait danser, et la malheureuse bayadère ne

pouvait se dissimuler que l'ébranlement causé par cet exercice diabolique portait un trouble notable dans l'économie de ses émanations corporelles. Henri IV, dans sa rudesse béarnaise, se serait servi, comme il le fit jadis, de l'expression propre pour qualifier cet inconvénient; plus polis, les gens de l'Opéra se disaient tout bas que Clot... laissait après elle la trace d'un parfum mal corrigé par le musc dont elle faisait abus.

Que dire après cela des courtisanes antiques ou des courtisanes de nos jours? Qu'était Laïs, que Démosthènes refusait de posséder pour 5,000 fr., ou madame ***** qui disait à un amant d'une nuit qui lui avait donné 1,000 écus et qui demandait à revenir le lendemain : — *Vous êtes donc bien riche*, près de la prodigue Clotilde à qui deux millions de rentes ne suffisaient pas pour ses capricieuses fantaisies et qui trouvait encore moyen, avec ce revenu royal, de faire 500,000 fr. de dettes.

ALEX. DUMAS.

LE JOCKEY-CLUB.

Par Albert Cler.

Chaque peuple à son tour a brillé sur la terre,

dit un vers proverbe. Les diverses races de chevaux ont subi à peu près les mêmes vicissitudes : chacune d'elles tour à tour a joui d'une haute réputation, et s'est vue rechercher de préférence par les riches amateurs. Il faut toutefois excepter le cheval arabe qui semble pour ainsi dire avoir emprunté au soleil d'orient une partie de son ardeur et de son immuable éclat, et chez lequel on retrouve encore aujourd'hui, après cinq mille ans, l'admirable type si poétiquement décrit par Job : « Il écume, il frémit, il dévore la terre ; la trom- « pette sonne, il dit : allons ! »

Mais, comme nous l'avons déjà dit, les autres races ont successivement occupé et perdu le premier rang dans le monde hippique. Ainsi, au moyen-âge, les chevaux napolitains passaient pour être la fleur des coursiers d'Europe ; puis la chevalerie avec ses lourdes armures mit en honneur les massifs destriers de la Flandre et du Hainaut ; puis ce fut la production chevaline de France qui l'emporta dans l'estime générale, témoin ce passage de Huzard père : « Au « temps de Henri IV, nous avions dans le Berri des races de che- « vaux supérieures à toutes celles qui existaient à cette époque en « Angleterre. » Bientôt les chevaux d'Espagne, si pleins de feu, de grâce et de souplesse, se prêtant merveilleusement aux *courbettes*, aux *pesades*, aux *croupades*, aux *caprioles*, et autres airs de manége destinés à faire briller la coquetterie équestre dans les carrousels et les courses de bagues qui avaient remplacé les joutes sérieuses des anciens tournois; les chevaux d'Espagne, disons-nous, devinrent la monture favorite des *beaux* à pourpoints tailladés et en bottes à entonnoir de dentelles.

Enfin, vers le milieu du dernier siècle, le *pur-sang* anglais qui, pendant longues années, avec l'habileté diplomatique et la ténacité formant le type distinctif du caractère national, avait préparé son triomphe et fait *sa réclame*, prit un pied sur la scène hippique, et il en eût bientôt pris quatre. Le cheval anglais est pour le moins d'une nature aussi envahissante que la politique du même terroir.

Voyez la part qu'il s'est faite en France: à lui les écuries aristocratiques de la jeunesse dorée; à lui la nourriture recherchée et le soin délicat; à lui la promenade *de santé* sur des allées unies et sablées; à lui la palme brillante de l'arène olympique, sur laquelle, pour peu qu'il y ait quelque distance à franchir, il se rend commodément dans une bonne voiture fermée.

Par compensation, le cheval anglais laisse aux chevaux français le droit de traîner les diligences, les berlines de poste, les lourdes charrettes, de porter toute espèce de fardeau, de trotter dans les chemins montueux ou effondrés, au vent, à la neige et à la pluie. Les avantages de l'alliance anglaise sont à peu près les mêmes pour les chevaux que pour les nations.

Il y a près de trois siècles que les Anglais, non contents d'ambitionner la royauté des mers et le sceptre des comptoirs, voulurent encore dominer à cheval. Pour faire arriver leurs races chevalines au plus haut point de perfection, aucun effort, aucun sacrifice ne leur coûta. L'histoire a conservé un édit de Henri VIII, ordonnant de tuer toutes les juments de l'Angleterre qui ne seraient pas reconnues propres à une production distinguée.

La persévérance britannique a fini par triompher. En matière chevaline, comme dans toutes celles qui intéressent l'amour-propre et la puissance nationale, l'aristocratie anglaise a prodigué sa richesse et son influence pour aider à atteindre le but proposé. Les lords se sont fait un point d'honneur de monter des haras, de se distinguer par la beauté de leurs attelages et le luxe de leurs écuries. L'exemple de l'aristocratie et l'impulsion du gouvernement aidant, le goût et la passion hippiques n'ont pas tardé à pénétrer dans toutes les classes. Des courses étaient déjà établies dès 1440, et des clubs avaient été partout organisés sous le nom de *Racing clubs* (Clubs de courses), *Hunting clubs* (Clubs de chasses). L'origine du *Jockey-Club*, le plus célèbre de toutes ces sociétés chevalines, remonte à 1770; à ce propos nous ferons observer, qu'en prenant la qualification de *jockey*, les nobles membres de ce club éminemment aristocratique n'ont point dérogé, comme on pourrait le croire. Le mot *jockey*, dans son acception primitive, s'appliquait à l'homme s'occupant du commerce chevalin; depuis, on l'a appliqué à celui qui monte les chevaux dans les courses. Mais même encore aujourd'hui, de l'autre côté du détroit, le mot *jockey* n'emporte aucune idée de domesticité. C'est par erreur qu'en France on en a fait le synonyme de *groom*.

Le Jockey-Club anglais a été fondé spécialement en vue de patronner les courses de New-Market. Il n'a pas cessé de s'intituler *Jockey-Club New-Market*. Sur ce terrain le Jockey-Club règne en maître, il est roi de l'Hippodrome, empereur du Poteau, protecteur de la Confédération des coureurs, médiateur des paris, etc., etc. Au sein de ses états olympiques, il dicte des lois souveraines à son peuple de jockeys, de grooms, de maquignons et de palefreniers. Dans une espèce de charte des courses en soixante et onze articles, qu'il a *octroyée*, à la date du 1er novembre 1831, sous le titre de *Rules and orders of the Jockey-Club* (Réglements et ordonnances du Jockey-Club), on retrouve diverses formules semblables à celles qu'emploient le pouvoir royal. Ainsi, il est dit que l'obéissance aux dispositions de ladite charte « sera rendue obligatoire par les moyens « qui sont en la puissance du Jockey-Club (*enforced by the means* « *in his porver*); » et cela : « dans toute l'étendue des domaines sou- « mis à sa domination (*on any part of the ground in the occupa-* « *tion of the Jockey-Club*). » Le protocole final est calqué sur celui des lois ordinaires : « les présentes ordonnances seront exécutoires « tant qu'il n'y aura pas été ultérieurement dérogé par des dispo- « sitions contraires. » On voit que les membres de cette hippocratie parlent et agissent comme des monarques absolus. A New-Market leur cravache domine le sceptre de la reine Victoria.

Le Jockey-Club anglais ne se compose aujourd'hui (voir le *Racing calendar* de 1842) que de quatre-vingt-treize membres appartenant presque tous à la plus haute et à la plus illustre aristocratie des trois royaumes. On y compte huit lords-ducs : les ducs de Bedford, de Dorcet, de Crafton, de Beaufort, de Montrose, de Portland, de Richmond et de Rutland. Parmi les noms rappelant des illustrations historiques nous avons encore remarqué ceux de lord Bentinck, des marquis d'Exeter, d'Herford et de Westminster, des comtes d'Albermale, de Chesterfield et d'Eglington (le même qui a conquis une célébrité à la don Quichotte par ses tentatives de résurrection des coutumes chevaleresques). Enfin le Jockey-Club de Londres possède deux hommes d'état, le marquis de Normamby, membre de la dernière administration whig, et lord Stanley qui fait aujourd'hui partie du ministère Peel en qualité de secrétaire au département des Colonies. Cela ne doit point étonner : en Angleterre on fait très bien son chemin politique à cheval.

Le goût équestre est de tous les rangs, de toutes les positions; de graves professeurs des universités, des membres de la haute magistrature se piquent d'être de fringants cavaliers ; les avocats arrivent au palais la cravache à la main ; les lords et les membres des Communes se rendent, en caracolant, sur leurs siéges parlementaires ; à l'heure de l'ouverture des séances les parquets de Westminster retentissent du bruit des bottes éperonnées.

L'anglomanie qui s'introduisit en France dans la dernière période du XVIIIe siècle, s'appliqua d'abord uniquement aux institutions politiques de la Grande-Bretagne. Bientôt elle s'étendit aux modes

des bords de la Tamise. On vit paraître dans les salons aristocratiques les cheveux sans poudre, les fracs, les bottes à revers et autres atours du jockey. Une fois lancés sur cette pente, nos anglomanes ne pouvaient manquer d'arriver à l'écurie.

Ils se bornèrent, dans le principe, à imiter leurs modèles d'outre-Manche par le côté de la passion des attelages. Le duc d'Orléans (Philippe-Égalité) fut le premier qui, en 1784, se montra, dans les rues de Paris, remplissant lui-même l'office de cocher, et cette innovation causa un grand scandale à l'œil-de-bœuf de Versailles. Cependant l'exemple fut suivi par les jeunes seigneurs de la cour, et on put appliquer alors au beau monde ces vers de *Britannicus* :

. . . . pour vertu singulière
Il excelle à conduire un char dans la carrière.

L'anglomanie, un moment étouffée sous l'Empire, reparut sous la Restauration, mais toujours circonscrite dans le cercle du goût automédonien. Les jeunes gens à la mode adoptèrent les *carrickles*, les *bogheys*, les *whiskys*, les *tandem* anglais, et à l'instar des fashionables de Hyde-Park, ils se faisaient gloire de se montrer d'habiles

et hardis cochers, en conduisant, debout sur le siége élevé d'une voiture dont la dangereuse spécialité était suffisamment indiquée par son nom même, on l'appelait une *mort subite* ou une *tuette.*

C'est à dater de 1830 que l'engouement britannique arriva au dernier degré d'exaltation dans notre société fashionable. L'Angleterre devint pour nos fanatiques anglophiles ce qu'est la Mecque pour les croyants musulmans; leurs regards furent constamment tournés de ce côté. Le suprême bon ton consista à adopter, sans examen, tous les goûts, les usages et jusqu'aux idiotismes britanniques. Certains jeunes Français trouvèrent très glorieux de se réduire au rôle inerte et passif de ces plaques métalliques du daguerréotype qui reçoivent docilement les empreintes d'un modèle étranger.

En tête des importations d'outre-Manche devait nécessairement figurer celle du *sport*, le *sport* qui suffit à occuper la vie toute entière des gentlemen d'outre-Manche, le *sport* qui est pour eux une source intarissable de jouissances, de bras et de jambes cassés. Et qu'on ne s'étonne pas si nous disons que le sport est capable d'absorber une existence d'homme. *Sport* est un de ces mots complexes et collectifs qui renferment dans leurs flancs, en apparence exigus, une énorme quantité de significations diverses, à peu près comme le chapeau ou le mouchoir d'où un habile prestidigitateur fait sortir une pluie de fleurs, de duvets, d'omelettes, de canaris, etc., etc.

Ainsi *sport* signifie tout à la fois courses de chevaux, — courses au clocher, — courses d'hommes, — chasse à tir ou à courre, — tir aux pigeons, — attelages de chevaux, — combats de chiens, de coqs, de rats, de boxeurs, — tours de force nautiques, — paris de toute espèce, et généralement tout ce qui peut fournir l'occasion de déployer de l'adresse, de l'intrépidité et surtout du faste. Le véritable sport, en effet, est presque aussi cher qu'un gouvernement à bon marché.

L'établissement d'un Jockey-Club français à l'instar du Jockey-Club anglais était une conséquence naturelle de l'invasion des goûts du sport. C'est en 1833 que fut fondée cette société hippique aujourd'hui si célèbre, et qui mérite, à plus d'un titre, de figurer dans notre galerie des *nouveaux tableaux de Paris*. Les fondateurs du Jockey-Club français furent MM. Fasquel, major Frazer, chevalier Machiado, de Cambis, Rieussec et lord Henri Seymour. Nous disons *Jockey-Club*, bien que ce ne soit pas le véritable nom de la société ; elle s'intitule : *Société d'encouragement pour l'amélioration des races de chevaux en France*, par la raison, disent ses détracteurs, qu'elle n'améliore rien du tout.

Mais comme la qualification britannique de Jockey-Club est généralement usitée, nous continuerons de nous en servir. De même qu'Athènes et Sparte, de même que l'empire romain, de même que toutes les puissances et toutes les grandeurs de ce monde, notre Jockey-Club a eu d'humbles commencements. C'est dans la mansarde d'une maisonnette située à l'un des coins du parc de Tivoli, chez un Anglais nommé Bryon, que fut placé le berceau de cette nouvelle dynastie de Césars hippiques.

Bientôt l'héritier présomptif du trône, le feu duc d'Orléans, accepta la présidence honoraire de l'association et la jeunesse dorée s'empressa de se faire affilier. Le siége social fut transporté au premier étage de la maison du boulevart des Italiens, qui est située à l'angle de la rue du Helder. Dès lors, le Jockey-Club commença à occuper les échos du monde élégant ; on l'appela aussi le club des lions.

Trois ans ne s'étaient pas écoulés que déjà la maison de la rue du Helder n'était plus assez vaste, assez splendide pour contenir cette royauté fashionable. Le Jockey-Club vint trôner à l'angle du boulevart Montmartre et de la rue Grange-Batelière, dans la maison où, par parenthèse, loge également le célèbre comique Arnal.

L'illustration et l'influence du Jockey-Club n'ont cessé d'aller en grandissant ; il forme réellement un corps privilégié de fait sinon de droit. On ne se doutait sans doute pas qu'un jour le cheval constituerait une nouvelle aristocratie.

Le Jockey-Club tient tout à la fois à la cour, à la banque, à la chambre des députés, à la presse, à tous les boudoirs de la capitale, à la diplomatie, aux bureaux de tous les ministères ; il jouit en outre, dans les coulisses de l'Opéra, de droits superbes assez analogues aux anciens droits du seigneur.

Le Jockey-Club est si bien un pouvoir dans l'état, qu'il a un journal à lui, lequel prend le titre de *Bulletin Officiel*. Or, cette épithète, on le sait, ne s'applique qu'à ce qui émane d'un gouvernement.

Nous avons dit que le Jockey-Club anglais n'a admis dans son sein que quatre-vingt-treize membres; le Jockey-Club français est plus élastique et plus accessible : il se compose aujourd'hui d'environ trois cents *jeunes gens* de vingt-cinq à soixante-huit ans.

La première condition pour ceux qui aspirent à être reçus dans l'illustre société, est d'être présenté par trois membres. En entrant on paie 500 fr. pour la première année; la cotisation ordinaire n'est que de 300 fr. par an. Les admissions se décident par la voie du scrutin; mais, en ce cas, on ne consulte pas la majorité absolue des suffrages. Lors du dépouillement, une boule noire sur six suffit pour motiver le rejet d'un candidat.

Le système des *incompatibilités*, que l'opposition a vainement tenté d'introduire à la chambre des députés, existe au Jockey-Club. Quiconque est négociant, artiste ou littérateur, se trouve par le fait seul frappé d'exclusion. Il y a pourtant une exception à l'ostracisme commercial en faveur de ceux qui font des affaires à la Bourse, pourvu toutefois qu'ils ne s'en occupent pas à titre spécial et qu'ils ne soient pas chargés d'une patente. Ainsi, les agents de change sont refusés; mais on admet parfois des courtiers marrons. En général, sauf les cas absolus d'exclusion dont nous venons de parler, on peut dire que le Jockey-Club se règle plutôt sur les considérations personnelles que sur les positions sociales dans le choix de ses membres. Cela est si vrai que, sur deux personnes occupant absolument le même rang dans le monde, l'une sera accueillie, tandis que l'autre se verra repoussée. De hauts et graves fonctionnaires ont ambitionné le titre de membre de cette société; nous citerons entre autres le premier magistrat de la cité parisienne dont l'admission, pour le dire en passant, a été vivement et longuement discutée. M. de Rambuteau a pu croire un instant qu'il était plus difficile d'entrer au Jockey-Club que d'être nommé préfet de la Seine et pair de France.

Le Jockey-Club se distingue par un luxe de bon goût : on y reçoit tous les journaux; il y a des tables de jeux et plusieurs billards. On s'y livre à de joyeuses et piquantes causeries sur tous les sujets à l'ordre du jour. Un article formel du réglement défend de parler politique; mais on pense bien que cet article est considéré comme non avenu. Outre que ces sortes de discussions se glissent aujourd'hui partout, une réunion hippique ne saurait y rester étrangère.

Le cheval, en effet, touche par plus de points qu'on ne le pense généralement à la politique. Et d'abord, Napoléon n'a-t-il pas dit : « Pour gouverner, il faut des bottes et des éperons. » (Voir le *Mémorial de Sainte-Hélène.*)

Depuis l'établissement du gouvernement constitutionnel, le cheval a acquis une certaine importance élective et parlementaire. Qui ne sait que l'envoi d'un régiment de cavalerie dans une localité influe souvent sur les oracles de l'urne au scrutin. De même, aux époques d'élections, nombre de députés ne trouvent rien de mieux, pour se recommander aux suffrages de leurs concitoyens, que de faire envoyer des étalons et des juments poulinières aux haras du département. Les censitaires, dit-on, se laissent assez volontiers convaincre par ces arguments à quatre jambes et par ces raisons à tous crins.

Il est notoire d'ailleurs que le Jockey-Club intervient puissamment dans la politique, du moins en ce qui concerne la partie des nominations aux emplois publics. Une apostille de ce corps hippique est souvent plus influente que celle de la pairie ou de la chambre des députés. La diplomatie est particulièrement de son ressort, depuis surtout qu'il a gagné ses éperons diplomatiques dans l'ambassade de Perse presque exclusivement choisie parmi ses membres. S'il commençait sa carrière à cette époque, M. de Talleyrand tâcherait très probablement de se faire recevoir au Jockey-Club.

La puissance du Jockey-Club n'est pas circonscrite dans les régions de la politique ; elle s'étend encore sur le domaine de la nature. Par exemple, comme nous le disions au commencement de cet article, le cheval arabe avait passé jusqu'à ce jour pour le chef-d'œuvre de l'espèce. C'est de lui que sont issues toutes les belles races qui ont brillé dans d'autres contrées. Beaucoup de voyageurs modernes, et notamment MM. de Châteaubriand et de Lamartine, prétendent avoir vu ces coursiers du désert et retrouvé en eux le feu, la vigueur, l'agilité merveilleuse et la brillante perfection de formes qui leur ont valu, dès les temps les plus reculés, une réputation d'incontestable supériorité. Eh bien ! d'un trait de plume, le Jockey-Club vient de supprimer le cheval arabe. Dans un manifeste, publié en décembre dernier par son journal officiel, il est dit que la race arabe « est une race *idéale et introuvable.* »

Peut-être, pendant qu'il est en train, le Jockey-Club se décidera-t-il à supprimer également l'Arabie.

Le Jockey-Club, fondé spécialement pour l'amélioration des chevaux *en France*, ne reconnaît, n'estime et n'emploie que des chevaux anglais. Au reste, il se montre franchement anglomane sur beaucoup d'autres points, et même sur celui du langage. La langue du Jockey-Club ressemble beaucoup à l'ancienne langue anglo-normande, composée moitié de français et moitié d'anglais. En général, tout ce qui tient à la fashion et au *sport* est désigné par les noms anglais. Un jeune sportsman serait presque déshonoré si, voulant parler des certificats qui attestent la filiation d'un cheval, il s'avisait de dire *généalogie* au lieu de *pedigree*. Autre exemple : je suppose que vous arriviez au club d'un air désolé, et que vous racontiez qu'il vous est né un poulain *ayant les jambes trop longues*, tout le monde vous rit au nez. Vous croyez que c'est pour insulter à votre malheur, pas du tout ; c'est parce que vous avez omis de dire que votre poulain est *legged*.

Sur le terrain du *turf* (hippodrome), on dira : J'ai envie de parier pour tel cheval, il a des *quarters* magnifiques (une belle croupe), ou bien : J'ai mauvaise opinion de tel autre, je crois qu'il a des *curbes* (tares du jarret.)

Si à propos d'une affaire de courses, un membre propose telle ou telle mesure, on lui fermera la bouche par cette formule sacramentelle : « Ce ne serait pas *racing-like* (genre de courses anglaises).

Parfois, lorsqu'il ne se sert pas tout simplement du mot anglais, le Jockey-Club cherche à *anglaiser* la langue française ; ainsi, de l'expression *disqualified* employée pour désigner un cheval frappé d'indignité et exclu de l'hippodrome pour un motif quelconque, il a fait le mot *disqualifié* dont il se sert fréquemment dans ses réglements de courses.

On *anglaise* encore la langue française au moyen d'une prononciation britannique ; par exemple, la consonnance *ou* n'existant pas dans la prononciation anglaise, nos sportsmen pur-sang ne disent point *courses*, mais *curses*.

Les *curses* donc sont la grande affaire du Jockey-Club ; de même que son illustre modèle d'Angleterre, il règne en autocrate au Champ de Mars et sur la pelouse de Chantilly.

Son opulence lui permet de fournir plusieurs des prix à disputer ; le *steward* (juge de courses) est toujours choisi parmi ses membres.

Le Club jouit en outre dans ces solennités olympiques, du privilége d'occuper une charrette d'honneur.

C'est en effet sur un véhicule de ce genre, placé en face du poteau servant à marquer le but de la course, que s'installe l'élite des sommités du sport ; c'est là que réagissent vivement toutes les péripéties de la lutte hippique ; c'est là que s'établissent des paris nombreux et animés. Les planches de la charrette sont transformées en succursale de la Bourse, où la fortune est attachée aux jambes aléatoires d'un cheval.

Aux courses anglaises, les paris ne sont pas circonscrits dans le cercle de la fashion ; tous les assistants prennent plus ou moins de part à ce genre d'agio. Pour le *Derby Stakes* (grand prix d'Epsom) il y a souvent près de quarante mille livres sterling (un million) d'engagé. Aussi s'est-on efforcé en Angleterre d'assurer par toutes sortes de garanties l'acquittement des paris ; on en a fait un point d'honneur, et il est admis que les dettes de *turf* sont encore plus sacrées que celles de tout autre jeu. Les noms des gentlemen convaincus de banqueroute olympique, sont, après un délai de trois mois, affichés dans tous les lieux de réunion du sport et cloués ainsi à une espèce de pilori. Leur déshonneur rejaillit même sur leurs chevaux, qui sont déclarés indignes de figurer dans aucun hippodrome.

A chaque course, le steward nomme un trésorier et un greffier spéciaux, chargés de recevoir en consignation l'argent des parieurs et d'enregistrer les paris. En France on est moins formaliste et moins rigoureux sur ce chapitre. Nos sportsmen ont un portefeuille de courses qu'ils appellent *boock* (toujours de l'anglicisme), et sur lequel ils inscrivent leurs paris. Cette inscription suffit pour constituer un engagement fait double entre les parties. Les sommes engagées sont loin d'ailleurs d'être aussi exorbitantes qu'en Angleterre : elles ne s'élèvent qu'à quelques *louis* ; c'est la seule monnaie qui ait cours en pareille solennité dans le beau monde *cheval*. Un sportsman qui s'aviserait de dire : « Je parie 600 fr. » au lieu de « je parie vinq-cinq louis, » ferait scandale. La toute-puissance du Jockey-Club a obstinément refusé jusqu'à ce jour de s'incliner devant la loi qui rend obligatoire l'emploi de la monnaie décimale.

On prétend même que pour certains jeunes sportsmen plus fastueux que bien rentés, ces *louis* ne sont qu'une monnaie conventionnelle signifiant tout simplement une vulgaire pièce de vingt sous ou même un simple cigare.

On sait que les chevaux de courses reçoivent tous un nom patronimique; les profanes ne se doutent pas que le choix de ces noms de quadrupède est considéré dans les régions du sport, comme à peu près aussi important que le titre d'un ouvrage littéraire ou dramatique. C'est également une affaire de mode ; il y a cinq ou six ans, le bon genre était de donner aux pouliches de courses des noms d'actrices célèbres (usage qui, par parenthèse, scandalisait quelque peu les vieux soutiens de l'antique galanterie française). On lisait sur les programmes du Champ de Mars les noms de *Déjazet*, de *Taglioni*, de *Fanny Elssler*, de *Jenny Vertpré*, etc. Aujourd'hui nos sportsmen s'en tiennent presque exclusivement aux baptistaires anglais, et ils donnent de préférence des noms de chevaux célèbres en Angleterre, tels que *Plover*, *Reveller*, etc. Ils ont également adopté une autre mode britannique, qui consiste à ne pas nommer du tout et à se servir de désignations telles que celles-ci : *Bai-colt by Plenipo*, lisez : « Poulain bai, fils de *Plénipotentiaire*. » — *Black Filly*, lisez : « *jument noire* (1). Lors de l'apparition des *Mémoires de madame Lafarge*, le sport a ri de la singulière idée qu'avait eue l'héroïne du Glandier, d'aller chercher un nom à terminaison polonaise pour donner un genre arabe à sa jument favorite, qu'elle appelait *Arabska*.

Pour compléter nos révélations sur les graves futilités de la fashion hippique, nous dirons qu'il est *très anglais* de donner à un poulain de course un nom qui rappelle par analogie celui de son père ou de sa mère. Exemple : Un fils de *Royal Oack* (Chêne royal) s'appelle *Oack Stick* (Branche de chêne); un autre descendant a reçu le nom de *The chip of the old Block* (fragment du vieux Tronc); — *Décoction* avait pour mère *Salsepareille;* — *Paradoxe* a eu pour fils *Hérésie* et *Sophisme;* — *Lottery* (Loterie) s'est vu père, en Angleterre, de *Chance* (Hazard), et en France de *Quine*, de *Quaterne*, d'*Extrait* et de *Tombola;* — *Spectre* a engendré *Méphistophélès*, *Revenant*, et il était lui-même fils de *Fantôme;* — *Contrebandier* a donné le jour à *Gabelou*; enfin, *Péché mortel* est fils de *Contrition*. (Un théologien ferait sans doute observer qu'il devrait en être tout le contraire.)

Citons encore une des sérieuses préoccupations qui prennent naissance sur le terrain des courses. On prétend qu'il s'est formé dans le sein du jockey-club trois partis en façon de Guelfes et de Gibelins, au sujet de la manière de donner le signal du départ aux

(1) En français l'anonyme se désigne de la façon suivante : N — pch. bbr., ce qui signifie N***, pouliche bai-brune ; N — p. b., c'est-à-dire N***, poulain bai, etc.

coureurs. Voici ce qui divise profondément ces trois partis : le premier veut qu'on dise, *partez* en français ; le second, que l'on dise *partez* en anglais (*go on*); enfin le troisième, que l'on ne dise rien du tout, ainsi que cela se pratique actuellement en Angleterre, où les jockeys sont chargés de s'entendre entre eux pour partir ensemble.

Faire courir, c'est-à-dire acheter ou élever des chevaux de course est le nec plus ultrà du genre sportsman. Mais c'est une gloire excessivement dispendieuse ; l'entretien d'un haras particulier absorbe des sommes exorbitantes, et les pur-sang sont cotés à des prix fabuleux. Ajoutez à cela les soins tout spéciaux, le nombreux personnel domestique (exclusivement composé d'Anglais), la nourriture recherchée qu'exigent ces sortes de chevaux ; enfin, les frais d'entraînement (1) qui durent souvent pendant deux ans, à six francs par jour. Ce dernier chapitre seul constitue donc une dépense annuelle de 2,190 fr. On voit que l'instruction d'un poulain de course coûte beaucoup plus cher que l'éducation d'un fils.

Le tapis sablé de l'hippodrome n'est pas moins ruineux que le tapis vert des maisons de jeu, et déjà il a vu disparaître un grand nombre d'opulents patrimoines.

Sur trois cents membres du Jockey-Club on n'en compte que neuf qui *font courir*. Ce sont MM. Fasquel, Achille Fould, Antony Rotschild, de Beauveau, Lupin, Fr. Sabatier, Pontalba, Perregaux, et lord Henri Seymour. Beaucoup d'autres lauréats du Champ de Mars et de Chantilly, tels que MM. Eugène Aumont, Marion, Lemaître-Duparc, etc., n'appartiennent pas à l'illustre club. A ce propos nous ferons observer que dans cette société qu'on pourrait croire, d'après son titre, exclusivement composée d'hommes hippiques se trouvent beaucoup de membres tout-à-fait étrangers aux exercices *pratiques* du cheval. Les sportsmen négatifs dont nous parlons peuvent se ranger en deux classes : 1° ceux qui, sans jamais mettre le pied à l'étrier, se montrent assidument aux courses, et glissent de temps en temps dans la conversation le nom d'un pur-sang célèbre ; 2° ceux qui cultivent le cheval comme on a dit qu'un nouvel académicien cultivait la littérature, c'est-à-dire d'une façon très *discrète*. Ces amateurs mystérieux et platoniques possèdent de fringants chevaux de selle et de brillants attelages,

(1) *Entraîner* un cheval, c'est le pousser graduellement jusqu'à ce qu'il parvienne à son dernier degré de vitesse, tout en l'enveloppant de couvertures de laine afin de le dépouiller de toute graisse superflue, et de le réduire à sa plus simple expression musculaire.

mais il est impossible de s'en douter, si ce n'est lorsque leur appartement est à louer, et qu'on peut visiter leurs écuries, ou bien encore en apercevant leur chiffre ou leurs armoiries sur les couvertures de superbes coursiers que des grooms promènent à sept heures du matin. Quant aux maîtres de ces trésors hippiques, ils ne sortent jamais qu'en remise ou en cabriolet de place.

Il est juste cependant de reconnaître que le Jockey-Club compte parmi ses membres une grande partie des illustrations actuelles du sport français, qui sont MM. de Normandie, de Vaublanc, Edgar Ney, prince de la Moskowa, Allouard, lord Seymour, de Curnieu, de Miramont, Perregaux, de Croï, Sabatier, Ernest Leroy, de Tournon, Lecoulteux, Charles Laffitte, de Lavalette, etc.

Le Jockey-Club a tenté d'introduire en France tous les usages des *gentlemen-riders* (1) d'outre-Manche ; mais les mœurs et le caractère national moins prompts à se transformer sous l'influence de l'anglomanie, ont refusé d'accepter la plupart de ces importations britanniques. Ainsi, quoi qu'on en ait fait, les courses n'excitent encore dans les masses qu'un intérêt très médiocre et très borné. On serait même tenté de croire, d'après ce qui s'est passé l'année dernière aux courses d'automne de Chantilly, que cet intérêt, bien loin de s'accroître, va au contraire en s'affaiblissant. Ainsi encore les *Steeple-Chases* (courses au clocher) ont vainement essayé de se naturaliser de ce côté-ci du détroit. Le public français n'a pu comprendre le but, l'utilité et le charme de cet exercice de casse-cou, de ces chutes fangeuses ou sanglantes de chevaux et de cavaliers. Après une douzaine de représentations, qui toutes ont fait fiasco, le théâtre de la Croix-de-Borny a été définitivement abandonné.

On sait que le peuple anglais est généralement possédé de la monomanie des paris. Cette passion s'exerce surtout dans le cercle du monde hippique. En dehors de l'agio énorme et continuel auquel donnent lieu les courses publiques, des paris particuliers s'établissent journellement sur des tours de force de vitesse chevaline ou d'habileté équestre. Par exemple, un cheval anglais nommé *Tom-Thomb* a fait, attelé, quarante lieues anglaises en neuf heures et demie ; un M. Osbaldeston a gagné des paris considérables en faisant quatre-vingts lieues en neuf heures et quart sur un certain nombre de chevaux disposés en relais. Dans ce genre de paris, comme partout,

(1) Expression britannique à peu près synonyme de sportsmen, et qui signifie *gentilshommes cavaliers*.

le caractère britannique se livre souvent à son goût pour les excentricités. Nous nous bornerons à citer, comme échantillon, le jeune marquis de Waterford, qui dernièrement a parié de sauter à cheval une barrière de quatre pieds et demi dans sa chambre à coucher.

Nos sportsmen ont voulu, eux aussi, se lancer dans les paris excentriques. On a parlé d'une partie de billard jouée à cheval dans une des salles du Jockey-Club ; mais il y a vingt-cinq ans qu'un écuyer français avait surpassé en ce genre les Anglais eux-mêmes. En 1817, M. Testu de Brizzi paria d'exécuter sur son cheval une ascension en ballon. L'aréostat fut lancé du plateau de Meudon ; la monture et le cavalier sortirent sains et saufs de cette périlleuse entreprise.

Le sport français devait également se faire une loi d'emprunter à son modèle d'Angleterre un de ses plaisirs favoris, nous voulons parler des grandes chasses à courre. Grâce à son opulence, l'aristocratie anglaise peut se livrer à ce divertissement avec tout le luxe et le faste qu'il comporte essentiellement. On compte en Angleterre plus de deux cents magnifiques équipages de chasse. Ajoutons que les Nemrods britanniques se font un point d'honneur de ne reculer devant aucun obstacle, de franchir tous les murs, les haies et les fossés qui peuvent se présenter ; un bras démis, une côte enfoncée, ne sont pas même une excuse suffisante pour quitter la partie.

De cette façon le chasseur est souvent plus exposé que le gibier.

Les sportsmen français n'ont pas cru devoir, et avec raison, adopter ce système d'inutile bravade, grâce auquel on ne saurait entrer en chasse sans avoir fait préalablement son testament. Mais sur d'autres points beaucoup plus essentiels, l'imitation anglaise n'a pu être complète. Plusieurs de nos jeunes lions ayant la prétention de *courir les chasses*, sont obligés, en raison de leurs minces fortunes, de former des espèces de sociétés en participation et en commandite, pour se procurer deux ou trois couples de chiens d'espèce douteuse, un piqueur apocryphe, voire un cerf de louage, de recourir en un mot à ces expédients économiques dont la mesquinerie ressort encore davantage lorsqu'ils s'appliquent à des choses de luxe.

Il existe cependant aujourd'hui en France quelques équipages de chasse au grand complet et un certain nombre d'habiles et hardis chasseurs. Nous citerons entre autres les princes de Chalais et de Wagram, MM. Shickler, de l'Aigle, de Perthuis, de Mac-Mahon, de Nanteuil, de Lancosme-Brêves, de Coislin, de Plaisance, de Greffeuilh, etc.

Au Jockey-Club et dans le monde du sport, la considération sociale se mesure assez souvent au nombre de chevaux que l'on possède, au luxe et à la réputation des écuries. Aussi nos gentlemen-riders attachent-ils la plus grande importance à n'avoir chez eux que des coursiers d'une noblesse authentique et comptant pour le moins sept ou huit quartiers. A cet effet, ils consultent religieusement le *stud-book* et les *pedigrees* (le nobiliaire et la généalogie particulière des pur-sang). On compte aujourd'hui beaucoup de d'Hozier chevalins.

Maintenant quelques écuries fashionables, et notamment celles de MM. Hope et Shickler, sont construites avec un luxe asiatique, avec des pavés de marbre, des fontaines jaillissantes, etc. C'est une des parties de la maison qui absorbe le plus l'attention du maître, d'autant mieux que ces écuries aristocratiques ne renferment, comme nous l'avons déjà dit, que des chevaux de race anglaise. Or, ces chevaux exigent les soins les plus attentifs et les plus délicats. Écoutons, sur ce sujet, M. Huzard père :

« Les chevaux de course, ou de la première classe, sont, en Angleterre, un grand objet de luxe et de dépense. Plusieurs familles très riches ont été ruinées par les paris multipliés et extravagants auxquels ces chevaux donnent lieu dans les courses et par les dépenses excessives que leur entretien occasionne. On croira difficilement, par exemple, qu'on a porté l'excès des soins jusqu'à faire sabler ou *grever* des pâturages entiers, pour que l'herbe, forcée de se faire un passage à travers le sable et les pierres, fût plus fine, et plus approchant de celle du pays d'où ces chevaux sont originaires ; que le foin qu'on leur donne est trié de manière à n'y laisser que l'herbe la plus délicate, dans la crainte que le foin ordinaire ne leur altère la poitrine ; que le grain est également choisi, et que le meilleur, quel qu'en soit le prix, n'est pas trop bon pour eux ; que chacun de ces chevaux a, pour le servir, trois ou quatre palefreniers (*grooms, jockeys*), dont le moindre coûte 5 à 6 guinées (125 à 150 fr.) par mois, et qui n'ont d'autres occupations que de les bouchonner, les frotter, les promener, les médicamenter, etc.; qu'on fait tiédir ou chauffer leur boisson l'hiver ; qu'on choisit également celle qui doit leur être donnée ; et qu'enfin on leur prodigue des soins minutieux et ridicules, inconnus même aux Arabes. »

Ce que nous avons dit jusqu'à ce moment des nombreux soucis et des graves préoccupations du sport, suffirait pour prouver que la vie d'un gentleman-rider n'est pas, ainsi qu'on le suppose assez généralement, une existence toute de loisirs. Que serait-ce si nous parlions des émotions profondes, des discussions aigres et même des animosités auxquelles donnent lieu dans le monde hippique de simples dissidences d'opinions en matière de système d'équitation ou de race chevaline ? Malheur surtout au sportsman conciliant qui, dans de semblables questions, veut faire de l'ecclactisme ! il s'expose à subir (moralement) un supplice analogue à celui d'Hippolyte déchiré par les chevaux.

On prétend que M. le duc de V..... a été refusé au Jockey-Club uniquement parce qu'il était connu, en fait d'opinions hippiques, pour préférer les trotteurs.

Notre sujet nous conduit naturellement à dire un mot sur la situation chevaline de la France à l'époque actuelle. Cette question est d'une haute importance; car elle intéresse notre indépendance nationale et notre puissance militaire. A ceux qui pourraient douter encore de cette vérité, il nous suffirait de citer ces paroles de Napoléon : *Si, après les batailles de Lutzen et de Bautzen, j'avais eu de la cavalerie, j'aurais reconquis l'Europe.*

Nous jouissons en ce moment d'une foule d'institutions officielles et quasi-officielles, ayant, dit-on, pour but d'accroître et d'améliorer la production indigène. Nous avons une administration des haras fondée en 1665 par Colbert, supprimée en 1790, rétablie en 1806, et qui, depuis son rétablissement, a dépensé une somme de quatre-vingt millions. On a adopté en principe que le pur-sang anglais est le meilleur producteur. Depuis vingt-cinq ans, le gouvernement a multiplié chez nous les courses à l'anglaise, et prodigué l'argent pour les prix olympiques et les primes d'encouragement. Nous avons en outre une foule de comices hippiques et agricoles, puis enfin le Jockey-Club qui se dit, lui aussi, fondé dans un but *d'amélioration*. Nous ne discuteronss pas théoriquement la question de savoir si ces moyens étaient les meilleurs pour arriver au but proposé; nous nous bornerons à les juger par les résultats qu'ils ont produits. Or, ces résultats les voici :

Depuis vingt-cinq ans, non seulement l'espèce chevaline en France ne s'est pas améliorée, mais encore plusieurs de nos anciennes races, jadis fort estimées, entre autres celles du Limousin et de l'Auvergne se sont ou abâtardies ou ont complètement disparu. Notre production indigène est de plus en plus pauvre; on ne compte actuellement en France qu'environ 2,500,000 chevaux, c'est-à-dire à peu près sept chevaux pour cent vingt-cinq habitants; tandis qu'en Autriche, par exemple, la proportion est de neuf chevaux par cinquante habitants. Pour les remontes de notre cavalerie force nous est de nous adresser à l'étranger, dont nous sommes ainsi dépendants et tributaires. De 1823 à 1840 une somme de 87,000,000 a été dépensée hors du territoire en exportations de ce genre. Nos régiments, ceux de troupes légères surtout, sont déplorablement montés. Le maréchal Gouvion-Saint-

Cyr a écrit : « La cavalerie doit être considérée comme *les yeux et les jambes* d'une armée ; » d'après cela, il faudrait conclure que nous avons actuellement une armée borgne et boiteuse.

Encore une fois ces tristes résultats ont eu lieu depuis qu'on s'est mis de tous côtés à *protéger* officiellement et officieusement la production indigène. A cette heure, l'empire ottoman meurt d'un excès de *protection;* fasse le ciel que les chevaux français n'éprouvent pas le même sort.

ALBERT CLER.

TABLE

DES MATIÈRES CONTENUES DANS CE VOLUME.

Avertissement ... 1

Restaurants et gargotes (Frédéric Soulié) ... 5

Marché des Innocents (Eugène Briffault) ... 25

Rotonde du Temple (Marc Fournier) ... 39

Spécialités parisiennes (Marc Fournier) ... 57

Bateleurs (Édouard Ourliac) ... 75

Diplomates et ambassades (le comte Charles de Villedot) ... 95

Mont-de-Piété (Eugène de Mirecourt) ... 115

Monographie de la presse parisienne (H. de Balzac) ... 129

Chambre des députés (Frédéric Soulié ... 209

Canotiers de la Seine (Marc Fournier) ... 227

Sociétés chantantes (L. Couailhac) ... 241

Boulevart du crime (Eugène de Mirecourt) ... 259

Hôtel des commissaires-priseurs (CHARLES BALLARD)........................ 275

Une actrice de société, chronique de l'hôtel Castellane (EUGÈNE BRIFFAULT).. 293

Filles, lorettes et courtisanes (ALEXANDRE DUMAS) 315

Jockey-Club (ALBERT CLER).. 396

FIN DU SECOND VOLUME.

IMPRIMERIE DE MAULDE ET RENOU,
rue Bailleul, 9 et 11.

www.ingramcontent.com/pod-product-compliance
Lightning Source LLC
LaVergne TN
LVHW010530100826
845148LV00001B/144

* 9 7 8 2 0 1 2 6 8 1 5 7 6 *